Beate Lütke, Inger Petersen, Tanja Tajmel (Hrsg.)
Fachintegrierte Sprachbildung

DaZ-Forschung

Deutsch als Zweitsprache, Mehrsprachigkeit und Migration

Herausgegeben von
Bernt Ahrenholz
Christine Dimroth
Beate Lütke
Martina Rost-Roth

Band 8

Fachintegrierte Sprachbildung

―

Forschung, Theoriebildung und Konzepte
für die Unterrichtspraxis

Herausgegeben von
Beate Lütke, Inger Petersen und Tanja Tajmel

DE GRUYTER

ISBN 978-3-11-063490-7
e-ISBN (PDF) 978-3-11-040416-6
e-ISBN (EPUB) 978-3-11-040423-4
ISSN 2192-371X

Library of Congress Cataloging-in-Publication Data
A CIP catalog record for this book has been applied for at the Library of Congress.

Bibliografische Information der Deutschen Nationalbibliothek
Die Deutsche Nationalbibliothek verzeichnet diese Publikation in der Deutschen Nationalbibliografie; detaillierte bibliografische Daten sind im Internet über http://dnb.dnb.de abrufbar.

© 2018 Walter de Gruyter GmbH, Berlin/Boston
Dieser Band ist text- und seitenidentisch mit der 2017 erschienenen gebundenen Ausgabe.
Satz und Layout: Harald Bauer, Traunstein
Lektorat: Sabine Lambert, Hamburg/München
Druck und Bindung: CPI books GmbH, Leck
♾ Gedruckt auf säurefreiem Papier
Printed in Germany

www.degruyter.com

Beate Lütke, Inger Petersen und Tanja Tajmel
Vorwort

Dieser Sammelband geht auf eine Ringvorlesung mit dem Titel „Fachintegrierte Sprachbildung: Forschung, Theoriebildung und Konzepte für die Unterrichtspraxis" zurück, die im Wintersemester 2013/2014 an der Humboldt-Universität zu Berlin stattfand und gemeinsam von Beate Lütke (Institut für deutsche Sprache und Linguistik/Professional School of Education) und Inger Petersen (damals Professional School of Education, jetzt Christian-Albrechts-Universität zu Kiel) durchgeführt wurde. In die Vorlesung flossen schulstufen- und fachbezogene, aber auch erziehungswissenschaftliche und linguistische Perspektiven ein, um die Komplexität von Sprachbildung im Kontext von Mehrsprachigkeit widerzuspiegeln. Eine Auswahl der Vorlesungsbeiträge hat Eingang in diesen Sammelband gefunden. Außerdem wurden zusätzlich die Beiträge von Fohr, Rost-Roth und Zydatiß aufgenommen.

Der Band ist vor dem Hintergrund einer sich schnell entwickelnden interdisziplinären Debatte zu sehen. Die Perspektive auf Deutsch als Zweitsprache-Lernende war in Nachfolge der großen Schulleistungsstudien stark auf Fragen der Sprachförderung verengt. Eine ressourcenorientierte Berücksichtigung von Mehrsprachigkeit tritt mittlerweile immer stärker in den Vordergrund. Aus einer stärker fachunterrichtsbezogenen Perspektive thematisiert das Konzept der Sprachbildung neben der Berücksichtigung der Lernenden auch die sprachlichen Anforderungen des Fachunterrichts und seine Möglichkeiten, Sprachbildung und -förderung didaktisch und methodisch angemessen in das fachliche Lernen zu integrieren. Zentralen Stellenwert kann hierfür die Orientierung am jeweiligen sprachlichen Register haben. Die vorab genannten Perspektiven bilden Zugänge für die nachfolgenden Beiträge.

Der Sammelband gliedert sich in drei Abschnitte: ‚Bildungssprache und Sprachbildung', ‚Fachdidaktische Beiträge' und ‚Schulstufenbezogene Beiträge'.

Der erste Abschnitt ‚Bildungssprache und Sprachbildung' wird mit einem Beitrag von Bernt Ahrenholz über die Sprache des schulischen Fachunterrichts, häufig auch als *Bildungssprache* bezeichnet, eröffnet. Es zeigt sich, dass die bisher für das Register Bildungssprache vorliegenden Indikatoren wie z. B. Komposita und Passivkonstruktionen auch in anderen Kontexten des Sprachgebrauchs vorkommen und damit nur eingeschränkte Aussagekraft haben. Eine überzeugende empirisch basierte Beschreibung von Bildungssprache, die auch für die fundierte Konzeption sprachbildender Maßnahmen notwendig ist, steht noch aus.

Auch zur Ontogenese schulrelevanter sprachlicher Kompetenzen liegen bisher kaum Erkenntnisse vor. Wolfgang Zydatiß skizziert vor dem Hintergrund einer funktionalen Sprachtheorie potenzielle Entwicklungsstufen bildungssprachlicher Kompetenzen von der vorschulischen Phase über die Sekundarstufe bis hin zur Alltäglichen Wissenschaftssprache. Er stellt das *Generische Schreiben* als eine Möglichkeit zur Förderung von Textproduktionsfähigkeiten vor.

Sven Oleschko erweitert die vorangegangenen linguistischen Perspektiven auf Bildungssprache um eine sprachsoziologische Perspektive und stellt die sozialsymbolische Funktion von Bildungssprache in den Mittelpunkt seiner Ausführungen. Da „es beim Zusammenhang von Sprache und Bildung immer auch um gesellschaftliche Verhältnisse geht, die eine bestimmte Ordnung sozialer Ungleichheit aufweisen" (in diesem Band, S. 58), sind interdisziplinäre Forschungen notwendig, die neben der kognitiven Funktion von Bildungssprache auch den sozialen Kontext der schulischen Interaktionsprozesse berücksichtigen.

Sollen Lehrerinnen und Lehrer in ihrem Unterricht den Erwerb bildungssprachlicher Fähigkeiten fördern, so müssen sie über bestimmte professionelle Kompetenzen verfügen. Martina Rost-Roth zeigt in ihrem Beitrag, dass sprach- und interaktionsbezogene Kompetenzen, die für eine gelingende, sprachförderliche Unterrichtskommunikation zentral sind, in Kompetenzmodellen und in der Lehrerbildung bisher noch zu wenig Berücksichtigung finden. Sie plädiert dafür, sowohl die relevanten Wissensbestände zur Bedeutung und Gestaltung von Unterrichtskommunikation curricular zu verankern als auch Gelegenheiten zur Anwendung in der Praxis zu schaffen.

Neben der mündlichen Unterrichtskommunikation stellt auch die Produktion von Texten eine Gelegenheit zum Erwerb bildungssprachlicher Fähigkeiten dar. Inger Petersen beleuchtet aus theoretischer und empirischer Perspektive, inwieweit das Schreiben im Fachunterricht sowohl fachliche als auch sprachliche Lernprozesse besonders fördern kann.

Der zweite Sammelband-Teil ‚Fachdidaktische Beiträge' beginnt mit zwei deutschdidaktischen Beiträgen, die den Kompetenzbereich ‚Lesen' betreffen. Ingelore Oomen-Welke setzt sich unter dem Schlagwort „Textdichte" mit der bildungs- und fachsprachlichen Qualität von Sachtexten und ihrer Lesbarkeit auseinander. Der Schwerpunkt des Beitrags liegt auf verschiedenen Formeln zur Berechnung von Lesbarkeitsindices, mit deren Hilfe Oomen-Welke ein Spektrum sprachlich unterschiedlich komplexer Sachtexte für die Primarstufe analysiert und kritisch diskutiert. Daran anknüpfend beschreibt sie wortschatzdidaktische Vorschläge, die auf eine Erschließung des lexikalischen Registers abzielen.

Heidi Rösch thematisiert literaturdidaktische Perspektiven für den Deutschunterricht in sprachlich und kulturell heterogenen Lerngruppen. Sie beschreibt

Positionen zum sprach-, diversitäts- und kultursensiblen Umgang mit Literatur und stellt dem erstsprachdidaktischen Zugriff auf Literatur im Deutschunterricht fremdsprachendidaktische und DaZ-didaktische Konzepte gegenüber. Mithilfe konkreter Textbeispiele zeigt sie Schnittstellen von diversitätsorientierten (mehr-) sprach- und literaturdidaktischen Zugriffen auf ausgewählte Genres (lyrische und erzählende Texte) auf und formuliert abschließend thesenhaft, über welche Kompetenzen Lehrkräfte in einem solchermaßen diversitäts- und sprachbewussten Literaturunterricht verfügen müssen.

Stefan Kipf stellt das Potenzial des Lateinunterrichts für Deutsch als Zweitsprache-Lernende heraus. Seine These, Latein als Brückensprache für eine sprachlich heterogene Schülerschaft zu verstehen, basiert auf den Konzepten Sprachreflexion, Metasprache und dem Entdecken von Grammatik, welche im Lateinunterricht und im Unterricht mit Deutsch als Zweitsprache-Lernenden gleichermaßen eine wichtige Rolle spielen. Die Prinzipien eines sprachsensiblen Lateinunterrichts bilden die Grundlage für eine schulische Interventionsstudie, Lehrkräftefortbildungen, die fachdidaktische universitäre Lehre und unterrichtspraktische Vorschläge, die im Verlauf des Beitrags dargestellt werden.

Der Unterricht der modernen Fremdsprachen bietet ebenfalls gute Möglichkeiten, die Mehrsprachigkeit von Schülerinnen und Schülern über die traditionellen Schulfremdsprachen hinaus zu berücksichtigen. Alexander Lohse gibt einen forschungsbasierten Überblick über fremdsprachendidaktische Konzepte – Mehrsprachigkeitsorientierung, Interkomprehension, Sprachlernkompetenz und Language Awareness –, die als Schnittstelle des Fremdsprachenunterrichts und der Deutsch als Zweitsprache-Didaktik fungieren können.

Dass Sprache eine zentrale Rolle im Kunstunterricht einnimmt, zeigt Tanja Fohr mit ihrem Beitrag. Ausgehend von einer Analyse der Bildungsstandards des Faches Kunst (BDK) für den mittleren Schulabschluss rekonstruiert sie anhand der Verwendungshäufigkeit sprachlicher Operatoren die mit der fachbezogenen ‚Bildkompetenz' im Zusammenhang stehenden Sprachkompetenzen. Am Beispiel einer mehrstündigen Unterrichtseinheit illustriert Fohr, wie sprachaufmerksamer Kunstunterricht konkret gestaltet sein kann.

Auf anschauliche Weise problematisiert Susanne Prediger die Reduzierung von Wortschatzarbeit im Mathematikunterricht auf mathematisches Fachvokabular. In ihrem Beitrag schlägt sie eine Differenzierung des für den Mathematikunterricht relevanten Wortschatzes vor und gibt didaktische Anregungen für die praktische Durchführung.

Tanja Tajmel thematisiert in ihrem Beitrag die Bedeutung der Alltagssprache aus physikdidaktischer Perspektive. Sie problematisiert die unbekümmerte Verwendung des Begriffs Alltagssprache und weist darauf hin, dass mit inhaltsbezogenen Kontextualisierungen von Alltagssprache auch Normalitätsannahmen für

Alltage getroffen werden, die in Bildungsprozessen exkludierend wirksam werden können.

Der dritte Teil des Sammelbandes ‚Schulstufenbezogene Beiträge' legt den Schwerpunkt auf zwei schulische Phasen, den Anfangsunterricht am Beginn der Primarstufe und den Übergang in den Beruf.

Der Anfangsunterricht und der Schriftspracherwerb mehrsprachiger Kinder stehen im Zentrum des Beitrags von Stefan Jeuk. Ein besonderer Fokus liegt auf dem Orthographieerwerb von Deutsch als Zweitsprache-Lernenden und einer Problematisierung der Annahme, Probleme im orthographischen Aneignungsprozess seien maßgeblich auf die Unterschiede zwischen der Herkunfts- und der Zweitsprache Deutsch zurückzuführen.

Udo Ohm geht in seinem Beitrag dem Zusammenhang von literater Entwicklung, fachlichem Lernen und beruflichem Handeln nach. Auf soziokulturelle Modelle rekurrierend betont Ohm, dass sprachliche Strukturen immer in Verbindung mit Funktionen angeeignet werden (Internalisierung) und dass mit ihrer Artikulation diese Funktionen kontrolliert werden (Externalisierung). Am Beispiel der Analyse zweier Schreibproben von Schülerinnen aus dem Übergang Schule-Beruf veranschaulicht Ohm, dass der jeweilige Stand des literaten Sprachausbaus im engen Zusammenhang mit der fachlichen Handlungskompetenz der Lernenden steht.

Inhalt

Beate Lütke, Inger Petersen und Tanja Tajmel
Vorwort —— v

Teil 1: Bildungssprache und Sprachbildung

Bernt Ahrenholz
Sprache in der Wissensvermittlung und Wissensaneignung im schulischen Fachunterricht —— 1

Wolfgang Zydatiß
Zur Entwicklung bildungssprachlichen Lernens im Fachunterricht – eine *CLIL*-Perspektive auf die Ontogenese der *academic literacy* —— 33

Sven Oleschko
Differenzielle Lernmilieus und Sprachbildung – zur Bedeutung der Sprachsoziologie für den Diskurs um Sprachfähigkeit in der Schule —— 51

Martina Rost-Roth
Lehrprofessionalität (nicht nur) für Deutsch als Zweitsprache – sprachbezogene und interaktive Kompetenzen für Sprachförderung, Sprachbildung und sprachsensiblen Fachunterricht —— 69

Inger Petersen
Schreiben im Fachunterricht – mögliche Potenziale für Lernende mit Deutsch als Zweitsprache —— 99

Teil 2: Fachdidaktische Beiträge

Ingelore Oomen-Welke
Sachtexte verstehen – Dichte, Lesbarkeit, Wortschatz —— 127

Heidi Rösch
Literaturunterricht und sprachliche Bildung —— 151

Stefan Kipf
Lateinunterricht im gesellschaftlichen Kontext – von der Zweitsprachförderung zur Sprachbildung —— 169

Alexander Lohse
Deutsch als Zweitsprache – (k)ein Fall für den Fremdsprachenunterricht? —— 185

Tanja Fohr
Sprache im Kunstunterricht – Lernmedium oder -ziel? —— 209

Susanne Prediger
‚Kapital multiplizirt durch Faktor halt, kann ich nicht besser erklären' – gestufte Sprachschatzarbeit im verstehensorientierten Mathematikunterricht —— 229

Tanja Tajmel
Die Bedeutung der Alltagssprache – eine physikdidaktische Betrachtung —— 253

Teil 3: Schulstufenbezogene Beiträge

Stefan Jeuk
Schriftspracherwerb im Anfangsunterricht in vielsprachigen Klassen —— 269

Udo Ohm
Literater Sprachausbau als konstitutives Element fachlichen Lernens und beruflichen Handelns im Übergang Schule – Beruf —— 287

Register —— 305

Bernt Ahrenholz
Sprache in der Wissensvermittlung und Wissensaneignung im schulischen Fachunterricht

Empirische Einblicke

Seit einigen Jahren erfährt die Sprachlichkeit von schulischem Unterricht erhöhte Aufmerksamkeit. Dies hängt v. a. mit den Ergebnissen der großen Leistungsstudien wie PISA oder DESI zusammen, die für bestimmte Gruppen von fünfzehnjährigen Schülerinnen und Schülern im Vergleich deutlich geringere sprachliche Kompetenzen z. B. im Zusammenhang des Leseverstehens konstatiert haben (vgl. z. B. Stanat, Rauch & Segeritz 2010). Auffallend war einerseits das schlechte Abschneiden der Gruppe der Schülerinnen und Schüler mit Migrationshintergrund (Stanat, Rauch & Segeritz 2010[1]), andererseits aber auch die Defizite einer relativ großen Gruppe von Schülerinnen und Schülern mit Deutsch als L1.[2] Schließlich erwies sich der sozioökonomische Status als ein wichtiger Einflussfaktor für die Bewältigung der sprachlichen Anforderungen der Schule und den damit verbundenen Bildungserfolg. Seit den ersten Untersuchungen hat nicht nur eine vertiefte Beschäftigung damit stattgefunden, welche Einflussfaktoren wesentlich für diese Befunde sind (z. B. welcher Begriff von Migrationshintergrund verwendet wird[3] wie in Stanat & Christensen 2007, ob es sich um mündli-

---

1 Stanat, Rauch & Segeritz sehen dabei eine positive Entwicklung seit der ersten PISA-Untersuchung mit einer deutlichen Verbesserung der Lesekompetenz (2010: 215), wobei nach ihren Befunden geringere Kompetenzen im Vergleich zu Schülerinnen und Schülern ohne Migrationshintergrund in Zusammenhang mit sozioökonomischem Status, Bildungsniveau und Herkunftsland bestehen (Stanat, Rauch & Segeritz 2010: 202).
2 Nur ca. die Hälfte aller Schülerinnen und Schüler an Hauptschulen erreichen Kompetenzstufe II (Naumann et al. 2010: 64). Auch in Untersuchungen zu Sprachförderung und sprachsensiblem Fachunterricht wird davon ausgegangen, dass in Bezug auf Sprachkompetenzen schwache Schülerinnen und Schüler mit Deutsch als L1 von einer entsprechenden Didaktik profitieren (z. B. Schmölzer-Eibinger et al. 2013).
3 Z. B. werden mit „Migrationshintergrund" sehr unterschiedliche Schülergruppen erfasst. Im Sinne des Statistischen Bundesamtes (Statistisches Bundesamt 2007) handelt es sich im Wesentlichen um Schülerinnen und Schüler, von denen ein Elternteil im Ausland geboren wurde. Es werden also auch Kinder von binationalen Paaren erfasst, von denen eine Bezugsperson Deutsch als Muttersprache hat und womöglich sogar die Hauptbezugsperson ist. Andererseits kann es auch sein, dass die Herkunftssprache sehr schwach oder gar nicht ausgeprägt ist und Kinder

DOI 10.1515/ 9783110404166-001

chen oder schriftlichen Sprachgebrauch handelt), sondern es wird seitdem auch erstmals ernsthaft im größeren Umfang untersucht, welche sprachlichen Anforderungen das deutsche Bildungssystem genau stellt.

Aus dem Kontext von Deutsch als Zweitsprache ist das Thema „Sprache im Unterricht" im Grunde seit langem bekannt. In frühen Arbeiten wurde auf der Basis kleinerer Fallstudien, beispielsweise von Steinmüller & Scharnhorst (1987) für eine Physikstunde, Baur, Bäcker & Wölz (1993) für eine Biologiestunde oder Deppner (1989) für Chemie, auf die sprachlichen Hürden hingewiesen, die für Schülerinnen und Schüler mit Deutsch als Zweitsprache im Fachunterricht bestehen können. „Jeder Fachlehrer [ist] zugleich auch Sprachlehrer" (Steinmüller & Scharnhorst 1987: 9) war eine schon lange formulierte Einsicht (vgl. auch den Überblick in Ahrenholz 2010b). Inzwischen sind in die Diskussion um die Sprachlichkeit von Schule tendenziell alle Schulfächer einbezogen worden (vgl. z. B. Ahrenholz 2010a, Becker-Mrotzek et al. 2013, Michalak 2014); dabei wird immer wieder auch die Bedeutung des Themas für Schülerinnen und Schüler mit Deutsch als L1 gesehen (z. B. Becker-Mrotzek et al. 2013: 7).

Neben dem Einbezug verschiedener Schulfächer wurde in den letzten Jahren bezüglich der sprachlichen Anforderungen auch zunehmend nach Lebensalter und Schulstufe differenziert. So liegen mittlerweile einige Untersuchungen für den Grundschul- bzw. Primarbereich (z. B. Köhne et al. 2015 aus dem BiSpra-Projekt, Hövelbrinks 2014, Webersik 2015), für die Sekundarstufe I (z. B. Gierth 2013), Sekundarstufe II (Harren 2015) und berufliche Bildung (z. B. Niederhaus 2011) vor.

Die Untersuchungen bezogen und beziehen sich einerseits auf medial schriftliche Produkte, andererseits auf Unterrichtskommunikation. Erste Analysen zu Schulbüchern für den Heimat- und Sachunterricht in der Grundschule (Obermayer 2013) sowie im Sekundarschulbereich für Biologieunterricht (z. B. Ahrenholz 2013, Ahrenholz & Maak 2012, Drumm 2016, Drumm i. Vorb.), den Geographieunterricht (Ahrenholz, Hövelbrinks & Neumann i. Dr.; Kniffka & Neuer 2008) oder den Geschichts- und Politikunterricht (Oleschko & Moraitis 2012) sind publiziert. Mathematikaufgaben gehörten auch zu den ersten Gegenständen empirischer Untersuchungen (Gogolin et al. 2004). In Obermayer (2013) wird versucht, die Schwierigkeit von Schulbüchern zu erfassen; Schmellentin, Schneider & Hefti (2011) und Schmellentin et al. (i. Vorb.) hingegen untersuchen das Leseverstehen

---

„mit Migrationshintergrund" erfasst werden, die (fast) ausschließlich Deutsch sprechen. Weiter wird nicht immer erfasst, seit wann die Schülerinnen und Schüler Deutsch lernen. Das *Age of Onset* kann also sehr unterschiedlich sein.

von Texten in naturwissenschaftlichen Schulbüchern mit dem Ziel, Schulbuchtexte zu optimieren.

Mündliche Unterrichtskommunikation wird beispielsweise von Harren (2009, 2015), Webersik (2015) oder Maak (i. Dr.) untersucht, auch erste Ansätze für vergleichende Darstellungen existieren (Ahrenholz 2012). Zugleich werden auch sprachliche Anforderungen im Umgang mit diskontinuierlichen Texten (z. B. Graphiken und Diagramme, s. Michalak 2015) aufgegriffen, und die Rolle der Verbindung von Text und Bild wird thematisiert (Drumm i. Dr.). Schließlich befinden sich aufbauend auf bisherigen Erkenntnissen diagnostische Instrumente für „Bildungssprache" in Entwicklung (z. B. Uesseler, Runge & Redder 2013, Schuth et al. 2015 für Grundschulkinder).

1 Terminologisches und Theoretisches

In der Diskussion über die sprachlichen Anforderungen in der Schule und insbesondere im Fachunterricht wird versucht, über die Abgrenzung der Begriffe *Fachsprache*, *Bildungssprache*, *Alltägliche Wissenschaftssprache*, *konzeptionelle Schriftlichkeit*, *Register*, *CALP*, *Schulsprache*, *classroom language*, *language of schooling*, *Gemeinsprache*, *Alltagssprache* und *BICS* einen theoretisch angemessenen Begriff für die Erfassung der Sprachlichkeit von Schule zu finden. Begriffe wie *Fachsprache* oder *Bildungssprache* gehen dabei deutlich über den Bereich Schule hinaus oder gelten gar vornehmlich für außerhalb der Schule vorfindbaren Sprachgebrauch. Gleichzeitig ist eine eindeutige und empirisch operationalisierbare Definition der verschiedenen Begriffe bisher überwiegend nicht gelungen.

1.1 Fachsprache

Die Befassung mit Fachsprachen hat eine lange Tradition (vgl. Hoffmann, Kalverkämper & Wiegand 1998), wobei die Fachsprachenforschung mehrere hundert Fachsprachen zum Gegenstand hat (Buhlmann & Fearns 2000: 14, Roelcke 2010: 29ff.). Fachsprachen werden z. T. auch als *Varietät* (Adamzik 1998, Roelcke 2010: 29ff.), als *Register* (Hess-Lüttich 1998) oder *funktionaler Stil* (Gläser 1998) verstanden. Eher vergeblich wurde auch die *Abgrenzung von Fachsprache und Gemeinsprache* diskutiert (Hoffmann 1998, Seibicke 1976 nach Grießhaber 2010a).

Für unsere Diskussion relevant ist zudem die Frage des „Spezialisierungsgrades", mit dem Buhlmann & Fearns (2000: 14f.) aus der Perspektive von Deutsch als Fremdsprache den Sprachgebrauch in Schulbüchern von dem in fachwissenschaftlichen Artikeln abgrenzen und Besonderheiten der Textsorte Schulbuch gegenüber einem fachwissenschaftlichen Text beispielsweise in der Ingenieursausbildung beschreiben.[4]

Gleichzeitig ist von Bedeutung, dass die Fachsprachenforschung auch die Kommunikation von Experten mit Laien in ihre Betrachtungen einbezieht (vgl. Überblick in Buhlmann & Fearns 2000: 11ff.). Hiermit geht die Fachsprachenforschung über das Feld der Terminologie und fachsprachlicher Begriffe sowie fachspezifische Textsorten hinaus und berücksichtigt auch weniger elaborierte schriftliche Produkte wie Bedienungsanleitungen und verschiedene Formen mündlicher Kommunikation. Damit erfährt der Begriff der *Fachsprache* eine Ausdehnung, die zahlreiche nicht-fachliche sprachliche Mittel mit einschließt.

Zweifellos gehört Fachsprachliches zur Sprache im schulischen Unterricht: *Hypotenuse, auktorialer Erzähler, Zentralperspektive, Fibrin, Kohlendioxid, Kontinentaldrift* etc. im Bereich der Terminologie oder *Ohm, Pond, Grad* etc. im Bereich der Maßeinheiten. Wenn auch häufig zunächst an Nomen, nominale Komposita und Nominalphrasen gedacht wird, so spielen auch andere Wortarten in der Diskussion über Fachsprachen eine Rolle. Hierzu gehören v. a. Fachverben (wie *mikroskopieren* oder *wegdriften*, vgl. Ahrenholz, Hövelbrinks & Neumann i. Dr.) oder Adjektive (*hautverträglich, zapfenartig*, s. Niederhaus 2011: 52).

Während es auf der Ebene der textuellen Makrostruktur beschreibbare Unterschiede zwischen Fachtexten und Schulbuchtexten gibt,[5] sind die für Fachsprachen beschriebenen Tendenzen zu Verdichtungen durch definierte Fachbegriffe, Lexikalisierungen von Zusammenhängen und Prozessen in nominalen Komposita, Nominalisierungen, Partizipialattributen, komplexen Attribuierungen etc. (Buhlmann & Fearns 2000) auch in Schulbüchern zu finden. Insofern ist die Rede von „Fachsprache" im Unterricht, wie wir sie vor allem in älteren Publikationen finden (Steinmüller & Scharnhorst 1987, Baur, Bäcker & Wölz 1993, Luchtenberg 1991, aber auch neuerdings in Chlosta & Schäfer 2008, Niederhaus 2011, Kniffka & Roelcke 2015), zutreffend. Soweit fachliche Gegenstände (*Exponent, Schwerkraft, Widerstand, Sauerstoff, Perspektive, Ballade* etc.), ihre Merkmale und die Handlungen, in die sie eingebunden sind, betroffen sind, ist Fachsprachliches Teil des Schulalltags. Betrachtet man diesen Schulalltag auch in Hinblick auf

---

4 Für englischsprachige Lehrbücher und wissenschaftliche Zeitschriftenaufsätze des Faches Biologie liegen Untersuchungen von Susan Conrad (1996, 2001) vor. Sie zeigen signifikante Unterschiede hinsichtlich ihrer Informationsdichte, der Wortlänge und dem *Type-Token*-Verhältnis.
5 Vgl. Buhlmann & Fearns (2000: 15). Für die Zwecke dieses Beitrags ist die sehr entwickelte Fachsprachenforschung hier nur holzschnittartig berücksichtigt; vgl. z. B. für die Vielfalt fachlicher Textsorten den Überblick in Roelcke (2010: 40ff.).

Unterschiede je nach Fach, nach Schulart und vor allem nach Klassenstufen und Alter der Schülerinnen und Schüler, differenziert sich dieser Sprachgebrauch. Spätestens in der gymnasialen Oberstufe enthält er auch wissenschaftssprachliche Elemente, soweit sich diese von Fachsprache abgrenzen lassen (vgl. „Alltägliche Wissenschaftssprache" bei Ehlich 1999 oder Redder 2013).

Während in der Fachsprachendiskussion Fachsprache(n) der Gemeinsprache gegenübergestellt wird (werden), stehen dem Sprachgebrauch in der Schule die sprachlichen Kompetenzen gegenüber, über die die Schülerinnen und Schüler (je nach Alter etc.) aufgrund ihrer außerschulischen Spracherfahrung verfügen (könnten). Diese häufig als „Alltagssprache" bezeichneten, relativ stark von konzeptioneller Mündlichkeit (Koch & Oesterreicher 1985) geprägten Kompetenzen sind gleichwohl für die Partizipation an Schule hochrelevant. Hierzu gehören sowohl ein lexikalisches Repertoire wie auch ein Wissen über morphologische, syntaktische und pragmatische sowie textuelle Mittel.[6] Das Maß, in dem Schülerinnen und Schüler über diese alltagssprachlichen Mittel verfügen, entscheidet mit über den Schulerfolg. Dies wurde in Zusammenhang mit Schülerinnen und Schülern mit Deutsch als Zweitsprache besonders deutlich, gilt aber auch für einige Schülerinnen und Schüler mit Deutsch als L1.[7] Allerdings suggeriert der Begriff „Alltagssprache" eine Einheitlichkeit, die nicht besteht. Je nach Lebenswelt und Alter machen die Schülerinnen und Schüler außerhalb der Schule sehr unterschiedliche Spracherfahrungen. Sie können bspw. mit dem Grad an literaler Erfahrung zusammenhängen oder Erfahrungen in argumentativen Stilen. Zu Recht verweisen daher auch Morek & Heller (2012) in der Diskussion um Bildungssprache auf die frühen Arbeiten von Bernstein, in denen mit den Kategorien *elaborierter* und *restringierter Code* der Sprachgebrauch schichtspezifisch gefasst wird (vgl. Bernstein 1964). Für Schülerinnen und Schüler mit Deutsch als Zweitsprache können hier außerdem andere Sprachen und Sprachkompetenzen ins Spiel kommen (vgl. z. B. Rehbein 2011 für das Fachlernen, Dittmar & Özçelik 2006 und Rost 2009 allgemein). Mehrsprachige Kompetenzen und die Möglichkeit, diese in den Fachunterricht mit einzubeziehen, werden z. B. in Prediger & Özdil (2011) thematisiert.

---

6 Bei pragmatischen Mitteln ist hier z. B. an Fragen der Anaphorik und Deixis sowie Konnektoren als Mittel der Kohärenzbildung zu denken, bei textuellen z. B. an Makrostrukturen von Textsorten.
7 Inwieweit diese unterschiedlichen Ausprägungen „schwacher" Sprachkompetenzen bei Schülerinnen und Schülern mit Deutsch als L2 einerseits und Deutsch als L1 andererseits sich ähneln oder unterschiedlich sind, scheint mir noch wenig untersucht. Auch in Hinblick auf die Sprachkompetenzen von Schülerinnen und Schülern mit Deutsch als L2 ist erheblich zu differenzieren, da diesbezüglich von einer sehr großen Heterogenität auszugehen ist.

1.2 Bildungssprache

Nachdem die sprachlichen Anforderungen wie dargestellt zunächst hauptsächlich als fachsprachlich eingestuft wurden, setzte sich mit den Arbeiten von Gogolin (2006, in Anlehnung an Habermas 1977) zunehmend der Begriff *Bildungssprache* in der Diskussion durch (für einen historischen Überblick vgl. z. B. Berendes et al. 2013, Ahrenholz & Maak 2012, Ortner 2009). Dieser Begriff hat sich auch bis in einschlägige Publikationen der KMK durchgesetzt (KMK 2013).[8]

Gemeint sind sprachliche Mittel, die – neben den fachsprachlichen Mitteln im engeren Sinne – im schulischen Unterricht Verwendung finden, um neues Wissen zu vermitteln bzw. sich Wissen anzueignen. Gleichzeitig sind es sprachliche Mittel, die dem Nachdenken über bspw. gesellschaftliche, soziale, naturwissenschaftliche oder mathematische Zusammenhänge bis zu einem gewissen Grad erst eine adäquate Form geben, denn Wissen und Denken lassen sich nicht vom Sprachlichen trennen (vgl. z. B. Loeding 2007: 75, Zydatiß 2010; Ahrenholz 2010, Morek & Heller 2012: 70, Redder 2012: 87, Berendes et al. 2013, Schmölzer-Eibinger et al. 2013: 11). Die Aspekte Sprache und Kognition sind auch in Cummins' (1984) frühem Begriff *CALP (Cognitive Academic Language Proficiency)* mitgedacht. Diese sprachlichen Mittel werden vielfach auch mit Koch & Oesterreicher (1985) als konzeptionell schriftlich gefasst und in Hinblick auf Sprachkompetenzen bis zu einem gewissen Grad in einem Gegensatz zu der Sprachlichkeit von Alltagskommunikationen (i. e. konzeptionelle Mündlichkeit i. S. v. Koch & Oesterreicher 1985 bzw. *Basic Interpersonal Communication Skills, BICS,* bei Cummins 1984) gesehen. Dabei wird davon ausgegangen, dass sie tendenziell für alle Schülerinnen und Schüler neu sind und damit zum schulisch gestützten Spracherwerb gehören.[9] Da es sich um sprachliche Mittel handelt, deren Verwendung von sozial definierten Situationen abhängt,

---

[8] „Schule ist zentraler Ort für den Erwerb bildungssprachlicher Kompetenzen. [...] Den Erwerb bildungssprachlicher Kompetenzen organisiert die Schule als durchgängige Aufgabe aller Schulstufen und Fächer" (KMK 2013: 5).

[9] Schülerinnen und Schüler sind durch ihre Spracherfahrungen außerhalb von Schule sicherlich unterschiedlich auf die bildungssprachlichen Anforderungen von Schule vorbereitet. Sofern der hier diskutierte Sprachgebrauch aber genuin an die Inhalte des Bildungsauftrages der Schule gebunden ist, bleibt es wesentlich Aufgabe der Schule, bildungssprachliche Kompetenzen implizit oder explizit zu vermitteln. So finden sich in einer Schulbuchanalyse von Neuner & Schade (1986) im Schulbuchwortschatz der 2. bis 4. Klasse jährlich ca. 2500 bis 3000 neue Wörter.

werden sie auch als Register im Sinne von Halliday (1978) aufgefasst. Soweit es von den Schulfächern abhängige sprachliche Mittel sind, kann man auch nicht nur von „einem" Register, wie dies zuweilen geschieht, sondern man muss von verschiedenen Registern sprechen.[10]

Die Funktion der spezifischen Sprachlichkeit von Unterricht wird von Morek & Heller (2012: 70) unter Bezugnahme auf den Begriff *Bildungssprache* als kommunikativ (Wissenstransfer), epistemisch (Werkzeug des Denkens) und sozialsymbolisch (Ausdruck sozialer Zugehörigkeit) beschrieben. Feilke (2012: 8ff.) beschreibt die Funktionen von *Bildungssprache* fachübergreifend als ‚Explizieren', ‚Verdichten', ‚Verallgemeinern' und ‚Diskutieren'. Entsprechende Sprachhandlungen wurden auch von Vollmer & Thürmann (2010) als wichtige „Diskursfunktionen"[11] im Fachunterricht identifiziert.

Charakterisierungen von *Bildungssprache* erfolgen meist in Hinblick auf lexikalische, morpho-syntaktische und diskursive Kriterien und benennen Indikatoren wie Komposita oder Passivkonstruktionen etc., deren Problematik weiter unten diskutiert wird.

Aus fachlicher Sicht ist ein Sprachgebrauch angesprochen, der vom Gegenstand her gefordert ist. Mathematik-, Biologie- oder Geographieunterricht etc. haben ihre je eigene Fachsprachlichkeit, aber auch bildungssprachliche Ausprägungen, wobei noch unklar ist, in welchem Maße je eigene bildungssprachliche Mittel existieren und in welchem Umfang es sich um fachübergreifende sprachliche Mittel handelt und welche dies genau sind. Während man davon ausgehen kann, dass die fachsprachliche Begrifflichkeit die Aufmerksamkeit der Lehrerinnen und Lehrer hat, ist für Fragen der Sprachförderung, des sprachsensiblen Fachunterrichts oder der Lehreraus- und -fortbildung auch wichtig, inwieweit die sprachlichen Anforderungen in den verschiedenen Fächern Schnittmengen haben. Für den bildungssprachlichen Gebrauch in der Grundschule ist eine solche Schnittmenge in der *Hamburg-Bamberger BiSpra-Liste* herausgearbeitet worden (Köhne et al. 2015).

---

10 Zum Registerbegriff vgl. auch Dittmar (1997: 207ff.).
11 Diskursfunktionen wie ‚Benennen', ‚Beschreiben', ‚Erklären', ‚Argumentieren' sind für Vollmer & Thürmann (2010: 116f.) „Kategorien des sprachlich realisierten Denkens und des Strukturierens von Wissen sowie der damit zusammenhängenden wissensbasierten Äußerungsformen".

1.3 Schulsprache

In einigen Arbeiten ist mit *Schulsprache* der Sprachgebrauch in der Bildungseinrichtung Schule allgemein gemeint (so bei Neuland, Balsliemke & Baradaranossadat 2009 unter Bezug auf Ehlich & Rehbein 1983).[12] Im Kontext der Diskussion über die sprachlichen Anforderungen im Fachunterricht findet sich *Schulsprache* neben dem Begriff *Bildungssprache*. Er geht auf Schleppegrells Konzept der *Language of Schooling* (2004: 43ff., 137ff.) zurück, das von unterschiedlichen „academic registers" ausgeht und an dem Registerbegriff Hallidays (1994) orientiert ist. Vollmer & Thürmann (2010) greifen die von Schleppegrell diskutierte Besonderheit des Sprachgebrauchs in der Schule auf und übersetzen ihn mit „Schulsprache". In der weiteren deutschsprachigen Diskussion wird *Schulsprache* z. T. identisch mit *Bildungssprache* gebraucht (z. B. Webersik 2015), aber z. T. als eigener Bereich verstanden. So ist für Feilke (2012) *Schulsprache* derjenige Sprachgebrauch, der sich – zu didaktischen Zwecken – ausschließlich in der Schule findet. *Language of Schooling* meint hingegen übergreifend denjenigen Sprachgebrauch, der notwendig für die Thematisierung der Wissensbereiche ist, deren Vermittlung Aufgabe der Schule ist. Dieser Sprachgebrauch von Lehrerinnen und Lehrern wird häufig nicht wahrgenommen, stellt aber, da er entscheidend für den Bildungserfolg ist, eine Art heimliches Curriculum der Schule dar (vgl. z. B. Schleppegrell 2004: 2, Vollmer & Thürmann 2010: 109). Weiter unterscheidet Feilke (2012: 5f.) *Schulsprache* im engeren Sinn (also die sprachlichen Mittel, die didaktisch motiviert sind und auf Schule beschränkt bleiben) und *Bildungssprache* („Sprache des Lernens, didaktisch genutzte Sprache"), die er zusammen als „*Schulsprache im weiteren Sinne*" auffasst. Daneben sieht er noch die *classroom language*, die v. a. im sozialen Miteinander von Schule ihre Verwendung hat.

2 Sprache im schulischen Fachunterricht

Es erscheint sinnvoll, sich ein wenig von der Diskussion um Begrifflichkeiten wie *Fachsprache* oder *Bildungssprache* zu lösen, da sie nicht auf Schule begrenzt sind und auch Versuche einer Abgrenzung zu *Gemeinsprache* oder *Alltagssprache* nicht erfolgreich waren. Im Folgenden soll daher der Blick auf die Sprachlichkeit

---

[12] In anderen Kontexten dient der Begriff *Schulsprache* in Bezug auf mehrsprachige Länder der Kennzeichnung der in der Schule verbindlichen Amtssprache (Klippel, Kolb & Sharp 2013).

von Unterricht gerichtet werden. In Abbildung 1 wird dabei versucht, die verschiedenen Varietäten und Register (vgl. Dittmar 1997: 173ff.), die im schulischen Sprachgebrauch verortet werden können, aufzuzeigen, um anschließend der Frage weiter nachzugehen, was eigentlich die Besonderheiten des schulischen Sprachgebrauchs sind, und zwar in unserem Fall solche, die in engem Zusammenhang mit der Wissensvermittlung und -aneignung stehen. Dabei geht es ausschließlich um die Charakterisierung des Sprachgebrauchs, der sich in der Schule findet, um Kinder und Jugendliche an Kenntnisse über die Welt heranzuführen und ihnen zu zeigen, mit Hilfe welcher z. B. gesellschaftlicher, historischer, philosophischer, naturwissenschaftlicher, mathematischer Modelle und Theorien versucht wird, Gegebenheiten unseres Daseins theoretisch zu fassen und über sie nachzudenken.

Abb. 1: Sprache in der Schule. Felder des Sprachgebrauchs (Wissensvermittlung und soziales Miteinander), Einfluss anderer Varietäten und eingebrachte Sprachkompetenzen von Schülerinnen und Schülern mit Deutsch als L1 und L2

Rückt man den Sprachgebrauch in der Schule in den Mittelpunkt (vgl. Abb. 1), so lässt sich das oben Gesagte dahingehend zusammenfassen, dass er – soweit er dem Lernen und nicht dem sozialen Management gilt – durch konzeptionelle Schriftlichkeit (i. S. v. Koch & Oesterreicher 1985) gekennzeichnet ist, die heute – als Register in schulischer Kommunikation – vielfach als „bildungssprachlich" (Gogolin 2006, Berendes et al. 2013) bezeichnet wird. Dieses Register enthält einerseits Fachsprachliches (dargestellt für Biologe bspw. von Graf 1989) und in Teilen auch Elemente von Wissenschaftssprache und Alltäglicher Wissenschaftssprache (Ehlich 1999). Gleichzeitig umfasst der Sprachgebrauch im Fachunterricht der Schule aber auch lexikalische und strukturelle wie pragmatische Mittel aus den alltagssprachlichen Kompetenzen der Schülerinnen und Schüler (z. B. Mittel der Anaphorik und Deixis). Auch wenn diese Charakterisierung in der Sache, nicht unbedingt in der Terminologie, weitgehend unstrittig scheint, muss neben der konzeptionellen Schriftlichkeit allerdings stärker als bisher die mediale Seite Beachtung finden. Zwar gibt es sowohl Untersuchungen zu medial schriftlichen Aspekten (vgl. Schmölzer-Eibinger & Thürmann 2015) als auch Arbeiten zu Registermerkmalen von Unterrichtskommunikation in verschiedenen Fächern einschließlich der Anforderungen an das Hörverstehen (vgl. hierzu die Arbeiten von Eckhardt 2008, Maak i. Dr., Harren 2015, Heppt et al. 2014, Hövelbrinks 2014); aber erst in jüngerer Zeit scheint die mediale Seite von Mündlichkeit und Schriftlichkeit wieder stärker betont zu werden.

Mit Morek & Heller (2012) und Feilke (2012) sind wichtige Funktionen des Sprachgebrauchs im Unterricht herausgearbeitet (s. o.). Mit Hövelbrinks (2014) z. B. liegen auch Ansätze vor, Diskursfunktionen zu operationalisieren. Ansonsten gibt es eine Reihe von Versuchen, die Besonderheiten des Sprachgebrauchs im Unterricht (soweit es sie gibt) über Indikatorenlisten zu erfassen. Die Schwierigkeiten dieser Verfahren werden im Folgenden dargestellt.

3 Sprachliche Mittel im Fachunterricht – Bildungssprachliche Indikatoren

Die spezifischen sprachlichen Anforderungen im schulischen Fachunterricht werden wie gesagt oft anhand von Indikatorenlisten operationalisiert. Dabei werden zumeist lexikalische, morpho-syntaktische und diskursive Bereiche unterschieden (z. B. Gogolin & Lange 2011: 113f. unter Verweis auf Reich 2008, Hövelbrinks 2014: 104ff., Webersik 2015: 61ff.). Zu den wiederholt genannten lexikalischen und morphosyntaktischen sprachlichen Mitteln gehören Komposita, Attribute, Präfix- und Partikelverben, Passiv und unpersönliche Ausdrücke, Konnektoren und komplexe Syntax u. a. m. (vgl. z. B. auch Lengyel 2010: 597 oder Gantefort & Roth 2010, wobei die Aufzählungen vielfach auf Gogolin & Roth 2007 zurückgehen).

Diese u. a. an Wortarten, Wortbildungsprinzipien und strukturellen Merkmalen orientierten Beschreibungen gelten im Prinzip für zahlreiche Gebrauchssituationen von Sprache, so auch für den Sprachgebrauch im Fachunterricht. In diesem Sinne sind sie sicherlich zutreffend, aber nicht hinreichend, um die Spezifik des Sprachgebrauchs im Fachunterricht zu charakterisieren (s. u.). Dies soll ausgehend von zwei Schulbuchauszügen (Abb. 2 und 3, Abb. 4) beispielhaft gezeigt werden. Hierbei werden zunächst nur einige der oben genannten Indikatoren berücksichtigt. Dem wäre eine Diskussion von Arbeiten zu den verschiedenen Diskursfunktionen hinzuzufügen.

„Aua!" - Marc hat sich beim Basteln mit der Schere in den Zeigefinger gestochen. Er beobachtet, _wie_ der rote **Blutstropfen** langsam aus der Wunde quillt und heruntertropft. _Bis_ er endlich ein Heftpflaster gefunden hat, ist auf der Wunde schon eine weiche Kruste entstanden. Blut ist also nicht nur eine Flüssigkeit, sondern es enthält feste **Bestandteile**, die **Blutzellen**. Eine Gruppe dieser **Blutzellen**, die **Blutplättchen**, lösen die **Blutgerinnung** aus: Sie zerfallen bei Berührung der **Wundränder** und scheiden ein Enzym aus, das über mehrere **Zwischenstufen** aus dem gelösten Fibrinogen das fadenartige feste Eiweiß Fibrin werden lässt. In seinem Geflecht bleiben andere **Blutzellen**, die roten **Blutkörperchen**, hängen. Ihre Hauptaufgabe ist der Transport von **Sauerstoff** zu den **Gewebezellen**. Das Fibrin mit den eingelagerten **Blutzellen** verschließt die Wunde. Außerdem verengen sich die Adern im Finger und verringern so den **Blutzufluss**. Durch eine Wunde können Bakterien, Viren oder Gifte in den Körper eindringen. Sie _werden_ von der dritten Gruppe **Blutzellen**, den weißen **Blutkörperchen**, _bekämpft_.

Abb. 2: Text aus Dobers (2001: 70) _Erlebnis Biologie_, 7. und 8. Klasse (Hervorhebungen B.A.)

2 Blut und Blutkreislauf

2.1 Blut erfüllt unterschiedliche Aufgaben

„Aua!" - Marc hat sich beim Basteln mit der Schere in den Zeigefinger gestochen. Er beobachtet, wie der rote Blutstropfen langsam aus der Wunde quillt und heruntertropft. Bis er endlich ein Heftpflaster gefunden hat, ist auf der Wunde schon eine weiche Kruste entstanden. Blut ist also nicht nur eine Flüssigkeit, sondern es enthält feste Bestandteile, die _Blutzellen_.
Eine Gruppe dieser Blutzellen, die **Blutplättchen**, lösen die _Blutgerinnung_ aus: Sie zerfallen bei Berührung der Wundränder und scheiden ein Enzym aus, das über mehrere Zwischenstufen aus dem gelösten Fibrinogen das fadenartige feste Eiweiß _Fibrin_ werden lässt. In seinem Geflecht bleiben andere Blutzellen, die **roten Blutkörperchen**, hängen. Ihre Hauptaufgabe ist der Transport von Sauerstoff zu den Gewebezellen.
Das Fibrin mit den eingelagerten Blutzellen verschließt die Wunde. Außerdem verengen sich die Adern im Finger und verringern so den Blutzufluss.
Durch eine Wunde können Bakterien, Viren oder Gifte in den Körper eindringen. Sie werden von der dritten Gruppe Blutzellen, den **weißen Blutkörperchen**, bekämpft. Diese patrouillieren ständig in den Adern auf der Jagd

Abb. 3: Dobers (2001: 70), Original

Kaum vorstellbar

Mit der Erforschung der Ozeane und **Meeresböden** seit 1940 lebte die Idee der **Kontinentaldrift** Wegeners wieder auf. Bei der Vermessung der **Ozeanböden** machten die Wissenschaftler eine unglaubliche Entdeckung: ein über 65000 Kilometer langes und bis zu 4000 Kilometer breites **Gebirgssystem** durchzieht alle Ozeane. Im Vergleich dazu scheint jeder kontinentale **Gebirgszug** winzig. An einigen Stellen dieses **mittelozeanischen Rückens** ragen die Gipfel sogar als Inseln über der **Meeresoberfläche** auf. Ein Beispiel dafür ist Island.

Bodenproben aus den **Meeresgebieten** brachten noch ein weiteres überraschendes Ergebnis: _Je_ weniger man sich an beiden Seiten von einem **mittelozeanischen Rücken** entfernt, _desto_ älter wird das Gestein.

Abb. 4: Ausschnitt aus Berger et al. (2002: 84), 8. Klasse Regelschule

Wenn man den kurzen Auszug aus einem Biologiebuch für die 7. und 8. Klasse und den Auszug aus dem Geographiebuch für die 8. Klasse anschaut, so fallen neben Fachbegriffen wie *Fibrin* oder *Kontinentaldrift* einige sprachliche Merkmale auf, die im Sinne der oben angeführten Indikatorenlisten typischerweise in Zusammenhang mit Bildungssprache thematisiert werden.

3.1 Komposita

Komposita werden sehr häufig als Indikator für Bildungssprache genannt (vgl. Überblick in Hövelbrinks 2014: 104ff.). Die hier wiedergegebenen Textausschnitte enthalten tatsächlich zahlreiche fachspezifische Komposita (Fettdruck): *Blutzellen, Blutplättchen, Blutgerinnung, Wundränder, Zwischenstufen, Eiweiß, Blutkörperchen, Hauptaufgabe* oder *Meeresböden, Gebirgszug* etc. Tatsächlich ist der Anteil an Komposita im Biologiebuch nicht nur in dem oben wiedergegebenen Absatz, sondern auch in dem Abschnitt (zwei Doppelseiten), dem der Absatz entnommen ist, relativ hoch: 57 % aller Nomen sind Komposita (vgl. auch Ahrenholz & Grießhaber i. Vorb).

Auch in der Fachsprachenforschung gelten Komposita als besonders typisch für deutschsprachige Texte (Monteiro et al. 1997: 115ff.; Buhlmann & Fearns 2000: 30ff., Roelcke 2010: 80). Allerdings haben wir auch im alltäglichen Sprachgebrauch zahlreiche Komposita. *Kugelschreiber, Brieföffner, Uhrenarmband, Türklinke, Fensterbrett, Buchseite* etc. sind einige der zahlreichen Komposita aus dem Alltagsleben; aus dem obigen Text wären *Zeigefinger* und *Heftpflaster* oder auch *Blutstropfen* zu nennen. Das Deutsche bietet besondere Möglichkeiten der Kompositabildung, und Substantivkomposita wie die genannten sind nach Eisenberg (1999: 218) der „verbreitetste Worttyp des Deutschen überhaupt". Die Produktivität dieses Wortbildungstyps zeigt sich auch im Erstspracherwerb. Kinder mit

Deutsch als L1 beginnen spätestens im dritten Lebensjahr, zahlreiche Komposita zu bilden (Komor & Reich 2008: 54).

Neben der Häufigkeit von Komposita, die wahrscheinlich in Schulbuchtexten höher als in anderen Kontexten ist, scheint vor allem die fachliche Verdichtung mit Hilfe von Komposita eine Rolle zu spielen, die eine besondere Beachtung der Komposition verlangt. So zeigen Monteiro et al. für ingenieurwissenschaftliche Vorlesungen (1997: 115ff.), dass Fachsubstantive gerade durch ihre Spezifik der Kompositabildung eine besondere Rolle spielen.[13] Auch in dem obigen Textausschnitt muss der Leser sorgfältig unterscheiden, ob von „Blutzelle", „Blutplättchen" oder „Blutkörperchen" die Rede ist; denn es handelt sich um distinktive Kategorien und die Unterscheidung dieser Fachbegriffe steht im Zentrum des Textausschnittes. Eine Fallanalyse zu zwei Schulbuchdoppelseiten in Ahrenholz & Grießhaber (i. Dr.) zeigt entsprechend, dass es insbesondere die Komposita sind, die fachliches Wissen transportieren, während die Simplizia vornehmlich eine hohe Frequenz auch in gemeinsprachlichen Korpora aufweisen und damit eher auf Bekanntes referieren.[14] Im Alltag verwendete Komposita sind eventuell auch stärker lexikalisiert und vor allem in sehr unterschiedliche Kontexte eingebunden. Für den Ausdruck *Kugelschreiber* ist es im jeweiligen Kontext wohl selten notwendig, eine Unterscheidung bspw. zu ähnlichen Komposita wie *Kugelblitz*, *Kugelfisch* oder *Kugelstoßen* zu treffen, da die Verwendungen sehr unterschiedlichen Kontexten angehören.

3.2 Attribute

Als typisch für Bildungssprache werden auch Attribute genannt (vgl. Hövelbrinks 2014: 104ff.), zuweilen wird von „komplexen Attributen" gesprochen (vgl. Hövelbrinks 2013: 77). So finden sich auch in dem angeführten Text verschiedene Attribuierungen: bestimmte Bestandteile (des Blutes) sind *fest*, das Fibrinogen ist *gelöst*, das Eiweiß ist nicht irgendein Eiweiß, sondern *Fibrin*, und es hat eine

---

[13] Neben einer hohen Anzahl von Komposita (Monteiro et al. 1997: 122) wird diskutiert, dass die übliche Unterscheidung in *Determinatum* und *Determinans* unzureichend erscheint, und die Autoren schlagen eine Unterscheidung in *Interpretans* und *Interpretatum* vor (Monteiro et al. 1997: 123), um den komplexen semantischen Verhältnissen bei fachlichen Komposita besser gerecht zu werden.
[14] Auf den zwei Schulbuchdoppelseiten werden 94 Substantive (Lemmata) verwendet, davon ca. die Hälfte als Komposita, die im alltäglichen Sprachgebrauch überwiegend seltener vorkommen als in der Darstellung, der Vermittlung von Fachinhalten dienen und somit als fachsprachlich eingeordnet werden können.

fadenartige Struktur und *feste* Konsistenz und schließlich wird ein *Enzym* genannt, das mittels eines komplexen Relativsatzes definiert wird. Im Geographietext handelt es sich um ein *über 65000 Kilometer langes und bis zu 4000 Kilometer breites* Gebirgssystem. Auch Attribuierungen durch Adjektive oder andere Mittel sind nicht nur typisch für Fachsprache (Hoffmann 1998b, Fijas 1998, Fluck 1997) oder Bildungssprache (Gogolin, Neumann & Roth 2007: 58f., Ortner 2009: 2232, Chlosta & Schäfer 2008: 290f.), sondern auch für alltagssprachlichen Gebrauch. Sie finden sich auch im kindlichen Erstspracherwerb ab dem 3. Lebensjahr (Komor & Reich 2008: 54), Relativsätze vermehrt ab dem 4. Lebensjahr.[15] Allerdings gelten bestimmte Attribuierungen wie Partizipialattribute (hier: *gelöst, eingelagert*) als seltener, stilistisch gehoben und z. B. im Deutsch-als-Fremdsprache-Erwerb als schwierig. In bildungssprachlichen Kontexten könnten also besondere Attributtypen dominieren.

Attribute gelten nicht nur als ein charakteristisches Merkmal des schulischen Sprachgebrauchs, sondern werden auch als Ursache für Verstehensprobleme genannt (Baur, Bäcker & Wölz 1993, Helbig 1973, Engelen 2010). Eine korpuslinguistische Analyse[16] der Attributvorkommen in Biologie- und Geographiebüchern der Sekundarstufe I hat ergeben, dass in beiden Fächern der mit Abstand am häufigsten verwendete Attributtyp das vorangestellte Adjektivattribut ist. Darüber hinaus scheint es jedoch bei den Attributvorkommen in Schulbüchern auch fachspezifische Unterschiede zu geben: Während im Biologieteilkorpus vorangestellte Partizipialattribute der zweithäufigste Attributtyp sind, kommen sie in den untersuchten Geographiebüchern deutlich seltener vor als Relativsätze. Da Partizipialattribute häufig auch an Stelle von Relativsätzen verwendet werden können, stellen sie in Niederhaus' korpuslinguistischer Untersuchung zum Fachlichkeitsgrad von Berufsschulbüchern (2011) einen Indikator für syntaktische Kompression dar. Die untersuchten Biologietexte erscheinen so syntaktisch komprimierter als die aus dem Geographiekorpus. In Geographiebüchern finden sich hingegen mehr Genitivattribute, die von Niederhaus (2011) neben der Anzahl von Nomen pro Satz und der Relativsätze als Indikatoren für die Präzision und semantische Dichte eines Textes gesehen werden. Es ist also notwendig, die verschiede-

---

15 Vgl. Brandt, Diessel & Tomasello (2008: 336), die zeigen, dass Relativsätze im 3. Lebensjahr auftreten können, aber meist eine Verbzweitstellung aufweisen, während Relativsätze mit Verbendstellung im 3. Lebensjahr bereits auftreten, aber erst ab Beginn des 4. Lebensjahres überwiegen.
16 Diese im Rahmen einer Masterarbeit von Hempel (2015) durchgeführte Korpusanalyse wurde an einem Schulbuchkorpus durchgeführt, das unter Leitung von Bernt Ahrenholz im Projekt „Fachunterricht und Deutsch als Zweitsprache" an der Friedrich-Schiller-Universität Jena erstellt wurde und kontinuierlich erweitert wird.

nen Attributtypen in ihrem Zusammenspiel mit anderen sprachlichen Mitteln zu untersuchen.

Die besondere Herausforderung in Schulbuchtexten könnte aber auch darin liegen, dass die Attribuierungen anders als im Alltag (z. B. der *langweilige* Film, das *spannende* Buch) nicht auf bekannte Konzepte zurückgehen, sondern die Attribute selbst z. T. neue Informationen enthalten und/oder diese für das Verständnis von bestimmten Zusammenhängen von zentraler Bedeutung sind. *Fadenartiges* Eiweiß ist vermutlich eine ungewohnte Metaphorisierung[17], und der Unterschied zwischen *roten* und *weißen* Blutkörperchen ist zentral für das Verständnis bestimmter Funktionen des Blutes. Sie erfordern damit die volle Aufmerksamkeit des Lesers, während die Beachtung des Unterschiedes bspw. zwischen *roten und weißen Socken* in einem literarischen Text vielleicht weniger Bedeutung hat.

3.3 Verben

In den Textauszügen finden sich u. a. die Verben *entstehen, enthalten, zerfallen, verschließen, verengen, verringern, bekämpfen* sowie *auslösen, ausscheiden, eindringen* (Biologie) und *durchziehen, entfernen* sowie *aufleben, aufragen* (Geographie). Solche Präfix- und Partikelverben werden ebenfalls häufig als Indikator für Bildungssprache genannt (vgl. Hövelbrinks 2014: 104ff.). In der Hamburg-Bamberger BiSpra-Liste für die Grundschule (Jahrgänge 1–5) machen sie sogar den Großteil des für Testzwecke erarbeiteten bildungssprachlichen Wortschatzes aus. Zu den 118 Items in dieser Liste aus fünf Wortarten gehören 56 Verben, darunter 26 Partikel- und 22 Präfixverben (Köhne et al. 2015: 90ff.).

Unabhängig von der Frage der Präfix- und Partikelverben zeigen Ahrenholz, Hövelbrinks & Neumann (i. Dr.) für 59 Seiten aus Biologie- und Geographiebüchern (7. und 8. Jahrgangsstufe) eine hohe Zahl unterschiedlicher Verben, wovon sehr viele selten vorkommen (51 % einmal, 19 % zweimal), nur ca. ein Drittel in beiden Fächern zu finden sind und nur ca. 4 % hiervon (i. e. 27 Verben unter den insgesamt 668 Vorkommen) zehnmal und häufiger Verwendung finden.

Der Anteil der Präfix- und Partikelverben beträgt in derselben Analyse je nach Schulbuch und Fach variierend 60 % bis 70 % aller Verben. In mündlicher

---

17 Das Attribut *fadenartig* ist zudem sehr selten. Im DWDS finden sich im Kernkorpus fünf Vorkommen, die alle vor 1944 liegen, und im ZEIT-Korpus sind es ebenfalls fünf Vorkommen über mehrere Jahrzehnte verteilt. Auch eine Zerlegung des Kompositums hilft nur begrenzt, da *Faden* zwar deutlich häufiger ist (*Kernkorpus* 1673 Vorkommen, *Die Zeit* 1622), aber hier v. a. ein übertragener, i. e. selbst bildungssprachlicher Sprachgebrauch vorliegt (z. B. als ‚Faden eines Gesprächs') (www.dwds.de, *28.5.2016*).

Unterrichtskommunikation in vier Unterrichtsstunden zum Thema Blutkreislauf werden von der Lehrerin zu 56 % Präfix- und Partikelverben verwendet (Ahrenholz, Neumann & Reichel i. Vorb.). Auch in den von Monteiro et al. (1997) untersuchten ingenieurwissenschaftlichen Vorlesungen an einer Technischen Universität findet sich ein hoher Anteil an Präfix- bzw. Partikelverben (Monteiro et al. 1997: 112).[18] Auch in Schülerproduktionen zu Handlungsabläufen in einem Versuch („Stromkreis") werden vorzugsweise Partikel- und Präfixverben verwendet (Runge 2013: 162).

Präfix- und Partikelverben haben allgemein einen hohen Anteil am deutschen Verbrepertoire. In einschlägigen Verbwörterbüchern machen sie ca. 50 % aller Verben aus (vgl. Ahrenholz, Hövelbrinks & Neumann i. Dr.). Auch im Alltagssprachgebrauch können sie als frequent gelten. Wir *bezahlen* etwas, *versuchen* etwas, *erzählen* etwas, *verlieren* etwas, *gehen* zu jemandem *hin*, *fahren weg* oder *kaufen* etwas *ein*. Entsprechend erwerben Kinder mit der L1 Deutsch solche Verben relativ früh, i. e. im 3. Lebensjahr (Komor 2008: 59) und verstärkt mit 4 Jahren (Komor & Reich 2008: 54, vgl. auch Runge 2013: 156ff.). Den Anfang bilden Partikeln allein (*Tür auf,* Thoma & Tracy 2006: 61). Ähnliches ist aus dem Zweitspracherwerb Erwachsener bekannt (Dittmar 1984).

Im Zweitspracherwerb gelten beide Verbtypen als schwierig. Kinder mit Deutsch als L2 verwenden tendenziell weniger Partikelverben als Kinder mit Deutsch als L1 (Grießhaber 2010, Hövelbrinks 2014, zu Grundschulkindern).[19] Auch in der Untersuchung von Runge (2013: 169) zu 80 Schülerinnen und Schüler der Jahrgangsstufen 4 und 5 (Grundschule, Gesamtschule, Gymnasium) verwenden mehrsprachige Schülerinnen und Schüler[20] weniger Verbvariation, auch in Bezug auf Präfix- und Partikelverben. Ähnliche Befunde zu unspezifischerem Verbgebrauch bei Schülerinnen und Schüler mit Deutsch als Zweitsprache zeigen sich bei Grießhaber (2009) und Agel, Beese & Krämer (2012). Hövelbrinks (2014: 193) zeigt in einer Untersuchung zu Naturkundeunterricht in der Primarstufe hin-

---

18 Genaue Zahlenangaben werden nicht gemacht.
19 Zwar zeigen verschiedene Untersuchungen für Schülerinnen und Schüler mit Deutsch als Zweitsprache eine geringere Sprachkompetenz z. B. in Hinblick auf Bildungssprache, aber es sei betont, dass es sich um Darstellungen hinsichtlich einer Gruppe handelt, die über den Zeitpunkt und den Kontext des Deutscherwerbs definiert wird. Hierbei darf aber keineswegs vergessen werden, dass sehr viele Individuen der Gruppe über herausragende und zuweilen viele Muttersprachler übertreffende Deutschkenntnisse verfügen. Wesentliche Faktoren hinsichtlich der Sprachkenntnisse scheinen Herkunft und sozialer Status zu sein (Eckhardt 2008).
20 Im Bispra-Projekt werden Kinder als mehrsprachig bezeichnet, wenn sie mit den Eltern oder Geschwistern noch mindestens eine andere Sprache als Deutsch sprechen (Uesseler, Runge & Redder 2013: 52).

gegen, dass Präfixverben von mehrsprachigen Kindern nicht seltener verwendet werden als von einsprachigen.

Die Schwierigkeit, sich Partikelverben anzueignen, wird auch in einer Fallanalyse zu Sachunterricht gezeigt, in der die Schülerinnen und Schüler einer dritten Klasse die als bildungssprachlich einstufbaren unecht reflexiven Verben *sich ausdehnen, sich abkühlen* und *sich erwärmen* lernen sollten, aber stattdessen weiter von *größer, kälter* oder *wärmer werden* sprechen. Da die neuen Wörter keine neuen Ausdrucksmöglichkeiten erschließen, könnte man interpretieren, verwenden die Kinder weiter das vorhandene Verbrepertoire. In Ahrenholz (2011) wird weiter für Schülerinnen und Schüler der Grundschule mit Deutsch als Zweitsprache gezeigt, dass sie z. T. über ein großes Verbrepertoire verfügen, dies aber nicht immer gemäß der zielsprachlichen Semantik einsetzen. Ähnliche Beobachtungen lassen sich auch in folgendem Beispiel eines Versuchsprotokolls aus dem Biologieunterricht einer 8. Klasse machen:

> *Beobachtung:* 1. Zuerst zündet er die Kerze an und legt es in den Glaszylinder dan macht er den Glasdeckel zu. Nach 28 sekunden schaltet der Kerze aus.
> 2. Der zweite versuch er nimmt die Glaszylinder und schwingt die Luft von der Glaszylinder raus danach nimmt er den Schlauch und pustet in das Glaszylinder und zündet die Kerze an und legt sie rein und macht die Glasdeckel zu. Nach 11 sekunden war der Kerze aus.
> *Auswertung:* Die Glaszylinder war nicht rein gepustet hat länger gedauert als der zweiten versuch. In der zweiten versuch hat er rein gepustet und hat nicht so lange gedauert weil er Sauerstoff mit rein gepustet hat.
> (Mädchen, L1=Türkisch, in D. geboren und aufgewachsen, Daten von J. Ricart-Brede[21])

Trennbare Verben können Verstehensprobleme bereiten (Redder 2013: 315, BiSpra, 4. Klasse). In der Sprachproduktion können Partikeln aufgrund ihrer Semantik zu unangemessenen Wortbildungsversuchen führen (Redder 2013: 318, Beispiel „*zusammenmachen*" für „*verbinden*"). Die Besonderheit der Präfixverben liegt u. a. in den Schwierigkeiten, die semantischen Verschiebungen in Relation zur Bedeutung des Stammes zu durchschauen (*zerstören < stören, entstehen < stehen, enthalten < halten, auslösen < lösen, ausdenken < denken,* (eine Strecke) *zurücklegen < legen*). Ähnliches konstatiert auch Meißner (2009) zu „figurativen Verben" wie *zurückgehen auf* oder *einer Frage nachgehen* in der Wissenschaftssprache.

Insgesamt lässt sich resümieren, dass es vielfach weniger der Verbbildungstyp zu sein scheint, der die spezifische Sprachlichkeit in schulfachlichen Kontexten ausmacht, als die Seltenheit des Gebrauchs bestimmter Verben und ihre Bedeutung. Die Verwendung von Präfix- und Partikelverben hat etwas mit

---

21 Vgl. zum Projekt bspw. Ricart Brede (2014).

der Darstellung von Prozessen in der Natur oder in gesellschaftlichen Zusammenhängen zu tun. Damit greifen die Verben ähnlich wie bestimmte Nomen oder Adjektive etc. weniger häufig auf bekannte Konzepte zurück, sondern enthalten selbst zentrale und neue Informationen für das Verständnis der dargestellten Vorgänge. Dass die Blutplättchen *zerfallen* (können) und in der Folge ein Enzym *ausscheiden*, dass das Fibrin die Wunde *verschließt* und sich die Adern *verengen*, sind zentrale Informationen, enkodiert in Verben, die im alltäglichen Sprachgebrauch weniger frequent sind.[22]

3.4 Konnektoren

Für die Angabe von Gründen, das Nennen von Bedingungen oder die zeitliche Situierung von Ereignissen – um nur einige Beispiele zu nennen – werden häufig Nebensätze verwendet. Entsprechend finden sich in den beiden Textauszügen auch ein temporales *bis* sowie die einen Vergleich kennzeichnende zweiteilige Subjunktion *je ... desto*[23]. Satzübergreifend sind für kausale, temporale, konditionale, konzessive etc. Relationen auch andere sprachliche Mittel zu nennen, insbesondere entsprechende Adverbien wie bspw. *daher* oder *trotzdem*. Entsprechende, für die Aussagen eines Textes zentrale Mittel werden daher als *Konnektoren* zusammen genannt und untersucht (vgl. insbes. Pasch et al. 2003). Darüber hinaus gibt es auch weitere Möglichkeiten, z. B. temporale oder konditionale Beziehungen ohne bestimmte lexikalische Mittel zu realisieren. Hier sind das „Prinzip der natürlichen Abfolge" (Klein 1987: 138) und uneingeleitete Konditionalsätze zu nennen.

Wie bei den anderen bisher genannten sprachlichen Mitteln sind koordinierende Konjunktionen wie *und* sowie nebensatzeinleitende Subjunktionen wie *weil* oder *wenn* ebenso im alltäglichen Sprachgebrauch präsent wie weitere Konnektoren (im Sinne von Pasch et al. 2003), z. B. *aber* oder *daher*. Das Wort *und* gehört in den Frequenzlisten der großen Online-Korpora zu den häufigsten Wörtern überhaupt, aber auch *weil*, *deshalb* oder *daher* haben eine sehr hohe Frequenz.[24]

---

22 Zu ergänzen wäre der Bereich der deverbalen Substantivierungen (vgl. Redder 2012; Ahrenholz, Hövelbrinks & Neumann i. Dr.).
23 In den Textauszügen (Abb. 2 und 4) mit Kursivdruck und Unterstreichung markiert.
24 Im Wortschatzportal Leipzig hat *weil* den Häufigkeitsgrad 2^6 (d. h. *der* ist 2^6 Mal häufiger als *weil*), *deshalb* 2^7, *daher* 2^8). Allerdings sind diese Befunde von begrenzter Relevanz, da sie sich auf vorwiegend konzeptionell schriftliche Texte und nicht auf Sprachproduktionen von Kindern und Jugendlichen beziehen. Auch das nach Dragon et al. (2015) schwerer verständliche *obwohl* hat im Wortschatzportal Leipzig eine Frequenz von 2^8.

In konzeptionell schriftlichen Texten treten Konnektoren in Verbindung mit komplexer Syntax häufiger auf als in konzeptionell mündlichen (Koch & Oesterreicher 1994: 591). Inwieweit sie im Kontext von Schule auch medial schriftlich (in Schulbüchern und Arbeitsblättern oder auf entsprechenden Internetseiten) häufiger sind als im medial Mündlichen, bleibt zu prüfen.

Für den schulischen Fachunterricht sind Mittel der Kohärenzbildung und Mittel der Strukturierung logischer Aussagen von großer Bedeutung. Entsprechend werden in den Indikatorenlisten für *Bildungssprache* auch häufig Konjunktionen bzw. Konnektoren genannt (vgl. Hövelbrinks 2014: 104ff.).

In Untersuchungen zum Konnektorenverständnis bei Schülerinnen und Schülern im BiSpra-Projekt wurde, angelehnt an Ferraresi (2008), für temporale, kausale, konzessive sowie zweiteilige Konnektoren das Verständnis bei Kindern der zweiten und dritten Jahrgangsstufe untersucht. Entsprechend dem Konnektorenbegriff waren auch Adverbkonnektoren wie *aufgrund* und nicht nur Subjunktionen berücksichtigt. Dabei zeigt sich ein wachsendes Konnektorenverständnis sowohl mit zunehmendem Alter und bei zunehmender Schulerfahrung als auch in Hinblick auf den Faktor nicht-deutsche Herkunftssprache (Heppt et al. 2012: 354).[25] Umfassende Befunde des BiSpra-Projektes referieren Dragon et al. (2015). Es wurde bei 1110 Kindern[26] aus der zweiten und dritten Klasse das Verständnis von 21 Konnektoren untersucht, wobei alle Kinder ein gutes Verständnis kausaler und temporaler, aber ein schwaches Verständnis konzessiver Konnektoren zeigten.

Wird nicht das Verständnis von Konnektoren in Tests untersucht, sondern deren Verwendung in freien Produktionen, sind große individuelle Unterschiede in der Verwendung von Konjunktionen in Erzählungen erkennbar (Ahrenholz 2007, bei Kindern der 3. und 4. Grundschulklasse mit Deutsch als L2 und als L1). Beim Schreiben von Versuchsprotokollen (Biologieunterricht, 8. Klasse, Gesamtschule) zeigen sich in der Untersuchung von Ricart Brede (2014: 65) hingegen keine wesentlichen Unterschiede zwischen Schülerinnen und Schülern mit Deutsch als L1 oder L2. Einzig uneingeleitete Konditionalsätze finden sich bei Schülerinnen und Schülern mit Deutsch als L1 deutlich öfter (Ricart Brede 2014: 73). Aus Untersuchungen zum Erstspracherwerb können wir annehmen, dass zunächst additive, dann temporale, kausale, adversative[27] und zuletzt konzessive

---
25 Test mit 182 Kindern, davon 126 nicht-deutscher Herkunftssprache (Heppt et al. 2012: 354); das genaue Kriterium für „Kinder nicht-deutscher Herkunftssprache" wird im Aufsatz nicht genannt.
26 56 % der Kinder gaben an, zu Hause noch eine zweite Sprache außer Deutsch zu sprechen.
27 Am Beispiel einer Rechenaufgabe haben Gogolin & Lange (2011: 115f.) die Wichtigkeit der Kenntnis der adversativen Bedeutung von *während* gezeigt, da die richtige Lösung der Aufgabe hiervon abhing (vgl. auch Feilke 2012: 7).

Konnektoren erworben werden (vgl. Überblick in Dragon et al. 2015: 805ff.), wobei der Erwerb bis ins Grundschulalter hinein andauert.

Es lässt sich also festhalten, dass nicht Konnektoren an sich eine spezielle Anforderung der Sprache im Fachunterricht sind; viele Konnektoren können sowohl in rezeptiver wie produktiver Hinsicht als erworben angesehen werden. Allerdings kann für einige – aus der Perspektive des Spracherwerbs von Kindern und Jugendlichen – eher seltenere Konnektoren eine Erschwernis vorliegen. Darüber hinaus ist aber anzunehmen, dass das Verstehen von Ursache und Wirkung, von Abfolgen und Prozessen nicht durch die verwendeten Konnektoren, sondern durch die fehlenden Möglichkeiten, sich auf allgemeines Weltwissen zu beziehen, eine besondere Herausforderung im Fachunterricht darstellt (vgl. auch Dragon et al. 2015: 812). Dies wäre aber zu überprüfen.

3.5 Passiv[28]

Im schulischen Fachunterricht haben unpersönliche Darstellungen und Passivkonstruktionen eine gewisse Frequenz.[29] Daher tauchen sie auch verschiedentlich in Indikatorenlisten auf (vgl. Hövelbrinks 2014: 104ff.). Einige Untersuchungen zu Schulbüchern bestätigen das häufigere Vorkommen von Passivkonstruktionen. So findet Niederhaus (2011: 104) im Schulbuchkorpus „Körperpflege" in jedem 3. Satz, im Korpus „Elektrotechnik" in jedem 2. Satz eine Passivform. In einer Analyse von 181 verbhaltigen Konstruktionen in Biologiebüchern zeigen Ahrenholz & Maak (2012) neben objektbezogenen Sätzen (72 %) unpersönliche Konstruktionen (7 %) und 15 % Passivkonstruktionen[30]. Auch in schriftlichen Schülertexten im Biologieunterricht in drei Klassen der 8. Jahrgangsstufe finden sich nicht wenige Passivkonstruktionen (vgl. Ricart Brede 2012: 273ff.).[31] In einer Fallanalyse von Unterrichtskommunikation im Fach Biologie zum Thema Blutkreislauf finden sich unter 86 verbhaltigen Äußerungen hingegen nur 3,5 % mit einer (*werden*-)Passivform. In einer erweiterten Analyse von insgesamt sieben Biologiestunden zum selben Thema finden sich unter den 1251 Verbtokens lediglich in 1,7 % Passivkonstruktionen

---

28 Es bliebe zu untersuchen, wie sich *werden*-Passive zu anderen Formen unpersönlicher Darstellung verhalten (vgl. z. B. Ahrenholz & Maak 2012, Niederhaus 2011: 104ff.).
29 In den obigen Textauszügen gibt es hingegen nur ein Passivvorkommen (unterstrichen).
30 10,3 % sind *werden*-Passive und 4,5 % *sein*-Passive (Ahrenholz & Maak 2012: 144).
31 In schriftlichen Versuchsprotokollen enthalten ca. 11 % aller verbhaltigen Äußerungen Passivkonstruktionen (Ricart Brede 2012: 276).

mit *werden* (Ahrenholz i. Vorb.).[32] Auch in den von Monteiro et al. (1997: 98) untersuchten ingenieurwissenschaftlichen Vorlesungen haben Passivvorkommen nur eine Frequenz von durchschnittlich 1,01 %.[33] Die Befunde zeigen also für das Passiv in Hinblick auf den medialen Kontext einen bedeutenden Unterschied.

Im Erstspracherwerb scheint das Passiv relativ spät erworben zu werden. Zwar zeigen einzelne Untersuchungen (z. B. Mills 1985) einen ersten Gebrauch im 4. Lebensjahr (vgl. Schneitz 2015: 216), aber in einer vergleichenden Untersuchung für 13 verschiedene Sprachen wird in Armon-Lotem et al. (2016) gezeigt, dass erst etwa im 5. Lebensjahr das Verstehen von Passivkonstruktionen in vielen Sprachen (darunter auch Deutsch) als erworben gelten kann. Bei Hinzufügung des Agens ist überwiegend ein späteres Verständnis der Konstruktionen zu beobachten (Armon-Lotem et al. 2016). Auch ist davon auszugehen, dass der Passivgebrauch in der Alltagssprache der Kinder sehr niedrig ist.[34] Auch bei Kindern mit Deutsch als L2 lässt sich bereits in der 1. und 2. Klasse Passivgebrauch zeigen (Schneitz 2015: 226). Anders als von Wegener (1998) in einer Fallstudie zu sechs Kindern angenommen, kann Schneitz keine Vermeidung von *werden*-Passiven erkennen.[35] Sofern es sich nicht um Seiteneinsteiger handelt, ist bei den Schülerinnen und Schülern der Sekundarstufe daher eher nicht mit Schwierigkeiten zu rechnen, *werden*-Passive als solche zu verstehen oder selbst zu bilden. Es bleibt allerdings zu untersuchen, inwieweit in fachunterrichtlichen Kontexten Passivvorkommen dennoch das Textverstehen erschweren.

---

32 Es handelt sich um 4 Doppelstunden Biologieunterricht zum Thema Blutkreislauf in einer 8. Klasse an einer Integrierten Gesamtschule. Von dem Unterricht wurden knapp sieben Stunden transkribiert. Die Zahlen betreffen sowohl die Äußerungen der Lehrerin als auch die der Schülerinnen und Schüler, soweit sie sich auf das Unterrichtsthema beziehen. Äußerungen zur Unterrichtsorganisation wurden nicht berücksichtigt. Insgesamt enthalten die Stunden 1251 Verbtokens (345 Lemmata) ohne Hilfs- und Modalverben (vgl. auch Ahrenholz i. Vorb.). Die Daten werden auch in Maak (i. Dr.) untersucht.
33 Untersucht wurden 17 Vorlesungen mit insgesamt 1530 Minuten (Monteiro et al. 1997: 30) und 77.873 Wortformen (Monteiro et al. 1997: 92). Die Passivvorkommen variieren zwischen 0 % und 2,82 % aller 16.308 verbalen Wortformen, einschließlich der Hilfs- und Modalverben (Monteiro et al. 1997: 98).
34 Schneitz (2015: 217) verweist auf Rickheits (1975) Untersuchung zu kindlichem Sprachgebrauch zwischen sechs und neun Jahren, in der weniger als 1 % aller Sätze im Passiv stehen.
35 Bei 22 Kindern, die z. T. Sprachförderung erhielten, werden in 76 von 132 Fällen Passive zielsprachlich gebildet. Die Kenntnis von Partizip-II-Formen wurde zuvor mit Hilfe von Perfekt-Äußerungen überprüft (107 von 132 korrekten Fällen).

4 Resümee: Bildungssprachliche Indikatoren sind keine Indikatoren

Wie im letzten Abschnitt gezeigt wurde, kann man verschiedene der vielfach aufgeführten „Indikatoren" für *Bildungssprache* nicht gut als Indikatoren auffassen. Nahezu alle Merkmale finden sich – zum Teil mit geringerer Frequenz – auch in anderen Kontexten des Sprachgebrauchs. Wir haben auch guten Grund zu der Annahme, dass sie – soweit es sich um sprachstrukturelle und nicht um lexikalische Mittel handelt – vielfach auch zu den alltagssprachlichen Kompetenzen von Schülerinnen und Schülern gehören. Allerdings bleibt diese Aussage für weitere Indikatoren zu prüfen.

Wenn das Konstrukt „Bildungssprache" auch nicht angemessen mit den genannten Indikatoren beschrieben ist, da sie auch in anderem Sprachgebrauch alltäglicher Lebenswelten auftreten können, so kann man umgekehrt jedoch sagen, dass diese Indikatoren – genauer spezifiziert – in jedem Fall sprachliche Anforderungen im Schulunterricht benennen.

Unstrittig ist auch, dass verschiedene Schülerinnen und Schüler mit dem skizzierten Sprachgebrauch in schulischen Kontexten Schwierigkeiten haben, sei es in Bezug auf Text- oder Hörverstehen, sei es in Bezug auf die eigene Sprachproduktion. Für einen angemessenen sprachsensiblen und sprachförderlichen Unterricht ist es nun notwendig zu ermitteln, welche strukturellen und lexikalischen Mittel genau zu Schwierigkeiten beim Text- und Hörverstehen führen können. Hier ist auch zu betrachten, welche Rolle die lexikalische und informationelle Dichte hat und welches Gewicht den fehlenden Möglichkeiten zuzuschreiben ist, auf alltägliche Wissensbestände zurückzugreifen. Für eine angemessene empirische Beschreibung dessen, was „Bildungssprache" ist, – und die steht weiterhin aus – sind dabei sprachstatistische Verfahren in Verbindung mit weiteren qualitativen Verfahren zur Bestimmung der Sprachlichkeit von Fachunterricht einzusetzen bzw. noch zu entwickeln.

5 Literatur

Adamzik, Kirsten (1998): Fachsprachen als Varietäten. In Hoffmann, Lothar; Kalverkämper, Hartwig & Wiegand, Herbert Ernst (Hrsg.): *Fachsprachen. Languages for Special Purposes. Ein internationales Handbuch zur Fachsprachenforschung und Terminologiewissenschaft. An International Handbook of Special-Language and Terminology Research.* Berlin, New York: de Gruyter, 181–189.

Agel, Christian; Beese, Melanie & Krämer, Silke (2012): Naturwissenschaftliche Sprachförderung. Ergebnisse einer empirischen Studie. *Mathematischer und naturwissenschaftlicher Unterricht (MNU)* 15 (1): 36–44.

Ahrenholz, Bernt (Hrsg.) (2010a): *Fachunterricht und Deutsch als Zweitsprache*. 2. Aufl. Tübingen: Narr.

Ahrenholz, Bernt; Neumann, Jessica & Reichel, Jennifer (i. Vorb.): *Verben in der Unterrichtskommunikation*. Arbeitspapiere FachDaZ.

Ahrenholz, Bernt (2010b): Einleitung. Fachunterricht und Deutsch als Zweitsprache – eine Bilanz. In Ahrenholz, Bernt (Hrsg.): *Fachunterricht und Deutsch als Zweitsprache*. 2. Aufl. Tübingen: Narr.

Ahrenholz, Bernt (2007): Komplexe Äußerungsstrukturen. Zu mündlichen Sprachkompetenzen bei Kindern mit und ohne Migrationshintergrund. In Eßer, Ruth & Krumm, Hans-Jürgen (Hrsg.): *Bausteine für Babylon: Sprache, Kultur, Unterricht….* München: ludicium, 3–14.

Ahrenholz, Bernt (2011): Verbale Ausdrucksmöglichkeiten von Schülerinnen und Schülern in einer dritten und vierten Grundschulklasse. In Apeltauer, Ernst & Rost-Roth, Martina (Hrsg.): *Sprachförderung Deutsch als Zweitsprache. Von der Vor- in die Grundschule*. Tübingen: Stauffenburg, 117–141.

Ahrenholz, Bernt (2013): Sprache im Fachunterricht untersuchen. In Röhner, Charlotte & Hövelbrinks, Britta (Hrsg.): *Fachbezogene Sprachförderung in Deutsch als Zweitsprache. Theoretische Konzepte und empirische Befunde zum Erwerb bildungssprachlicher Kompetenzen*. Weinheim, Basel: Beltz Juventa, 87–98.

Ahrenholz, Bernt & Maak, Diana (2012): Sprachliche Anforderungen im Fachunterricht. Eine Skizze mit Beispielanalysen zum Passivgebrauch in Biologie. In Roll, Heike & Schilling, Andrea (Hrsg.): *Mehrsprachiges Handeln im Fokus von Linguistik und Didaktik*. Duisburg: Universitätsverlag Rhein-Ruhr, 135–152.

Ahrenholz, Bernt (i. Vorb.): Passivkonstruktionen im schulischen Fachunterricht. *Arbeitspapiere FachDaZ*.

Ahrenholz, Bernt; Hövelbrinks, Britta & Neumann, Jessica (i. Dr.): Verben und Verbhaltiges in Schulbuchtexten der Sekundarstufe 1 (Biologie und Geographie). In Ahrenholz, Bernt; Hövelbrinks, Britta & Schmellentin, Claudia (Hrsg.): *Fachunterricht und Sprache in schulischen Lehr-/Lernprozessen*. Tübingen: Narr.

Ahrenholz, Bernt & Grießhaber, Wilhelm (i. Vorb.): Textsorten in Schulbüchern. In Ahrenholz, Bernt; Hövelbrinks, Britta & Schmellentin, Claudia (Hrsg.): *Fachunterricht und Sprache in schulischen Lehr-/Lernprozessen*. Tübingen: Narr.

Armon-Lotem, Sharon; Haman, Ewa; Jensen de López, Kristine; Smoczynska, Magdalena; Yatsushiro, Kazuko & Szczerbinski, Marcin (2016): A large-scale crosslinguistik investigation of the acquisition of passive. *Language Acquisition* 23 (1): 27–56.

Baur, Rupprecht S.; Bäcker, Iris & Wölz, Klaus (1993): Zur Ausbildung einer fachsprachlichen Handlungsfähigkeit bei Schülerinnen und Schülern mit der Herkunftssprache Russisch. *Zeitschrift für Fremdsprachenforschung* 4 (2): 4–38.

Becker-Mrotzek, Michael; Schramm, Karen; Thürmann, Eike & Vollmer, Helmut Johannes (Hrsg.) (2013): *Sprache im Fach. Sprachlichkeit und fachliches Lernen*. Münster, New York: Waxmann.

Berendes, Karin; Dragon, Nina; Weinert, Sabine; Heppt, Birgit & Stanat, Petra (2013): Hürde Bildungssprache? Eine Annäherung an das Konzept „Bildungssprache" unter Einbezug aktueller empirischer Forschungsergebnisse. In Redder, Angelika & Weinert, Sabine

(Hrsg.): *Sprachförderung und Sprachdiagnostik. Interdisziplinäre Perspektiven*. Münster, New York: Waxmann, 17–41.

Bernstein, Basil (1964): Elaborated and restricted codes: Their social origins and some consequences. *American Anthropologist* (66): 55–69.

Brandt, Silke; Diessel, Holger & Tomasello, Michael (2008): The acquisition of German relative clauses: A care study. *Journal of Child Language* 35 (2): 325–348.

Buhlmann, Rosemarie & Fearns, Anneliese (2000): Handbuch des Fachsprachenunterrichts. Unter besonderer Berücksichtigung naturwissenschaftlich-technischer Fachsprachen. 6., überarb. und erw. Aufl. Tübingen: Narr.

Chlosta, Christoph & Schäfer, Andrea (2008): Deutsch als Zweitsprache im Fachunterricht. In Ahrenholz, Bernt & Oomen-Welke, Ingelore (Hrsg.): *Deutsch als Zweitsprache*. Baltmannsweiler: Schneider Hohengehren, 280–297.

Conrad, Susan (1996): Investigating Academic Texts with corpus-based Techniques: An Example from Biology. *Linguistics and Education* 8: 299–326.

Conrad, Susan (2001): Variation among disciplinary texts: a comparison of textbooks and journal articles in biology and history. In Conrad, Susan & Biber, Douglas (eds.): *Register variation in English. Multi-dimensional studies*. Harlow, GB, New York: Longman, 94–107.

Cummins, Jim (1984): Zweisprachigkeit und Schulerfolg. Zum Zusammenwirken von linguistischen, soziokulturellen und schulischen Faktoren auf das zweisprachige Kind. *Die Deutsche Schule* (3): 187–198.

Deppner, Jutta (1989): *Fachsprache der Chemie in der Schule*. Heidelberg: Groos.

Dittmar, Norbert (1984): Semantic Features of Pidginized Learner Varieties of German. In Andersen, Roger W. (ed.): *Second Languages. A Cross-Linguistic Perspective*. Rowley, MA.: Newbury House, 243–270.

Dittmar, Norbert (1997): *Grundlagen der Soziolinguistik. Ein Arbeitsbuch mit Aufgaben*. Tübingen: Niemeyer.

Dittmar, Norbert & Özçelik, Tiner (2006): DaZ in soziolinguistischer Perspektive. In Ahrenholz, Bernt (Hrsg.): *Kinder mit Migrationshintergrund – Spracherwerb und Fördermöglichkeiten*. Freiburg i. Br.: Fillibach, 303–321.

Dobers, Joachim (2001): *Erlebnis Biologie – ein Lehr- und Arbeitsbuch*. Bd. 2. Hannover: Schroedel [7./8. Klasse, Gesamtschule, Realschule, Regelschule].

Dragon, Nina; Berendes, Karin; Weinert, Sabine; Heppt, Birgit & Stanat, Petra (2015): Ignorieren Grundschulkinder Konnektoren? Untersuchung einer bildungssprachlichen Komponente. *Zeitschrift für Erziehungswissenschaft (ZfE)* 18: 803–825.

Drumm, Sandra (2016): *Sprachbildung im Biologieunterricht*. Berlin, Boston: de Gruyter.

Drumm, Sandra (i. Vorb.): Gemischte Zeichenkomplexe verstehen lernen: Arbeit mit Sachtexten im Fach Biologie. In Ahrenholz, Bernt; Hövelbrinks, Britta & Schmellentin, Claudia (Hrsg.): *Fachunterricht und Sprache in schulischen Lehr-/Lernprozessen*. Tübingen: Narr.

Eckhardt, Andrea G. (2008): *Sprache als Barriere für den schulischen Erfolg. Potentielle Schwierigkeiten beim Erwerb schulbezogener Sprache für Kinder mit Migrationshintergrund*. Münster, New York: Waxmann.

Ehlich, Konrad (1999): Alltägliche Wissenschaftssprache. *Info DaF* 26 (1): 3–24.

Ehlich, Konrad & Rehbein, Jochen (Hrsg.) (1983): Kommunikation in Schule und Hochschule. Linguistische und ethnomethodologische Analysen. Tübingen: Narr.

Eisenberg, Peter (1999): *Grundriß der deutschen Grammatik. Bd. 1: Das Wort*. Stuttgart, Weimar: Metzler.

Engelen, Bernhard (2010): *Schwierige sprachliche Strukturen. Aufsätze zur deutschen Grammatik*. Frankfurt a. M. u. a.: Peter Lang.
Feilke, Helmuth (2012): Bildungssprachliche Kompetenzen – fördern und entwickeln. *Praxis Deutsch* 39 (233): 4–13.
Ferraresi, Gisella (2008): Adverbkonnektoren: Von der Theorie zur Praxis. In Chlosta, Christoph; Leder, Gabriela & Krischer, Barbara (Hrsg.): *Auf neuen Wegen. Deutsch als Fremdsprache in Forschung und Praxis*. Göttingen: Universitäts-Verlag, 173–186.
Fijas, Liane (1998): Das Postulat der Ökonomie für den Fachsprachengebrauch. In Hoffmann, Lothar; Kalverkämper, Hartwig & Wiegand, Herbert Ernst (Hrsg.): *Fachsprachen. Languages for Special Purposes. Ein internationales Handbuch zur Fachsprachenforschung und Terminologiewissenschaft. An International Handbook of Special-Language and Terminology Research*. Berlin, New York: de Gruyter, 390–397.
Fluck, Hans-Rüdiger (1997): *Fachdeutsch in Naturwissenschaft und Technik: Einführung in die Fachsprachen und die Didaktik/Methodik des fachorientierten Fremdsprachenunterrichts*. Heidelberg: Groos.
Gantefort, Christoph & Roth, Hans-Joachim (2010): Sprachdiagnostische Grundlagen für die Förderung bildungssprachlicher Fähigkeiten. *Zeitschrift für Erziehungswissenschaft* 13 (4): 573–591.
Gierth, Maria (2013): Textüberarbeitung von Jugendlichen mit türkischem Migrationshintergrund in der Sekundarstufe I. In Röhner, Charlotte & Hövelbrinks, Britta (Hrsg.): *Fachbezogene Sprachförderung in Deutsch als Zweitsprache. Theoretische Konzepte und empirische Befunde zum Erwerb bildungssprachlicher Kompetenzen*. Weinheim, Basel: Beltz Juventa, 147–158.
Gläser, Rosemarie (1998): Fachsprachen und Funktionalstile. In Hoffmann, Lothar; Kalverkämper, Hartwig & Wiegand, Herbert Ernst (Hrsg.): *Fachsprachen. Languages for Special Purposes. Ein internationales Handbuch zur Fachsprachenforschung und Terminologiewissenschaft. An International Handbook of Special-Language and Terminology Research*. Berlin, New York: de Gruyter, 199–208.
Gogolin, Ingrid; Kaiser, Gabriele; Roth, Hans-Joachim; Deseniss, Astrid; Hawighorst, Britta & Schwarz, Inga (2004): *Mathematiklernen im Kontext sprachlich-kultureller Diversität*. Hamburg: DFG (Abschlussbericht). https://www.ew.uni-hamburg.de/ueber-die-fakultaet/personen/gogolin/pdf-dokumente/mathe-bericht.pdf *(18.09.2016)*.
Gogolin, Ingrid (2006): Bilingualität und die Bildungssprache der Schule. In Mecheril, Paul & Quehl, Thomas (Hrsg.): *Die Macht der Sprachen. Englische Perspektiven auf die mehrsprachige Schule*. Münster, New York: Waxmann, 79–85.
Gogolin, Ingrid & Roth, Hans-Joachim (2007): Bilinguale Grundschule. Ein Beitrag zur Förderung der Mehrsprachigkeit. In Anstatt, Tanja (Hrsg.): *Mehrsprachigkeit bei Kindern und Erwachsenen. Erwerb – Formen – Förderung*. Tübingen: Attempto, 31–45.
Gogolin, Ingrid; Neumann, Ursula & Roth, Hans-Joachim (2007): *Schulversuch Bilinguale Grundschulklassen in Hamburg. Bericht 2007*. Hamburg: Universität Hamburg.
Gogolin, Ingrid & Lange, Imke (2011): Bildungssprache und Durchgängige Sprachbildung. In Fürstenau, Sara & Gomolla, Mechtild (Hrsg.): *Migration und schulischer Wandel: Mehrsprachigkeit*. Wiesbaden: VS, 107–127.
Graf, Dittmar (1989): *Begrifflernen im Biologieunterricht der Sekundarstufe I. Empirische Untersuchungen und Häufigkeitsanalysen*. Frankfurt a. M. u. a.: Peter Lang.

Grießhaber, Wilhelm (2009): L2-Kenntnisse und Literalität in frühen Lernertexten. In Ahrenholz, Bernt (Hrsg.): *Empirische Befunde zu DaZ-Erwerb und Sprachförderung*. 2., korr. Aufl. Freiburg i. Br.: Fillibach, 115–135.

Grießhaber, Wilhelm (2010): (Fach-)Sprache im zweitsprachlichen Fachunterricht. In Ahrenholz, Bernt (Hrsg.): *Fachunterricht und Deutsch als Zweitsprache*. 2. Aufl. Tübingen: Narr, 37–53.

Habermas, Jürgen (1977): Umgangssprache, Wissenschaftssprache, Bildungssprache. In Max Planck Gesellschaft (Hrsg.): *Jahrbuch der Max-Planck-Gesellschaft*. Göttingen: Vandenhoeck & Ruprecht, 36–51.

Halliday, Michael A. K. (1978): *Language as social Semiotic. The social interpretation of language and meaning*. Baltimore, MA: University Park Press.

Halliday, M. A. K. (1994): *An introduction to functional grammar*. 2nd. ed. London: Edward Arnold.

Harren, Inga (2009): Schülererklärungen im Unterrichtsgespräch des Biologieunterrichts. In Spreckels, Janet (Hrsg.): *Erklären im Kontext. Neue Perspektiven aus der Gesprächs- und Unterrichtsforschung*. Baltmannsweiler: Schneider Hohengehren, 81–93.

Harren, Inga (2015): *Fachliche Inhalte sprachlich ausdrücken lernen. Sprachliche Hürden und interaktive Vermittlungsverfahren im naturwissenschaftlichen Unterrichtsgespräch in der Mittel- und Oberstufe*. Mannheim: Verlag für Gesprächsforschung.

Helbig, Gerhard (1973): Zu Problemen des Attributs in der Gegenwartssprache (2). *Deutsch als Fremdsprache. Zeitschrift zur Theorie und Praxis des Deutschunterrichts für Ausländer* 10 (2): 11–17.

Hempel, Marie (2015): *Bildungssprache in Schulbüchern. Eine korpuslinguistische Analyse von Attributvorkommen in Biologie- und Geographiebüchern der Sekundarstufe I*. Masterarbeit. Jena: Friedrich-Schiller-Universität.

Heppt, Birgit; Dragon, Nina; Berendes, Karin; Stanat, Petra & Weinert, Sabine (2012): Beherrschung von Bildungssprache bei Kindern im Grundschulalter. *Diskurs Kindheits- und Jugendforschung* (3): 349–356.

Heppt, Birgit; Stanat, Petra; Dragon, Nina; Berendes, Karin & Weinert, Sabine (2014): Bildungssprachliche Anforderungen und Hörverstehen bei Kindern mit deutscher und nicht-deutscher Familiensprache. *Zeitschrift für pädagogische Psychologie* 28 (3): 139–149.

Hess-Lüttich, Ernest W. B. (1998): Fachsprachen als Register. In Hoffmann, Lothar; Kalverkämper, Hartwig & Wiegand, Herbert Ernst (Hrsg.): Fachsprachen. Languages for Special Purposes. Ein internationales Handbuch zur Fachsprachenforschung und Terminologiewissenschaft. An International Handbook of Special-Language and Terminology Research. Berlin, New York: de Gruyter, 208–219.

Hoffmann, Lothar; Kalverkämper, Hartwig & Wiegand, Herbert Ernst (Hrsg.) (1998): *Fachsprachen. Languages for Special Purposes*. Ein internationales Handbuch zur Fachsprachenforschung und Terminologiewissenschaft. An International Handbook of Special-Language and Terminology Research. Berlin, New York: de Gruyter.

Hoffmann, Lothar (1998b): Syntaktische und morphologische Eigenschaften von Fachsprachen. In Hoffmann, Lothar; Kalverkämper, Hartwig & Wiegand, Herbert Ernst (Hrsg.): *Fachsprachen. Languages for Special Purposes* Ein internationales Handbuch zur Fachsprachenforschung und Terminologiewissenschaft. An International Handbook of Special-Language and Terminology Research. Berlin, New York: de Gruyter, 416–427.

Hoffmann, Lothar (1998a): Fachsprachen und Gemeinsprache. In Hoffmann, Lothar; Kalverkämper, Hartwig & Wiegand, Herbert Ernst (Hrsg.): *Fachsprachen. Languages for Special Purposes*. Ein internationales Handbuch zur Fachsprachenforschung und Terminologiewissenschaft. An International Handbook of Special-Language and Terminology Research. Berlin, New York: de Gruyter, 157–168.

Hövelbrinks, Britta (2013): Die Bedeutung der Bildungssprache für Zweitsprachenlernende im naturwissenschaftlichen Anfangsunterricht. In Röhner, Charlotte & Hövelbrinks, Britta (Hrsg.): *Fachbezogene Sprachförderung in Deutsch als Zweitsprache. Theoretische Konzepte und empirische Befunde zum Erwerb bildungssprachlicher Kompetenzen.* Weinheim, Basel: Beltz Juventa, 75–86.

Hövelbrinks, Britta (2014): *Bildungssprachliche Kompetenz von einsprachig und mehrsprachig aufwachsenden Kindern. Eine vergleichende Studie in naturwissenschaftlicher Lernumgebung des ersten Schuljahres.* Weinheim, Basel: Beltz Juventa.

Klein, Wolfgang (1987): *Zweitspracherwerb. Eine Einführung.* 2., durchges. Aufl. Frankfurt a. M.: Athenäum.

Klippel, Friederike; Kolb, Elisabeth & Sharp, Felicitas (Hrsg.) (2013): *Schulsprachenpolitik und fremdsprachliche Unterrichtspraxis: Historische Schlaglichter zwischen 1800 und 1989.* Münster, New York: Waxmann.

(KMK 2013): Ständige Konferenz der Kultusminister der Länder in der Bundesrepublik Deutschland (2013): Interkulturelle Bildung und Erziehung in der Schule. Beschluss vom 25.10.1996 i. d. F. vom 5.12.2013. http://www.kmk.org/fileadmin/Dateien/veroeffentlichungen_beschluesse/1996/1996_10_25-Interkulturelle-Bildung.pdf *(18.09.2016).*

Kniffka, Gabriele & Neuer, Brirgit (2008): „Wo geht's hier nach ALDI?". Fachsprachen lernen im kulturell heterogenen Klassenzimmer. In Budke, Alexandra (Hrsg.): *Interkulturelles Lernen im Geographieunterricht.* Potsdam: Universitätsverlag, 121–135. https://publishup.uni-potsdam.de/files/2265/PGF_27.pdf *(18.09.2016).*

Kniffka, Gabriele & Roelcke, Thorsten (2014): *Fachsprachenvermittlung im Unterricht.* Paderborn: UTB Schöningh.

Koch, Peter & Oesterreicher, Wulf (1985): Sprache der Nähe – Sprache der Distanz. Mündlichkeit und Schriftlichkeit im Spannungsfeld von Sprachtheorie und Sprachgeschichte. *Romanisches Jahrbuch* 36: 15–43.

Koch, Peter & Oesterreicher, Wulf (1994): Schriftlichkeit und Sprache. In Günther, Hartmut & Ludwig, Otto (Hrsg.): *Schrift und Schriftlichkeit.* Berlin, New York: de Gruyter, 587–604.

Köhne, Judith; Kronenwerth, Sibylle; Redder, Angelika; Schuth, Elisabeth & Weinert, Sabine (2015): Bildungssprachlicher Wortschatz – linguistische und psychologische Fundierung und Itementwicklung. Entwicklung eines Testinstruments. In Redder, Angelika; Naumann, Johannes & Tracy, Rosemarie (Hrsg.): Forschungsinitiative Sprachdiagnostik und Sprachförderung – Ergebnisse. Münster, New York: Waxmann, 67–92.

Komor, Anna (2008): Semantische Basisqualifikation. In Ehlich, Konrad; Bredel, Ursula & Reich, Hans H. (Hrsg.): *Referenzrahmen zur altersspezifischen Sprachaneignung.* Bd. 2: *Forschungsgrundlagen.* Bonn, Berlin: BMBF, 51–75.

Komor, Anna & Reich, Hans H. (2008): Semantische Basisqualifikation. In Ehlich, Konrad; Bredel, Ursula & Reich, Hans H. (Hrsg.): *Referenzrahmen zur altersspezifischen Sprachaneignung.* Bd. 1. Bonn, Berlin: BMBF, 49–61.

Lengyel, Drorit (2010): Bildungssprachförderlicher Unterricht in mehrsprachigen Lernkonstellationen. *Zeitschrift für Erziehungswissenschaft* (13): 593–608.

Loeding, Inga (2007): Lernen in der Zweitsprache Deutsch. ‚Seiteneinsteiger' im deutschsprachigen Unterricht. In Doff, Sabine & Schmidt, Torben (Hrsg.): *Fremdsprache heute.* Frankfurt a. M.: Peter Lang, 73–88.

Luchtenberg, Sigrid (1991): Fachsprachenunterricht für Migrantenkinder – in welchem Fach? *Deutsch lernen* 16 (4): 380–388.
Maak, Diana (i. Dr.): *Sprachlicher Input im Fach Biologie. Eine Konzept-orientierte Analyse der Enkodierung von Bewegung*. Berlin, Boston: de Gruyter.
Meißner, Cordula (2009): Figurative Verben in der alltäglichen Wissenschaftssprache des Deutschen. Eine korpuslinguistische Pilotstudie. *Apples – Journal of Applied Language Studies* 3 (1): 93–116.
Michalak, Magdalena (Hrsg.) (2014): *Sprache als Lernmedium im Fachunterricht. Theorien und Modelle für das sprachbewusste Lehren und Lernen*. Baltmannsweiler: Schneider Hohengehren.
Michalak, Magdalena (2015): „Die machen aber Musik so wie ich" – Adressatenorientierung in Grafikbeschreibungen. In Rösch, Heidi & Webersik, Julia (Hrsg.): *Deutsch als Zweitsprache – Erwerb und Didaktik*. Stuttgart: Fillibach bei Klett, 109–125.
Mills, Anne E. (1985): Acquisition of German. In Slobin, Dan Isaac (ed.): *The Crosslinguistic Study of Language Acquisition*. Vol. I: *The Data*. Hillsdale, NJ: Lawrence Erlbaum, 141–254.
Monteiro, Maria; Rieger, Simone; Skiba, Romuald & Steinmüller, Ulrich (1997): *Deutsch als Fremdsprache: Fachsprache im Ingenieurstudium*. Frankfurt a. M.: Verlag für Interkulturelle Kommunikation.
Morek, Miriam & Heller, Vivien (2012): Bildungssprache – Kommunikative, epistemische, soziale, und interaktive Aspekte ihres Gebrauchs. *Zeitschrift für Angewandte Linguistik* 57: 67–101.
Naumann, Johannes; Artelt, Cordula; Schneider, Wolfgang & Stanat, Petra (2010): Lesekompetenz von PISA 2000 bis PISA 2009. In Klieme, Eckhard; Artelt, Cordula; Hartig, Johannes; Jude, Nina; Köller, Olaf & Prenzel, Manfred et al. (Hrsg*.)*: *PISA 2009. Bilanz nach einem Jahrzehnt*. Münster, New York: Waxmann, 23–71.
Neuland, Eva; Balsliemke, Petra & Baradaranossadat, Anka (2009): Schülersprache, Schulsprache, Unterrichtssprache. In Becker-Mrotzek, Michael (Hrsg.): *Mündliche Kommunikation und Gesprächsdidaktik*. Baltmannsweiler: Schneider Hohengehren, 392–407.
Neuner, Gerhard & Schade, Ernst (1986): *Lernschwierigkeiten ausländischer Schüler mit dem Wortschatz der Grundschul*e. Kassel: Gesamthochschule Kassel.
Niederhaus, Constanze (2011): *Fachsprachlichkeit in Lehrbüchern. Korpuslinguistische Analysen von Fachtexten der beruflichen Bildung*. Münster, New York: Waxmann.
Obermayer, Annika (2013): *Bildungssprache im grafisch designten Schulbuch. Eine Analyse von Schulbüchern des Heimat- und Sachunterrichts*. Bad Heilbrunn: Klinkhardt.
Oleschko, Sven & Moraitis, Anastasia (2012): Die Sprache im Schulbuch. Erste Überlegungen zur Entwicklung von Geschichts- und Politikschulbüchern unter Berücksichtigung sprachlicher Besonderheiten. *Bildungsforschung und Bildungspraxis* 9 (1): 11–46.
Ortner, Hanspeter (2009): Rhetorisch-stilistische Eigenschaften der Bildungssprache. In Fix, Ulla; Gardt, Andreas & Knape, Joachim (Hrsg.): *Rhetorik und Stilistik. Rhetoric and Stylistics*. Ein internationales Handbuch historischer und systematischer Forschung. An International Handbook of Historical and Systematic Research. Bd 2. Berlin, New York: de Gruyter, 2227–2240.
Pasch, Renate; Brauße, Ursula; Breindl, Eva & Waßner, Ulrich Hermann (2003): *Handbuch der deutschen Konnektoren. Linguistische Grundlagen der Beschreibung und syntaktische Merkmale der deutschen Satzverknüpfer (Konjunktionen, Satzadverbien und Partikeln)*. Berlin, New York: de Gruyter.

Prediger, Susanne & Erkan, Özdil (Hrsg.) (2011): *Mathematiklernen unter Bedingungen der Mehrsprachigkeit. Stand und Perspektiven der Forschung und Entwicklung in Deutschland.* Berlin, New York: Waxmann.

Redder, Angelika (2012): Rezeptive Sprachfähigkeit und Bildungssprache. Anforderungen in Unterrichtsmaterialien. In Doll, Jörg; Frank, Keno, Fickermann, Detlef & Schwippert, Knut (Hrsg.): *Schulbücher im Fokus. Nutzungen, Wirkungen und Evaluation.* Münster, New York: Waxmann, 81–99.

Redder, Angelika (2013): Produktivität der Diskontinuität. Verbalkomplex und komplexe Verben in der Bildungssprache. In Köpcke, Klaus-Michael & Ziegler, Arne (Hrsg.): *Schulgrammatik und Sprachunterricht im Wandel.* Berlin, Boston: de Gruyter, 307–328.

Redder, Angelika (2013): Sprachliches Kompetenzgitter. Linguistisches Konzept und evidenzbasierte Ausführung. In Redder, Angelika & Weinert, Sabine (Hrsg.): *Sprachförderung und Sprachdiagnostik. Interdisziplinäre Perspektiven.* Münster, New York: Waxmann, 108–134.

Rehbein, Jochen (2011): ‚Arbeitssprache' Türkisch im mathematisch-naturwissenschaftlichen Unterricht der deutschen Schule – ein Plädoyer. In Prediger, Susanne & Erkan, Özdil (Hrsg.): *Mathematiklernen unter Bedingungen der Mehrsprachigkeit. Stand und Perspektiven der Forschung und Entwicklung in Deutschland.* Berlin, New York: Waxmann, 205–231.

Reich, Hans H.: *Materialien zum Workshop „Bildungssprache".* Unveröffentlichtes Schulungsmaterial für die FörMig-Weiterqualifizierung „Berater(in) für sprachliche Bildung, Deutsch als Zweitsprache". Hamburg: Universität Hamburg.

Ricart Brede, Julia (2012): Passivkonstruktionen in Versuchsprotokollen aus dem Fachunterricht Biologie der Sekundarstufe I. In Jeuk, Stefan & Schäfer, Joachim (Hrsg.): *Deutsch als Zweitsprache in Kindertageseinrichtungen und Schulen. Aneignung, Förderung, Unterricht.* Freiburg i. Br.: Fillibach, 265–284.

Ricart Brede, Julia (2014): „Da wo das Gummiabschluss runter gezogen war, dadurch wurden die Luftballongs größer". Zum Konnektorengebrauch in Versuchsprotokollen von Schülern mit Deutsch als Erst- und Zweitsprache. In Ahrenholz, Bernt & Grommes, Patrick (Hrsg.): *Zweitspracherwerb im Jugendalter.* Berlin u. a.: de Gruyter, 77–98.

Rickheit, Gert (1975): *Zur Entwicklung der Syntax im Grundschulalter.* Düsseldorf: Schwann.

Roelcke, Thorsten (2010): *Fachsprachen.* 3., neu bearb. Aufl. Berlin: Erich Schmidt.

Rost, Dietmar (2009): Sprachpraxis und Sprachbedeutungen aus der Perspektive von Jugendlichen mit Migrationshintergrund. Ergebnisse aus einer qualitativen Befragung. In Ahrenholz, Bernt (Hrsg.): *Empirische Befunde zu DaZ-Erwerb und Sprachförderung.* 2., korr. Aufl. Freiburg i. Br.: Fillibach, 291–309.

Runge, Anna (2013): Die Nutzung von (bildungssprachlichen) Verben in naturwissenschaftlichen Aufgabenstellungen bei SchülerInnen der Jahrgangsstufen 4 und 5. In Redder, Angelika & Weinert, Sabine (Hrsg.): *Sprachförderung und Sprachdiagnostik. Interdisziplinäre Perspektiven.* Münster, New York: Waxmann, 152–173.

Schleppegrell, Mary (2004): *The Language of Schooling. A Functional Linguistics Perspective.* Mahwah, NJ Lawrence Erlbaum.

Schmellentin, Claudia; Schneider, Hansjakob & Hefti, Claudia (2011): Deutsch (als Zweitsprache) im Fachunterricht – am Beispiel Lesen. *leseforum.ch* (3): 1–20.

Schmellentin, Claudia; Dittmar, Miriam; Gilg, Eliane & Schneider, Hansjakob (i. Vorb.): Sprachliche Anforderungen in Biologielehrmitteln. In Ahrenholz, Bernt; Hövelbrinks, Britta & Schmellentin, Claudia (Hrsg.): *Fachunterricht und Sprache in schulischen Lehr-/Lernprozessen.* Tübingen: Narr.

Schmölzer-Eibinger, Sabine; Dorner, Magdalena; Langer, Elisabeth & Helten-Pacher, Maria-Rita (2013): *Sprachförderung im Fachunterricht in sprachlich heterogenen Klassen*. Stuttgart: Fillibach bei Klett.

Schmölzer-Eibinger, Sabine & Thürmann, Eike (Hrsg.) (2015): *Schreiben als Medium des Lernens. Kompetenzentwicklung durch Schreiben im Fachunterricht*. Münster, New York: Waxmann.

Schneitz, Sarah (2015): Passiv im kindlichen Zweitspracherwerb – Diagnostik und Förderimplikationen. In Klages, Hana & Pagonis, Giulio (Hrsg.): *Linguistisch fundierte Sprachförderung und Sprachdidaktik. Grundlagen, Konzepte, Desiderate*. Berlin, Boston: de Gruyter, 216–236.

Schuth, Elisabeth; Heppt, Birgit; Köhne, Judith; Weinert, Sabine & Stanat, Petra (2015): Die Erfassung schulisch relevanter Sprachkompetenzen bei Grundschulkindern. Entwicklung eines Testinstruments. In Redder, Angelika; Naumann, Johannes & Tracy, Rosemarie (Hrsg.): *Forschungsinitiative Sprachdiagnostik und Sprachförderung – Ergebnisse*. Münster, New York: Waxmann, 67–92.

Seibicke, Wilfried (1976): Zur Lexik der Fachsprachen und ihrer Vermittlung in der Lehre des Deutschen als Fremdsprache. In Rall, Dietrich; Schepping, Hans & Schleyer, Walter: (Hrsg.): Beiträge einer Arbeitstagung an der RWTH Aachen vom 30. September bis 4. Oktober 1974. Bonn: DAAD, 69–75.

Stanat, Petra & Christensen, Gayle (2007): *Schulerfolg von Jugendlichen mit Migrationshintergrund im internationalen Vergleich*. Eine Analyse von Voraussetzungen und Erträgen schulischen Lernens im Rahmen von PISA 2003. Bonn, Berlin: BMBF/OECD https://www.bmbf.de/pub/Bildungsforschung_Band_19.pdf *(18.09.2016)*

Stanat, Petra; Rauch, Dominique & Segeritz, Michael (2010): Schülerinnen und Schüler mit Migrationshintergrund. In Klieme, Eckhardt; Artelt, Cordula; Hartig, Johannes; Jude, Nina; Köller, Olaf & Prenzel, Manfred et al. (Hrsg.): *PISA 2009. Bilanz nach einem Jahrzehnt*. Münster, New York: Waxmann, 200–228.

Steinmüller, Ulrich & Scharnhorst, Ulrich (1987): Sprache im Fachunterricht – Ein Beitrag zur Diskussion über Fachsprachen im Unterricht mit ausländischen Schülern. *Zielsprache Deutsch* 18 (4): 3–12.

Thoma, Dieter & Tracy, Rosemarie (2006): Deutsch als frühe Zweitsprache: zweite Erstsprache? In Ahrenholz, Bernt (Hrsg.): *Kinder mit Migrationshintergrund – Spracherwerb und Fördermöglichkeiten*. Freiburg i. Br.: Fillibach, 58–97.

Thürmann, Eike & Vollmer, Helmut Johannes (2013): Schulsprache und Sprachsensibler Fachunterricht: Eine Checkliste mit Erläuterungen. In Röhner, Charlotte & Hövelbrinks, Britta (Hrsg.): *Fachbezogene Sprachförderung in Deutsch als Zweitsprache. Theoretische Konzepte und empirische Befunde zum Erwerb bildungssprachlicher Kompetenzen*. Weinheim, Basel: Beltz Juventa, 212–233.

Uesseler, Stella; Runge, Anna & Redder, Angelika (2013): „Bildungssprache" diagnostizieren. Entwicklung eines Instruments zur Erfassung von bildungssprachlichen Fähigkeiten bei Viert- und Fünftklässlern. In Redder, Angelika & Weinert, Sabine (Hrsg.): *Sprachförderung und Sprachdiagnostik. Interdisziplinäre Perspektiven*. Münster, New York: Waxmann, 42–67.

Vollmer, Helmut Johannes & Thürmann, Eike (2010): Zur Sprachlichkeit des Fachlernens: Modellierung eines Referenzrahmens für Deutsch als Zweitsprache. In Ahrenholz, Bernt (Hrsg.): *Fachunterricht und Deutsch als Zweitsprache*. 2. Aufl. Tübingen: Narr, 107–132.

Webersik, Julia (2015): *Gesprochene Schulsprache in der Primarstufe. Ein empirisches Verfahren zur Evaluation von Fördereffekten im Bereich Deutsch als Zweitsprache*. Berlin: de Gruyter.
Wegener, Heide (1998): Das Passiv im DaZ-Erwerb von Grundschulkindern. In: Wegener, Heide (Hrsg.): *Eine zweite Sprache lernen. Empirische Untersuchungen zum Zweitspracherwerb*. Tübingen: Narr, 143–172.
Zydatiß, Wolfgang (2010): Parameter einer „bilingualen" Didaktik für das integrierte Sach-Sprachlernen im Fachunterricht: die CLIL-Perspektive. In Ahrenholz, Bernt (Hrsg.): *Fachunterricht und Deutsch als Zweitsprache*. 2. Aufl. Tübingen: Narr, 133–152.

Wolfgang Zydatiß
Zur Entwicklung bildungssprachlichen Lernens im Fachunterricht – eine *CLIL*-Perspektive auf die Ontogenese der *academic literacy*

1 Zur Einführung: Integriertes Sach-Sprachlernen durchgängig fördern

Nachstehend möchte ich mich für eine gezielte sprachliche Förderung aller Lernenden in allen Bildungsgängen und in allen Domänen des Curriculums aussprechen. Wem das nicht zu vermessen erscheint, möge darin (im Kern) das Comenius-Prinzip des *omnes omnia omnino* wiedererkennen, fokussiert auf die heutige pädagogische Diskussion zum „bildungssprachlichen Lernen" bzw. zur „Durchgängigen sprachlichen Bildung" (Gogolin 2006). Das Bewusstsein dafür ist gewachsen; allerdings dürfte das deutsche Bildungswesen noch ein gutes Stück davon entfernt sein, die letzteren Konzepte in ein planvolles unterrichtliches Handeln umsetzen zu können. In dieser Situation gilt es deshalb m. E. drei zentrale Aspekte im Hinblick auf die zu ergreifende Gesamtstrategie zu beachten:
– Schulisch-fachliches Lernen braucht einen *funktional-linguistischen Blick* auf Sprache und inhaltliches Lernen.
– Unterrichtlich gesteuertes fachliches Lernen braucht eine *ontogenetische Entwicklungs- und Förderungsperspektive*.
– Systematisch-kumulatives Fachlernen braucht *praxisorientierte Konzepte* zur Implementation eines integrierten Sach-Sprachlernens.

2 Bildungssprache und bildungssprachliches Lernen

2.1 *Bildungssprache* im Netz affiner Konzepte

Der Begriff der *Bildungssprache*, der von Gogolin im Anschluss an Habermas (1981) in die deutschsprachige pädagogische Diskussion eingeführt wurde, steht in enger Verbindung zu einer Reihe affiner Konzepte, die in aller Regel darauf ausgerichtet sind, die Differenzen zwischen der alltäglichen Umgangssprache und einer stärker kognitiv-konzeptuell geprägten Sprachvarietät zu betonen, die in den verschiedenen Bildungsinstitutionen gefordert bzw. vorausgesetzt wird. Aus den verschiedenen Konzepten lässt sich daraus die folgende Charakterisierung herausfiltern: *Bildungssprache* realisiert einen in situativer, interpersonal-interaktiver Hinsicht dekontextualisierten diskursiven Sprachgebrauch, der vor allem auf den Einsatz von Lehrbüchern mit einer Mischung von kontinuierlichen und diskontinuierlichen Textsorten zurückgreift (= „konzeptuelle Schriftlichkeit", vgl. Koch & Oesterreicher 1985). Im Zentrum steht die Vermittlung bzw. der Erwerb von Fachwissen und insbesondere von wissenschaftsbasierten Konzepten, die ontologisch einen anderen Status als alltagssprachliche Konzepte haben. Die Verarbeitung fachlicher Inhalte erfolgt auf verschiedenen intellektuellen Anforderungsebenen gemäß bestimmten übergeordneten Makrofunktionen (Beschreibung / Reproduktion, Erklärung bzw. Argumentation / Evaluierung, vgl. Mohan 1986, Zydatiß 2007: 442). Im rezeptiven bzw. produktiven Gebrauch von *Bildungssprache* wird die kognitive Funktion der Sprache aktualisiert, und zwar in ihrer heuristischen (= ‚aus Texten etwas lernen') und in ihrer epistemischen Teilfunktion (= ‚über eigenes Schreiben subjektiv neue Erkenntnisse gewinnen'). Dabei greift das inhaltliche Sprachhandeln auf fächer- und sprachenübergreifende kognitiv-literale Kategorien zurück, die als Konstrukt einer „*Common Underlying Proficiency*" zu konzeptualisieren sind (vgl. Cummins 1979 sowie Zydatiß 2000: 99). Konzeptuell-akademisches Sprachhandeln geht einher mit der Verwendung eines komplexen Sprachbaus (von hoher syntaktischer Elaboriertheit) und mit einem lexikalisch dichten, abstrakten Vokabular sowie mit einer logisch voranschreitenden Progression zur Darstellung eines fachlichen Gegenstands. Die diskursiv gebrauchte Sprache verlangt die Berücksichtigung soziohistorisch und pädagogisch-kulturell geprägter Konventionen und Erwartungen an die Explizitheit, Kohärenz und Korrektheit der Sprache, und zwar sowohl im gesprochenen Unterrichtsdiskurs als auch bei schriftlich verfassten Texten.

Nach Feilke (2013) stellt die sog. *Bildungssprache* (mit Bourdieu 1974 gesprochen) ein „kulturelles Kapital" dar, das – *qua* Definition – durch eine sozial unausgewogene Verteilung gekennzeichnet ist. Auf die Charakterisierung von *Schulsprache*, die der *Bildungssprache* gegenübergestellt wird, soll hier verzichtet werden (vgl. Feilke 2013: 116ff.). Bildungssprachliche Kompetenzen werden (wie andere Güter auch) gewissermaßen über die sprachlichen Sozialisationsbedingungen in der Familie ‚vererbt'; mit dem Ergebnis, dass ein entsprechender „Habitus" (Bourdieu) dem Träger dieses Merkmals Sprachhandlungen ermöglicht, die einem anderen Schüler oder einer anderen Schülerin nicht zur Verfügung stehen (etwa wenn diese in einem bildungsfernen Elternhaus aufgewachsen sind). Die PISA-Studien verweisen regelmäßig darauf, dass in Deutschland soziale Herkunft und schulischer Bildungserfolg in einem überproportional hohen Ausmaß korrelieren – sicher auch eine Folge der ideologisch begründeten Annahme, dass bildungssprachliche Kompetenzen als „kulturelles Kapital" weitergegeben werden und von daher (in den Sprach- wie in den Sachfächern) nicht gezielt (d. h. – didaktisch gesehen – systematisch und kumulativ) gefördert werden müssen bzw. gefördert werden können. Es kann folglich nicht allzu sehr überraschen, dass die Curricula der deutschen Schule kaum konkrete Angaben zum Zusammenhang fachlichen und sprachlichen Lernens machen.

2.2 Sprachbasiertes Sachlernen in Bildungseinrichtungen

Spannen wir einen Bogen von den fürchterlichen Verwerfungen des Dreißigjährigen Krieges im 17. Jahrhundert und dem Lebenswerk des böhmischen Pädagogen Johann Amos Comenius (1592–1670) über die Wirren der nachrevolutionären Phase in der Sowjetunion des frühen 20. Jahrhunderts und das Lebenswerk des russischen Entwicklungs- und Lernpsychologen Lev S. Vygotsky (1896–1934) zu den Herausforderungen, die im Zeitalter der Globalisierung an die Zu- und Einwanderungsgesellschaften des späten 20. und 21. Jahrhunderts gestellt werden (und dem Lebenswerk des britischen Sinologen und funktionalen Linguisten Michael Halliday, geb. 1925). Alle drei haben unseren Blick auf Sprache, Entwicklungsvorgänge und schulisches Lernen verändert (Halliday von Australien aus zumindest für große Teile der anglophonen Welt). Für Comenius (den bereits zu seiner Zeit hoch geschätzten „Kunstsprachlehrer") war neben dem Alle-alles-Lehren „das Ganze" (= *omnino*) als drittes Prinzip leitend; d. h. es galt, das Lernen der Menschen grundlegend zu verändern, und so begründete er – im Gegensatz zur Didaktik (der Wissenschaft vom Lehren) – die Mathetik (die Wissenschaft vom Lernen). Halliday zufolge (z. B. 1993: 93) ist menschliches Lernen ein semiotischer Prozess, also ein Prozess des Generierens von Bedeutungen: *„meaning-making"* (zur linguistischen Theoriebildung vgl. Halliday 1978, 1985). Die prototypische Manifestation eines semiotisch-symbolischen Prozesses ist der Gebrauch von Sprache, wobei sich für den Menschen die Ontogenese der Sprache parallel zur Ontogenese des Lernens vollzieht. Sprache ist für die Spezies Mensch Voraussetzungsbedingung für den Erwerb von Wissen, d. h. menschliche Erfahrung wird über den Sprachgebrauch zu inhaltlichem Wissen (= *knowledge*). Menschliches Lernen muss nach Halliday als ein sprachbasiertes Lernen in bestimmten soziokulturellen Kontexten konzeptualisiert werden. Diese Position lässt sich eng an die entwicklungs- und lernpsychologischen Einsichten Vygotskys anschließen (1962, 1978), demzufolge Sprache als wichtigstes „kulturell-kognitives Werkzeug" des Menschen als eine Form symbolisch vermittelter Handlungen zu verstehen ist (= *symbolically mediated action*). Hierbei sind die mentalen Aspekte des sprachlichen Denkens mit der sozialen Dimension des jeweiligen soziohistorischen bzw. -kulturellen Kontextes zu koordinieren. Lernen wiederum kann nur aus einer ontogenetischen Perspektive heraus verstanden werden, d. h. die individuelle Entwicklung eines Lernenden involviert das aktive Hervorbringen neuer Formen des Denkens (Lernaktivitäten, die über Instruktionsprozesse auf der Basis des Einsatzes kultureller Werkzeuge bewusst gesteuert werden).

Mit der flächendeckenden und verbindlichen Umsetzung der allgemeinen Schulpflicht in Deutschland um 1900, zusammen mit dem Gebrauch der Schriftsprache, hat eine neue Form des institutionalisierten Lernens Einzug in die Lebenswelt der Menschen gehalten: der Erwerb schulisch-fachlichen Wissens (= *educational knowledge*). Neue Inhalte werden seitdem nicht nur in der Familie und Nachbarschaft gelernt, sondern vor allem in der Schule (in systematisch-kumulativer Progression). Dabei sind die neuen Wissensformen an subjektiv neue sprachliche Ausdrucksformen gebunden – und zwar die einer vornehmlich schriftlich transportierten „Bildungssprache" (mit, wie erwähnt, bestimmten sozialen Konventionen und Erwartungen). In der Lebensspanne, die der Schulzeit folgt, setzen sich sowohl die sprachliche Entwicklung als auch das inhaltliche Sachlernen in Ausbildung, Studium und Arbeitswelt fort. Insgesamt wenig transparent stellt sich bisher die Entwicklungsperspektive der fächerbezogenen Bildungssprache über die verschiedenen Domänen, Stufen und Schulformen des Bildungswesens dar, inkl. der beruflichen Schulen sowie des dualen und universitären Sektors. Da m. E. für den deutschsprachigen Kulturraum eine fundierte Empirie zur kumulativen Entwicklung bildungssprachlicher Kompetenzen über die Gesamtheit der Bildungseinrichtungen fehlt, beziehe ich mich im Folgenden (zum Zweck der Anregung für unser Bildungswesen) primär auf den anglophonen Sprachraum und die dort (nicht zuletzt in den klassischen Einwanderungsländern) auf der Basis einer funktionalen Sprachtheorie etablierten pädagogischen Ansätze (vgl. Halliday 1978, 1985, 1993; Mohan 1986; Cope & Kalantzis 1993; Gibbons 2002, 2009; Schleppegrell 2010). Da diese Überlegungen auch Eingang in die didaktische Modellierung des in Deutschland relativ stark vertretenen curricularen Konzepts des sog. *bilingualen Unterrichts* gefunden haben (des Fachunterrichts in einer ‚fremden' Arbeitssprache, vgl. Zydatiß 2000, 2007), können die hier entwickelten sprachfunktionalen Kategorien und Methodeninventare zum „integrierten Sach-Sprachlernen" (= *content and language integrated learning*, kurz *CLIL*) ebenfalls herangezogen werden.

3 Von semantisch ‚kongruenten' zu lexiko-grammatisch ‚inkongruenten' diskursiven Realisierungen

3.1 Potentielle Entwicklungsstufen bildungssprachlicher Kompetenzen

Im Folgenden sollen die Erkenntnisse der Angewandten Linguistik und Spracherwerbsforschung, die auf der von Halliday begründeten funktionalen Sprachtheorie beruhen (der *„Functional Systemic Linguistics"*), zu einer synoptischen Perspektive auf die Entwicklung bildungssprachlicher Kompetenzen integriert werden.

1. **Präformen der Literalität (vorschulische Phase)**
a) Erste symbolische Handlungen
b) Protosprache: Wahlmöglichkeiten bei symbolischen Handlungen
c) Entwicklung der basalen lexikogrammatischen Systeme
d) Erschließung neuer Erfahrungsbereiche und erste Abstraktionen von Wortinhalten
↓
2. **Von der Alltagssprache zu den abstrakteren Bedeutungen schulischen Wissens in der Primarstufe**
a) Aufbau abstrakterer Fachbegriffe im vorfachlichen Unterricht
b) Reorganisation des mündlichen Sprachgebrauchs in der Schriftsprache
↓
3. **Übergangsformen zwischen alltags- und bildungssprachlichen Realisierungen des systematischen Fachwissens in der Eingangsphase der Sekundarstufe**
↓
4. **Semantisch ‚inkongruente' lexikogrammatische Realisierungen in den Sekundarstufen**
a) Verwendung von Nominalisierungen und „grammatischen Metaphern" (Halliday)
b) Objekthafte Repräsentation der Realität in der Schriftsprache
c) Merkmale generalisierbarer bildungssprachlicher Kompetenzen
↓
5. **„Alltägliche Wissenschaftssprache" (Ehlich 1999)**

Abb. 1: Potenzielle Entwicklungsstufen des bildungspolitischen Lernens

In die Abb. 1 eingegangen ist die basale Opposition von *„BICS v. CALP"* nach Cummins (1978, 1979), die sich in vielen Dichotomien zur „Alltags- vs. Bildungssprache" wiederfindet. Die bereits (unter 2.1) erwähnte Hypothese einer *„Common Underlying Proficiency"* (Cummins) lässt sich bestens mit der Position Vygotskys verbinden, der in der Entwicklung des verbalen Denkens eine Internalisierung des externen Sprechens sieht, das seinerseits die bewusste Planung und Kontrolle von Handlungen sowie ein kritisches und theoretisches Urteilen freisetzt. Mit der zurzeit gebotenen Vorsicht können m. E. die in Abb. 1 aufgestellten (potentiellen) Entwicklungsstufen bildungssprachlichen Lernens identifiziert werden, wobei für die gezielte Förderung der letzteren Kompetenzen der Übergang von der eher ‚kongruenten' (Halliday) Versprachlichung der Alltagssprache zu den semantisch ‚inkongruenten' lexikogrammatischen Realisierungen der Schriftsprache besonders relevant ist (siehe Abschnitt 3.5).

3.2 Präformen der Literalität in der vorschulischen Phase

Der kindliche Erstspracherwerb wird von der funktionalen Sprachtheorie (im Gegensatz zum nativistischen Erklärungsparadigma: *innateness, species-specific endowment*) als ein hoch komplexer und zeitintensiver Interaktionsprozess verstanden, in dem die Bezugspersonen mehr oder weniger deutlich ausgeprägte Lehrfunktionen bezüglich der Ausbildung und Ausdifferenzierung der lexikogrammatischen Subsysteme übernehmen. Diese externen Faktoren tragen erheblich zu den individuellen Unterschieden beim Erstspracherwerb des einzelnen Kindes bei, wobei nicht zuletzt die sozioökonomischen Hintergrunddaten des jeweiligen Elternhauses Auswirkungen zeigen (allein für die Größe des Wortschatzes wird z. B. der Faktor 3–4 für Kinder aus einer Mittelschichtsfamilie im Vergleich zu einem Kind aus einer von Armut betroffenen Familie angesetzt).

Was konkrete Beispiele zu den literalen Vorformen im Vorschulalter betrifft, so sei u. a. auf den Beitrag von Halliday (1993: 93–102) verwiesen: Nach konventionalisierten Einheiten von Konzept und Lautform (zunächst oft lautmalend: *quack, bow-wow*) greifen Kleinkinder auf arbiträre sprachliche Zeichen zurück (*duck, dog*), die als Klassenbildung eine stabilere und präzisere Referenzbeziehung zum Relatum etablieren (= *common nouns*). Diese werden später in eine hierarchisch strukturierte Taxonomie von Begriffen aus dem gleichen Wortfeld eingegliedert (*birds: goose, swan, hen, cock, crow, swallow, parrot* etc.; *canine: dog, wolf, fox, coyote, bulldog, dachshund, poodle* etc.). Sprache, Denken und inhaltliches Lernen werden weiter gefördert, wenn Sprechakte (etwa eine Warnung) explizit begründet werden, was lexikogrammatisch den Ausdruck einer logisch-semantischen Beziehung verlangt: z. B. „*Don't touch the oven / plate, **because** it's very hot*". Schulisches Lernen beinhaltet einen verstärkten Umgang mit abstrakten Konzepten und Konstrukten, und diesen abstrakten Sprachgebrauch können Bezugspersonen kontextuell angemessen modellieren: „*Stop that terrible noise. You're a real **nuisance**"* oder „*Careful. That vase is **precious**"*. Präformen der Literalität werden vor allem auch über das interaktive Vorlesen von Bilder- und Kinderbüchern im Sprachgebrauch von Kindern verankert; denn dabei fokussieren Bezugsperson und Kind gemeinsam (möglichst ausdauernd oder wiederholend) bestimmte thematische Sachverhalte, deren chronologische Abläufe, Handelnde und Objekte so eindeutig wie möglich über Inhaltswörter und kontextgerechte Strukturen versprachlicht werden. Im spielerischen Umgang mit Reimen, Alliterationen und dergleichen wird der Schriftspracherwerb vorbereitet, indem das Bewusstsein für Beziehungen zwischen Lauten und Buchstaben geschärft wird.

3.3 Von der Alltagssprache zu den abstrakteren Bedeutungen schulischen Wissens in der Primarstufe

Der vorfachliche Unterricht in den Klassen 3 und 4 der Primarstufe schlägt Brücken von der gesprochenen Alltagssprache mit ihrem ausgeprägten Situations- und Handlungsbezug zu den abstrakteren Bedeutungen einer beschreibenden, berichtenden und/oder erklärenden Schriftsprache.

Tab. 1: Modellieren und Unterstützen bildungssprachlicher Realisierungen im Sachunterricht der Primarstufe

Unterrichtsdiskurs	Kontextinformation
Ausschnitt 1 S1: *Look, it's making **them** move.* S2: ***That's** not going.* S3: ***Those** ones are going fast.*	Experimentelle Gruppenarbeit zum Magnetismus: die Kinder reden miteinander mithilfe von Mimik, Gestik, Körpersprache, zeigenden Bewegungen und Pronomina für die Materialien.
Ausschnitt 2 S: *We found out the pins stuck on the magnet and so did the iron filings. Then we tried the pencil but it didn't stick.*	Bericht eines Schülers/einer Schülerin zum Ergebnis des Experiments (= *spoken recount*): nominale Bezeichnung der Objekte (*pins, filings, pencil*), aber alltagssprachlicher Ausdruck des zentralen Vorgangs (*stick*).
Ausschnitt 3 S: *But when we turned the other one around [= pole], it sticks together.* T: *Like that [demonstrates]. They **attracted** each other. OK, then tell me what you had to do next, ... when you turn the magnet around.* S: *Pushing and if we use the other side we can't feel pushing.* T: *OK, when you turned one of the magnets around you felt it **re-pel-ling**, or pushing away.*	Aussprache über das Experiment mit der gesamten Klasse: Während die Kinder die Alltagssprache verwenden (z. B. *stick, push*), benutzt die Lehrperson eine formellere Sprache mit Begriffen wie *attract* und *repel* – unterstützt durch Körpersprache, alltagssprachliche Paraphrasen und phonologische Mittel (Betonung, präzise Artikulation). Indem eine eher bildungssprachliche Sprachvariante betont wird, werden den Lernenden erste Brücken in die Schriftsprache gebaut.

Tab. 1 (fortgesetzt)

Ausschnitt 4 T: *Can you see something in common in all these experiences? What is the same about these experiments?* S: *The north pole of the magnet sticks ... attracts the second magnet, the **south** pole of the second magnet. If you put the south and north together they will ... attract, but if you put north and north or south and south together they won't stick ... attract.*	Generalisierende Transformation des Wissens: Die Kinder beziehen sich nicht mehr durch *we* auf sich selbst (Ausschnitte 2+3), sondern verwenden unpersönliche Konstruktionen (mit *you*), Fachbegriffe (wenngleich zögerlich: *attract*) und komplexe Sätze mit Hypotaxe, Bedingungen (*if*) und Kontrast (*but*) sowie eine lexikalische Präzisierung des ausgesagten Sachverhalts (= ‚*it is the **pole** of the magnet that matters*'). Der Redebeitrag des Kindes ist länger (= diskursiver) und inhaltlich differenzierter geworden.
Ausschnitt 5 S: *Our experiment was to find out what a magnet attracted. We discovered that a magnet attracts some kinds of metal. It attracted the iron filings and the pins but not the pencil.*	Schriftlicher Bericht einer Schülerin/eines Schülers: explizitere und komplexere Sprache. Kontext und Ziel der Aufgabe werden erläutert; ein zentraler Aspekt des Experiments wird über einen Fachbegriff herausgehoben (***attract***), nachdem er vorher von der Lehrkraft modelliert und verstärkt worden war.

Zur Veranschaulichung (Tab. 1) soll zunächst auf Daten aus dem Sachunterricht an australischen Grundschulen zurückgegriffen werden (= *topic work* bzw. *science education*), die von Gibbons zum Thema der ‚magnetischen Anziehungskraft' (= *magnetic attraction*) erhoben wurden (2002: 3f., 46, 48; 2009: 49, 61). In ihrer sprachsensiblen Unterrichtsführung modelliert die Lehrkraft (T = *Teacher*) einerseits einen stärker formalen Sprachgebrauch (betreffs der Verben *attract* und *repel*) und unterstützt die Kinder (S = *Students*) bei deren Verwendung in längeren diskursiven Einheiten. Andererseits ebnet sie ihnen Wege in die Schriftsprache, sodass die Lernenden sowohl die abstrakteren Bedeutungen benutzen als auch Ziel und Ergebnis des Experiments benennen können. Die Lehrperson geht bewusst auf die fachbegrifflichen und schriftsprachlichen Ausdrucksformen ein, denn den meisten Schülerinnen und Schülern dürfte der Wechsel zu diesen Diskursvarianten sicherlich nicht spontan gelingen.

Der „Wasserkreislauf" (= *water cycle*) scheint mir ein weiteres gutes Beispiel für den vorfachlichen Unterricht der Primarstufe zu sein, zumal daran der Übergang zur bildungssprachlichen Spezifik im Fachunterricht der Orientierungsstufe bzw. frühen Sekundarstufe I sehr deutlich wird (siehe Abschnitt 3.4). In allen konsultierten deutschsprachigen Materialien für die Klassen 3 und 4 wird das Thema in vergleichbarer Weise aufbereitet: Auf einer schwarz-weißen oder farbigen Zeichnung ist eine Meeresküste mit einem hohen Berg zu sehen, über dem Meer sind die Sonne und verschiedene Wolken dargestellt, aus einer der Wolken nahe dem Berg fällt Regen, und über diverse vernetzte Bäche bzw. Seen ergießt sich ein Fluss ins Meer.

Die Idee des *Kreislaufs* wird üblicherweise über fünf Pfeile und über die Ziffern 1–5 an den dafür angemessenen Stellen angezeigt. Die (die schematische Zeichnung begleitenden) Aufgaben verlangen eine Zuordnung der verschiedenen Stationen im Diagramm zu Textsegmenten bzw. Auswahlantworten im Textteil des Arbeitshefts (vgl. Abb. 2). Die Sachtexte des vorfachlichen Unterrichts greifen m. a. W. bei der Darstellung des zyklischen Prozesses auf eine zeitlich geordnete, sequentielle Anordnung der zentralen Etappen zurück, was angesichts des ‚narrativen Denkens' des Kindes (vgl. Bruner 1986: *„the primary mode of thinking"*) sicherlich eine adäquate didaktische Aufbereitung des Sachverhalts ist.

A. „Kreislauf des Wassers". In: *ZEBRA: Projekt Wasser und Erde. Sachunterricht 3/4*. Klett: Stuttgart (2010: 23)

Das Wasser der Erde befindet sich auf einer langen Reise, denn wenn die Sonne scheint (1), verdunstet das Wasser an der Oberfläche von Meeren, Seen, Bächen, Flüssen und an Land. Die Wasserteilchen steigen unsichtbar als Wasserdampf in die Höhe (2) und werden dort langsam immer kühler. Es bilden sich kleine Wassertröpfchen aus, daraus werden Wolken (3), aus denen es dann Wassertröpfchen (4) zu regnen beginnt. Der Regen versickert im Boden (5) und wird zu Grundwasser oder fließt in die Bäche und Seen (6). Ab hier beginnt der Kreislauf von vorn.

Aufgabe: Trage die Zahlen in die Zeichnung ein.

B. „Der natürliche Kreislauf des Wassers". In: *Feuer, Wasser, Erde, Luft*. Oldenbourg: München (2008: 23)

Aufgabe: Trage die richtigen Nummern ein:

O als Quelle heraustreten O versickern O verdunsten O regnen O kondensieren

---

Abb. 2: Erklärung des „Wasserkreislaufs" im Sachunterricht der Primarstufe

Für die Grundschulzeit insgesamt lässt sich somit festhalten: Alltagswissen und Alltagssprache werden als schulisch-curriculares Wissen neu organisiert und ausgebaut, indem die primären lebensweltlichen Erfahrungen auf eine stärker systematisch-chronologische und ‚verdinglichende', nominal-unpersönliche Ausdrucksebene gehoben werden (inkl. von Konstruktionen – im Englischen – wie dem *agentless passive*).

3.4 Übergangsformen zwischen alltags- und bildungssprachlichen Realisierungen

Im Fachunterricht der frühen Sekundarstufe (also etwa in den Klassen 6 bis 8) begegnen die Schülerinnen und Schüler dem *„water cycle"* erneut, und zwar in den inhaltlichen Kontexten des „Steigungsregens" oder der „Wasserversorgung"

(= *orographic rainfall* bzw. *water supply*). Nunmehr werden die Lernenden in den Inputmaterialien des bilingualen Unterrichts mit zwei unterschiedlichen lexikogrammatischen Realisierungen konfrontiert; einige von ihnen werden auch analog konzipierte Texte produzieren (Abb. 3), wenn von ihnen eine *scientific explanation* verlangt wird.

C. *Initially, the **water cycle** begins as snow melts from the glaciers and rain falls into streams, lakes and rivers. Water eventually reaches the ocean. Water then becomes water vapour (it evaporates into air) and accumulates in what we call clouds. The clouds then distribute water in the form of rain, snow or sleet back to the mountains where the cycle begins again.*

D. *The **water cycle** begins when the sun heats up the ocean to produce water vapour through evaporation. The water vapour mixes with dust in the atmosphere and forms clouds. Cool air causes condensation of water droplets in the clouds bringing about rain. This rain then falls into rivers, streams and lakes and eventually returns to the ocean, where the cycle begins again.*

(adaptiert von Mohan & Slater 2004: 256f.)

Abb. 3: Chronologische und kausale Anordnung in einer naturwissenschaftlichen Erklärung

Der erste Text (= C) folgt erneut der zeitlich-chronologischen Abfolge des (geschlossenen) Wasserkreislaufs, was an den Adverbien *initially, then* und *eventually*, den temporalen Konjunktionen *until* und *as* sowie an den Verben deutlich wird, die Phasenaktionsarten bezeichnen (= *begin, reach*). Der zweite Text (= D) verwendet ebenfalls sprachliche Exponenten für temporale Sequenz (z. B. *begin, then, eventually, return to*); darüber hinaus aber auch kausative Verben (*cause, bring about, produce, form, heat up*), Infinitivkonstruktionen zum Ausdruck von ‚Folgen' (*to produce water vapour*) sowie Nominalisierungen, die physikalische Vorgänge denotieren und im Kontext kausal interpretiert werden (= *event nominalizations* wie *evaporation* und *condensation*). Text D realisiert somit die zeitliche Abfolge der ‚empirischen Realität', aber auch stärker theoretisch verstandene Beziehungen, die Ursachen und Wirkungen anzeigen. Im Einklang mit der funktionalen Sprachtheorie von Halliday (und den entwicklungspsychologischen Einsichten von Vygotsky 1978) zeugt Text D nach Mohan & Slater (2004) von einem deutlichen Schritt nach vorn auf dem *developmental path* zur *academic literacy*, also der eher konzeptuell-bildungssprachlich realisierten Erklärung eines basalen Konzepts der Physischen Geographie.

In den Jahrgangsstufen 6 bis 8 findet jedoch oft kein signifikanter Fortschritt in der *conceptual literacy* statt (die Empirie zu dieser Annahme ist allerdings dürftig). Abgesehen von der Übernahme des Tafelbilds und dem gelegentlichen *note taking / making* dürften in diesen Klassen kaum text(sorten)gebundene Produkte geschrieben und somit auch keine Lerngerüste (= *scaffolding*) zur Realisierung diskursiv-fachlicher Erklärungen gegeben werden. Wir brauchen zum einen empirische Studien, die diese Hypothese überprüfen. Zum anderen sind didaktische Interventionen angesagt, die den Genre-Ansatz der australischen Schreiberziehung – adaptiert auf die Traditionen und Ziele des Fachunterrichts an deutschen Schulen – weiter entwickeln (vgl. zum generischen Schreiben Macken et al. 1989, Cope & Kalantzis 1993, Hallet 2013 und 2016).

3.5 Semantisch ‚inkongruenter' Sprachgebrauch: Nominalisierungen und „grammatische Metaphern" (Halliday) in Fachtexten

Bereits ein flüchtiger Blick in die Inhaltsverzeichnisse englischsprachiger Schulbücher für die Sachfächer lässt den Leser das gehäufte Vorkommen von Nominalisierungen erkennen:
- Biology: *muscle contraction, water movements in plants, seed germination, uncontrolled cell division, food preservation techniques, genetic engineering usw.*
- Physical Geography: *igneous intrusions, coastal erosion, desertification, deforestation, power generation in the UK, water management on the River Rhine usw.*

Darüber hinaus sind sie auch außerhalb der schulischen Domäne in weiteren lebensweltlichen Registern anzutreffen (etwa denen der Verwaltung, Politik, Industrie oder Finanzwelt):
- *emission trade* (= Emissionshandel), *Lebensleistungsrente, Stellwerkstörung, Ehegattensplitting, return of equity* (= Eigenkapitalrendite) usw.

In den Fachtexten und in Artikeln der *quality press* stößt man auf Formulierungen wie:
(1.) Human Geography: *On account of dramatic food shortages the Chinese system of land ownership underwent a major transformation.*
(2.) *The invention of the internet has eased human communication (eg. via email).*
(3.) *China's megacities' fast growth has created severe sufferance from air pollution among the urban population.*
(4.) *Higher productivity results in lower employment rates.* (Vgl. Entlassungsproduktivität = „Unwort des Jahres" 2005).

Halliday (1985: 321ff., vgl. Halliday & Matthiessen 1998: 227ff.) hat für Konstruktionen dieser Art den Begriff der „grammatischen Metapher" geprägt (ferner Schleppegrell 2010: 71), und zwar in Anlehnung an lexikalische Metaphern, die sich in fiktionalen Texten und in der gesprochenen Alltagssprache finden:

(5.) „*Eye, gazelle, delicate wanderer ...*" (Stephen Spender)
(6.) ein dickes Gehalt (= *a fat salary*), eine scharfe Zunge (= *a sharp tongue*) usw.

In beiden Arten von Metaphern wird die intendierte Bedeutung in ‚ähnlicher', aber objektsprachlich unterschiedlicher Form realisiert, mit dem Ergebnis, dass die metaphorische Enkodierung semantisch weniger ‚transparent' ist als die lexikogrammatisch „kongruente" Ausdrucksweise (wie Halliday den nicht-metaphorischen Sprachgebrauch nennt). Deutlich wird der Unterschied, wenn die Sachverhalte der obigen Beispiele in einer ‚kongruenten', eher umgangssprachlichen Paraphrase formuliert werden, z. B.:

(1'.) *Because people in China could not get enough to eat any more (such as rice, vegetables or meat), the government allowed people to have and work their own plot of land by which they could sell the surplus goods they produced on private markets.*

Eine satzbezogene Aussage wird m. a. W. als eine ‚Sache' konzeptualisiert (= ‚*gets treated like a thing*'): ‚Für immer mehr Menschen in China wurden die Nahrungsmittel knapp' → *dramatic food shortages in China*. Dies erlaubt dem Autor des Textes zum einen, komplexe (satzbasierte) Bedeutungen in eine einzige (wenngleich abstrakte) Konstituente der Satzstruktur zu ‚packen'. Zum anderen gestatten die dabei entstehenden Nominalisierungen dem Verfasser, das fachliche Wissen zu einer Kette kohärent aufeinander folgender Informationseinheiten zu verdichten (das zwischen den nominalen Kategorien verbindende Verb ist häufig kausativ zu verstehen); wobei die ‚gegebene' (= pragmatisch oder textuell vorausgesetzte) Information in aller Regel im Satz der – für den Adressaten – ‚neuen' Information vorangeht (= *given / new information*). Damit wird der „textuellen Funktion" des diskursiven Sprachgebrauchs Genüge getan, die für Halliday (neben der kognitiv-referentiellen und der zwischenmenschlich-interaktiven: „*ideational*" bzw. „*interpersonal function*") eine der drei, stets präsenten Metafunktionen von Sprache-in-Gebrauch ist. Semantisch verdichtete Konstruktionen vom Typus der „grammatischen Metaphern" finden sich in allen Fächern, und zwar im Englischen wie in anderen Unterrichtssprachen:

(7.) Osmose: *A partially permeable membrane will allow the diffusion of water molecules [but not of glucose molecules].*
(7'.) *When a cell has a surface membrane which lets molecules of a certain size pass,*
 a) *water (but not glucose) can get through / water will diffuse.*
 b) *water can spread into the surroundings of the cell.*
(8.) Reproduktives Clonen: *The death rate of cloned lambs is clearly linked to the advanced age of the donor cell.*

(8'.) Ambiguität: a) *‚more of these cloned lambs die'*; b) *‚the cloned lambs die faster / earlier'*
(9.) Ritter: *Landwirtschaftliche Erträge sicherten den Rittern im Mittelalter ihren Unterhalt.*
(9'.) *Als Lehnsherren lebten die Ritter des Mittelalters von den Abgaben, die ihnen die Pächter und Leibeigenen entrichten mussten, die auf ihren Gütern arbeiteten.*

Da die semantischen Beziehungen bei der bildungssprachlichen Realisierung weniger explizit sind, ist dieser Sprachgebrauch für Lernende schwerer verständlich. Für einen unterrichtlich vermittelten Wissens- und Könnensaufbau ist es von daher zwingend erforderlich, den Schülerinnen und Schülern beim Umgang mit derartigen Texten angemessene Hilfen zu geben. Die Bereitstellung von Unterstützungsmaßnahmen beginnt bei der Sicherung des Textverständnisses (dem sog. *input scaffolding*). Diese setzen sich fort in den Phasen des Wissensaufbaus (= *knowledge building*), wobei – analog zur Situation in der Grundschule – eine gewisse ‚Pendelstrategie' zwischen den semantisch eher ‚inkongruenten' Realisierungen der Inputmaterialien und den objektsprachlich stärker ‚kongruenten' Ausdrucksweisen der Fachinhalte im Unterrichtsgespräch sinnvoll erscheint (siehe dazu die Paraphrasen für 1 und 7–9). Weitere Lerngerüste sind für die Phase der produktiven Texterstellung durch die Lernenden im Sinne des generischen Schreibens notwendig (= *output scaffolding*).

4 Generisches Schreiben

Der Genre-Ansatz der domänenübergreifenden australischen Schreiberziehung (auch als *Teaching / Learning Cycle* bezeichnet) involviert in der Regel drei Phasen:
– das ‚Modellieren' des jeweiligen Genres im Klassengespräch (= *„modelling"*), d. h. die lehrergeführte Analyse prototypischer Beispiele eines Genres nach textpragmatischen und lexikogrammatischen Aspekten, um die kontextuelle Situierung sowie den Textbauplan und die genrespezifischen Redemittel über bewusstmachendes Lernen herauszuarbeiten (vgl. dazu Vygotsky 1978),
– das gemeinsame, kollaborative Erstellen eines Genres (= *„joint negotiation of text"*) in heterogenen Kleingruppen von Lernenden (mit der Lehrkraft als ‚Berater' hinsichtlich der sprachlichen Realisierung des Textes) sowie

- die eigenständige Formulierung eines Genres durch die einzelnen Schüler (= *„independent construction of text"*), inkl. der individuellen Überarbeitung des Textes (= *editing*) und der evtl. ‚Publikation' der Endprodukte im Klassenzimmer.

Lerner brauchen Modelle, d. h. ein von Einsicht getragenes Verständnis der Textschemata. Menschliches Lernen (so Vygotsky) verlangt zwar viele Wiederholungen, aber es vollzieht sich nicht über 1:1-Imitationen des vorangegangenen Modells, sondern in aller Regel über eine ‚transformierende Variation' (= *„transformative variation"*), die innovative Elemente in den Prozess einbringt und damit Produkte von variabler Form entstehen lässt. In phylogenetischer Hinsicht erklärt dieser Mechanismus auch die Spezifik der (‚rasanten') kulturellen Evolution des Menschen, von Tomasello (1999) als ‚Wagenheber-Effekt' bezeichnet (= *„ratchet effect"*).

Die Ansprüche an literat-generische (sprich: diskursiv-schriftsprachliche) Darstellungen nehmen in einer sog. Wissensgesellschaft ständig zu; von daher sollten Genres als *„cultural tools"* im Sinne von Vygotsky (1978) Schülerinnen und Schülern gezielt verfügbar gemacht werden (Tab. 2 auf Seite 46) mit Beispielen für die Naturwissenschaften und das Fach Geschichte). Das letztendlich eigenständige Produzieren prototypischer fachkommunikativer Genres bringt die intellektuelle Entwicklung von Lernenden voran; denn der Aufbau bildungssprachlicher Kompetenzen geht einher mit einer *„amplification of cognitive abilities"* (Bruner 1986). Gerade bei den sog. Risikoschülerinnen und -schülern hat es wenig Sinn, hinsichtlich der konzeptuellen Schriftlichkeit auf Reifung zu setzen bzw. auf Entwicklungsschübe zu warten.

Tab. 2: Prototypische Genres fach- bzw. domänenbezogenen Schreibens in den Sekundarstufen

Naturwissenschaften	Geschichte
- ***procedures***: *step-by-step descriptions*	- ***historical recount***: *setting past events in time and retelling them in a chronological order*
- ***procedural recount***: *record of an experiment* (= Versuchsbericht / *lab report*)	
- ***science report***: *description of the properties and/or classification of the parts of a phenomenon; setting up taxonomies*	- ***historical account***: *explaining why something happened in a particular sequence*
- ***science explanation***: *explaining factors & processes (causal, theoretical etc.)*	- ***historical explanation***: *explaining the causes & effects, reasons / factors & consequences of past events*
- ***explication***: *technical descriptions of how something works* (= Funktionsbeschreibung)	- ***historical argumentation***: *challenge and argue for a specific interpretation of past events by way of analysis & evaluation of differing positions*
- ***expository essay***: *presentation of a thesis leading to balanced reasoning and a discussion of pro & con-arguments with evidence & examples, personal stance and a conclusion*	

Die Ausbildung einer *advanced academic literacy* ist die genuine Aufgabe der Schule, die sie ‚endlich' (besonders in Deutschland) stufen-, schulform- und domänenübergreifend annehmen muss. Beispielhaft sei hier auf Zydatiß (2015) verwiesen, wo anhand eines Unterrichtsbeispiels für das Genre der „*scientific explanation*" im Fach Geographie gegen Ende der Sekundarstufe I, ausgehend von einem Lehrwerktext und einer funktional-stilistischen Analyse der genrespezifischen Redemittel (Vorlat 1989), ein Unterrichtsgang mit dem Fokus auf der diskursiven De- und Rekonstruktion des Textes bis zur eigenständigen Textproduktion durch die Schülerinnen und Schüler entwickelt wird. Nochmals: Schulisches Fachwissen wird über die konzeptuelle Schriftlichkeit vermittelt, und fachliches Lernen ist sprachbasiertes Lernen. Dabei gilt (wie Vygotsky wiederholt betont):

Instruction leads development bzw. *Development follows instruction.*

5 Ausblick: Konsequenzen und offene Fragen

Abschließend sollen in Thesenform einige Konsequenzen und offene Fragen angesprochen werden:
- In einer Wissensgesellschaft und -ökonomie ist es nicht länger vertretbar, bildungssprachliche Kompetenzen als ein ‚vererbtes kulturelles Kapital' zu betrachten. Die Letzteren sind durchgängig und gezielt in allen Lernbereichen, Fächern und Bildungseinrichtungen über einen sprachsensiblen Fachunterricht zu entwickeln und zu fördern.
- Insbesondere das generische Schreiben ist in den Fächern systematisch und kumulativ zu vermitteln; nicht zuletzt für die sog. Risikoschülerinnen und -schüler, die nicht selten die kognitiven Dispositionen für qualifizierte Schulabschlüsse haben, aber aufgrund ihrer sprachlich-diskursiven Defizite Bildungschancen nicht umsetzen können. Die im deutschen Sprachraum in den Fächern vorliegenden sprachorientierten Vorstellungen (z. B. für das Fach Geschichte Pandel 1994, Barricelli 2005 zur „narrativen Kompetenz" sowie Leisen 2003 für die naturwissenschaftliche Domäne) sind mit dem Genre-Ansatz der australischen Schreiberziehung zu integrieren.
- Die verschiedenen Fachdidaktiken müssen dringend empirische Forschungsprojekte zur Entwicklung des bildungssprachlichen Lernens durchführen sowie praxisrelevante didaktisch-methodische Interventionen erproben und validieren (bis hin zu Konzepten für eine sach- und sprachintegrierende Bewertung diskursiver Fachleistungen).

- Die universitäre Lehrerbildung muss sich diesen Aufgaben stellen und somit für ihre Studierenden Angebote entwickeln, die die Förderung bildungssprachlicher Kompetenzen auf einer funktional-linguistischen Basis beinhalten.
- Sowohl die allgemein- als auch die berufsbildenden Schulformen sollten als übergeordnetes Ziel generalisierbare, transferfähige bildungssprachliche Kompetenzen im Blick haben und diese in einem im quantitativen Umfang begrenzten ‚nationalen Kernabitur' überprüfen (vgl. Zydatiß 2013). Dies ist auch deshalb unabdingbar, weil die Wege zum Studium immer stärker geöffnet werden und immer mehr Studierende über berufliche Qualifikationen an die Hochschulen kommen.

6 Literatur

Barricelli, Michele (2005): *Schüler erzählen Geschichte. Narrative Kompetenz im Geschichtsunterricht.* Schwalbach/Ts.: Wochenschau-Verlag.

Bourdieu, Pierre (1974): *Zur Soziologie der symbolischen Formen.* Frankfurt a. M.: Suhrkamp.

Bruner, Jerome S. (1986): *Actual Minds, Possible Worlds.* Cambridge, MA: Harvard University Press.

Cope, Bill & Kalantzis, Mary (1993): *The Powers of Literacy. A Genre Approach to Teaching Writing.* London: Falmer Press.

Cummins, Jim (1978): The cognitive development of children in immersion programs. *Canadian Modern Language Review* 38: 855–883.

Cummins, Jim (1979): Linguistic interdependence and the educational development of bilingual children. *Review of Educational Research* 49: 222–251.

Ehlich, Konrad (1999): Alltägliche Wissenschaftssprache. *Info DaF* 26 (1): 3–24.

Feilke, Helmuth (2013): Bildungssprache und Schulsprache am Beispiel literal-argumentativer Kompetenzen. In Becker-Mrotzek, Michael; Schramm, Karen; Thürmann, Eike & Vollmer, Helmut Johannes (Hrsg.): *Sprache im Fach. Sprachlichkeit und fachliches Lernen.* Münster, New York: Waxmann, 113–130.

Gibbons, Pauline (2002): *Scaffolding Language, Scaffolding Learning.* Portsmouth, NH: Heinemann.

Gibbons, Pauline (2009): *English Learners' Academic Literacy and Thinking.* Portsmouth, NH: Heinemann.

Gogolin, Ingrid (2006): Bilingualität und die Bildungssprache der Schule. In Mecheril, Paul & Quehl, Thomas (Hrsg.): *Die Macht der Sprachen. Englische Perspektiven auf die mehrsprachige Schule.* Münster, New York: Waxmann, 79–85.

Habermas, Jürgen (1981): Umgangssprache, Wissenschaftssprache, Bildungssprache. In Habermas, Jürgen: *Kleine Politische Schriften I–V.* Frankfurt a. M.: Suhrkamp, 340–363.

Hallet, Wolfgang (2016): *Genres im fremdsprachlichen und bilingualen Unterricht.* Seelze: Klett-Kallmeyer.

Hallet, Wolfgang (2013): Generisches Lernen im Fachunterricht. In Becker-Mrotzek, Michael; Schramm, Karen; Thürmann, Eike & Vollmer, Helmut Johannes (Hrsg.): *Sprache im Fach. Sprachlichkeit und fachliches Lernen.* Münster, New York: Waxmann, 59–75.
Halliday, Michael A. K. (1978): *Language as Social Semiotic.* London: E. Arnold.
Halliday, Michael A. K. (1985): *An Introduction to Functional Grammar.* London: E. Arnold.
Halliday, Michael A. K. (1993): Towards a language-based theory of learning. *Linguistics and Education* 5: 93–116.
Halliday, Michael A. K. & Matthiessen, Christian M. I. M. (1999): *Construing Experience Through Meaning. A Language-based Approach to Cognition.* London, New York: Continuum.
Koch, Peter & Oesterreicher, Wulf (1985): Sprache der Nähe – Sprache der Distanz. Mündlichkeit und Schriftlichkeit im Spannungsfeld von Sprachtheorie und Sprachgebrauch. *Romanistisches Jahrbuch* 36: 15–43.
Leisen, Josef (2003): *Methoden-Handbuch Deutschsprachiger Fachunterricht.* Bonn: Varus.
Macken, Mary; Kalantzis, Mary; Kress, Gunter; Martin, James R. & Cope, Bill (1989): *A Genre-based Approach to Teaching Writing: Years 3–6.* Sydney: NSW Department of Education & Literacy and Education Research Network.
Mohan, Bernard (1986): *Language and Content.* Reading, MA: Addison-Wesley.
Mohan, Bernard & Slater, Tammy (2004): The evaluation of causal discourse and language as a resource for meaning. In Foley, Joseph A. (ed.): *Language, Education and Discourse.* London: Continuum, 255–268.
Pandel, Hans-Jürgen (1994): Zur Genese narrativer Kompetenz. Empirische Untersuchungen bei Kindern und Jugendlichen. In Borries, Bodo von & Pandel, Hans-Jürgen (Hrsg.): *Zur Genese historischer Denkformen.* Pfaffenweiler: Centaurus, 99–121.
Schleppegrell, Mary J. (2010): *The Language of Schooling. A Functional Linguistics Perspective.* New York: Routledge [2004: Lawrence Erlbaum].
Tomasello, Michael (1999): *The Cultural Origins of Human Cognition.* Cambridge, MA: Harvard University Press.
Vorlat, Emma (1989): Stylistics. In Dirven, René; Zydatiß, Wolfgang & Edmondson, Willis J. (eds.): *A User's Grammar of English: Word, Sentence, Text, Interaction. Parts C&D.* Frankfurt a. M.: Peter Lang, 687–721.
Vygotsky, Lev S. (1962): *Thought and Language.* Cambridge, MA: MIT Press.
Vygotsky, Lev S. (1978): *Mind in Society.* Cambridge, MA: Harvard University Press.
Zydatiß, Wolfgang (2000): *Bilingualer Unterricht in der Grundschule.* Ismaning: Hueber.
Zydatiß, Wolfgang (2007): *Deutsch-Englische Züge in Berlin (DEZIBEL). Eine Evaluation des bilingualen Sachfachunterrichts an Gymnasien.* Frankfurt a. M.: Peter Lang.
Zydatiß, Wolfgang (2013): Kernabitur und Studierfähigkeit: Plädoyer für eine nationale, testbasierte Überprüfung generalisierbarer, sachfachrelevanter Diskurskompetenzen in der ersten Fremdsprache. In Grünewald, Andreas; Plikat, Jochen & Wieland, Katharina (Hrsg.): *Bildung – Kompetenz – Literalität. Fremdsprachenunterricht zwischen Standardisierung und Bildungsanspruch.* Seelze: Klett-Kallmeyer, 123–136.
Zydatiß, Wolfgang (2015): Sprachlernen im fremdsprachigen Fachunterricht – oder: Der noch ‚lange Marsch' zu einer domänenorientierten Diskursfähigkeit in bilingualen Bildungsgängen. In Hoffmann, Sabine & Stork, Antje (Hrsg.): *Lernerorientierte Fremdsprachenforschung und -didaktik.* Tübingen: Narr, 283–296.

Sven Oleschko
Differenzielle Lernmilieus und Sprachbildung – zur Bedeutung der Sprachsoziologie für den Diskurs um Sprachfähigkeit in der Schule

1 Einleitung

Die Bedeutung einer ausreichenden Sprachfähigkeit für das erfolgreiche Durchlaufen der Schule ist sowohl theoretisch als auch empirisch in der Erziehungswissenschaft und Linguistik aufgezeigt (vgl. u. a. Gogolin et al. 2013 oder Redder & Weinert 2013). Die Vielzahl sprach- und erziehungswissenschaftlicher Arbeiten legen den Fokus auf einen Versuch einer linguistischen Definition von Bildungssprache und die damit einhergehende Darstellung von sprachformalen Merkmalen (vgl. Benholz & Iordanidou 2005; Grießhaber 2010; Hintzler 2004; Kniffka & Neuer 2008; Leisen 2010). Für den in den meisten Arbeiten gebrauchten und durch Gogolin (vgl. 2009: 268) wieder eingeführten Begriff der *Bildungssprache* haben Morek & Heller (2012: 70) eine Heuristik vorgelegt, mit welcher sie zwischen einer kommunikativen, epistemischen und sozialsymbolischen Funktion unterscheiden. Damit wird das Verständnis dieses zentralen Begriffs im Vergleich zu anderen Arbeiten (Fürstenau & Lange 2011; Gogolin & Lange 2011) erweitert. Für die aktuelle Diskussion erscheint die Thematisierung der *sozialsymbolischen Funktion* notwendig, da zum einen über die Beschreibung der sprachformalen Charakteristika von Bildungssprache hinausgegangen werden kann und es zum anderen möglich wird, die Prozesse der Herstellung von Bildungsungleichheit durch eine unterschiedliche Sprachperformanz genauer zu erklären. Hierzu bietet es sich an, den Diskurs um die Bedeutung der Sprachfähigkeit für das schulische Lernen der 1950–1970er Jahre aufzugreifen. Denn dadurch wird es möglich, den Blick auf verschieden benachteiligte Schülergruppen zu erweitern und die Bedeutung von Sprachbildung und Bildungssprache in einem Diskurs um *sprachlich-inklusive Bildung* zu diskutieren.

2 Soziologie der Sprache – ein Blick zurück

In sprachsoziologischen Arbeiten des letzten Jahrhunderts wurden Sprachunterschiede immer innerhalb und zwischen sozialen Gruppen in einen Zusammenhang mit Armut, Erziehung und Entwicklung gebracht (Kjolseth 1971: 11). Denn der Einfluss von bestimmten Sprachverwendungen, die familiär erworbene sind, wurden als ursächlich für das schulische Lernen angesehen (vgl. Bernstein 1959: 52). Dabei ging es im damaligen Diskurs bereits darum, feststellen zu wollen, welche Variable die wichtigste sei, um die komplexe Verflechtung von differenziellen Lernmilieus und Sprachanforderungen erklären zu können (vgl. Bernstein 1959: 62; ferner Luckmann 1962: 515). Bernstein (1959: 63) vertrat dabei die Auffassung, dass in jeder Gesellschaft sprachliche Unterschiede vorlägen und diese zwischen dem niedrigsten und höchsten sozio-ökonomischen Niveau am größten seien. Hieraus ergibt sich die Einsicht, dass die sprachlichen Fähigkeiten für das schulische Lernen besonders bedeutsam werden. Denn die durch die Lehrerinnen und Lehrer verwendeten Sprachstrukturen prädisponierten Kinder aus der Mittelklasse, da diese weniger Herausforderungen mit der in der Schule verwendeten Sprachstruktur hätten (vgl. Bernstein 1959: 69). Dieser Erklärungsansatz ist in den nachfolgenden Jahren in zahlreichen sprachsoziologischen und soziolinguistischen Studien aufgegriffen und theoretisch sowie empirisch weiter ausdifferenziert worden.

Roeder (1965: 12ff.) führt in seiner Arbeit aus, dass die Akkulturationsleistung der Schülerinnen und Schüler der Unterschicht größer sei, da in der Schule „alles Wissen in sprachlicher Form dargeboten wird und vom Schüler sprachlich bewältigt werden muss", wobei die verwendete und gewünschte Sprache des Lehrers, des Schulbuchs und des Aufsatzes die der Mittel- und Oberschicht sei. Auch Reichwein (1967: 318) gelangt zu der Einsicht, dass die sozialstrukturell bedingten Sprachunterschiede in der Schule Kinder aus der Unterschicht benachteiligten. Dabei werden diese Unterschiede sowohl als Erscheinung sozialer Ungleichheit als auch als Mittel zu ihrer Erhaltung angesehen (vgl. Badura 1971: 90). Die sprachliche Performanz erhält dadurch sowohl Zustands- als auch Prozessmerkmale, da durch Sprache zum einen die Zugehörigkeit zu einer sozialen Gruppe erkannt werden kann und gleichzeitig eine Aufrechterhaltung von sozialer Ungleichheit bestehen bleibt. Die sozialstrukturell distinktiven Merkmale sind in den 1960–1970er Jahren von Interesse in verschiedenen Disziplinen gewesen.

> Der Sprachunterricht hat also, soziologisch interpretiert, die Aufgabe, den einzelnen aus seiner durch die Herkunft zugeschriebenen und sprachlich fixierten Rolle zu lösen, ihn instand zu setzen, prinzipiell beliebige Rollen in unterschiedlichen sozialen Subsystemen einnehmen zu können. (Roeder 1971: 20)

Durch diese Forderung wird deutlich, dass die gesellschaftliche Teilhabe aufgrund der sprachlichen Gebundenheit an soziale Rollen ungleich verteilt sein kann. Hieraus ergibt sich eine doppelte Benachteiligung für Kinder, die die von der Schule verlangten Sprachfähigkeiten nicht mitbringen und dort nicht ausbauen können. Schule als System reproduziere demnach vorwiegend die sozialen Merkmale der Mittelschicht (vgl. Holzkamp 1971: 113). Reichwein (vgl. 1967: 318) behauptet, dass der Lehrer[1] die „formale" Sprache[2] mit Recht von seinen Schülern verlangen könne. Dieses Einfordern der mittelschichtsorientierten Merkmale als Recht der Lehrerinnen und Lehrer zu bezeichnen, impliziert ein Herrschaftsverhältnis anzuerkennen, indem Mittelschichtsmerkmale über denen der Unterschicht stehen. Durch ein solches Recht würde soziale Ungleichheit durch das System Schule zum einen anerkannt und die stetige Reproduktion sogar legitimiert werden. Hieraus kann die Einsicht erwachsen, dass Lehrkräfte als Repräsentanten einer gesellschaftlichen Institution nicht die Aufgabe hätten, soziale Ungleichheit abzubauen, sondern weiterhin die Pflicht, sprachliche Merkmale einzufordern, die der Mittelschicht entsprechen. Würde dieser Argumentation konsequent gefolgt, ergebe sich dadurch eine restriktive Funktion für die Sozialisationsvariablen der Unterschicht (vgl. Holzkamp 1971: 113). Die gesellschaftlichen Herrschafts- oder Machtverhältnisse, die zu der Festlegung von schulisch verlangten Kriterien führen, sind damit immer auch ein politischer Akt (vgl. Holzkamp 1971). Die Rückbindung einer solchen Machtasymmetrie an soziale Milieus führt dazu, dass sowohl spezifisch sprachliche als auch andere Merkmale bestimmte Kinder benachteiligen und andere bevorteilen. Schule als gesellschaftliche Institution mit ihren mittelschichtssozialisierten Lehrkräften verlangt bestimmte Eigenschaften aufgrund ihres gesellschaftlichen Machtanspruchs. Hieraus ergibt sich eine vorbewusst verbreitete Auffassung, dass die Sprachfähigkeit der Mittel- und Oberschicht die einzig „richtige" und „gute" Form sei und andere von dieser abweichende Ausdrucksweisen „defizitär" seien. Gloy (1972: 328ff.) bezeichnet dies als „Idiomen-Zentrismus" und führt aus, dass der als abweichend auffällig wahrgenommene Sprachgebrauch in den schulischen Institutionen sanktioniert sei und damit einen Ausschluss von vertikaler Mobilität für diese Sprecher bedeute.

---

[1] In den Ausführungen von Reichwein wird „Lehrer" als Oberbegriff verwendet und aufgrund des indirekten Zitats hier nicht gegendert.
[2] Reichwein verwendet den zu der Zeit im Diskurs von Bernstein eingeführten Begriff der „formalen" Sprache, die der Mittel- und Oberschicht, wohingegen die „öffentliche Sprache" der Unterschicht zugeordnet wird (später wird in Bernsteins Arbeiten zwischen „restricted" und „elaborated code" unterschieden).

Oevermanns (1971: 298) Analyse der schichtenspezifischen Spracherwerbsprozesse wird vor dem Hintergrund des Erwerbs formaler schulischer Leistungszertifikate genauer ausgeführt. Auch er formuliert wie Holzkamp und Gloy, dass die Festlegung von Kriterien für Fähigkeiten einen politischen Akt darstelle, bei dem die Interessen der legitimen Herrschaftspositionen formuliert seien (vgl. Oevermann 1971: 299).

> Die negativ bewerteten Aspekte der Sprachmilieus der Unterschicht müssen nicht gleichzeitig einen ungünstigen, genuinen Einfluß auf die individuelle kognitive Organisation haben, sie erhalten aber sekundär einen Einfluß auf das Selbstbild, wenn diese Bewertung akzeptiert wird. [...] Möglicherweise tragen diese an sprachlichen Merkmalen haftenden Bewertungsprozesse zu der nachgewiesenen Vorurteilsbildung und negativen Erwartungshaltung der im mittelständischen Milieu lebenden und häufig auch erzogenen Lehrer gegenüber den Kindern aus der Unterschicht bei und beeinträchtigen so indirekt die Bewertung und Förderung der schulischen Leistungen. (Oevermann 1971: 319)

Hieraus ergibt sich erneut die unausweichliche Einsicht, dass die Lehrerinnen und Lehrer in der Institution Schule maßgeblich mit ihren tradierten Leistungskriterien, die unmittelbar über die sprachliche Performanz gewertet werden, bestimmte Schülergruppen bevorteilen.

Oevermann (1972: 24) folgert daraus, dass die Schule den „subkulturell spezifischen Fähigkeiten der Schüler dieses Stratums [Mittel- und Oberschicht] weit mehr entgegenzukommen [scheint] als denen der Schüler aus unteren Schichten". Auch Bock (1975: 35) gelangt zu der Einsicht, dass die Akkulturationsleistung sich zwischen den sozialen Gruppen aufgrund der spezifischen Sprechweisen und Verhaltensnormen unterscheide. Besonders die sprachliche Determiniertheit zeigt sich in den schulisch gestellten Anforderungen, die von sprachlichen Fähigkeiten und verbal festgehaltenen Kulturleistungen bestimmt sei (vgl. Bock 1975: 55).

2.1 Zum Zusammenhang von Sprachsoziologie und anderen Disziplinen

Aufgrund der im vorherigen Abschnitt dargelegten Einsicht, dass Sprache und Gesellschaft untrennbar miteinander verbunden sind, ist es nach Luckmann (1979: 5) bisher nicht gelungen, eine „Gesamttheorie der Verschränkung von Sprache, Individuum und Gesellschaft" zu entwickeln. Die soziologischen, psychologischen und sprachwissenschaftlichen Referenzparadigmen sind auch im aktuellen Diskurs um Sprachbildung und Bildungssprache kaum aufeinander bezogen. Luckmann (1979: 19) hat bereits darauf hingewiesen, dass die jeweiligen Disziplinen in ihren Forschungen von den spezifischen Interessenlagen und ihrem eigenen Begriffsapparat bestimmt seien. Dennoch erscheint in neueren Arbeiten (vgl. Berendes et al. 2013: 27; Cummins 2013: 29; Krah et al. 2013: 85; Portmann-Tselikas 2013: 279; Steinig et al. 2009: 371) immer wieder die Forderung nach mehr Interdisziplinarität, wenn es um die Bedeutung der Sprache in Schule geht. Die durch erziehungswissenschaftliche und linguistische Ansätze verfolgte Beschreibung individueller Sprachstände oder des Registers Bildungssprache haben bisher nicht einzulösen vermocht, die sozialsymbolische Funktion von (Bildungs-)Sprache genauer erklären zu können. Denn hierzu ist nicht mehr nur der Blick auf Individualdaten zu richten, sondern vielmehr die gesellschaftliche Verwobenheit von Sprache und Schule zu untersuchen. Dieses Erkenntnisinteresse erfordert aber zum einen andere theoretische Bezugsmöglichkeiten und zum anderen Forschungsmethoden, die nicht nur an der kommunikativen Funktion von Sprache orientiert sind.

Nach Hess-Lüttich (1987: 5) sind Kommunikationsprozesse „in pädagogisch relevanten Situationen immer auch psychosoziale Prozesse in sozial relevanten ‚Domänen' gesellschaftlicher Wirklichkeit". Von dieser Einsicht ausgehend schlägt er vor, dass „sprachsoziologische Problemfelder" gemeinsam von Linguisten, Soziologen, Psychologen und Pädagogen untersucht werden sollten, wie z.B. die „Besonderheiten der Kommunikation in der Institution Schule bzw. im Unterricht als einer spezifischen Gruppenkonstellation" oder „die psychosozial und soziokulturell sensibilisierte Vermittlung des Deutschen als Zweit- und Fremdsprache" (Hess-Lüttich 1987: 8). Demnach sei im Bereich Deutsch als Fremd- und Zweitsprache die soziologische Dimension zu wenig berücksichtigt (vgl. Hess-Lüttich 1987: 140).

2.2 Sprachlicher Markt als Erklärungsansatz

Einen Versuch zur Formulierung einer Gesamttheorie zur Verschränkung von Sprache, Individuum und Gesellschaft (vgl. Luckmann 1979: 5) hat Bourdieu mit seinem Ansatz des *Sprachlichen Marktes* unternommen. Thompson (2012: 19) beschreibt das Verständnis von Bourdieu, wonach sprachliche Äußerungen als Formen von Praxis aufgefasst werden können, welche wiederum das Produkt eines Verhältnisses zwischen einem sprachlichen Habitus und einem sprachlichen Markt darstellen. Eine sprachliche Äußerung erhält, aufgrund ihrer Produktion in bestimmten Kontexten oder auf bestimmten Märkten, einen „Wert", der durch die Eigenschaften der Märkte dem sprachliche Produkt verliehen wird (vgl. Thompson 2012: 20). Diese Kontextgebundenheit und Wertigkeit von bestimmten sprachlichen Produkten ist verknüpft mit der Verteilung des sprachlichen Kapitals, welches wiederum mit den sonstigen Arten von Kapital (ökonomisch, kulturell und sozial) einhergeht und die Position des Individuums im sozialen Raum determiniert (vgl. Thompson 2012: 21). Im Kontext der schulischen Bildung bedeutet dieser Ansatz, dass der sprachliche Markt „streng den Urteilen der Hüter der legitimen Kultur unterworfen ist" und der „Bildungsmarkt von den sprachlichen Produkten der herrschenden Klasse beherrscht [wird] und tendenziell die bereits bestehenden Kapitalunterschiede" verfestigt (Bourdieu 2012: 69). In seinen weiteren Ausführungen gelangt Bourdieu (2012: 74) zu der Feststellung, dass in jeder Interaktion die ganze Sozialstruktur präsent sei.

Im aktuellen Diskurs um Bildungssprache erfolgt in den meisten Arbeiten eine immanente Analyse der Sprache von Lernenden oder der in der Schule verlangten Sprache ohne die soziokulturellen und soziohistorischen Bedingungen genauer auszuführen, sondern stattdessen diese als selbstverständlich anzusehen. Eine Vielzahl wissenschaftlicher Arbeiten (eine ausführliche Analyse von Studien ist bei Kristen & Olczyk 2013 zu finden) prononciert die Bedeutung des konfundierenden Merkmals Migrationshintergrund (oder Mehrsprachigkeit) für die Schlechterstellung bestimmter Schülergruppen im deutschsprachigen Schulsystem. Dabei gilt grundsätzlich, dass Sprache bei allen sozialen Gruppen an den sozialen Raum gebunden ist. Demnach geht es nicht um die Ethnisierung von Bildungsungleichheit (vgl. Ramírez-Rodríguez & Dohmen 2010), sondern vielmehr um die Position der betrachteten Gruppen im sozialen Raum. Denn eine solch eingenommene Perspektive eröffnet den Blick darauf, dass nicht die Mehrsprachigkeit für die Deprivation im Bildungsmarkt als ursächlich zu bestimmen ist, sondern die soziale Position, welche an das sprachliche Kapital und die anderen Kapitalarten geknüpft ist.

3 Zum Zusammenhang von differenziellen Lernmilieus und sprachlichem Lernen

Das Verhältnis von Sprach- und Sozialstruktur ist komplex miteinander verbunden, woraus sich die Einsicht ableiten lässt, dass mögliche Herausforderungen des schulischen Lernens nicht ausschließlich in der Sprache der Kinder zu suchen sind, sondern ursächlich in der Organisation der Schule (vgl. Grimshaw 1972: 269). Denn für Kinder ist die außerschulisch erworbene Sprachfähigkeit in der Regel ausreichend und funktional, wohingegen die schulischen sprachlichen Ansprüche diese als nicht ausreichend markieren. Sprache ist demnach als ein gesellschaftliches Phänomen zu verstehen (Hager, Haberland & Paris 1973: 29), welches in der Schule durch spezifische Lernmilieus, die sozialstrukturell determiniert sind, einen weiteren Einfluss auf das sprachliche Lernen von Kindern ausübt (vgl. Roeder 1965: 25). Unter den Begriffen der *Kompositions-* und *Kontexteffekte* ist innerhalb der Bildungssoziologie der Einfluss der schulischen Lernumgebung unter Berücksichtigung der sozialstrukturellen Zusammensetzung genauer untersucht (vgl. u. a. Ditton 2010; Becker & Schulze 2013 oder Racherbäumer et al. 2013). Hieraus ergibt sich für das (bildungs-)sprachliche Lernen die Konsequenz, dass die differenziellen Lernmilieus genauer als bisher im Diskurs um Sprachbildung betrachtet werden sollten.

3.1 Kompositions- und Kontexteffekte

In der bildungssoziologischen Forschung wird mit *Kompositionseffekten* die spezifische Zusammensetzung der Schülerschaft (auf Schul- und Schulklassenebene) hinsichtlich des Leistungsniveaus sowie sozialer, kultureller, sprachlicher u. a. Faktoren, die die Lernumgebung bestimmen, und deren Auswirkung auf Unterricht, Lernkultur oder Interaktionen zwischen Lehrern und Schülern und unter den Schülern selbst bezeichnet (vgl. Chudaske 2012: 182). Die Komposition einer Schülerschaft wird bedeutsam, da davon ausgegangen werden kann, dass sich Familien aufgrund ihrer Position im sozialen Raum „in der Sprachkultur, der Wertschätzung von Lernen und Bildung und der Vermittlung von effektiven Lernstrategien" unterscheiden, so dass laut Maaz, Baumert & Trautwein (2010: 71) von „schichtspezifisch habitualisierten Lerngewohnheiten" gesprochen werden könne. Diese habitualisierten Lerngewohnheiten üben wiederum direkten Einfluss auf die Gestalt und Qualität der schulischen Angebotsstrukturen (Unterrichts- und Interaktionsprozesse) aus und wirken somit vermittelt auf die Leistungsentwicklung der Schülerinnen und Schüler in der Schule ein (vgl. Maaz, Baumert & Trautwein 2010: 85). Dadurch wird ersichtlich, dass nicht nur die schichtspezifisch habitualisierten Lerngewohnheiten, die außerschulisch zu verorten sind, die Leistungsentwicklung beeinflussen, sondern auch deren Einfluss auf das schulische Lernen bedeutsam wird. Hier kann erneut festgestellt werden, dass Kinder aus sozioökonomisch schwachen Verhältnissen außerschulisch, aber auch aufgrund einer möglichen nachteiligen Komposition der Schülerschaft, einen anderen qualitativen Unterricht erfahren als Kinder aus starken sozioökonomischen Verhältnissen. Diese unterschiedlichen Lern- und Entwicklungsumwelten sind zudem weiterhin mittelschichtsorientiert, wodurch die implizit verlangte Akkulturationsleistung für Kinder aus sozioökonomisch schwachen Verhältnissen immer noch eine Herausforderung darstellt. Hinzu kommt, dass der „Wechsel zwischen homogenen institutionellen Lerngelegenheiten und unterschiedlichem Anregungspotenzial in den jeweiligen sozialen Milieus über die Schuljahre hinweg kumulativ auf die Entwicklung sozial bestimmter Leistungsunterschiede [wirkt]" (Maaz, Baumert & Trautwein 2010: 89f.).

Bisher scheint aber noch zu wenig darüber bekannt zu sein, wie schulische Kontextmerkmale und individuelle Eingangsvoraussetzungen der Lernenden zusammenhängen, so dass Neumann, Becker & Maaz (2014: 192) hier eine stärkere Forschungsaufnahme vorschlagen. Dieser Einsicht folgend, zeigt sich, dass es beim Zusammenhang von Sprache und Bildung immer auch um gesellschaftliche Verhältnisse geht, die eine bestimmte Ordnung sozialer Ungleichheit aufweisen. Damit wirken auch Nachbarschaftskompositionen auf die Institution Schule ein, indem „Schulen in ärmeren Vierteln tendenziell schlechter ausgestattet [sind], vor allem aber Schüler aus ähnlichen – ungünstigen – sozialen Lagen unter sich [...]" bleiben (Ludwig-Mayerhofer & Kühn 2010: 148).

> Demnach sind die niedrigeren Leistungen der Kinder und Jugendlichen mit Migrationshintergrund nicht durch das Merkmal der Zuordnung zu einer ethnischen Gruppe zu erklären, sondern mit einer Kumulation von Faktoren, die zu einer benachteiligten bzw. benachteiligenden Situation im Bildungssystem und später beim Übergang in den Arbeitsmarkt führen [...]. (Ramírez-Rodríguez & Dohmen 2010: 308)

Diese Kumulation von verschiedenen Faktoren scheint aber in den meisten Arbeiten zu Bildungssprache und Sprachbildung unzureichend berücksichtigt (vgl. Kristen & Olczyk 2013: 393). Auch die Forschung zu Kontextmerkmalen ist laut Ramírez-Rodríguez & Dohmen (2010: 304) bisher nicht ausreichend. Dabei kann gerade hier ein neuer Erkenntniswert für den Diskurs um Sprache und Schule entstehen, da sich unterschiedliche Forschungsstränge, die aus der Soziologie, Linguistik, Erziehungs- und Bildungswissenschaft stammen, bündeln lassen. Denn es ist bekannt, dass die Schulformen im deutschsprachigen Raum unterschiedliche Lern- und Entwicklungsmilieus darstellen, die dadurch für Lernende auch unterschiedliche Entwicklungsmöglichkeiten bereitstellen (vgl. Neumann et al. 2007: 400).

3.2 Bedeutung von Kontexteffekten für das sprachliche Lernen

Neumann et al. (2007: 403) deuten an, dass Kontexteffekte nicht nur aufgrund der Schülerkomposition auf lernmilieubedingte Entwicklungsverläufe einwirken, sondern „auch – und vielleicht sogar in stärkerem Maße – auf institutionellen und je nach Schulform differierenden curricularen und didaktischen Vorgaben zu beruhen" scheinen. Dazu sei es notwendig, neben individuellen Schülermerkmalen und schulischen Kontextvariablen auch Prozessmerkmale eines konkreten Unterrichtsgeschehens zu erheben (vgl. Neumann et al. 2007: 417). Hoadley (2012: 244) konnte bspw. für den Zugang zu Wissensformen (auch zu verstehen als sprachlicher Interaktionsrahmen) an südafrikanischen Schulen nachweisen, dass dieser sozialstrukturell divergiert. Demnach würden im Kontext der Arbeiterschicht eher Alltagswissen und kontextabhängige Bedeutungen genutzt, wohingegen im Kontext der „Mittelschicht eine Orientierung auf kontextunabhängiges Schulwissen vorherrscht" (vgl. Hoadley 2012).

Diese bei Hoadley sichtbaren Prozessmerkmale im konkreten Unterricht werden von Maaz, Baumert & Trautwein (2010: 84) als *„cross-level*-Interaktionen" bezeichnet und beschreiben Eigenschaften der Schulen und Lehrkräfte, welche wiederum mit Herkunftsmerkmalen der Schülerinnen und Schüler interagieren. Diese *cross-level*-Interaktionen scheinen besonders für die (sprachliche) Unterrichtsgestaltung bedeutsam, da sie – wie es Hoadley zeigt – auf Ko-Konstruktionen der Lehrerinnen und Lehrer beruhen, welche den sprachlichen Interaktionsrahmen durch die von ihnen subjektiv eingeschätzte Klassenzusammensetzung hinsichtlich der Sozialstruktur bestimmen.

Ein spezifischer Kontext ist demnach nie einfach so vorhanden, sondern seine relationale Struktur ergibt sich aus dem Resultat der Handlungen von Menschen (vgl. Ditton 2013: 176). Daher sind für die Erklärung des Zustandekommens von Kontexteffekten auch genaue Analysen von Prozessen und Interaktionsstrukturen notwendig (vgl. Ditton 2013: 181). Ditton weist nachdrücklich darauf hin, dass

> mit Individualdaten nicht auf kollektive Phänomene und umgekehrt mit Kollektivdaten nicht auf individuelle Beziehungen geschlossen werden kann bzw. dass zwischen den Beziehungen auf der Mikro- und Aggregatebene zu unterscheiden ist (Ditton 2013: 175).

Einen weiteren Aspekt zur Erklärung von Kontexteffekten stellt die *sozialräumliche Einbettung* der jeweiligen Schule dar. Ludwig-Mayerhofer & Kühn (2010: 148) haben bereits auf die Segregation von Schulen in ärmeren Lagen hingewiesen, nach welcher diese häufig besonders schlecht ausgestattet seien. Auch Racherbäumer et al. (2013: 243) verweisen für das Lernen an benachteiligten Schulstandorten auf Merkmale der Schulqualität, welche diese stärker beeinflussten, hin. Sie gelangen zu der Einsicht, dass an segregierten Schulen ein „doppelt negativer Kompositionseffekt" vorläge: Zum einen resultiere dieser aus „der selektiven Zusammensetzung der Schülerschaft mit Scheiterns- und Exklusionserfahrungen im Verlauf der bisherigen Schulkarriere und andererseits aus der Ausbildung differenzieller Anregungs- und Entwicklungsmilieus" (Racherbäumer et al. 2013: 243). Aus diesem doppelt negativen Kompositionseffekt resultiert demnach ein Entwicklungsmilieu, welches den Lernenden eine günstigere Lern- und Leistungsentwicklung erschwere und institutionell vorgeformt sei (vgl. Racherbäumer et al. 2013: 252).

Sertl (2014: 73) argumentiert im Kontext der „Öffnung" von Unterricht, dass gerade Kinder nichtprivilegierter Milieus vor einer doppelten Herausforderung stünden: Zum einen müssen sie die „fremden Regelsysteme und Strukturen" der Schule verstehen lernen und zum anderen werden diese in offeneren Unterrichtsformen noch weniger sichtbar. Auch Racherbäumer et al. (2013: 256) arbeiten heraus, dass gerade Lernende mit Unterstützungsbedarf „stärker strukturierter Lernprozesse und eines geringer portionierten Curriculums in Verbindung mit einem unmittelbaren Feedback bedürfen". Für Sertl ist die „Öffnung" des Unterrichts als Ausdruck der Hegemonie privilegierter Milieus zu verstehen. Welche Bedeutung die Unsichtbarkeit von Regelsystemen und Strukturen für Kinder nichtprivilegierter Milieus hat, scheint bei diesem Innovationsanspruch ausgeblendet zu bleiben. Dabei ist seit Jahrzehnten bekannt, dass vor allem der sprachliche Interaktionsrahmen für Lernende aus nichtprivilegierten Milieus eine besondere Herausforderung darstellt (vgl. Abschnitt 2). Denn die außerschulisch erworbene Sprachfähigkeit wird in der Schule, aufgrund der Mittelschichtsorientierung der Lehrerinnen und Lehrer, negativ sanktioniert bzw. als negativ abweichend bezeichnet und den Schülerinnen und Schülern bzw. ihren Eltern in der Regel die Bringschuld übertragen, die Sprache der Schule bereits vor Schuleintritt erworben haben zu müssen.

> Diese Gegenüberstellung [von elaboriertem und restringiertem Sprachcode] macht unmissverständlich klar, dass die Codes der Schule immer elaborierte Codes sind. Schulisches Wissen basiert auf abstrakten (akademischen) Kontexten. Das stellt Kinder aus nichtprivilegierten Milieus natürlich vor große Probleme. Und gerade weil Kinder aus nichtprivilegierten Milieus keine oder wenig Kenntnisse der elaborierten Codes mitbringen, ist es wichtig, dass die entsprechenden Regeln für sie sichtbar und explizit gemacht werden. D.h. Kinder aus nichtprivilegierten Milieus brauchen Unterrichts-Arrangements mit starker Klassifikation und Rahmung, also sichtbare Formen. (Sertl 2014: 76)

Es sollte deutlich geworden sein, dass eine Betrachtung von Individualdaten der Schülerinnen und Schüler im Diskurs um Bildungssprache nur bedingt hilfreich ist. Denn die schulischen Interaktionsprozesse sind unmittelbar an Gesellschaft und soziale Ungleichheit rückgebunden, wodurch sprachsoziologische Untersuchungen in den nächsten Jahren an Bedeutung gewinnen sollten.

4 Sprachbildung im Kontext sprach- und bildungssoziologischer Ansätze

Dabei wird es auch relevant werden, den Diskurs um Bildungssprache nicht auf bestimmte ethnische Herkunftsgruppen zu verengen, sondern die Schülerinnen und Schüler entlang ihrer *Position im sozialen Raum* in den Blick zu nehmen. Um Bildungsdisparitäten zwischen „immigrierten und autochthonen Schulkindern" erklären zu können, kann davon ausgegangen werden, dass

> aufgrund selektiver Wanderung der Zusammenhang von Migrationsstatus und Bildungschancen ein Spezialfall des Zusammenhangs von sozioökonomischen Ressourcen des Elternhauses und der davon abhängenden Schulleistungen der Kinder und elterlichen Bildungsentscheidung ist (Beck, Jäpel & Becker 2010: 322).

Die Schlechterstellung bestimmter Migrantengruppen als einen „Spezialfall der herkunftsbedingten Ungleichheit" (Becker 2011: 87) zu betrachten, lässt zudem erkennen, dass mit der Variable Migrationshintergrund oder Mehrsprachigkeit die konfundierenden Merkmale dieser Sammelkategorien nicht erfasst werden können.

Cummins (2013: 12ff.) arbeitet in seiner Arbeit heraus, dass mit der Kategorie des Migrationshintergrundes und durch die Konzentration auf die Herkunftssprache die eigentlichen Ursachen von Bildungsdisparitäten ausgeblendet bleiben. Denn in seinem Vergleich von klassischen Einwanderungsländern mit einer hohen Zahl von zugewanderten und mehrsprachigen Lernenden und ihrem Abschneiden bei großen Schulleistungsstudien gelangt er zu der Einsicht, dass Kanada und Australien im Gegensatz zu Deutschland und den Vereinigten Staaten eine andere Migrationspopulation aufweisen. Die Unterschiede lägen vor allem in der sozioökonomischen Situation der jeweiligen Migrantenpopulation. Für Deutschland und die USA führt er aus, dass die Migrantenpopulation einen geringeren sozioökonomischen Status als die Mehrheitsgesellschaft aufweise (vgl. Cummins 2013). Steinig et al. (2009: 371) betonen ebenfalls, dass die sprachlichen Herausforderungen und der dadurch entstehende schulische Misserfolg wieder stärker als sozialindiziert verstanden werden sollten.

In neueren Studien zur Überprüfung bildungssprachlicher Fähigkeiten (u.a. Uesseler, Runge & Redder 2013) wird neben der Mehrsprachigkeit auch die soziale Herkunft erhoben. Allerdings zeigen die Ergebnisse, dass das tradierte Muster des dichotomen Vergleichs beibehalten wird. Uesseler, Runge & Redder (2013: 64) kommen zu dem Ergebnis, dass mehrsprachig aufgewachsene Lernende vor größeren Herausforderungen mit der untersuchten alltäglichen Wissenschaftssprache stünden als einsprachig aufgewachsene. Dabei weisen sie für die untersuchten Probanden der Jahrgangsstufe 4 ($N = 236$) nach, dass der Zusammenhang richtig beantworteter Fragen im Testteil und der angegebene Buchbesitz auf einem Signifikanzniveau von $p < .001$ signifikant ist. Wenn der Buchbesitz und damit das operationalisierte kulturelle Kapital einen signifikanten Einfluss auf die Testleistung hat, ist zu fragen, ob der Unterschied zwischen ein- und mehrsprachigen Lernenden hier nicht auf einen Moderations- oder Interaktionseffekt zurückzuführen ist. Die durchgeführte Analyse hätte vielmehr Subgruppen (einsprachig sozial schwach/stark vs. mehrsprachig sozial schwach/stark o. ä.) vergleichen sollen, um einen vermuteten Einfluss der Mehrsprachigkeit zu kontrollieren.

Neben der tradierten Ergebnisdarstellung – trotz größerer Dateninformationen – kann die Größe der untersuchten Probandengruppen als weitere Validitätsbedrohung benannt werden. Rinker, Kaya & Budde (2013) vergleichen die Sprachfähigkeit türkisch-deutscher Kinder in ihrer Erst- und Zweitsprache ($N = 19$) mit denen einsprachig aufgewachsener ($N = 32$) unter Kontrolle des soziodemografischen Hintergrundes. Sie nutzen für die Messung der Sprachfähigkeit unterschiedliche sprachdiagnostische Testverfahren und kommen zu dem Ergebnis, dass die untersuchten mehrsprachigen Kinder sowohl in der Erst- als auch Zweitsprache „überwiegend gut abschneiden" (Rinker, Kaya & Budde 2013: 215). Einer Generalisierung von Forschungsergebnissen auf Grundlage einer solch kleinen Stichprobe sollte mit Vorsicht begegnet werden. Vielmehr wären die gewonnenen Erkenntnisse über qualitative Forschungsmethoden darzustellen, welche an wenigen Fällen rekonstruierte Einsichten erbringen können, die eine andere Tiefenstruktur aufweisen als quantitative Forschungsansätze es können.

In der Anlage und Durchführung dieser beiden exemplarisch ausgewählten Studien zeigt sich, welches Entwicklungspotenzial die Forschungsarbeiten im Diskurs um Sprachbildung besitzen. Wenn berichtete Unterschiede dem Erkenntnisinteresse einer Erklärung unterliegen sollen, wären Forschungs- und Auswertungsmethoden anzunehmen, die ein solches Vorgehen erlaubten, oder es müsste bei deskriptiven Ergebnisberichten bleiben (ohne einen quantitativen Berichtsmodus zu wählen, der zudem noch auf Kausalitäten hinweisen will). Neben den gewählten Forschungs- und Auswertungsmethoden geht es aber auch um die implizit vorherrschenden Zuschreibungen, die in den meisten Arbeiten nicht diskutiert werden. Eine reflexive Forschungspraxis sollte nicht an tradierten Sampling- und Gruppenbildungsverfahren festhalten, sondern sich auch auf Ansätze und Erkenntnisse anderer Disziplinen einlassen.

5 Diskussion

Der Beitrag hat einen sprachsoziologischen Bezugsrahmen aufgebaut, der deutlich herausgearbeitet haben sollte, dass der Diskurs um *Sprache und Schule* ohne (sprach- oder bildungs-)soziologische Ansätze wenig erkenntnisreich bleibt. Cummins (2013: 29) verweist beispielsweise darauf, dass die sozioökonomischen Bedingungen weniger schnell zu beeinflussen seien, wodurch die politische Aufmerksamkeit stärker auf den *linguistic variables* beruhe, da diese einfacher zu beeinflussen seien (auch wenn hierfür die empirische Evidenz fehle). Die Konzentration auf die rein sprachlichen Merkmale blendet aber die Komplexität des schulischen (sprachlichen) Lernens aus. Denn wie über die Konteksteforschung herausgearbeitet, findet schulisches Lernen nie frei von sozialräumlichen und sozialstrukturellen Relationen statt. Daher scheint es unumgänglich, die (sprach-)soziologischen Ansätze in einer Gesamttheorie von Sprache und Bildung zu berücksichtigen.

Hierzu wird es aber auch notwendig werden, nicht nur den Blick auf die Leistungen der jeweiligen Lernenden *und* Lehrenden zu richten, sondern auch deren relationales Verhältnis im gesellschaftlichen Kontext zu berücksichtigen. Für die Institution Schule (vertreten durch Lehrerinnen und Lehrer) und deren Reaktion auf sprachliche Vielfalt gilt, dass nicht nur auf die subjektiv wahrgenommenen „Defizite" zu blicken ist und die sprachlich Exkludierten zur Überwindung ihrer Benachteiligung aufzufordern sind (auch wenn sie dazu Unterstützung angeboten bekommen), sondern dass der Prozess des Ausgrenzungsabbaus „vor allem bei den Ausgrenzenden selbst beginnen müsste" (Ludwig-Mayerhofer & Kühn 2010: 152). Bremer (2012: 31) weist im Kontext der „Bildungsferne"-Diskussion darauf hin, dass diese nicht nur von den Individuen ausgehe, sondern „die ‚Ferne' geht auch von Seiten der Bildungseinrichtungen aus. Sie haben dann ihr Verhältnis zu bestimmten Adressaten und Lernenden nicht geklärt, und dies kann ihnen als Bringschuld auferlegt werden". Im Zusammenhang der angemessenen Reaktion auf sprachliche Diversität in einem inklusiv-orientierten Schulsystem geht es auch nicht darum, dass Schule ausschließlich die Aufgabe erhält, soziale Ungleichheit abzubauen. Es erscheint viel drängender, Antworten auf die Frage zu finden, welches Verhältnis die Bildungsinstitution zu Gruppen aufbaut, die von ihrer dominanten Normalitätsvorstellung und -erwartung abweichen. Denn nach Ditton (2010: 68) bestehe im schulischen System nicht der ausdrückliche Anspruch „im Abbau von Differenz, sondern in der bestmöglichen Förderung jedes einzelnen Schülers, also sowohl der leistungsschwächeren als auch der leistungsstärkeren". Wie eine solche Förderung aussehen kann, kann nicht nur auf der Mikroebene von Unterricht und Lehrer-Schüler-Interaktion beantwortet werden, sondern verlangt nach systemischen Antworten. Sertl (2014: 79) führt hierzu Folgendes aus:

> Die Frage, wie Kinder aus nichtprivilegierten Milieus zu besseren Schulabschlüssen kommen können, lässt keine einfachen Antworten zu. Auf der einen Seite stehen gesellschaftliche Macht- und Klassenverhältnisse, die schlicht auf Ungleichheit „programmiert" sind, und die nicht durch „an Schrauben Drehen" im Meso- und Mikrosystem der Schule außer Kraft gesetzt werden können. Auf der anderen Seite ist die Rahmung all dieser Prozesse eine gestaltbare Angelegenheit.

Es stellt sich hier aber, wie bereits in den 1970er Jahren, die Frage, „was unter den organisatorischen Bedingungen unseres Schulsystems außer Anpassung und Repression an Sozialisationshilfen geleistet werden kann" (Hartwig 1970: 132). Denn die hegemonialen Ansprüche der Mittelschichtsinstitution Schule verlangen auch weiterhin soziale Homogenität, die sich in bestimmten Verhaltens- und Sprechweisen manifestiert. Es wäre wünschenswert, wenn sich Lehrerinnen und Lehrer zu allererst ihrer „schichtspezifisch habitualisierten" (Maaz, Baumert & Trautwein 2010: 71) Ansprüche bewusst werden und „sich im Denken und Handeln um solche Verbesserungen" (Jünger 2014: 89) bemühen, die die Nichtprivilegierung von Kindern im schulischen Kontext verringern. Dazu gehört es aber auch, dass die Lehrkräfte und die Bildungsadministration mit einer divers zusammengesetzten Schülerschaft umzugehen lernen (vgl. Ludwig-Mayerhofer & Kühn 2010: 151) und diesen neuen Umgang auch erlernen wollen.

Schule sollte sich daran messen lassen, wie sie mit *soziokultureller Vielfalt* umgeht, und darf sich nicht durch ihre Lehrerinnen und Lehrer auf einen privilegierten Machtanspruch im Sinne eines „Hier ist das aber so!" einlassen. Ein reflektierter Umgang mit sozialer Diversität fehlt bisweilen sowohl in der Schul- als auch in der Forschungspraxis. Die normativen Erwartungen bei Lehrerinnen und Lehrern, aber auch bei Forscherinnen und Forschern, sind in der Regel mittelschichtsgeprägt, wodurch häufig eine unreflektierte Setzung von Lesarten akzeptiert wird. Dabei geht es darum, sich zumindest als reflektierter Praktiker selbst zu fragen, wie man sich zu dieser institutionellen Ungleichheit verhalten will und wie viel Anteil an der und Verantwortung für die Reproduktion sozialer Ungleichheit durch die eigenen habitualisierten Normalitätsvorstellungen man hat bzw. zu übernehmen bereit ist. In einem sprachlich-inklusiven Unterricht wird allen Lernenden eine Unterstützung zuteil, welche vor sprachlichen Herausforderungen stehen, unabhängig askriptiver Merkmale, die durch Lehrerinnen und Lehrer oder gesellschaftlich tradiert vergeben worden sind bzw. werden. Ein sprachlich-inklusiver Unterricht setzt eine hinreichende soziokulturelle Sensibilität voraus, um allen Lernenden eine Teilhabe an Bildung zu ermöglichen. Damit dies erreicht werden kann, ist ein theoretischer Rahmen notwendig, welcher die kognitive Funktion von Sprache und deren Zusammenwirken mit der sozialsymbolischen besser fassen kann. Hierbei geht es auch um Grundsatzfragen der Anerkennung und des Umgangs mit Diversität im Bildungsbereich. Damit in Zukunft Ideen zu Inhalten und Umsetzungen entwickelt werden können, bedarf es der Aufnahme systematischer Forschungsprogramme.

6 Literatur

Badura, Bernhard (1971): *Sprachbarrieren. Zur Soziologie der Kommunikation.* Stuttgart: Frommann-Holzboog.

Beck, Michael; Jäpel, Franziska & Becker, Rolf (2010): Determinanten des Bildungserfolgs von Migranten. In Quenzel, Gudrun & Hurrelmann, Klaus (Hrsg.): *Bildungsverlierer. Neue Ungleichheiten.* Wiesbaden: VS, 313–337.

Becker, Rolf (2011): *Lehrbuch der Bildungssoziologie.* Wiesbaden: VS.

Becker, Rolf & Schulze, Alexander (Hrsg.): *Bildungskontexte.* Wiesbaden: VS.

Benholz, Claudia & Iordanidou, Charitini (2005): Sprachliche Förderung von Schülerinnen und Schülern mit Migrationshintergrund in der Sekundarstufe 1. Allgemeine Überlegungen und Literaturempfehlungen. In Landesinstitut für Schule (Hrsg.): *Sprachliche Förderung von Schülerinnen und Schülern mit Migrationshintergrund in der Sekundarstufe 1. Allgemeine Überlegungen und Literaturempfehlungen.* Soest: Landesinstitut für Schule, 20–21.

Berendes, Karin; Dragon, Nina; Weinert, Sabine; Heppt, Birgit & Stanat, Petra (2013): Hürde Bildungssprache? Eine Annäherung an das Konzept „Bildungssprache" unter Einbezug aktueller empirischer Forschungsergebnisse. In Redder, Angelika & Weinert, Sabine (Hrsg.) (2013): *Sprachförderung und Sprachdiagnostik. Interdisziplinäre Perspektiven.* Münster: Waxmann, 17–41.

Bernstein, Basil (1959): Soziokulturelle Determinanten des Lernens. In Heintz, Peter (Hrsg.): *Soziologie der Schule.* Opladen: Westdeutscher Verlag, 52–79.

Bock, Irmgard (1975): *Das Phänomen der schichtspezifischen Sprache als pädagogisches Problem.* Darmstadt: Wissenschaftliche Buchgesellschaft.

Bourdieu, Pierre (2012): *Was heißt Sprechen? Die Ökonomie des sprachlichen Tausches.* Wien: Braumüller.

Bremer, Helmut (2012): „Bildungsferne" und politische Bildung. Zur Reproduktion sozialer Ungleichheit durch das politische Feld. In Widmaier, Benedikt & Nonnenmacher, Frank (Hrsg.): *Unter erschwerten Bedingungen. Politische Bildung mit bildungsfernen Zielgruppen.* Schwalbach: Wochenschau-Verlag, 27–41.

Chudaske, Jana (2012): *Sprache, Migration und schulfachliche Leistung.* Wiesbaden: VS.

Cummins, Jim (2013): Immigrant Students' Academic Achievement: Understanding the Intersections Between Research, Theory and Policy. In Gogolin, Ingrid; Lange, Imke; Michel, Ute & Reich, Hans H. (Hrsg.) (2013): *Herausforderung Bildungssprache – und wie man sie meistert.* Münster: Waxmann, 19–41.

Ditton, Hartmut (2010): Selektion und Exklusion im Bildungssystem. In Quenzel, Gudrun & Hurrelmann, Klaus (Hrsg.): *Bildungsverlierer. Neue Ungleichheiten.* Wiesbaden: VS, 53–71.

Ditton, Hartmut (2013): Kontexteffekte und Bildungsungleichheit: Mechanismen und Erklärungsmuster. In Becker, Rolf & Schulze, Alexander (Hrsg.): *Bildungskontexte*. Wiesbaden: VS, 173-206.

Fürstenau, Sara & Lange, Imke (2011): Schulerfolg und sprachliche Bildung. Perspektiven für eine Unterrichtsstudie. In Hüttis-Graff, Petra & Wieler, Petra (Hrsg.): *Übergänge zwischen Mündlichkeit und Schriftlichkeit im Vor- und Grundschulalter*. Freiburg i. Br.: Fillibach, 37-54.

Gloy, Klaus (1972): Die Normierung der Verständigung. In Badura, Bernhard & Gloy, Klaus (Hrsg*.): Soziologie der Kommunikation. Eine Textauswahl zur Einführung*. Stuttgart: Frommann-Holzboog, 324-342,

Gogolin, Ingrid & Lange, Imke (2011): Bildungssprache und Durchgängige Sprachbildung. In Fürstenau, Sara & Gomolla, Mechtild (Hrsg.): *Migration und schulischer Wandel: Mehrsprachigkeit*. Wiesbaden: VS, 69-87.

Gogolin, Ingrid (2009): Zweisprachigkeit und die Entwicklung bildungssprachlicher Fähigkeiten. In Gogolin, Ingrid & Neumann, Ursula (Hrsg.): *Streitfall Zweisprachigkeit – The Bilingualism Controversy*. Wiesbaden: VS, 263-280.

Gogolin, Ingrid; Lange, Imke; Michel, Ute & Reich, Hans H. (Hrsg.) (2013): *Herausforderung Bildungssprache – und wie man sie meistert*. Münster: Waxmann.

Grießhaber, Wilhelm (2010): (Fach-)Sprache im zweitsprachlichen Fachunterricht. In Ahrenholz, Bernt (Hrsg.): *Fachunterricht und Deutsch als Zweitsprache*. Tübingen: Narr, 37-53.

Grimshaw, Allen D. (1972): Soziolinguistik und Soziologen. In Badura, Bernhard & Gloy, Klaus (Hrsg.): *Soziologie der Kommunikation. Eine Textauswahl zur Einführung*. Stuttgart: Frommann-Holzboog, 267-293.

Hager, Frithjof; Haberland, Hartmut & Paris, Rainer (1973): *Soziologie und Linguistik*. Stuttgart: Metzler.

Hartwig, Helmut (1970): Was kann man mit Basil Bernsteins Ergebnissen anfangen? *Diskussion Deutsch* 2: 123-143.

Hess-Lüttich, Ernest W. B. (1987): *Angewandte Sprachsoziologie: eine Einführung in linguistische, soziologische und pädagogische Ansätze*. Stuttgart: Metzler.

Hintzler, Klaus-Jürgen (2004): Sprachprobleme im Fachunterricht. In Beauftragte der Bundesregierung für Migration, Flüchtlinge und Integration (Hrsg.): *Förderung von Migrantinnen und Migranten in der Sekundarstufe I*. Berlin, Bonn: Beauftragte der Bundesregierung für Migration, Flüchtlinge und Integration, 135-139.

Hoadley, Ursula (2012): Vermittlungsstrategien und soziale Reproduktion. Ein Analysemodell. In Gellert, Uwe & Sertl, Michael (Hrsg.): *Zur Soziologie des Unterrichts. Arbeiten mit Basil Bernsteins Theorie des pädagogischen Diskurses*. Weinheim: Beltz Juventa, 241-264.

Holzkamp, Christine (1971): Die Entwicklung der kognitiven Fähigkeiten. In b:e Redaktion (Hrsg.): *Familienerziehung, Sozialschicht und Schulerfolg*. Weinheim: Beltz, 83-114.

Jünger, Rahel (2014): Die schulischen Habitusformen privilegierter und nichtprivilegierter Kinder im Vergleich. *Erziehung und Unterricht* (1-2): 82-89.

Kjolseth, Rolf (1971): Einführung. Die Entwicklung der Sprachsoziologie und ihre sozialen Implikationen. *Kölner Zeitschrift für Soziologie und Sozialpsychologie* (Sonderheft 15): 9-32.

Kniffka, Gabriele & Neuer, Birgit (2008): ‚Wo geht's hier nach ALDI?' – Fachsprachen lernen im kulturell heterogenen Klassenzimmer. In Budke, Alexandra (Hrsg.): *Interkulturelles Lernen im Geographieunterricht*. Potsdam: Universitätsverlag, 121-137.

Krah, Antje; Quasthoff, Uta; Heller, Vivien; Wild, Elke; Hollmann, Jelena & Otterpohl, Nantje (2013): Die Rolle der Familie beim Erwerb komplexer sprachlicher Fähigkeiten in der Sekundarstufe I. In Redder, Angelika & Weinert, Sabine (Hrsg.) (2013): *Sprachförderung und Sprachdiagnostik. Interdisziplinäre Perspektiven.* Münster: Waxmann, 68–88.

Kristen, Cornelia & Olczyk, Melanie (2013): Ethnische Einbettung und Bildungserfolg. In Becker, Rolf & Schulze, Alexander (Hrsg.): *Bildungskontexte.* Wiesbaden: VS, 353–403.

Leisen, Josef (2010): *Handbuch Sprachförderung im Fach. Sprachsensibler Fachunterricht in der Praxis.* Bonn: Varus.

Luckmann, Thomas (1962): Soziologie der Sprache. In Görres-Gesellschaft (Hrsg.): *Staatslexikon Recht, Wirtschaft, Gesellschaft.* Freiburg i. Br.: Herder, 514–517.

Luckmann, Thomas (1979): Soziologie der Sprache. In Köni, René (Hrsg.): *Handbuch der empirischen Sozialforschung.* Stuttgart: Deutscher Taschenbuchverlag, 1–116.

Ludwig-Mayerhofer, Wolfgang & Kühn, Susanne (2010): Bildungsarmut, Exklusion und die Rolle von sozialer Verarmung und Social Illiteracy. In Quenzel, Gudrun & Hurrelmann, Klaus (Hrsg.): *Bildungsverlierer. Neue Ungleichheiten.* Wiesbaden: VS, 137–155.

Maaz, Kai; Baumert, Jürgen & Trautwein, Ulrich (2010): Genese sozialer Ungleichheit im institutionellen Kontext der Schule: Wo entsteht und vergrößert sich soziale Ungleichheit? In Krüger, Heinz-Hermann; Rabe-Kleberg, Ursula; Kramer, Rolf Torsten & Budde, Jürgen (Hrsg.): *Bildungsungleichheit revisited. Bildung und soziale Ungleichheit vom Kindergarten bis zur Hochschule.* Wiesbaden: VS, 69–102.

Morek, Miriam & Heller, Vivien (2012): Bildungssprache – Kommunikative, epistemische, soziale und interaktive Aspekte ihres Gebrauchs. *Zeitschrift für angewandte Linguistik* 57 (1): 67–101.

Neumann, Marko; Becker, Michael & Maaz, Kai (2014): Soziale Ungleichheiten in der Kompetenzentwicklung der Grundschule und der Sekundarstufe I. *Zeitschrift für Erziehungswissenschaft* (Sonderheft 24): 167–203.

Neumann, Marko; Schnyder, Inge; Trautwein, Ulrich; Niggli, Alois; Lüdtke, Oliver & Cathomas, Rico (2007): Schulformen als differenzielle Lernmilieus. Institutionelle und kompositionelle Effekte auf die Leistungsentwicklung im Fach Französisch. *Zeitschrift für Erziehungswissenschaft* 10: 399–420.

Oevermann, Ulrich (1971): Schichtspezifische Formen des Sprachverhaltens und ihr Einfluß auf die kognitiven Prozesse. In Roth, Heinrich (Hrsg.): *Begabung und Lernen. Ergebnisse und Folgerungen neuer Forschungen.* Stuttgart: Klett, 297–355.

Oevermann, Ulrich (1972): *Sprache und soziale Herkunft.* Frankfurt a. M.: Suhrkamp.

Portmann-Tselikas, Paul R. (2013): In allen Fächern Sprache lernen. In Gogolin, Ingrid; Lange, Imke; Michel, Ute & Reich, Hans H. (Hrsg.) (2013): *Herausforderung Bildungssprache – und wie man sie meistert.* Münster: Waxmann, 272–284.

Racherbäumer, Kathrin; Funke, Christina; van Ackeren, Isabell & Clausen, Marten (2013): Schuleffektivitätsforschung und die Frage nach guten Schulen in schwierigen Kontexten. In Becker, Rolf & Schulze, Alexander (Hrsg.): *Bildungskontexte: Strukturelle Voraussetzungen und Ursachen ungleicher Bildungschancen.* Wiesbaden: VS, 239–267.

Ramírez-Rodríguez, Rocío & Dohmen, Dieter (2010): Ethnisierung von geringer Bildung. In: Quenzel, Gudrun & Hurrelmann, Klaus (Hrsg.): *Bildungsverlierer. Neue Ungleichheiten.* Wiesbaden: VS, 289–311.

Redder, Angelika & Weinert, Sabine (Hrsg.) (2013): *Sprachförderung und Sprachdiagnostik. Interdisziplinäre Perspektiven.* Münster: Waxmann.

Reichwein, Regine (1967): Sprachstruktur und Sozialschicht. Ausgleich von Bildungschancen durch ein künstliches Sprachmedium? *Soziale Welt* 18: 309–330.

Rinker, Tanja; Kaya, Marifet & Budde, Nora (2013): Türkische Kinder mit Deutsch als Zweitsprache im Übergang Kindergarten-Grundschule. Sprachliche Profile und soziodemografischer Hintergrund. In Redder, Angelika & Weinert, Sabine (Hrsg.) (2013): *Sprachförderung und Sprachdiagnostik. Interdisziplinäre Perspektiven*. Münster: Waxmann, 199–217.

Roeder, Peter M. (1965): Sprache, Sozialstatus und Bildungschancen. In Roeder, Peter M.; Pasdzierny, Artur & Wolf, Willi (Hrsg.): *Sozialstatus und Schulerfolg. Bericht über empirische Untersuchungen*. Heidelberg: Quelle & Meyer, 5–32.

Roeder, Peter M. (1971): Sprache, Sozialstatus und Schulerfolg. In b:e Redaktion (Hrsg.): *Familienerziehung, Sozialschicht und Schulerfolg*. Weinheim: Beltz, 1–20.

Sertl, Michael (2014): Was trägt die Unterrichtsgestaltung zur Reproduktion von sozialer Ungleichheit bei? Ein Plädoyer für die Wiederbelebung der „Kompensatorischen Erziehung". *Erziehung und Unterricht* (1–2): 72–81.

Steinig, Wolfgang; Betzel, Dirk; Geider, Franz Josef & Herbold, Andreas (2009): *Schreiben von Kindern im diachronen Vergleich. Texte von Viertklässlern aus den Jahren 1972 und 2002*. Münster: Waxmann.

Thompson, John B. (2012): Einführung. In Bourdieu, Pierre: *Was heißt Sprechen? Die Ökonomie des sprachlichen Tausches*. Wien: Braumüller, 1–36.

Uesseler, Stella; Runge, Anna & Redder, Angelika (2013): „Bildungssprache" diagnostizieren. Entwicklung eines Instruments zur Erfassung von bildungssprachlichen Fähigkeiten bei Viert- und Fünftklässlern. In Redder, Angelika & Weinert, Sabine (Hrsg.) (2013): *Sprachförderung und Sprachdiagnostik. Interdisziplinäre Perspektiven*. Münster: Waxmann, 42–67.

Martina Rost-Roth
(unter Mitarbeit von Heike Mengele)

Lehrprofessionalität (nicht nur) für Deutsch als Zweitsprache – Sprachbezogene und interaktive Kompetenzen für Sprachförderung, Sprachbildung und sprachsensiblen Fachunterricht

1 Einleitung

Bildungschancen von Schülerinnen und Schülern sind weitgehend davon abhängig, wie sie an Unterrichtskommunikationen partizipieren können und wie die Unterrichtsinteraktion zur Entwicklung sprachlicher Kompetenzen beiträgt. Dies gilt in besonderem Maße für Schülerinnen und Schüler mit Deutsch als Zweitsprache. Auf die Unterrichtskommunikation gerichtete sprachbezogene und interaktive Kompetenzen von Lehrenden[1] als denjenigen, die die interaktiven Prozesse im Unterricht maßgeblich gestalten, sind daher zentral für die Unterrichtsqualität.

Sprachförderung wurde zunächst nur als Aufgabe für speziell ausgebildete Sprachförderkräfte gesehen. Inzwischen haben sich die Anforderungen an alle Lehrenden aber stark erweitert. Die Forderung nach ‚Sprachbildung' und ‚sprachsensiblem Fachunterricht' betrifft alle Lehrkräfte und die Lehrerausbildung allgemein (Gogolin & Lange 2010). Vor Herausforderungen stellt dies insbesondere Lehrpersonen in naturwissenschaftlichen Fächern, für die sprachliche Aspekte weniger im Zentrum der Aufmerksamkeit stehen. Aber auch in sprachlichen und gesellschaftswissenschaftlichen Fächern ist mehr Bewusstheit über unterschiedliche Voraussetzungen in Sprachkompetenzen vonnöten.

Die bildungspolitische Forderung nach fächerübergreifender Sprachbildung und Sprachförderung begründet sich auf die Ergebnisse der großen Bildungsstudien, die zeigen, dass sprachliche Probleme von Schülerinnen und Schülern zu

---

[1] Im Bemühen um eine geschlechtergerechte Sprache, aber auch mit Hinblick auf den Elementarbereich, werden im Text die Bezeichnungen Lehrende, Lehrkraft bzw. Sprachförderkraft (und nicht LehrerIn) verwendet.

Bildungsbenachteiligung führen können. Zunehmende Internationalisierung und Migrationsbewegungen führen zu einer Zunahme von Schülern und Schülerinnen, für die Deutsch Zweit- oder Fremdsprache ist, und konfrontiert Lehrende mit sprachlicher Heterogenität (vgl. auch Hofer 2009; Weber 2003; Herwartz-Emden, Schurt & Waburg 2010; Strasser 2011). Dabei sind die Lernwege sehr unterschiedlich, je nach Alter und Einstieg in das Bildungssystem. Sprachliche Kompetenzen zeigen zudem enge Zusammenhänge mit anderen (hier nicht diskutierten) Heterogenitätsmerkmalen wie kulturellen und ethnischen Zugehörigkeiten bzw. Zuschreibungen sowie sozioökonomischen Verhältnissen und familialem Bildungshintergrund. Auch bei Schülerinnen und Schülern mit Deutsch als Erstsprache/Muttersprache zeigen sich unterschiedliche Voraussetzungen in Sprachkompetenzen, die mit Heterogenitätsmerkmalen wie soziökonomischem Status und Bildungshintergrund einhergehen.

In Anbetracht von Bildungspostulaten, die Lehrkräfte vor die Aufgabe stellen, mit wachsender Heterogenität auch in Hinblick auf Mehrsprachigkeit und sprachliche Kompetenzen bei Schülerinnen und Schülern umzugehen, stellt sich die Frage, wie sie auf diese Aufgaben gezielter vorbereitet werden können. Vor diesem Hintergrund wird im Folgenden aufgezeigt, welche Entwicklungen in der Lehrerbildung bislang stattgefunden haben und wie sich die aktuelle Diskussion um Kompetenzmodelle zur Lehrprofessionalität gestaltet. Hierbei wird vor allem die Frage aufgeworfen, welche Rolle sprachbezogenen und interaktiven Kompetenzen und der Unterrichtsinteraktion in diesen Bereichen jeweils zukommt. Zentrale Kompetenzbereiche, die den Umgang mit Sprache und Interaktion betreffen, werden sodann zusammengefasst und Desiderate für die Lehrerbildung im Bereich Deutsch als Zweitsprache und für Lehrkräfte aller Fächer formuliert.

2 Von der Sprachförderung zu Sprachbildung und sprachsensiblem Fachunterricht

Der Begriff der *Sprachbildung* wurde in bewusster Abgrenzung zum Begriff der *Sprachförderung* geprägt. Während *Sprachförderung* vorrangig auf Abhilfe bei Defiziten ausgerichtet ist, wird *Sprachbildung* als übergreifendes Prinzip verstanden.[2] Auch *sprachsensibler Fachunterricht* soll die Beteiligungschancen der Schülerinnen und Schüler fördern. Zugleich ist damit die Tendenz verbunden, im Bil-

---

2 Die Bezeichnung *Sprachförderung* wurde durch *Sprachbildung* ergänzt, um an Stelle eines Verständnisses von Sprachfördermaßnahmen als additiven Angeboten die „insgesamt die Bildungs-

dungssystem nicht mehr *nur* Förderung in Hinblick auf zweitsprachliche Erwerbsprozesse und insbesondere Deutsch als Zweitsprache (DaZ) zu sehen, sondern verstärkt auch Schülerinnen und Schüler mit Deutsch als Erstsprache bzw. Deutsch als Muttersprache (DaM) aus Familien mit weniger günstigen Spracherwerbsbedingungen und bildungsferneren Milieus zu berücksichtigen. Vor dem Hintergrund der großen Bildungsstudien ist dies auch im internationalen Vergleich eine zentrale Aufgabe, insofern sozialer Hintergrund und Migrationshintergrund in Deutschland starke Effekte in Hinblick auf Bildungsbenachteiligungen zeigen.

Während die Sprachförderung davon ausgeht, dass sprachliche Aspekte gezielt und explizit fokussiert werden, setzt Sprachbildung voraus, dass Fachunterricht und Unterrichtskommunikation selbst als förderlich für sprachliche Entwicklung gestaltet werden. Insbesondere der Entwicklung von Bildungssprache wird Bedeutung beigemessen. Hieraus folgt, dass Unterrichtende aller Fächer eine Vorstellung davon ausbilden müssen, was Bildungssprache im Unterschied zu Alltags- oder Umgangssprache in informellen Situationen ausmacht: Als sprachliche Merkmale werden im Allgemeinen hervorgehoben eine differenziertere Lexik sowie eine komplexere Syntax, d. h. Nebensätze, Relativsätze, Nominalgruppen etc. (zu Bildungssprache allgemein vgl. Lengyel 2010, Feilke 2012, Fürstenau & Lange 2013, Köhne et al. 2015, Ahrenholz in diesem Band).[3] Dabei kommt auch der Sprache in Schulbüchern und anderen Medien besondere Bedeutung zu (vgl. Schmölzer-Eibinger & Egger 2012). Es geht um Registervariation im Sinne eines gehobenen Sprachgebrauchs bzw. Stils basierend auf Prinzipien konzeptioneller Schriftlichkeit.

In Hinblick auf die Beschreibung von Sprachkompetenzen werden in Anschluss an Cummins (1999) vor allem *BICS* (*Basic Interpersonal Communicative Skills*) und *CALP* (*Cognitive Academic Language Proficiency*) unterschieden. Dabei wird davon ausgegangen, dass insbesondere bei Schülerinnen und Schülern mit Deutsch als Zweitsprache oft *BICS* ausgebildet sind, so dass eine allgemeine Kommunikationsfähigkeit gegeben ist, *CALP* hingegen aber häufig weniger ausgebildet und wesentlich langwieriger in Hinblick auf den Erwerb gestaltet ist. Gerade *CALP* wird jedoch als Voraussetzung für Bildungserfolg gesehen. In Hinblick auf

---

aufgaben durchdringende Perspektive" zu verdeutlichen (vgl. Vollmer & Thürmann 2013: 41 sowie BiSS-Expertise 2012: 23).

3 Arbeiten zur Bildungssprache gingen zunächst vor allem aus dem Umfeld des FÖRMIG-Projektes hervor (Gogolin et al. 2011), Bildungssprache wurde mehr oder weniger analog zu den im Englischen verwendeten Begriffen „*academic language*" und „*academic discourse*" verstanden. Zu *Bildungssprache* in Abgrenzung zu *Schulsprache* und *Unterrichtssprache* vgl. auch Thürmann & Vollmer (2013) sowie zu *Textroutinen* Feilke (2012).

Seiteneinsteiger stellt sich die Frage, inwiefern *CALP* bereits in der Erstsprache ausgebildet und in Hinblick auf schulspezifische Anforderungen wie z. B. Textkompetenzen auch von der Erstsprache in die Zweitsprache übertragbar sind (vgl. insbes. Cummins 1999: 5, 2010: 16f.).

Die Forderung nach sprachsensiblem Fachunterricht impliziert zudem, dass nicht nur fachsprachliche Aspekte bewusster angegangen werden, sondern dass z. B. auch sprachliche Grundlagen für Erklärungen und Aufgabenformulierung ebenso wie sprachliche Anforderungen an Textsorten wie Protokolle bzw. Sprachhandlungen wie Beschreibungen, Begründungen u. v. m. stärker Berücksichtigung finden. Die Forderung nach Reflexion der Lehrkräfte (Wyss 2013) muss auch diese Aspekte einschließen. „Sprache im Unterricht ist wie ein Werkzeug, das man gebraucht, während man es noch schmiedet", so ein vielzitierter Satz von Leisen (z. B. 2013).[4] Insofern kann man Fach und Sprache nicht voneinander trennen, weder fachdidaktisch noch sprachdidaktisch. Fachinhalte und Sprache müssen gleichzeitig gelehrt und gelernt werden. Aus diesem Grunde sollte Unterrichtskommunikation konsequent erwerbsförderlich ausgerichtet werden.

Von Lehrkräften – und zwar von Lehrkräften nicht nur für Deutsch als Zweitsprache, sondern auch von Lehrkräften aller Fächer – werden daher nicht nur Kenntnisse in Hinblick auf unterschiedliche Sprachkompetenzen und Merkmale von Bildungssprache und Fachsprache, sondern auch über sprachliche Merkmale unterschiedlicher Textsorten und sprachlicher Handlungszusammenhänge gefordert. Sprachbildung soll übergreifend für alle Schülerinnen und Schüler nicht nur Förderbedarf ausgleichen, sondern auch insgesamt sprachliche Entwicklungen unterstützen. Es ist, so Baumann & Becker-Mrotzek (2014: 47),

> [...] eine Einengung auf Fragestellungen des Deutschen als Zweitsprache zu vermeiden und stattdessen die sprachliche Förderung aller Schülerinnen und Schüler in den Blick zu nehmen – ob mit oder ohne Migrationsgeschichte.

Wie diese Ausrichtung geschehen soll und ob hier tatsächlich die gleichen Voraussetzungen oder andere gelten, wird allerdings nicht gesagt.

---

4 Ursprünglich geht dieser Satz auf Butzkamm (1989: 110) zurück.

3 Sprachbezogene und interaktive Kompetenzen in der Lehrerbildung

3.1 Lehreraus- und -weiterbildung

Die Möglichkeiten, Lehrkompetenzen in der Ausbildung zu vermitteln, sind weitgehend davon abhängig, wie ausgebaut Bildungsangebote im Studium der Lehrerbildung und in der Fortbildung sind. Sie sind in sehr unterschiedlichem Umfang möglich und entsprechend eingeschränkt bzw. fundierter und ausgeweiteter (vgl. Krumm & Legutke 2001, Baur & Scholten-Akoun 2010 und Baumann & Becker-Mrotzek 2014). Dies wird im Folgenden verdeutlicht.

Vorrangig waren im Bereich Deutsch als Zweitsprache zunächst Zusatzstudiengänge und Erweiterungsstudien. Die Ausbildung war vor allem additiv, d. h. zusätzlich zu gegebenen Studienangeboten und vor allem in der Germanistik angesiedelt. Befunde zu Erwerbsverläufen und Progressionen im Zweitspracherwerb wie insbesondere lexikalische Progressionen und der Ausbau von Syntax und Morphologie standen im Mittelpunkt. Im Bereich der Methoden der Sprachvermittlung orientierte man sich anfangs noch stärker an Methoden der Fremdsprachenvermittlung, mit der Zeit bildeten sich stärker eigene Schwerpunkte der Didaktik, wie z. B. mündliche Korrekturen im DaZ-Unterricht oder Bildungssprache, heraus.

Mit der Einführung von DaZ-Modulen und dem Bestreben, diese als obligatorische Bestandteile der Lehrerausbildung zu etablieren, stellen sich neue Aufgaben vor allem die Frage betreffend, wie entsprechende Qualifikationen in reduzierten Zeitfenstern vermittelt werden können.[5] Zudem stellt sich die Frage, inwiefern sich entsprechende Qualifikationen für Unterrichtende in einzelnen Fächern unterscheiden sollten bzw. inwiefern sich zumindest zwischen eher sprach-, geistes- bzw. sozialwissenschaftlichen Fächern und naturwissenschaftlichen Fächern unterschiedliche Anforderungen ergeben. Des Weiteren ist natürlich zwischen Ausbildungsmöglichkeiten für verschiedene Schulstufen zu unterscheiden.

Außerdem zeigt sich z. B. die Möglichkeit, *Didaktik Deutsch als Zweitsprache* als eigenständiges Unterrichtsfach zu studieren.[6] Entsprechende Qualifikationen

---

[5] Vgl. das DaZ-Modul „Schüler und Schülerinnen mit Zuwanderungsgeschichte" in Nordrhein-Westfalen und das Lehrerausbildungsgesetz von 2009 (https://www.uni-due.de/daz-daf/daz-modul.shtml, *14.9.2015*) oder die DaZ-Module an der Humboldt-Universität zu Berlin.
[6] Vgl. hierzu das Lehramt in Bayern. Neben dem Studium des Lehramts an Grundschulen und Haupt- bzw. Mittelschulen wird es als Erweiterung für Realschule und Gymnasium angeboten. Vgl. hierzu auch das ‚Drittfach' in Thüringen.

werden hier grundlegender vermittelt. Das Spektrum der Kompetenz- und Wissensbestände ist relativ weit. *Inhaltliche Prüfungsanforderungen* sind im Fach *Deutsch als Zweitsprache* (im Grund- und Haupt- bzw. Mittelschulbereich) in Bayern z. B.

1. Interkulturelles Lernen/Migrations- und Identitätsforschung,
2. Zweitspracherwerbsforschung/Mehrsprachigkeitsforschung,
3. Sprachsystem und Sprachgebrauch,
4. Produktion von Texten und Medien,
5. Rezeption von Texten und Medien,
6. Theorie und Praxis der Sprachvermittlung.[7]

Interessant ist, dass bei „Theorie und Praxis der Sprachvermittlung" offengelassen wird, welche Bereiche thematisiert werden. Das Verhältnis zwischen „Theorie und Praxis" wird schließlich allein in den Studienangeboten über Modularisierung und Lehrveranstaltungskonzepte entschieden.

Auch in Anbetracht eines großen Weiterbildungsbedarfs zeigt sich das Problem, dass entsprechende Qualifizierungen oft äußerst kompakt vermittelt werden sollen. Fortbildungen sind häufig auf einzelne Tage oder sogar weniger reduziert. Gleichzeitig werden aber weitreichende Ansprüche auch in Hinblick auf praxisbezogene Anregungen gestellt. Hieraus folgt, dass die Ausbildung entsprechender Lehrqualifikationen nicht nur von bildungspolitisch implementierten curricularen Vorgaben, sondern weitgehend von Umsetzungen und nicht zuletzt von entsprechenden Kompetenzen und/oder Vorlieben der Dozentinnen und Dozenten abhängig ist.

Zunehmend wird auch Fachunterricht in der Ausbildung für Deutsch als Zweitsprache thematisiert (vgl. z. B. Kobarg, Prenzel & Schwindt 2009; Becker-Mrotzek et al. 2013; Beese et al. 2013, Beese et al. 2014; Benholz, Frank & Gürsoy 2015). *Sprachsensibler Fachunterricht* im Sinne von Leisen ist der bewusste Umgang mit Sprache beim Lehren und Lernen im Fach, wobei Leisen auch vielfältige Beispiele für praktische Anwendungen zeigt (Leisen 2013: 53). Für eine Sprachorientierung im *integrierten Fachunterricht* (Ehlich, Valtin & Lütke 2013: 53–54) werden als thematische Schwerpunkte z. B. thematisiert: Wortschatz – spezifisch für das Deutsche sind hier Komposita – sowie Definitionen und Merksätze und insbesondere Lesekompetenzen. Hinzu kommen Verweise auf *Scaffolding*. Als Beispiel für eine praktische Anwendung für die Schule vgl. z. B. auch das SIOP Modell, das fachübergreifend auf fachsprachsprachliche Stützung von

---

[7] Die Ziele für das Fach „Didaktik des Deutschen als Zweitsprache" werden in der LPO I (2008: § 112) geregelt.

nichtmuttersprachlichen Schülerinnen und Schülern ausgerichtet ist (Vogt 2010). Praktisch hat die Befassung mit den Anforderungen, die Fachunterricht sprachlich für Schülerinnen und Schüler mit Deutsch als Zweitsprache bzw. sprachschwache Schülerinnen und Schüler bedeutet, jedoch erst begonnen.

In letzter Zeit wird Lehrprofessionalität vor allem auch im Umgang mit Heterogenität thematisiert (vgl. insbes. Strasser 2011; Gebauer, McElvany & Klukas 2013; Köker et al. 2015). *Heterogenität und Vielfalt als Bedingung von Schule und Unterricht* werden auch in den KMK-Standards Bildungswissenschaften (2004: 5) genannt. Als Heterogenitätsbereiche sind generell zu unterscheiden: Geschlecht, soziale Herkunft, kulturelle Herkunft und sprachliche Kompetenzen. Neben diesen Heterogenitätsbereichen kann allein in Hinblick auf den Bereich sprachlicher Heterogenität weiter differenziert und spezifiziert werden:
- Deutsch als Zweitsprache vs. Deutsch als Erstsprache,
- Erwerbswege: Seiteneinsteiger vs. früher Zweitspracherwerb,
- Formen von Mehrsprachigkeit/Bilingualismus,
- Förderbedarf auch bei Deutsch als Muttersprache.

Die Ergebnisse der Studie *Sprachförderung in deutschen Schulen* der Mercator-Stiftung beschreibt die Sicht der Lehrerinnen und Lehrer und zeigt, dass Unterrichtende Probleme im Umgang mit Heterogenität haben (Becker-Mrotzek et al. 2012). Obwohl 70 % aller Lehrenden ihre Schülerinnen und Schüler für sprachförderbedürftig halten, geben 61 % der Lehrkräfte an, in ihrem Unterricht keine Sprachförderung durchzuführen. Als Grund hierfür wird vor allem „fehlende Ausbildung" (45 % der Nennungen) angeführt. Ebenso verweisen zahlreiche andere Publikationen und Auswertungen von Praktikumserfahrungen darauf, dass sich Lehrkräfte in Anbetracht von sprachlicher und kultureller Heterogenität oft überfordert fühlen. Von daher gewinnen Kompetenzmodelle in der theoretischen Diskussion um die Lehrerbildung zunehmend an Bedeutung.

3.2 Kompetenzmodelle in der Diskussion

Viel diskutiert ist das Kompetenzmodell von Baumert & Kunter (2006), das sich im Rahmen der Studie COACTIV[8] etablierte. Es stellt den Versuch dar, einzelne Kompetenzbereiche für Lehrprofessionalisierung fachübergreifend zu fassen. Dabei wird zunächst zwischen *Motivationalen Orientierungen, Überzeugungen/*

---

[8] Die Studie bezieht sich auf das Modell von Shulman (1986). Das Projekt „COAKTIV: Cognitive Activation in the Classroom: The Orchestration of Learning Opportunities for the Enhancement of Insightful Learning in Mathematics" wird zusammenfassend dargestellt in Kunter et al. (2011).

Werthaltungen, selbstregulativen Fähigkeiten und *Professionswissen* unterschieden. Das *Professionswissen*, das für das Kerngeschäft Unterrichten eine Schlüsselrolle erhält, wird wiederum in die *Kompetenzbereiche Pädagogisches Wissen, Fachwissen, Fachdidaktisches Wissen, Organisationswissen* und *Beratungswissen* unterteilt:

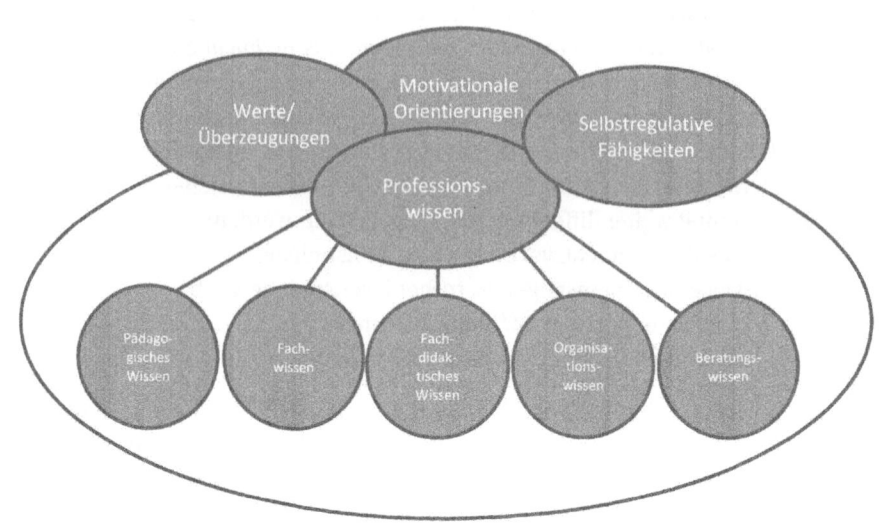

Abb. 1: Modell professioneller Handlungskompetenz – Professionswissen (vereinfacht, nach Baumert & Kunter 2006: 482)

Ursprünglich wurde das Modell für den Mathematikunterricht konzipiert. Inzwischen wird es jedoch übergreifend für Theoriebildungen und Lehrbeurteilungen genutzt. Für DaZ-Lehrkräfte ließen sich dabei z. B. folgende sprach- und interaktionsbezogenen Kompetenzen zuordnen:
- Fachwissen/Content Knowledge: Sprache, Spracherwerb, Progression etc.,
- Fachdidaktik/Pedagogical Content Knowledge: Lesedidaktik, Wortschatzdidaktik etc.,
- Überzeugungen/Werthaltungen: hier können interkulturelle Kompetenzen und Einstellungen zu Mehrsprachigkeit u. ä. eingeordnet werden.

Schwierig wird eine Zuordnung allerdings, wenn es um Kompetenzen geht, die fachübergreifend vermittelt werden sollen. Grundlegende interaktive Fertigkeiten wie z. B. Erklärkompetenzen, Feedback und Korrekturverhalten sowie Frage-, Aufgaben- oder Impulsformulierung allgemein sind unabdingbar für die Umsetzung fachdidaktischen Wissens ebenso wie die allgemein pädagogischen Wissens. Diese für diskursive Unterrichtsführung zentralen sprachlichen Kompetenzen, die sich im engeren Sinne auch auf Fachwissen beziehen, finden im Modell jedoch keine direkte Berücksichtigung. Es bleibt offen, inwiefern sprach- und interaktionsbezogene Kompetenzen dem Bereich der Fachdidaktik oder dem Bereich des allgemeinen pädagogischen Wissens zugerechnet werden sollten. Von daher stellt sich die Frage, inwiefern in der Lehrprofessionalisierung nicht auch sprachliche und interaktive Kompetenzen gesondert als Kompetenzbereiche anzusetzen wären – wie dies z. B. auch für Beratungswissen gemacht wird oder auch insgesamt für andere kommunikationsorientierte Berufe gelten sollte (vgl. z. B. Knapp 2004).

Auf die Pädagogik im Elementarbereich beziehen sich Briedigkeit & Fried (2008). In der *Dortmunder Ratingskala zur Erfassung sprachförderrelevanter Interaktion* (DO-RESI) wird versucht, die *Sprachförderkompetenz* pädagogischer Fachkräfte durch messbare Kategorien abzubilden. Eine zentrale Kategorie stellt dabei die Interaktion mit dem Kind dar, wozu insbesondere adaptive Unterstützung bei sprachlich-kognitiven Herausforderungen zählt. Allerdings werden die dazugehörigen Rating-Skalen aus spracherwerbstheoretischer und linguistischer Sicht als tendenziell unsystematisch bzw. vage kritisiert (vgl. Tracy, Ludwig & Ofner 2010).

Im Projekt „SprachKoPF Sprachliche Kompetenzen Pädagogischer Fachkräfte" (Tracy, Ludwig & Ofner 2010; Ofner, Michel & Thoma 2012), das zunächst auf die Analyse von *Sprachförderkompetenz* pädagogischer Fachkräfte der Früh- und Primarpädagogik zielte, wurden Kompetenzen – basierend auf dem Kompetenzmodell von Hopp, Thoma & Tracy (2010: 614, s. Abb. 2 auf Seite 78) – unter stärkerer Bezugnahme auf Spracherwerbsforschung systematisiert. Das Konstrukt ‚Sprachförderkompetenz' wird dabei auf oberster Ebene in die Kompetenz-Dimensionen *Wissen*, *Können* und *Machen* zerlegt. Unter die Dimensionsbereiche *Wissen* und *Können* fallen dabei linguistisches Fachwissen (z. B. über Sprache als kognitives und kommunikatives System) wie auch pädagogisches Fachwissen (z. B. über Spracherwerb, Mehrsprachigkeit, Sprachdiagnostik). Die Dimension *Machen* wird in dieser Ebene gleichgesetzt mit *Sprachförderung*, d. h. Anwendung von Strategien, Methoden und Einstellungen (vgl. Abb. 2).

Hier ist – abgesehen von der Überlegung, ob es sich um eine schlüssige Darstellung handelt[9] – die Frage, wie diese Kompetenzdimensionen empirisch überprüft werden können. In standardisierten Testverfahren wurden die Teilkomponenten *Wissen* und *Können* untersucht (eine detaillierte Darstellung findet sich in Thoma 2013). Die Test-Komponente *Wissen* besteht dabei ausschließlich aus geschlossenen Frageformaten, der Teilbereich *Können* umfasst Aufgaben und Frageformate, die konkrete Entscheidungssituationen in Form von Video-/Audio-

---

9 Z. B. ist die Frage, ob nicht auch Sprachförderung dem Bereich ‚Wissen' zugeordnet sein sollte.

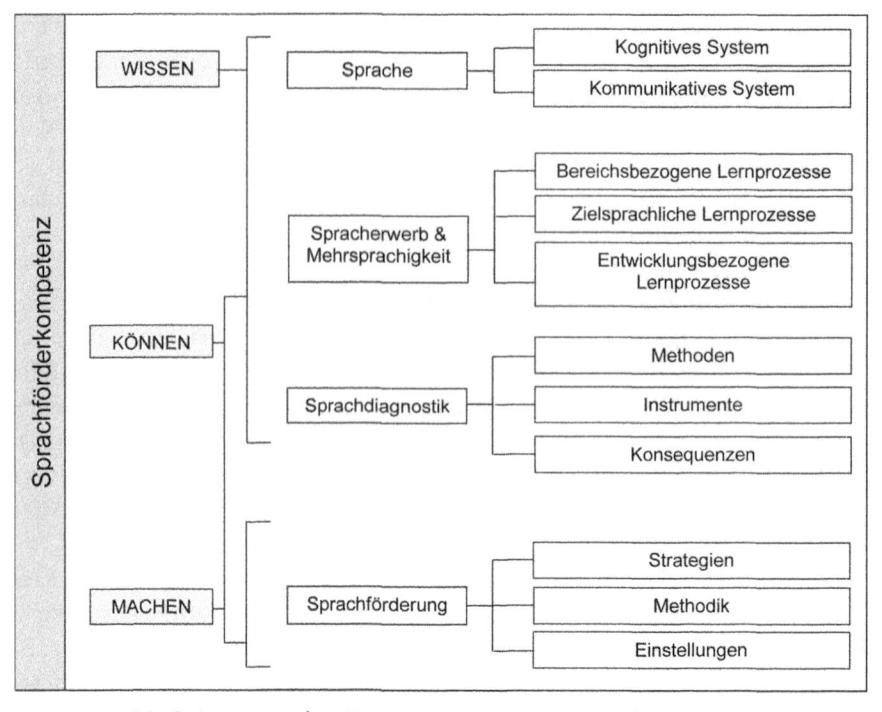

Abb. 2: Sprachförderkompetenz (aus Hopp, Thoma & Tracy 2010: 614)

beispielen nachbilden. In Fallbeispielen finden sich Kriterien zu Diagnosekompetenzen (z. B. den Sprachstand einschätzen und Förderbedarf identifizieren) und zu kommunikativen Aspekten, indem die gezeigten Situationen hinsichtlich ihrer Kommunikationsförderlichkeit beurteilt werden sollen. Diskursiv-interaktive Fertigkeiten finden allerdings keine gesonderte Beachtung, sondern fließen teilweise ein in die vom Forscherteam selbst rückblickend als zu komplex beurteilten Videostimuli und dazugehörigen Aufgabenformate (vgl. Thoma 2013: 104ff.). *Können* wird hier im Allgemeinen nur indirekt erfasst, d. h. über Fragen in Fragebogen. *Machen*, also ob und inwiefern die Lehrkräfte tatsächlich umsetzen, was sie theoretisch können, ist am schwersten zu erfassen und bisher noch nicht genau untersucht.

Speziell auf die Sekundarstufe bezogen ist DaZKom „Professionelle Kompetenzen angehender Lehrerinnen (Sek I) im Bereich Deutsch als Zweitsprache" (vgl. Köker et al. 2015, Koch-Priewe et al. 2013). Das Projekt zielte zunächst auf die Erfassung ‚fachunterrichtsrelevanter DaZ-Kompetenzen' bei angehenden Mathematik-Lehrkräften der Sekundarstufe, wobei jedoch der Bezug auf Mathmatik als *Fachregister* als exemplarisch gilt. Ihm liegt ein dreigliedriges

Kompetenzmodell für Deutsch als Zweitsprache zugrunde, das aufgrund einer Dokumentenanalyse von Studiengängen und einer Expertenbefragung in drei Inhaltsbereiche unterteilt wurde: *Fachregister* (Fokus auf Sprache), *Mehrsprachigkeit* (Fokus auf Lernprozess) und Didaktik (Fokus auf Lehrprozess).

	Dimension	Subdimension	Facetten		
			Stufe 1	Stufe 2	Stufe 3
DaZ-Kompetenz	*Fachregister (Fokus auf Sprache)*	Grammatische Strukturen und Wortschatz		*Morphologie*	
				(Lexikalische) Semantik	
				Syntax	
				Textlinguistik	
		Semiotische Systeme		*Darstellungsformen*	
				Sprachliche Bezüge zwischen Darstellungsformen	
				Mündlichkeit vs. Schriftlichkeit	
	Mehrsprachigkeit (Fokus auf Lernprozess)	Zweitspracherwerb		*Interlanguage-Hypothese*	
				Meilensteine zweitsprachlicher Entwicklung	
				Gesteuerter vs. ungesteuerter Zweitspracherwerb	
				Literacy/Bildungssprache	
		Migration		*Sprachliche Vielfalt in der Schule*	
				Umgang mit Heterogenität	
	Didaktik (Fokus auf Lehrprozess)	Diagnose		*Mikro-Scaffolding*	
				Makro-Scaffolding	
				Umgang mit Fehlern	
		Förderung		*Mikro-Scaffolding*	
				Makro-Scaffolding	
				Umgang mit Fehlern	

Abb. 3: Strukturmodell DaZ-Kompetenz (Köker et al. 2015: 184)

Der Bereich der Didaktik wird weiter aufgeteilt in *Diagnose* und *Förderung*. Mit *Diagnose* ist jede Art von Einschätzung der Fähigkeiten der Schülerinnen und Schüler gemeint, mit *Förderung* die Unterstützung von Schülerinnen und Schülern. Beide Bereiche werden jeweils über Makro- und Mikro-Scaffolding sowie den Umgang mit Fehlern bestimmt. Weiterhin wird angenommen, dass DaZ-Kompetenz entwickelt werden kann. Hierzu werden drei Stufen der Kompetenz unterschieden: Neuling (*novice*), Fortgeschrittener Anfänger (*advanced beginner*) und Kompetenz (*competence*). Diese Stufen der Professionalisierung unterscheiden sich darin, welcher Art die jeweils erkannten Lernschwierigkeiten sind (hierbei werden der Stufe *novice* das Erkennen unbekannter Wörter für die Schülerinnen und Schüler, der Stufe *advanced beginner* z. B. das Erkennen bekannter Wörter aus der Alltagssprache, die jedoch in Fachtexten unbekannt sind, oder der Stufe *competence* der Einbezug von trennbaren vs. untrennbaren Verben in die Unterrichtsplanung zugerechnet) (Köker et al. 190–194).

Abschließend ist in Hinblick auf die theoretische Konzeption von Kompetenzmodellen festzuhalten, dass sprach- und interaktionsbezogene Kompetenzen wenig bis keine Berücksichtigung finden. Dies gilt für die Lehrprofessionalisierung im Bereich Deutsch als Zweitsprache allgemein sowie für Qualifikationen von Fachlehrern. Das gilt auch für DaZKom, da sehr allgemein auf Bereiche eingegangen wird, die Sprache betreffen. Dies steht nicht zuletzt auch im Widerspruch zu einschlägigen Befunden der Unterrichtsforschung, die immer wieder darauf verweisen, dass der Gesprächsführung und Unterrichtskommunikation entscheidende Bedeutung für die Qualität von Unterricht zukommt.

4 Sprachbezogene und interaktive Kompetenzen in der Unterrichtsforschung

4.1 Qualitätsmerkmale von Unterricht

Eine weitere Perspektive auf sprach- und interaktionsbezogene Kompetenzen eröffnet sich, wenn man die Diskussion um *guten Unterricht* und *Unterrichtsqualität* auch speziell in Hinblick auf Sprachförderung und Sprachbildung in den Blick nimmt.

Die vieldiskutierten Empfehlungen von Hattie (vgl. insbesondere *Visible Learning*, 2009) beruhen auf Metastudien, die zahlreiche empirische Ergebnisse und Kriterien einbeziehen. Als Ergebnis von Hattie (2009) zu *achievement* erweisen sich verschiedene Faktoren wie *child, school, curricula* oder *teacher* etc. als wichtig (Hattie 2009: 31). Sucht man nach interaktiven oder sprachlichen Besonderheiten, findet man unter *teacher* z. B.

- „classroom climate – having a warm socio-emotional climate in the classroom where errors are not only tolerated but welcomed";
- „a focus on teacher clarity in articulation success criteria and achievement" (Hattie 2009: 35)

oder unter *teaching approaches*
- „planning and talking about teaching" (Hattie 2009: 36).

Wie entsprechende Aspekte sprachlich umgesetzt werden können, steht jedoch nicht im Fokus. Zudem zeigen sich Einschränkungen in Hinblick auf die Art der berücksichtigten Untersuchungen, insofern vor allem quantitativ orientierte Studien für die Effizienz von Unterricht ausgewertet wurden und qualitative, eher prozessorientierte Analysen weniger Berücksichtigung finden. Zudem wird wenig nach der Art des Unterrichts bzw. Fächern differenziert. Hierüber ergeben sich entscheidende Einschränkungen in Hinblick auf sprachbezogene Aspekte. Für Sprachunterricht gelten andere Bedingungen, insofern Sprache und Kommunikation zugleich Medium und Unterrichtsinhalt sind.

Auch Helmke (2003, 2007) befasst sich mit ‚gutem Unterricht'. Er fasst Ergebnisse aus Bildungsstudien ebenso wie von anderer Literatur zusammen. So versucht Helmke (2007) Ergebnisse zur *Unterrichtsqualität* zu fassen. Als interaktionsbezogene Kriterien können gelten:
- Strukturiertheit, Klarheit, Verständlichkeit,
- Schülerorientierung, Unterstützung.

Interessant ist auch:
- Passung: Umgang mit heterogenen Lernvoraussetzungen (vgl. Helmke 2007: 64).

Sprache und interaktiver Bezug werden in diesen Kriterien benannt. Jedoch wird wiederum nicht direkt auf Unterrichtskommunikation Bezug genommen.

Nur vermittelt auf empirischen Analysen und eher auf didaktischen Empfehlungen basierend versucht Meyer (2004) Empfehlungen für guten Unterricht zusammenzustellen. Dabei versteht er unter ‚gutem Unterricht' eine Kompetenzentwicklung aller Schülerinnen und Schüler. Er führt zehn Kriterien an, die er für einen solchen Unterricht als wichtig erachtet. Dabei sind die folgenden Kriterien enger mit der Unterrichtsinteraktion verbunden:
- „Klare Strukturierung des Unterrichts",
- „Inhaltliche Klarheit",
- „Transparente Leistungserwartungen" (Meyer 2004, 15–17).

Auch hier werden Prinzipien der Unterrichtsführung benannt, ohne aber genaue Anweisungen zur sprachlichen Realisierung zu geben.

Aus Ellis (1985) lassen sich mit direkterem Bezug zur Vermittlung von Sprache (hier vorrangig als Fremdsprachenunterricht mit kommunikativer Orientierung gedacht) die folgenden Voraussetzungen für erfolgreichen Spracherwerb ableiten:
- hohe Quantität von Input, der an die Lerner gerichtet wird,
- Notwendigkeit für die Lerner, in der Zielsprache zu kommunizieren,
- Variationsbreite von Sprechakten bei Lernern und Muttersprachlern,
- Konfrontation mit hoher Quantität von „extended utterances" (Bitten um Klärungen, Bestätigungen, Paraphrasen, Expansionen),
- die Möglichkeit ungehemmt zu praktizieren (mit neuen Formen experimentieren) (vgl. Ellis 1985: 127ff.).

Da diese Bedingungen weitgehend auf sprachlichen und interaktiven Fähigkeiten und ihrer Anwendung auf den Spracherwerb beruhen, lassen sie sich auch auf Deutsch als Zweitsprache übertragen.

Speziell in Bezug auf Deutsch als Zweitsprache wurden die Erfahrungen von Lehrenden im FÖRMIG-Projekt zusammengefasst. Hier sind die Versuche, Qualitätsmerkmale in Zusammenhang mit bildungspolitischen Maßnahmen abzuleiten, eher erfahrungsbezogen (Gogolin et al. 2011: 8).[10] Als *Qualitätsmerkmale* für Sprachbildung speziell im Bereich Deutsch als Zweitsprache werden als Ergebnis des FÖRMIG-Projektes die folgenden Bereiche beschrieben:

1) Die Lehrkräfte planen und gestalten den Unterricht mit Blick auf das Register Bildungssprache und stellen die Verbindung von Allgemein- und Bildungssprache explizit her.
2) Die Lehrkräfte diagnostizieren die individuellen sprachlichen Voraussetzungen und Entwicklungsprozesse.
3) Die Lehrkräfte stellen allgemein- und bildungssprachliche Mittel bereit und modellieren diese.
4) Die Schülerinnen und Schüler erhalten viele Gelegenheiten, ihre allgemein- und bildungssprachlichen Fähigkeiten zu erwerben, aktiv einzusetzen und zu entwickeln.
5) Die Lehrkräfte unterstützen Schülerinnen und Schüler in ihren individuellen Sprachbildungsprozessen
6) Die Lehrkräfte und die Schülerinnen und Schüler überprüfen und bewerten die Ergebnisse der sprachlichen Bildung. (Gogolin et al. 2011: 13)

Bei diesen Qualitätsmerkmalen handelt es sich teilweise um Aufgaben der Lehrkräfte, teilweise sind sie auf die Lernenden bezogen, und teilweise handelt es sich

---

[10] So heißt es in Bezug auf die Entwicklung von Qualitätsmerkmalen im FÖRMIG-Projekt, dass diese aus den Erfahrungen der Lehrenden abgeleitet wurden (Gogolin et al. 2011: 8).

um Aufgaben für Schülerinnen und Schüler sowie Lehrerinnen und Lehrer gemeinsam. Sie sind also in unterschiedlichem Maße steuerbar. Interessant sind hier u. a. auch die Hinweise auf individuelle Förderung (vgl. hierzu auch Klieme & Warwas 2011). Auch wenn sich bei Gogolin et al. (2011) weitere Hinweise finden, wie diese und andere Ziele erreicht werden können, so muss doch angemerkt werden, dass die Ausführungen eher Empfehlungscharakter haben, und auch Literatur, auf die verwiesen wird, hat oft eher beispielhaften Charakter.

Konkrete Hinweise, wie Lehrerzentriertheit im Unterricht zurückgenommen werden und die Beteiligung der einzelnen Schülerinnen und Schüler erhöht werden kann, liefern Ehlich, Valtin & Lütke (2013). Sie weisen darauf hin, dass Verfahren, die in Klippert (2010) (wie *Kugellager, Karussellgespräch* und *Gruppenpuzzle* etc.) benannt werden, dazu geeignet sind, alle Schülerinnen und Schüler in die Kommunikation einzubeziehen und auch die „kommunikative Emigration" einzelner Schülerinnen und Schüler zu vermeiden (Ehlich, Valtin & Lütke 2013: 148f.).

Die Diskussion um ‚guten Unterricht' bietet somit ebenso Hinweise auf sprachliche Faktoren. Sie gliedert sich in allgemeine Aussagen zu Unterricht und sprachbezogene Aspekte – auch spezieller zu Sprachunterricht und hiermit verbundenen Aspekten der Unterrichtskommunikation.

4.2 Unterrichtsinteraktion als Spracherwerbssituation

Im Zusammenhang mit der Diskussion um Lehrprofessionalität und Sprachbildung erfährt die Auseinandersetzung mit Unterrichtskommunikation verstärkte Aufmerksamkeit (vgl. insbes. Becker-Mrotzek & Vogt 2001, zu Zweitspracherwerb Gass & Selinker 2008: 368ff. sowie Eckerth, Schramm & Tschirner 2009).[11] Die folgende Zusammenstellung von Sprach- und Interaktionsbereichen stützt sich auf Publikationen, die die angesprochenen Aspekte schwerpunktmäßig behandeln. Sie werden daraufhin zusammengefasst, inwiefern sprach- und interaktionsbezogene Aspekte in der Unterrichtskommunikation Erwähnung finden.

---

11 Zu unterschiedlichen Methoden in der Unterrichtsanalyse vgl. Seedhouse (2004: 55–99) und speziell zu Zweit- und Fremdspracherwerb Gass & Mackey (2007). Nicht gemeint ist hier die sog. *interaktionale Sprache*, wie sie von Imo & Moraldo (2015) fokussiert wird, da hiermit die Anknüpfung an außerunterrichtliche Kommunikationsziele gemeint ist.

4.2.1 Input – Verständlichkeit von Unterricht

Die Sprachproduktion der Lehrkraft kann grundsätzlich als Input für die Lernenden verstanden werden.[12] Der Umfang und die Komplexität der Lexik, die grammatische Komplexität etc. sind zentrale Größen, die in Verbindung mit der Erwerbssituation der Lerner zu sehen sind. Eine wesentliche Aufgabe ist, Verständlichkeit von Unterricht herzustellen bzw. zu sichern.[13] Ganz praktisch stellt sich die Frage, wie Verstehenskontrollen auch in der Unterrichtsinteraktion umgesetzt werden können. Insbesondere in Anbetracht von Gruppenunterricht stellt sich die Frage, an wem sich lehrerseitig die Annahme, dass etwas verstehbar ist bzw. verstanden wurde, orientieren soll. Dies kann im Lehrverhalten sehr subtile Bereiche der Kommunikation, wie Fragen, Nachfragen, Bewertung von Antworten, das ‚Monitoren' von Blicken etc. betreffen. Im Sinne eines adaptiven Unterrichts sind vor allem auch Anpassungen an unterschiedliche Sprachkompetenzen von Bedeutung.

Teacher Talk als spezielle Ausprägung von *Foreigner Talk* wurde bereits in den 1970er Jahren ausführlicher untersucht (vgl. Chaudron 1988: 50ff., Edmondson & House 2006: 246ff., Barkowski & Krumm 2010: 132). Dabei geht man davon aus, dass Lehrer ihr Wissen über Lernstände der Schülerinnen und Schüler in die eigene Sprechweise aufnehmen. Analysiert wurden Komplexitätsgrade in Hinblick auf Lexik und Syntax, Strategien der Vereinfachung und Erklärung mit speziellem Bezug zu Lexik sowie allgemeine Strategien der Verständnissicherung. Schon allein aus diesen Bereichen zeigen sich sehr unterschiedliche Ebenen, auf denen Sprache angepasst werden kann (vgl. für den Bereich Deutsch als Fremdsprache z. B. Rost 1989: 250ff. und Roche 1989). Insbesondere Long (1982) hat darauf hingewiesen, dass es nicht nur bzw. auch weniger die strukturellen Vereinfachungen in der Sprachverwendung sind, sondern vielmehr interaktive Prinzipien, die der Verständlichkeit dienen können (z. B. Frage-Antwort-Muster). Allerdings ist wieder zu beachten, dass bestimmte Strategien der Verständnissicherung in Hinblick auf Sprachförderung kontraproduktiv sein können (dies ist z. B. dann der Fall, wenn Äußerungsmöglichkeiten von LernerInnen zu weit eingeengt werden).

---

12 Selbstverständlich kann auch die Sprache anderer Schülerinnen und Schüler als Input gewertet werden. In den folgenden Ausführungen wird jedoch der Input ebenso wie andere Aspekte sprachlichen Handelns der Lehrkräfte fokussiert.
13 Zu Strategien der Verständnissicherung allgemein vgl. Bremer (1997) und Deppermann (2008).

Betrachtet man die Sprache von Lehrenden als Input, ergibt sich die Forderung, dass *Lehrersprache* nicht nur verständlich, sondern der Erwerbsstufe von Lernersprachen voraus sein sollte, d. h. *reichhaltiger* z. B. in Bezug auf Wortschatz oder grammatische Strukturen (hier wird oft Krashen zitiert, vgl. z. B. 1976). Adaptive Kompetenzen von Lehrenden müssen von daher nicht nur diagnostische Kompetenzen in Hinblick auf fachliche Aspekte bei Schülerinnen und Schülern, sondern auch diagnostische Kompetenzen in Hinblick auf Sprachkompetenzen und Erwerbsstände einschließen.

4.2.2 Output – Freiraum für Äußerungsmöglichkeiten der LernerInnen

Betrachtet man lernersprachliche Ausdrucksmöglichkeiten als *Output*, so kann Lernersprache als eigenständiges System gesehen werden, das sich – günstigerweise – weiterentwickelt und über (falsche) Hypothesenbildung und Vergleich mit zielsprachlichen Strukturen zu Sprachstrukturen und Sprachgebrauch ausgebaut werden kann (als Beispiele hierfür können z. B. regelmäßige Tempusbildungen bei unregelmäßigen Verben gesehen werden). Entsprechende Hypothesen können von Lernern über Vergleiche mit Input oder Feedback als Abweichungen von der Zielsprache falsifiziert bzw. modifiziert werden (vgl. Barkowski & Krumm 2010: 237 sowie insbesondere Swain & Lapkin 1995); allerdings sind hier im Allgemeinen auch entsprechende Reaktionen von Lehrenden Voraussetzung.

Grundsätzlich ist nicht nur wichtig, dass über Beiträge der Lehrkräfte Äußerungsmöglichkeiten erleichtert werden. Dies ist z. B. durch Lieferung von Modellen oder Äußerungen mit Prompts, wie ‚Lücken' in einer Äußerung, die die Lernenden ausfüllen können, der Fall. Wichtig ist vor allem, dass in der Interaktion Freiräume für umfassendere Äußerungsmöglichkeiten gegeben sind. Gerade hier haben Untersuchungen zu Unterrichtsinteraktionen immer wieder festgestellt, dass dies nicht der Fall ist. Dies kann auf gut gemeinte interaktive Anpassungsstrategien der Lehrenden zurückzuführen sein, die jedoch z. B. über Einengung von Antwortmöglichkeiten weder inhaltlich noch sprachlich Freiraum zur Entfaltung lassen (ein einfaches Beispiel hierfür sind Fragen, die auf ja/nein-Antworten reduzieren). Es wurde auch gezeigt, dass Lehrende z. B. in der Unterrichtsinteraktion insbesondere im fragend-entwickelnden Unterricht dazu tendieren, zu wenig Pausen vor Antwortmöglichkeiten zu lassen und Fragen zu wiederholen bzw. auch in einer Weise zu reformulieren, die Antwortmöglichkeiten sukzessive einschränken (Edmondson & House 2006: 249ff.).

Gerade Fragen und Impulsen von Lehrkräften sind in Bezug auf (potenzielle) Äußerungsmöglichkeiten der Lernerinnen und Lerner eine wichtige Bedeutung zuzuschreiben. Sie geben im Prinzip die Rahmenbedingungen für Inhalte und Strukturen von Äußerungen der Lernenden vor. Dabei geht die Tendenz dahin, von der traditionellen Lehrerfrage abzuraten und andere Impulse zu setzen. Während im rein fachlichen Unterricht Fragen vor allem dazu dienen, „mentale Operationen des Schülers" anzuregen (Ehlich 1981: 342), gehen die Anforderungen im Sprachunterricht noch weiter. Es geht nicht nur darum, inhaltlich mit dem Stoff umzugehen, sondern auch, sprachliche Strukturen anzuwenden und zu üben. Von daher war zunächst eine Unterscheidung von Fragetypen der Lehrenden wichtig: Es wurden beispielsweise ‚offene' und ‚geschlossene Fragen' je nach eröffneten Antwortmöglichkeiten unterschieden oder ‚*display questions*' (Fragen, deren Antworten die Lehrer schon kennen) vs. ‚*referential questions*' (Fragen, deren Antworten sie nicht kennen) (Chaudron 1988: 127; Edmondson & House 2006: 249ff.). Problemlösungskompetenz der Lernenden wird jedoch nicht gefördert durch kleinschrittige Fragen. Es werden zunehmend andere Impulse als wichtig für die erweiterten Möglichkeiten von Schülerinnen und Schülern betrachtet, an der Unterrichtsinteraktion teilzunehmen (vgl. z. B. auch Ohm, Kuhn & Funk 2007 für eine Liste mit Leitsätzen zur Formulierung von Aufgaben, 84–87).

Grundlegende Kritik am fragend-entwickelnden Unterricht bleibt, dass Äußerungen der Schülerinnen und Schüler letztendlich auf Antworten begrenzt werden und zu wenig problemlösungsorientiert im Unterricht gedacht und kommuniziert wird.

4.2.3 Korrektur und Feedback

Als eine wesentliche Herausforderung für Lehrende erscheint die Verbindung von sprachlichem und inhaltlichem Feedback und Korrektur.[14] Zum einen gibt es eine eher allgemein ausgerichtete Diskussion um eine positive Fehlerkultur (vgl. Oser & Spychinger 2005), die davon geleitet ist, den Umgang mit Fehlern zu optimieren und das Selbstbild von Schülerinnen und Schülern nicht negativ zu belasten. Fehler sollen konstruktiv im Unterricht aufgenommen und für den Unterricht genutzt werden. Zur Erfassung einer positiven Fehlerkultur wurden auch Messinstrumente entwickelt (vgl. z. B. zu der Entwicklung eines Schülerfragebogens Oser & Spychinger 2005: 174ff.).[15] Allerdings beruhen Beurteilungen zur Feh-

---

14 Dieser Bereich zeigt bereits umfassende Forschungen und Publikationen. Für einen Überblick vgl. Schoormann & Schlak (2011).
15 Einschränkend ist anzumerken, dass zwar Fehlerkulturen in verschiedenen Fächern berücksichtigt werden, der Spezifik des DaZ-Unterrichtes und der Problematik sprachbezogenen Feed-

lerkultur in diesen Studien meist auf eher pauschalen Einschätzungen der Untersuchenden.

Während für den Fremdsprachenunterricht sehr differenzierte Untersuchungen vorliegen, die Korrekturverhalten und Wirkungen sowohl unter authentischen als auch unter experimentellen Aspekten untersuchen, gibt es für den Bereich Deutsch als Zweitsprache noch kaum entsprechende Arbeiten. Ansätze hierzu liegen aber z. B. über das Projekt „BeFo Bedeutung und Form. Fachbezogene und sprachsystematische Förderung in der Zweitsprache" vor (Rösch & Rotter 2010, sowie Darsow et al. 2012). Der Fokus liegt hier jedoch nicht auf der sprachlichen Realisierung von Feedback und Korrektur selbst, sondern vielmehr auf der Kontrastierung von impliziter und expliziter Sprachförderung bzw. ‚Focus on Form' vs. ‚Focus on Forms' (Sheen 2002).

Ansonsten werden Empfehlungen gegeben, die sich dahingehend zusammenfassen lassen, dass in lehrerseitigen Wiederaufnahmen vor allem Berichtigungen stattfinden und dass inhaltliche Unterbrechungen dabei vermieden werden sollten (vgl. Kniffka & Siebert-Ott 2007: 135; Chlosta, Schäfer & Baur 2010: 276).[16] Empirische Befunde zur sprachlichen Ausführung von Korrekturen gibt es nur in Ansätzen. Die Analysen in Rost-Roth (2009) zeigen, dass sich die Korrekturen im DaZ-Unterricht stark von Korrekturen im Erwachsenen-Unterricht und DaF-Unterricht unterscheiden. Dies gilt sowohl in Bezug auf Korrekturtypen als auch Fehlerarten. Mit der Betrachtung von Korrekturen als Reparatursequenzen lassen sich z. B. Korrekturverläufe und ihre Teilaktivitäten und Komponenten systematischer erfassen (vgl. Rost-Roth 2013: 279ff.). Ein Mehrwert in Hinblick auf die Entwicklung von Lehrkompetenzen ergibt sich über die Möglichkeit, einzelne Komponenten und Schritte der Sequenzen genauer auch in Hinblick auf Sprachförderung und Sprachbildung zu betrachten und hieraus Handlungsalternativen abzuleiten. So ist über die Berücksichtigung der Art der Reparaturinitiierung – d. h. wer in der Interaktion signalisiert, dass etwas als problematisch betrachtet wird – eine umfassendere Betrachtung von lernersprachlichen Problemen z. B. auch beim Auftreten von Unsicherheiten möglich. Der Lernerperspektive kann so eher Aufmerksamkeit gezollt werden, auch eine bewusstere Berücksichtigung von Reparaturverläufen, wie insbesondere Expansionen von Korrekturen oder korrigierte Wiederholungen (‚*uptakes*') der Lernerinnen und Lerner, wird hierüber ermöglicht.

---

backs jedoch nur am Rande Aufmerksamkeit gewidmet wird (vgl. das bei Oser & Spychinger 2005 aus weiteren Analysen ausgeschlossene Fallbeispiel 5).

16 Für den Unterricht mit erwachsenen Lernerinnen und Lernern gibt es bereits wesentlich ausführlichere Korrekturempfehlungen (vgl. z. B. Kleppin 1998 für DaF und Schweckendiek 2008 für DaZ-Integrationskurse).

4.2.4 Scaffolding

Unter *Scaffolding* werden Strategien von Lehrenden subsumiert, die Ausdrucksmöglichkeiten im Sinne von Sprachbildung und -förderung in enger Verbindung mit Gesprächs- und Unterrichtsinhalten stützen und erweitern sollen – vor allem auch im Fachunterricht (Gogolin & Lange 2010; Kniffka 2012; Benholz, Frank & Gürsoy 2015: 30ff.). Unterstützung kann dem Prinzip Scaffolding (vgl. z. B. Gibbons 2002) auch unter Bezug auf die Erwerbsforschung zugeschrieben werden (Vertikale Strukturen, vgl. Hatch 1978). Hier ist zwischen Mikro- und Makro-Scaffolding zu unterscheiden. Makro-Scaffolding ist insbesondere in Hinblick auf übergreifende Aspekte des Unterrichts von Interesse, wie beispielsweise vorausgreifende Verdeutlichungen, die u. a. der Verständnissicherung dienen. Unter Mikro-Scaffolding sind hingegen lernförderliche Unterstützungen von Äußerungen der Schülerinnen und Schüler zu verstehen. Auch hier steht die Forschung jedoch noch vor Lücken. Es werden vorrangig Empfehlungen in Form von Beispielen gegeben. Soll Scaffolding interaktiv sinnvoll umgesetzt werden, müssen aber auch Teilschritte und Teilkomponenten in der Lehrqualifizierung detaillierter vermittelt werden. Nicht zuletzt bräuchte es noch weitere Grundlagenforschung, denn es ist noch nicht geklärt, welche Teilkomponenten enthalten sein können. Problematisch ist, dass es sich um eher allgemein gehaltene Empfehlungen handelt, die bislang in ihrer Unterschiedlichkeit nicht befriedigend systematisiert sind. Ein Forschungsdesiderat ist daher vor allem eine systematischere Analyse von Teilaktivitäten – nicht zuletzt mit Perspektive auf die Lehrerbildung.

4.2.5 Erklären

Erklärkompetenzen von Lehrenden haben in jüngerer Zeit verstärkt Aufmerksamkeit erfahren. Zunächst stand vor allem die Erklärung von Wortschatz im Mittelpunkt des Interesses. So z. B. bei Müller (1994), der vor allem die interkulturelle Komponente der Lexik betonte, oder bei Kleppin & Raabe (2000: 360–366), die die Erklärung von Wortschatz und Grammatik in Tandems thematisieren. Morek (2012) hat verschiedene Formen des Erklärens ausführlich herausgearbeitet. Sie unterscheidet z. B. zwischen *solistischem* Erklären und *orchestriertem* Erklären von Lernern in der Interaktion in der Klasse. Hinzu kommen verschiedene Arten von Einladungen der Unterrichtenden zu Erklärungen. Auch Vogt (2009) thematisiert Erklärungen als einen wichtigen Teilbereich der Unterrichtsinteraktion, jedoch auch hier wieder nicht mit Schwerpunkt Sprache. Hiermit sind zwar sehr unterschiedliche Teilbereiche von Erklärungen angesprochen, die auch im fremd- und zweitsprachlichen Unterricht wie bei Wortschatz und Grammatik eine Rolle spielen, es fehlen aber noch wesentliche Bereiche, die die Verbindung zu übergreifenden Aspekten, wie z. B. anderen Erklärungen im Unterrichtskontext, herstellen.

Die einzelnen Untersuchungen zu Interaktionsbereichen setzen – und das gilt für alle hier geschilderten Bereiche der Unterrichtskommunikation – an sehr unterschiedlichen Beispielen von Unterricht an, sowohl was Altersstufen als auch was Fächer anbetrifft. Nicht alle sind auf Deutsch als Zweitsprache oder andere fremdsprachliche Fächer bezogen. Sie liefern jedoch sehr vielfältige Hinweise, wie die Unterrichtskommunikation und entsprechendes Lehrerhandeln die sprachlichen Kompetenzen von Schülerinnen und Schülern fördern können.

5 Schlussfolgerungen: Sprach- und interaktionsbezogene Kompetenzen für Lehrkräfte im Bereich Deutsch als Zweitsprache und für Fachlehrkräfte

Für Lehrerbildung, Kompetenzmodelle, Qualitätsmerkmale von Unterricht und Analysen von Unterrichtskommunikation wurden sprach- und interaktionsbezogene Kompetenzen thematisiert. Dabei wurde festgestellt, dass diese mit unterschiedlicher Gewichtung bzw. teilweise auch gar nicht in den genannten Bereichen angesprochen werden.

In der studienbezogenen Ausbildung sind sprach- und interaktionsbezogene Kompetenzen mehr oder weniger von einzelnen Studienmodellen oder auch Vorlieben einzelner Dozenten abhängig. Sie sind unabdingbar, wenn Unterrichtskommunikation von Lehrkräften so gestaltet werden soll, dass sie Lernenden auch für den Erwerb von Sprache und speziell Bildungssprache nutzt. Curriculare Vorgaben der Lehrerbildung sind meist so gehalten, dass die Unterrichtskommunikation zwar thematisiert werden kann, es aber weitgehend offenbleibt, inwiefern sprach- und interaktionsbezogene Aspekte, die die Unterrichtskommunikation betreffen, auch tatsächlich angesprochen werden. Ist hier nur von Theorie und Praxis der Sprachvermittlung o. Ä. die Rede, bleibt es den Modulgestaltern und/oder Dozenten überlassen, ob sie auch Aspekte der Gestaltung von Unterrichtskommunikation oder andere sprachbezogene Fragen thematisieren. Hier ist auf curricularer Seite dafür zu sorgen, dass die Unterrichtskommunikation benannt und inhaltlich ausdifferenziert wird, denn sie sollte zum Inventar der Lehrerausbildung gehören, da Grundkenntnisse von Kommunikationsprozessen zentral für die Durchführung von Unterricht sind.

Unterrichtskommunikation sollte insgesamt so gestaltet sein, dass der Input der Lehrkräfte verständlich bleibt, aber gleichwohl über die vorhandenen Kompetenzen der Lernenden hinausgeht. Sprachlicher Input soll an Schülerinnen und Schüler angepasst modelliert werden. Voraussetzung hierfür sind diagnostische Kompetenzen, die den Lernstand von Schülerinnen und Schülern angemessen einschätzen können, und adaptive Kompetenzen, um angepasste Reaktionen zu ermöglichen.[17]

Hinzu kommen die Wirkungen einzelner Interventionen von Lehrkräften wie Erklärungen, Feedback und Scaffolding, die den Ausbau von sprachsystematischen und speziell bildungssprachlichen Kompetenzen der Schülerinnen und Schüler möglichst optimal fördern sollen. Auch hierbei sind jeweils Anpassungen notwendig.

Der Output der lernenden Schülerinnen und Schüler sollte über Fragen und Impulse der Lehrenden möglichst wenig eingeengt werden und frei gestaltbar sein. Hierzu gehören wiederum adaptive ebenso wie diagnostische Kompetenzen der Lehrenden. Unterrichtskommunikation sollte auf diesem Wege dazu beitragen, Sprachkompetenzen der Schülerinnen und Schüler in einzelnen Sprachbereichen wie Phonetik, Lexik, Morphologie und Syntax, aber auch in Hinblick auf Pragmatik zu fördern. Vor allem sollten die genannten Sprachbereiche in Hinblick auf den bildungssprachlichen Bereich gefördert werden. Inhaltlich sollten zudem auch in speziellen Sprachfördermaßnahmen für den fremdsprachlichen Unterricht – also DaF- oder DaZ-Unterricht – die typischen *display questions* etc. vermieden werden und authentische, d. h. an tatsächlichen Mitteilungsbedürfnissen orientierte Kommunikationen stattfinden.[18]

Nicht zuletzt sollten vor allem auch Lehrinhalte und (Lehr-)Planungen transparent gemacht werden. Ziel und Verlauf der Unterrichtseinheiten einsichtig zu machen, gehört zu den wesentlichen Punkten, die auch aus den Anforderungen des Makro-Scaffoldings und der Anforderung genereller Verständlichkeit von Unterricht abgeleitet werden können.

Im Grunde wären dieselben Prinzipien, wie sie für Deutsch als Zweitsprache generell beschrieben werden, auch für Fachlehrerinnen und -lehrer wünschenswert. Allerdings ist bei Fachkräften, die die Sprachbildung mit Schülerinnen und Schülern nur ‚zusätzlich' berücksichtigen, die Frage, wieviel Zeit zur Aus- oder Weiterbildung zur Verfügung steht. Allein die Ausbildungssituation lässt nur

---

17 Dass hierzu viel Geschick gehört und dass Adaptionen auch an Schülerinnen und Schüler in der Klasse, die nicht den gleichen Stand haben, vorgenommen werden müssen, kann hier leider nur angedeutet und nicht weiter ausgeführt werden.
18 Wie bereits erwähnt, sind interkulturelle Aspekte, die auch sprach- und interaktionsbezogene Bereiche betreffen, hier noch nicht thematisiert.

reduzierte Zeitfenster zu. So stellt sich die Frage, über welche Mindestkenntnisse Fachlehrkräfte in Hinblick auf Sprachbildung und Unterrichtskommunikation und sprach- und interaktionsbezogene Fähigkeiten verfügen sollten. Setzt man hier ein Mindestmaß an, so wäre zuvorderst die Bedeutung von Kommunikation zu thematisieren. Setzt man weiter *Wissen* als Voraussetzung für *Können* an, so wäre eine Bedingung, die Bedeutung der Kommunikation für den Unterricht und für das Fortschreiten der Schülerinnen und Schüler in ihren Sprachkompetenzen deutlich zu machen. Es wäre zu vermitteln, wie einzelne Schülerinnen und Schüler über Input und Output am besten gefördert werden und über Erklären, Korrekturen/Feedback und Scaffolding in die Unterrichtskommunikation eingebunden werden können. Je nach Ausweitung des Zeitfensters könnten dann die einzelnen Teilbereiche weiter vertieft werden.

Fazit: Es wurde gezeigt, dass sprach- und interaktionsbezogene Kompetenzen, die die Unterrichtskommunikation betreffen, vielfältige sprachliche und interaktive Kompetenzen voraussetzen, die für sich gesehen oft noch zu wenig Aufmerksamkeit erhalten. Es zeigen sich zudem noch erhebliche Forschungsdefizite. Vielfach beruht die Ausbildung noch auf Empfehlungen und eher intuitivem Erfahrungswissen und weniger auf gesicherten Erkenntnissen zur Wirksamkeit von einzelnen Maßnahmen der Sprachförderung und Sprachbildung. Eine grundsätzliche Frage ist auch, wie man vom *Wissen* zum *Können* und *Machen* kommt. Grundlagenwissen erscheint als unabdingbares Fundament, um die vielfachen Entscheidungen, die Interaktion und sprachliche Umsetzung im Lehrerhandeln voraussetzen, begründet zu fällen. Sprachdienliches *Können* kann nicht nur erreicht werden, indem (fach-)pädagogisches Wissen vermittelt wird. Zum *Können* führen vor allem auch praxisrelevante Teile der Ausbildung und Routinisierungen, wie sie über Praktika als Einstieg in die Praxis geboten werden. Auch hier sind DaZ- und Lehrkräfte anderer Fächer in grundsätzlich unterschiedlichen Ausgangspositionen, da Fachlehrkräften deutlich weniger Zeit zum Erlernen sprachbezogener Kompetenzen zur Verfügung steht. Dennoch sollten auch hier sprachliche Aspekte stärker fokussiert werden. Grundlegend erscheint zudem, dass das, was Lehrkräfte letztendlich *machen*, stark dadurch mitbestimmt wird, was sie als grundsätzliche Werte und Grundhaltungen vertreten. In Hinblick auf die Ausbildung von Lehrkompetenzen ist damit zentral, nicht nur entsprechendes *Wissen* zu vermitteln, sondern auch sprach- und interaktionsbezogen zum *Können* zu befähigen und nicht zuletzt auch hier die Bereitschaft zum *Machen* zu schaffen.

6 Literatur

Barkowski, Hans & Krumm, Hans-Jürgen (2010): *Fachlexikon Deutsch als Fremd- und Zweitsprache.* Tübingen: Narr Francke Attempto.
Baumann, Barbara & Becker-Mrotzek, Michael (2014): *Sprachförderung und Deutsch als Zweitsprache an deutschen Schulen: Was leistet die Lehrerbildung?* Köln: Mercator-Institut für Sprachförderung und Deutsch als Zweitsprache.
Baumert, Jürgen & Kunter, Mareike (2006): Professionelle Kompetenz von Lehrkräften. *Zeitschrift für Erziehungswissenschaften* 9 (4): 469–520.
Baur, Rupprecht S. & Scholten-Akoun, Dirk (Hrsg.) (2010): *Deutsch als Zweitsprache in der Lehrerausbildung. Bedarf – Umsetzung – Perspektiven.* Essen: Universität Duisburg-Essen, Mercator-Stiftung.
Becker-Mrotzek, Michael & Vogt, Rüdiger (2001): *Unterrichtskommunikation. Linguistische Analysemethoden und Forschungsergebnisse.* Tübingen: Niemeyer.
Becker-Mrotzek, Michael; Hentschel, Britta; Hippmann, Kathrin & Linnemann, Markus (2012): *Sprachförderung in deutschen Schulen – die Sicht der Lehrerinnen und Lehrer. Ergebnisse einer Umfrage unter Lehrerinnen und Lehrern.* http://www.mercator-institut-sprachfoerderung.de/fileadmin/user_upload/Lehrerumfrage_Langfassung_final_30_05_03.pdf *(27.09.2015).*
Becker-Mrotzek, Michael; Schramm, Karen; Thürmann, Eike & Vollmer, Helmut J. (Hrsg.) (2013): *Sprache im Fach. Sprachlichkeit und fachliches Lernen.* Münster u. a.: Waxmann.
Beese, Melanie & Benholz, Claudia (2013): Sprachförderung im Fachunterricht. Voraussetzungen, Konzepte und empirische Befunde. In Röhner, Charlotte & Hövelbrinks, Britta (Hrsg.): *Fachbezogene Sprachförderung in Deutsch als Zweitsprache: theoretische Konzepte und empirische Befunde zum Erwerb bildungssprachlicher Kompetenzen.* Weinheim, Basel: Juventa, 37–56.
Beese, Melanie; Benholz, Claudia; Chlosta, Christoph; Gürsoy, Erkan; Hinrichs, Beatrix; Niederhaus, Constanze & Oleschko, Sven (2014): *Sprachbildung in allen Fächern.* München: Langenscheidt.
Benholz, Claudia; Frank, Magnus & Gürsoy, Erkan (Hrsg.) (2015): *Deutsch als Zweitsprache in allen Fächern – Konzepte für Lehrerbildung und Unterricht. Beiträge zu Sprachbildung und Mehrsprachigkeit aus dem Modellprojekt ProDaZ.* Stuttgart: Fillibach bei Klett.
BiSS-Expertise – Bund-Länder-Initiative zur Sprachförderung, Sprachdiagnostik, und Leseförderung (2012): *Bildung durch Sprache und Schrift (BiSS).* http://www.biss-sprachbildung.de/pdf/BiSS-Expertise.pdf *(05.09.2016).*
Bremer, Katharina (1997): *Verständigungsarbeit. Problembearbeitung und Gesprächsverlauf zwischen Sprechern verschiedener Muttersprachen.* Tübingen: Narr.
Briedigkeit, Eva & Fried, Lilian (2008): *Sprachförderkompetenz. Selbst- und Teamqualifizierung für Erzieherinnen, Fachberatungen und Ausbilder.* Berlin: Cornelsen Scriptor.
Butzkamm, Wolfgang (1989): *Psycholinguistik des Fremdsprachenunterrichts: Von der Muttersprache zur Fremdsprache.* Tübingen, Basel: Francke.
Chaudron, Craig (1988): *Second Language Classrooms. Research on Teaching and Learning.* Cambridge: Cambridge University Press.
Chlosta, Christoph; Schäfer, Andrea & Baur, Rupprecht S. (2010): Fehleranalyse. In Ahrenholz, Bernt & Oomen-Welke, Ingelore (Hrsg.): *Deutsch als Zweitsprache.* 2. Aufl. Baltmannsweiler: Schneider Hohengehren, 265–279.

Cummins, Jim (1999): BICS and CALP: Claryfying the Distinction. *Opinion Papers* 120: 1–7.
Cummins, Jim (2010): Language Support for Pupils from Families with Migration Backgrounds. Challenging Monolingual Instructional Assumptions. In Benholz, Claudia; Kniffka, Gabriele & Winters-Ohle, Elmar (Hrsg.): *Fachliche und sprachliche Förderung von Schülern mit Migrationsgeschichte*. Münster u. a.: Waxmann, 13–23.
Darsow, Annkathrin; Paetsch, Jennifer; Stanat, Petra & Felbrich, Anja (2012): Ansätze der Zweitsprachförderung: Eine Systematisierung. *Unterrichtswissenschaft* 40: 64–82.
DaZKom: Professionelle Kompetenzen angehender LehrerInnen (Sek I) im Bereich Deutsch als Zweitsprache. Projekthomepage: http://www.uni-bielefeld.de/lili/projekte/dazkom/ (17.1.2015).
Deppermann, Arnulf (2008): *Verstehen im Gespräch*. In Kämper, Heidrun & Eichinger, Ludwig M. (Hrsg.): *Sprache – Kognition – Kultur*. Jahrbuch des Instituts für Deutsche Sprache 2007. Berlin, New York: de Gruyter, 225–261.
Eckerth, Johannes; Schramm, Karen & Tschirner, Erwin (2009): State-of-the-art review of recent research (2002–2008) into applied linguistics and language teaching with specific reference to L2 German. *Language Teaching* 43 (1): 38–65.
Edmondson, Willis J. & House, Juliane (2006): *Einführung in die Sprachlehrforschung*. 3. Aufl. Tübingen, Basel: Francke.
Ehlich, Konrad (1981): Schulischer Diskurs als Dialog? In Schröder, Peter & Steger, Hugo (Hrsg.): *Dialogforschung*. Düsseldorf: Schwann, 334–369.
Ehlich, Konrad; Valtin, Renate & Lütke, Beate (2013): *Expertise: Erfolgreiche Sprachförderung unter Berücksichtigung der besonderen Situation Berlins*. Berlin: SenBJW.
Ellis, Rod (1985): *Understanding Second Language Acquisition*. Oxford: Oxford University Press.
Feilke, Helmuth (2012): Schulsprache – Wie Schule Sprache macht. In Günthner, Susanne; Imo, Wolfgang; Meer, Dorothee & Schneider, Jan Georg (Hrsg.): *Kommunikation und Öffentlichkeit: Sprachwissenschaftliche Potenziale zwischen Empirie und Norm*. Berlin, Boston: de Gruyter, 149–175.
Feilke, Helmuth (2012): Was sind Textroutinen? Zur Theorie und Methodik des Forschungsfeldes. In Feilke, Helmuth & Lehnen, Karin (Hrsg.): *Schreib- und Textroutinen. Theorie, Erwerb und didaktisch-mediale Modellierung*. Frankfurt a. M.: Peter Lang, 1–34.
Fürstenau, Sara; Lange, Imke (2013): Bildungssprachförderliches Lehrerhandeln. Einblicke in eine videobasierte Unterrichtsstudie. In Gogolin, Ingrid; Lange, Imke; Michel, Ute & Reich, Hans H. (Hrsg.): *Herausforderung Bildungssprache – und wie man sie meistert*. Münster u. a.: Waxmann, 188–219.
Gass, Susan & Mackey, Alison (2007): *Date Elicitation for Second and Foreign Language Research*. Mahwah, NJ, London: Lawrence Erlbaum.
Gass, Susan & Selinker, Larry (2008): *Second Language Acquisition: An Introductory Course*. 3. Aufl. New York: Routledge.
Gebauer, Miriam M.; McElvany, Nele & Klukas, Stephanie (2013): Einstellungen von Lehramtsanwärterinnen und Lehramtsanwärtern zum Umgang mit heterogenen Schülergruppen in Schule und Unterricht. *Jahrbuch der Schulentwicklung* 17: 191–216.
Gibbons, Pauline (2002): *Scaffolding Language, Scaffolding Learning. Teaching Second Language Learners in the Mainstream Classroom*. Portsmouth NH: Gibbons.
Gogolin, Ingrid; Lange, Imke; Hawighorst, Britta; Bainski, Christiane; Heintze, Andreas; Rutten, Sabine & Saalmann, Wiebke, in Zusammenarbeit mit der FöRMiG-AG Durchgängige Sprachbildung (2011): *Durchgängige Sprachbildung. Qualitätsmerkmale für den Unterricht*. Münster u. a.: Waxmann.

Gogolin, Ingrid & Lange, Imke (2010): *Bildungssprache und durchgängige Sprachbildung.* Münster u. a.: Waxmann.

Hammer, Svenja; Rosenbrock, Sonja; Ehmke, Timo; Gültekin-Karakoç, Nazan; Koch-Priewe, Barbara; Köker, Anne & Ohm, Udo (2013): *Kompetenzmodellierung und Kompetenzerfassung im Hochschulsektor: Deutsch als Zweitsprache-Kompetenz.* http://www.kompetenzen-im-hochschulsektor.de/Dateien/Poster_130306_DaZKom_1.pdf#page=1&zoom=auto,-37,1972 *(10.12.2015).*

Hatch, Evelyn M. (1978): Acquisition of Syntax in a Second Language. In Richards, Jack C. (ed.): *Understanding Second and Foreign Language Learning, Issues and Approaches.* Rowley, MA: Newbury House, 34–70.

Hattie, John A. C. (2009): *Visible learning: A synthesis of over 800 meta-analyses relating to achievement.* London: Routledge.

Helmke, Andreas (2003): *Unterrichtsqualität erfassen, bewerten, verbessern.* Seelze: Kallmeyer.

Helmke, Andreas (2007): Guter Unterricht – nur ein Angebot? Interview mit dem Unterrichtsforscher Andreas Helmke. *Friedrich Jahresheft* 2007: 62–65.

Herwartz-Emden, Leonie; Schurt, Verena & Waburg, Wiebke (2010): *Aufwachsen in heterogenen Sozialisationskontexten. Zur Bedeutung einer geschlechtergerechten interkulturellen Pädagogik.* Wiesbaden: VS Verlag.

Hofer, Manfred (2009): Kompetenz im Umgang mit Schülerheterogenität als Beitrag zur Bildungsgerechtigkeit. In Zlatkin-Troitschanskaia, Olga; Beck, Klaus; Sembill, Detleff; Nickolaus, Reinhold; Mulder, Regina (Hrsg.): *Lehrprofessionalität. Bedingungen, Genese, Wirkungen und ihre Messung.* Weinheim: Beltz, 141–150.

Hopp, Holger; Thoma, Dieter & Tracy, Rosemary (2010): Sprachförderkompetenz pädagogischer Fachkräfte: Ein sprachwissenschaftliches Modell. *Zeitschrift für Erziehungswissenschaft* 13 (4): 609–629.

Imo, Wolfgang & Moraldo, Sandro M. (Hrsg.) (2015): *Interaktionale Sprache und ihre Didaktisierung im DaF-Unterricht.* Tübingen: Stauffenburg.

Kleppin, Karin (1998): *Fehler und Fehlerkorrektur.* Berlin, München: Langenscheidt.

Kleppin, Karin & Raabe, Horst (2000): Zur Helferrolle im Tandemdiskurs. In Riemer, Claudia (Hrsg.): *Kognitive Aspekte des Lehrens und Lernens von Fremdsprachen.* Tübingen: Narr, 354–372.

Klieme, Eckhard & Warwas, Jasmin (2011): Konzepte der Individuellen Förderung. *Zeitschrift für Pädagogik* 57 (6): 805–818.

Klippert, Heinz (2010): *Heterogenität im Klassenzimmer. Wie Lehrkräfte effektiv und zeitsparend damit umgehen können.* Weinheim, Basel: Beltz Praxis.

KMK-Standards Bildungswissenschaft (2004): Sekretariat der Ständigen Konferenz der Kultusminister der Länder in der Bundesrepublik Deutschland: Standards für die Lehrerbildung: Bildungswissenschaften. Beschluss der Kultusministerkonferenz vom 16.12.2004. http://www.kmk.org/fileadmin/veroeffentlichungen_beschluesse/2004/2004_12_16-Standards-Lehrerbildung.pdf *(10.12.2015).*

Knapp, Karlfried (Hrsg.) (2004): *Angewandte Linguistik. Ein Lehrbuch.* Tübingen: Francke.

Kniffka, Gabriele & Siebert-Ott, Gesa (2007): *Deutsch als Zweitsprache. Lehren und Lernen.* Paderborn, München: Ferdinand Schöningh.

Kniffka, Gabriele (2012): Scaffolding – Möglichkeiten, im Fachunterricht sprachliche Kompetenzen zu vermitteln. In Michalak, Magdalena & Kuchenreuther, Michaela (Hrsg.): *Grundlagen* der Sprachdidaktik Deutsch als Zweitsprache. Baltmannsweiler: Schneider Hohengehren, 208–225.

Kobarg, Mareike; Prenzel, Manfred & Schwindt, Katharina (2009): Stand der empirischen Unterrichtsforschung zum Unterrichtsgespräch im naturwissenschaftlichen Unterricht. In Becker-Mrotzek, Michael (Hrsg.): *Mündliche Kommunikation und Gesprächsdidaktik*. Baltmannsweiler: Schneider Hohengehren, 408–426.

Koch-Priewe, Barbara; Köker, Anne; Ohm, Udo; Ehmke, Timo; Carlson, Sonja A.; Gültekin-Karakoç, Nazan & Rosenbrock, Sonja (2013): DaZKom – Professional Competencies of Pre-Service Teachers for Secondary Education in the Field of German as a Second Language. In Blömeke, Sigrid & Zlatkin-Troitschanskaia, Olga (eds.): *The German funding initiative „Modeling and Measuring Competencies in Higher Education"*. Berlin, Mainz: Humboldt-Universität zu Berlin, Johannes Gutenberg Universität Mainz, 58–62.

Köhne, Judith; Kronenwerth, Sibylle; Redder, Angelika; Schuth, Elisabeth & Weinert, Sabine (2015): Bildungssprachlicher Wortschatz – linguistische und psychologische Fundierung und Itementwicklung. In: Redder, Angelika; Naumann, Johannes & Tracy, Rosemarie (Hrsg.): *Forschungsinitiative Sprachdiagnostik und Sprachförderung – Ergebnisse*. Münster u. a.: Waxmann.

Köker, Anne; Rosenbrock, Sonja; Ohm, Udo; Ehmke, Timo; Hammer, Svenja; Koch-Priewe, Barbara & Schulze, Nina (2015): DaZKom – Ein Modell von Lehrerkompetenz im Bereich Deutsch als Zweitsprache. In Koch-Priewe, Barbara; Köker, Anne; Seifried, Jürgen & Wuttke, Eveline (Hrsg.): *Kompetenzerwerb an Hochschulen: Modellierung und Messung. Zur Professionalisierung angehender Lehrerinnen und Lehrer sowie frühpädagogischer Fachkräfte*. Bad Heilbrunn: Klinkhardt, 177–205.

Krashen, Stephen D. (1976): Formal and informal linguistic environments in language acquisition and language learning. *Tesol Quarterly* 10 (2): 157–168.

Krumm, Hans-Jürgen & Legutke, Michael (2001): Ausbildung und Fortbildung von Lehrerinnen und Lehrern für Deutsch als Fremd- und Zweitsprache: Inhalte und Formen. In Helbig, Gerhard; Götze, Lutz; Henrici, Gert & Krumm, Hans-Jürgen (Hrsg.): *Deutsch als Fremdsprache. Ein internationales Handbuch*. Berlin, New York: Mouton de Gruyter, 1124–1137.

Kunter, Mareike; Baumert, Jürgen; Blum, Werner; Klusmann, Uta; Krauss, Stefan & Michael Neubrand (2011): *Professionelle Kompetenz von Lehrkräften. Ergebnisse des Forschungsprogramms COACTIV*. Münster u. a.: Waxmann.

Leisen, Josef (2013): *Handbuch Sprachförderung im Fach – Sprachsensibler Fachunterricht in der Praxis*. Stuttgart: Klett. http://www.sprachsensiblerfachunterricht.de/ (10.11.2015).

Lengyel, Drorit (2010): Bildungssprachförderlicher Unterricht in mehrsprachigen Lernkonstellationen. *Zeitschrift für Erziehungswissenschaft* 13: 593–608.

Long, Michael (1982): Adaption an den Lerner. Die Aushandlung verstehbarer Eingabe in Gesprächen zwischen muttersprachlichen Sprechern und Lernern. *Zeitschrift für Literaturwissenschaft und Linguistik* 45: 100–119.

Meyer, Hilbert (2004): *Was ist guter Unterricht?* Berlin: Cornelsen.

Morek, Miriam (2012): *Kinder erklären. Interaktionen in Familie und Unterricht im Vergleich*. Tübingen: Stauffenburg.

Müller, Bernd-Dietrich (1994): *Wortschatzarbeit und Bedeutungsvermittlung*. Kassel u. a.: Langenscheidt.

Ofner, Daniela; Michel, Marije & Thoma, Dieter (2012): *Sprachliche Kompetenzen pädagogischer Fachkräfte: Kurzbeschreibung des Instruments SprachKoPF*. Mannheim: Universität Mannheim.

Ohm, Udo; Kuhn, Christina & Funk, Hermann (2007): *Sprachtraining für Fachunterricht und Beruf*. Münster u. a.: Waxmann.

Oser, Fritz & Spychiger, Maria (2005): *Lernen ist schmerzhaft. Zur Theorie des Negativen Wissens und zur Praxis der Fehlerkultur*. Weinheim: Beltz.

Roche, Jörg (1989): *Deutsche Xenolekte. Struktur und Variation der Äußerungen deutscher Muttersprachler in der Kommunikation mit Ausländern*. Berlin: de Gruyter.

Rösch, Heidi & Rotter, Daniela (2010): Formfokussierte Förderung in der Zweitsprache als Grundlage der BeFo-Interventionsstudie. In Rost-Roth, Martina (Hrsg.): *DaZ – Spracherwerb und Sprachförderung Deutsch als Zweitsprache*. Freiburg i. Br.: Fillibach, 193–211.

Rost, Martina (1989): *Sprechstrategien in ‚freien Konversationen'. Eine linguistische Untersuchung zu Interaktionen im zweitsprachlichen Unterricht*. Tübingen: Narr.

Rost-Roth, Martina (2009): Korrekturen und Ausdruckshilfen im Deutsch als Zweitsprache-Unterricht. Fallstudien und Vergleiche mit anderen Kontexten der Sprachförderung. In Wolff, Dieter; Hunstiger, Agnieska & Koreik, Uwe (Hrsg.): *Chance Deutsch: Schule – Studium – Arbeitswelt*. Regensburg: FaDaF, 447–462.

Rost-Roth, Martina (2013): Korrekturen und Feedback. In Oomen-Welke, Ingelore & Ahrenholz, Bernt (Hrsg.): *Deutsch als Fremdsprache*. Baltmannsweiler: Schneider Hohengehren, 275–297.

Schmölzer-Eibinger, Sabine & Egger, Evi (2012): *Sprache in Schulbüchern. Empfehlungen zur Sprachverwendung in Schulbüchern für SchulbuchautorInnen, GutachterInnen und Schulbuchverlage*. Wien: Bundesministerium für Unterricht, Kunst und Kultur.

Schoormann, Matthias & Schlak, Thorsten (2011): Zur Komplexität mündlicher Fehlerkorrekturen. *Beiträge zur Fremdsprachenvermittlung* 51: 77–105.

Schweckendiek, Jürgen (2008): Fehler und Fehlerkorrektur im DaZ-Unterricht. In Kaufmann, Susan; Zehnder, Erich; Vanderheiden, Elisabeth & Frank, Winfried (Hrsg.): *Fortbildung für Kursleitende Deutsch als Zweitsprache. Bd. 3: Unterrichtsplanung und -durchführung*. München: Hueber, 123–171.

Seedhouse, Paul (2004): *The interactional architecture of the language classroom*. Oxford: Blackwell.

Sheen, Ron (2002): ‚Focus on Form' und ‚Focus on Forms'. *ELT Journal* 56 (3): 303–305.

Shulman, Lee S. (1986): Those who understand: Knowledge growth in teaching. *Educational Researcher* 15 (4): 4–14.

SprachKopF: *SprachförderKompetenz pädagogischer Fachkräfte*. Projekthomepage online http://www.anglistik.uni-mannheim.de/anglistik_i/forschung/sprachkopf_bmbf/index.html *(26.11.2015)*.

Strasser, Johann (2011): Diversity as a challenge for teachers professionalism – Outline of a research program. *Journal of Social Science Education* 10 (2): 14–28.

Swain, Merrill & Lapkin, Sharon (1995): Problems in output and the cognitive processes they generate: A step towards second language learning. *Applied Linguistics* 16: 371–391.

Thoma, Dieter (2013): *Early childhood educators' knowledge and skills for supporting child second language acquisition: Data from Germany*. Pennsylvania: The Center for Language Science, Pennsylvania State University.

Thürmann, Eike & Vollmer, Helmut Johannes (2013): Schulsprache und sprachsensibler Fachunterricht: Eine Checkliste mit Erläuterungen. In Röhner, Charlotte & Hövelbrinks, Britta (Hrsg.): *Fachbezogene Sprachförderung in Deutsch als Zweitsprache*. Weinheim, Basel: Beltz Juventa, 212–233.

Tracy, Rosemarie; Ludwig, Carolyn & Ofner, Daniela (2010): Sprachliche Kompetenzen pädagogischer Fachkräfte: Versuch einer Annäherung an ein schwer fassbares Konstrukt. In Rost-Roth, Martina (Hrsg.): *DaZ-Spracherwerb und Sprachförderung Deutsch als Zweitsprache.* Freiburg i. Br.: Fillibach, 183–205.

Vogt, Mary Ellen (2010): Making Content Comprehensible for Language Minority Students in the Mainstream Classroom: The SIOP Model. In Benholz, Claudia; Kniffka, Gabriele & Winters-Ohle, Elmar (Hrsg.): *Fachliche und sprachliche Förderung von Schülern mit Migrationsgeschichte.* Münster u. a.: Waxmann, 39–52.

Vogt, Rüdiger (2009): *Erklären. Gesprächsanalytische und fachdidaktische Perspektiven.* Tübingen: Stauffenburg.

Vollmer, Helmut & Thürmann, Eike (2013): Sprachbildung und Bildungssprache als Aufgabe aller Fächer der Regelschule. In Becker-Mrotzek, Michael et al. (Hrsg.): *Sprache im Fach. Sprachlichkeit und fachliches Lernen.* Münster: Waxmann, 41–57.

Weber, Martina (2003): *Heterogenität im Schulalltag. Konstruktion ethnischer und geschlechtlicher Unterschiede.* Opladen: VS Verlag für Sozialwissenschaften.

Wyss, Corinne (2013): *Unterricht und Reflexion. Eine mehrperspektivische Untersuchung der Unterrichts- und Reflexionskompetenz von Lehrkräften.* Münster u. a.: Waxmann.

Inger Petersen
Schreiben im Fachunterricht: mögliche Potenziale für Lernende mit Deutsch als Zweitsprache

1 Einleitung

Schreiben birgt laut Steinhoff „ein einzigartiges Potential für verschiedenartige Prozesse der Aneignung von Weltwissen, Sprachwissen und metakognitivem Wissen" (Steinhoff 2014: 331). Damit verweist er auf die *epistemische* Funktion des Schreibens: „Beziehungen im eigenen Wissen werden nicht mehr nur geäußert, nicht mehr nur präzisiert, sie werden vielmehr erst im Textproduzieren unter den Anforderungen des Textproduzierens hergestellt" (Eigler 2005: 245). Vor dem Hintergrund der Annahme, dass das Schreiben ein Mittel darstellt, um vorhandenes Wissen zu vertiefen und neues Wissen zu entwickeln, sollte es im (Fach-)Unterricht eigentlich eine zentrale Rolle spielen. Bisher kann man sich das Schreiben im Fachunterricht aber eher als einen „schlafenden Riesen" vorstellen (Thürmann, Pertzel & Schütte 2015). Thürmann, Pertzel & Schütte (2015: 17) konstatieren nach der Analyse von Unterrichtstranskripten, curricularen Vorgaben und einer Befragung von Lehrkräften und Schülerinnen und Schülern in Hinblick auf das Schreiben im Fachunterricht „ein dramatisches Missverhältnis zwischen dem Potenzial des Schreibens im Unterricht als Werkzeug des Lehrens und Lernens und der schulischen Realität [...]". Stephany & Linnemann (2014) befragten Mathematik-Lehrkräfte und stellen fest, dass kognitiv anspruchslose Schreibaktivitäten (z. B. Tafelabschrieb) im Unterricht überwiegen. Auch in der Studie von Riebling (2013) zur Sprachbildung im naturwissenschaftlichen Unterricht gibt von 229 befragten Lehrkräften nur ein gutes Drittel (37 %) an, dass der Erwerb von Schreibkompetenz zu den Lernzielen ihres Unterrichts gehöre (Riebling 2013: 143).[1] Die Frage, wie häufig sie Schreibübungen in den Unterricht integrieren, beantworten 25 % mit *gelegentlich*, 27 % mit *selten* und 31 % mit *fast nie* (Riebling 2013: 149).[2] Gleichzeitig wird jedoch der Erwerb von fachbezo-

---

[1] Im Vergleich dazu bezeichnen 63 % den Erwerb von Lesekompetenz als Unterrichtsziel (Riebling 2013: 143).
[2] Bei dieser Frage wurde eine fünfstufige Skala mit den Antwortmöglichkeiten *fast nie – selten – gelegentlich – oft – fast immer* eingesetzt.

genen Sprachhandlungstypen („Beschreiben', ‚Definieren' etc.), der sich besonders effektiv durch den Einsatz von Schreibaktivitäten fördern ließe, von mehr als der Hälfte der Befragten (59 %) als wichtiges Lernziel genannt (Riebling 2013: 143). Die Zahlen legen nahe, dass die Lehrkräfte zwar über ein Bewusstsein über die sprachlichen Anforderungen ihres Unterrichts verfügen und auch Lernziele im Bereich des Schreibens verfolgen, es ihnen aber aus verschiedenen Gründen – z. B. aufgrund einer fehlenden Qualifizierung – nicht möglich ist, entsprechende Lern- bzw. Schreibaktivitäten einzusetzen.

In der Literatur wird angenommen, dass Schülerinnen und Schüler mit Deutsch als Zweitsprache bzw. sprachlich schwache Schülerinnen und Schüler in ganz besonderer Weise von der Produktion von Texten im Fachunterricht profitieren können (Stephany, Linnemann & Becker-Mrotzek 2013; Rotter & Schmölzer-Eibinger 2015; Schmölzer-Eibinger 2011; Thürmann 2012). Zweitsprachenlernende würden „noch nicht über die für das Verstehen und Darstellen komplexer fachlicher Inhalte erforderliche Kompetenz in der Zweitsprache verfügen" (Rotter & Schmölzer-Eibinger 2015: 74). Es fehle ihnen sowohl an rezeptiver Spracherfahrung als auch Erfahrung im Schreiben von Texten (Rotter & Schmölzer-Eibinger 2015: 74). Diese für den Erwerb schriftsprachlicher Kompetenzen zentralen Erfahrungen könnten ihnen durch das Schreiben im Fachunterricht ermöglicht werden (Rotter & Schmölzer-Eibinger 2015: 74f.). Studien zu der Frage, unter welchen Bedingungen und wie genau Zweitsprachenlernende vom Schreiben im Fachunterricht profitieren, liegen m. W. aber noch nicht vor.

Auch die Frage, ob DaZ-Lernende einen spezifischen Förderbedarf im Bereich der Schreibkompetenz haben und wenn ja, in welchen Teilfähigkeiten, ist empirisch noch nicht zufriedenstellend geklärt. Einige Erkenntnisse dazu liefert die Schreibprozessforschung, die die während des Schreibens stattfindenden komplexen Abläufe modelliert. Unterschiede im L1- und L2-Schreiben sind vor allem im Bereich des (gedanklichen und schriftlichen) Formulierens beobachtet worden. Durch eingeschränkte Wortschatz- und Grammatikkenntnisse verfügen L2-Lernende über eine geringere Schreibflüssigkeit als L1-Lernende (Chenoweth & Hayes 2001; Hayes 2012). Auch Grießhaber (2008) vermutet, dass die größten L2-Einflüsse bei den kognitiven Prozessen des Planens, Formulierens und Überarbeitens (vgl. Hayes & Flower 1980) auftreten, da hier sprachgebundene Grammatik- und Wortschatzkenntnisse eine zentrale Rolle spielen (Grießhaber 2008: 233). Es kann außerdem angenommen werden, dass L2-Schreibenden aufgrund der hohen kognitiven Belastung bei der sprachlichen Umsetzung geplanter Gedankeninhalte weniger Ressourcen für hierarchiehöhere Bereiche des Schreibens zur Verfügung stehen, z. B. für die globale Textplanung. Dies alles hängt aber letzten Endes von der jeweiligen Sprachkompetenz in der L2 ab (Galbraith 2009: 12f.). Wichtig ist in diesem Zusammenhang der Hinweis von Feilke (2014), dass die einflussreichen kognitiven Schreibprozessmodelle von Hayes u. a. alle eine zentrale Schwäche haben: Sprachliches Wissen kommt in den Modellen nicht explizit vor. In dem Modell von Hayes & Flower (1980) wird es beispielsweise unter der Komponente *Langzeitgedächtnis* subsumiert (Feilke 2014: 18f.). Als Rahmen für Fragestellungen wie die zu den Besonderheiten des L2-Schreibprozesses eignen sie sich dementsprechend nur bedingt. Unklar bleibt vor allem auch die Rolle der L1 beim Schreiben eines Textes in der L2. Während Studien zu Fremdsprachenlernenden zeigen, dass bei L2-Schreibprozessen Rückgriffe auf die L1, vor allem auf das L1-Lexikon, sehr häufig vorkommen (vgl. Abschnitt 2), sind diese Zusammenhänge m. W. für Schreibprozesse von migrationsbedingt mehrsprachigen Schülerinnen und Schülern noch nicht genauer untersucht worden.

Während Rotter & Schmölzer-Eibinger (2015) davon ausgehen, dass DaZ-Lernende beim Erwerb schriftsprachlicher Kompetenzen vor einer ganz besonders großen Herausforderung stehen und eine gezielte und spezifische Unterstützung benötigen, plädiert Haberzettl auf der Grundlage ihrer Untersuchung der Schreibkompetenz von Siebtklässlern dafür, dass „ein- und mehrsprachige Schüler die gleiche Art von Sprachförderung zur Etablierung bildungssprachlicher Kompetenz bei der Textproduktion benötigen – und dass sie sie benötigen, denn viele erreichen keine zufriedenstellenden Ergebnisse und scheinen weit entfernt von den Kompetenzbeschreibungen, die man im Rahmenlehrplan lesen kann" (Haberzettl 2015: 64).[3] Auch Studien, in denen DaZ- und DaM-Lernende anderer Altersgruppen in Hinblick auf ihre Schreibkompetenz untersucht wurden, kommen zu ähnlichen Ergebnissen und beobachten allenfalls marginale Unterschiede in der Schreibkompetenz von L1- und L2-Schülerinnen und -Schülern (vgl. Dittmann-Domenichini et al. 2011; Dittmann-Domenichini 2014; von Gunten 2012; Petersen 2014). Schneider et al. (2013) stellen in ihrer Expertise zur Wirksamkeit von Sprachförderung fest, dass „[d]er mehrsprachige Hintergrund [...] bei großflächiger Betrachtung kein Merkmal dar[stellt], das eine spezifische Schreibentwicklung präjudizieren würde" (Schneider et al. 2013: 51). Sie gehen vielmehr davon aus, dass die soziale Herkunft die sprachlichen Leistungen in der Zweitsprache bestimmt (Schneider et al. 2013: 51).[4] Lediglich Neumann (2010)

---

3 In der Studie von Haberzettl (2015) verfassten 351 Schülerinnen und Schüler einer 7. Gesamtschulklasse (davon 48 % mehrsprachig) einen Brief, eine Argumentation und einen Bericht. Die Schreibprodukte wurden hinsichtlich der inhaltlichen Aufgabenbewältigung und der Fähigkeit, den Text konzeptionell schriftlich zu gestalten, bewertet. Im Ergebnis kann die Autorin keinen qualitativen Unterschied zwischen den Produkten der ein- und mehrsprachigen Untersuchungsteilnehmenden feststellen (Haberzettl 2015: 62).
4 Die PISA-Studien haben allerdings gezeigt, dass sich zwar ein Großteil der Leistungsunterschiede zwischen Jugendlichen mit und ohne Migrationshintergrund auf Merkmale der sozialen

kommt in ihrer Reanalyse von Daten aus der DESI-Studie aus dem Jahr 2003/2004 zu dem Ergebnis, dass sich ein deutlicher Unterschied in den Schreibleistungen der nichtdeutschsprachigen Schülerinnen und Schüler einerseits und den gemischtsprachlichen und deutschsprachigen Jugendlichen andererseits zeigt. Einen besonderen Förderbedarf erkennt sie im Bereich des Wortschatzes (Neumann 2010: 21).[5] Auch Petersen (2014) beobachtet auf der Ebene der Lexik bei mehrsprachigen Untersuchungsteilnehmenden der Sekundarstufe II eine gewisse Häufung von Formulierungsschwierigkeiten (Petersen 2014: 249).

Eine Schwierigkeit bei der Untersuchung von L2-(Schreib-)Kompetenzen, die insbesondere kleinere Studien betrifft, ist die Einteilung der Gruppen: So unterscheidet z. B. Petersen (2014) in ihrer Studie nicht zwischen einer „gemischtsprachlichen" und einer „nichtdeutschsprachigen" Gruppe, beide Gruppen gelten bei ihr als mehrsprachig (Petersen 2014: 25). Dies stellt eine grobe Vereinfachung dar: Die Zuordnung der Untersuchungsteilnehmenden zu den Gruppen ein- und mehrsprachig bzw. mit Deutsch als Erst- und Deutsch als Zweitsprache ist aufgrund der sehr heterogenen sprachlichen Profile nicht nur schwierig, sondern mit großer Wahrscheinlichkeit auch zu undifferenziert, z. B. hinsichtlich des Erwerbsbeginns der deutschen Sprache und dem Umfang und der Qualität des Inputs.[6] Wünschenswert wären hier Untersuchungen mit großen Stichproben, die ganz unterschiedliche sprach- und migrationsbezogene Variablen einbeziehen.

Bevor mehr gesicherte Erkenntnisse zu den Besonderheiten des Schreibens in der Zweitsprache Deutsch vorliegen, könnte es u. U. sinnvoll sein, im Hinblick auf die Schreibförderung nicht zwischen Schülerinnen und Schülern mit Deutsch als Erst- und Zweitsprache zu unterscheiden, sondern von *Schülerinnen und Schülern mit geringer Sprachkompetenz im Deutschen* (so z. B. Stephany, Linnemann & Wrobbel 2015: 135) oder von *Schülerinnen und Schülern mit geringer Sprachkompetenz in der Zweitsprache Deutsch*[7] zu sprechen. Schneider et al. (2013) gehen noch einen Schritt weiter und schlagen vor, ganz unabhängig von der L1 zwischen

---

Herkunft zurückführen lässt, aber auch nach Kontrolle dieser Variablen Disparitäten bestehen bleiben (Segeritz, Walter & Stanat 2010; Stanat, Rauch & Segeritz 2010).

5 Ihre Datengrundlage stammt aus einer sehr umfangreichen Stichprobe von 10.500 Schülerinnen und Schülern der 9. Jahrgangsstufe aller Schularten, die sich folgendermaßen zusammensetzt: 83 % sind deutschsprachig, 6 % gemischsprachig und 11 % mit nichtdeutscher Erstsprache aufgewachsen (Neumann 2010: 16). Die „gemischtsprachlichen" Jugendlichen sprechen zu Hause Deutsch und eine weitere Sprache, die Jugendlichen mit nichtdeutscher Erstsprache sprechen zu Hause überhaupt kein Deutsch.

6 Zu einem ähnlichen Schluss kommt Ricart Brede in ihrer Untersuchung (2015: 181). Vgl. zur Problematik der Erhebung von Sprachprofilen auch Chlosta & Ostermann (2005).

7 Dies würde überdies deutlich machen, dass die Schülerinnen und Schüler gleichzeitig sehr wohl über eine hohe Sprachkompetenz in anderen Sprachen verfügen können, z. B. in ihrer L1.

starken und *schwachen Schreibern* zu unterscheiden. Denn „[v]ergleicht man L2-Lernende, die über eher geringe Schreibkompetenzen verfügen, mit schwachen erstsprachlichen SchreiberInnen, wird deutlich, dass schreibschwache L2-Lernende allgemein betrachtet dieselben Merkmale wie schwache SchreiberInnen allgemein zeigen" (Schneider et al. 2013: 50). Zu diesen Merkmalen gehören z. B. eine mangelnde Planung und Überarbeitung des Schreibprodukts (Schneider et al. 2013: 51). Dagegen einzuwenden ist, dass hier eher metakognitive Merkmale von Schreibkompetenz fokussiert werden, die nicht zu den sprachlichen Fähigkeiten i. e. S. gehören und deshalb ohnehin sprachenunabhängig zu modellieren sind.

Zudem kann davon ausgegangen werden, dass durch den Zuwachs von neuzugewanderten Kindern und Jugendlichen im deutschen Schulsystem (vgl. Massumi et al. 2015) zukünftig tatsächlich mehr Schülerinnen und Schüler am Fachunterricht teilnehmen, die über geringe Deutschkenntnisse verfügen und deshalb „nicht nur wenig Routine im Umgang mit schriftsprachlichen Anforderungen haben, sondern [...] sich vielfach auch basale, lexikogrammatische Kenntnisse in der Zweitsprache erst aneignen" müssen (Rotter & Schmölzer-Eibinger 2015: 74). Vor dem Hintergrund der Erkenntnisse der L2-Schreibprozessforschung sind für diese Zielgruppe Ansätze wie die *Prozedurenorientierte Didaktik* von Rotter & Schmölzer-Eibinger (2015), die auf eine Vermehrung literaler Erfahrungen durch eine Verankerung des Schreibens im Fachunterricht und die sprachliche Entlastung des Formulierungsprozesses abzielen, sehr nützlich und dringend notwendig.

Neben der Frage, ob und welche Art von Unterstützung L2-Lernende beim schulischen Schreiben benötigen, bedarf eine weitere Frage der Klärung: Auch wenn es sehr plausibel ist, anzunehmen, dass dem Schreiben ein großes Lernpotenzial innewohnt, so kommen einige Studien, die im deutschsprachigen Raum zum Schreiben im Fachunterricht vorliegen, zu eher ernüchternden Ergebnissen: Z. B. konnten sowohl Bergeler (2009, für den Physikunterricht) als auch Nieswandt (1998, für den Chemieunterricht) in ihren Studien keine Evidenz für die Hypothese finden, dass das fachbezogene Schreiben den Lernerfolg erhöht. Bevor diese Studien in Abschnitt 3.2 noch näher vorgestellt werden, soll an dieser Stelle schon einschränkend angemerkt werden, dass diese Ergebnisse u. U. auch auf Mängel in dem jeweiligen Untersuchungsdesign zurückgeführt werden können. Es muss somit noch genauer geklärt werden, welche Schreibaktivitäten unter welchen Bedingungen zur Erreichung welches Lernziels führen, oder, um es in den Worten von Langer und Applebee auszudrücken: „writing is not writing is not writing" (Langer & Applebee 1987: 135).

Der folgende Beitrag hat sich deshalb zum Ziel gesetzt, sowohl theoretische Begründungszusammenhänge als auch empirische Ergebnisse zu den Effekten des Schreibens im Fachunterricht näher zu beleuchten. Ein besonderer Fokus liegt auf der Frage, ob und wie Schülerinnen und Schüler mit Deutsch als Zweitsprache bzw. mit geringer Sprachkompetenz im Deutschen von solchen Schreibaktivitäten profitieren könnten. Was zudem noch aussteht, ist eine Didaktik für das Schreiben in den einzelnen Fächern. Deshalb sollen im letzten Teil einige wichtige didaktische Aspekte des Schreibens im Fachunterricht zusammengetragen werden.

2 Schreiben und Zweitspracherwerb

Aus den vorangegangenen Ausführungen ist deutlich geworden, dass das Schreiben in der Zweitsprache – jeweils in Abhängigkeit von der allgemeinen Sprachkompetenz – eine herausfordernde Tätigkeit darstellt. Genau wie zu den Bedingungen eines erfolgreichen Spracherwerbs ein quantitativ und qualitativ angemessener Input und der bedeutsame, kontinuierliche Gebrauch der Sprache gehören, bilden sich auch „die Grundlagen der Entwicklung von Schreibfähigkeit [...] durch die sozialisatorisch eingelebte Vertrautheit mit den Erwartungen einer Schriftkultur, durch das Hören und Lesen der (schriftorientierten) Standardsprache und vor allem *durch eigene Lese- und Schreibpraxis* [aus]" (Feilke 2014: 35, Hervorhebung I. P.). Wenn in der Schule von den Schülerinnen und Schülern gut ausgebildete schriftsprachliche Kompetenzen erwartet werden, sollten also vielfältige Schreibanlässe geschaffen werden. Das Schreiben im Fachunterricht birgt in diesem Sinne nicht nur ein Potenzial für das fachliche, sondern auch für das sprachliche Lernen. Theoretische Grundlagen zum L2-Erwerb legen außerdem nahe, dass insbesondere L2-Lernerinnen und -lerner vom häufig(er)en Schreiben profitieren können. In der *Output-Hypothese* (Swain 1985) wird beispielsweise davon ausgegangen, dass der *output* – und nicht der *comprehensible input* allein (vgl. Krashen 1989) – eine bedeutende Rolle für den L2-Erwerb spielt. Bei der Produktion von *output* werden Sprachlernprozesse in Gang gesetzt:

> [I]n producing the L2, a learner will on occasion become aware of (i. e. notice) a linguistic problem (brought to his/her attention either by external feedback (e. g. clarification requests) or internal feedback). Noticing a problem ‚pushes' the learner to modify his/her output. In doing so, the learner may sometimes be forced into a more syntactic processing mode than might occur in comprehension. Thus, output may set ‚noticing' in train, triggering mental processes that lead to modified output. (Swain & Lapkin 1995: 372f.)

Da schriftliche Texte im Vergleich zu gesprochener Sprache vergegenständlicht und fixiert sind, geben sie einen besonders günstigen Rahmen für das *noticing* und die Überarbeitung des *output* ab.

> Composition writing elicits an attention to form-meaning relations that may prompt learners to refine their linguistic expression – and hence their control over their linguistic knowledge – so that it is more accurately representative of their thoughts and of standard usage. This process appears to be facilitated by the natural disjuncture between written text and the mental processes of generating and assessing it. (Cumming 1990: 483)

Zur Untermauerung der Sicht auf das Schreiben als Motor für Sprachlernprozesse kann außerdem die *Interaktionshypothese* (Hatch 1978, Long 1996) herangezogen werden, in deren Rahmen sprachliche Interaktion als Voraussetzung für den L2-Erwerb gilt. Die Arbeit von Hatch (1978) stellte eine Neuerung in der Zweitspracherwerbsforschung dar, da sie das Interesse darauf lenkte, wie die Interaktion den Gebrauch und den Erwerb sprachlicher Strukturen ermöglichte – weg von der bis dato dominierenden Frage, wie der Erwerb von Strukturen den Sprachgebrauch ermöglicht (Pica 1994: 494). „One learns how to do conversation, one learns how to interact verbally, and out of this interaction syntactic structures are developed" (Hatch 1978: 404). Das Aushandeln von Bedeutungen (*negotiation for meaning*) zwischen Kommunikationspartnern ermöglicht das Sprachlernen:

> *Negotiation for meaning* is the process in which, in an effort to communicate, learners and competent speakers provide and interpret signals of their own and their interlocutor's perceived comprehension, thus provoking adjustments to linguistic form, conversational structure, message content, or all three, until an acceptable level of understanding is achieved. (Long 1996: 418)

In ihren neueren Schriften weist auch Swain, die die Output-Hypothese erstmals formuliert hat (s. o.), der Interaktion eine zentrale Rolle im Zweitspracherwerb zu. Sie distanziert sich von dem Begriff *output* und führt in der Weiterentwicklung ihrer ursprünglichen Hypothese zunächst den Begriff *collaborative dialogue* und später den Begriff *languaging* ein. Ein *collaborative dialogue* findet statt, wenn zwei Kommunikationspartner gemeinsam an der Lösung eines Problems, z. B. der Produktion eines Textes, arbeiten und dabei mittels Sprache über Sprache reflektieren (Swain 2000: 102). Swain geht davon aus, dass die sog. *„language-related episodes"* (LREs), die in den Lernergesprächen beobachtbar sind, Gelegenheiten zum Sprachlernen darstellen. „Through saying and reflecting on what was said, new knowledge is constructed" (Swain 2000: 113). Output wird somit erst in der sozialen Interaktion zu einer Quelle für sprachliche Lernprozesse. In ihren neuesten Schriften benutzt Swain *languaging* als Begriff für die Metakommunikation über Sprache, die bei der Lösung von sprachlichen Problemen stattfindet und sprachliches Lernen möglich macht:

> Languaging, as I am using the term, refers to the process of making meaning and shaping knowledge and experience through language. It is part of what constitutes learning. Languaging about language is one of the ways we learn language. [...] In it, we can observe learners operating on linguistic data and coming to an understanding of previously less well understood material. In languaging, we see learning take place. (Swain 2006: 98)

Im Lichte der Interaktionshypothese bzw. der Überlegungen zum *languaging* kann demnach davon ausgegangen werden, dass Spracherwerb stattfindet, wenn das Schreiben als Mittel der Kommunikation genutzt wird und die Produktion eines Textes als Aushandlungsprozess zwischen Autor/Autorin und Leserin/Leser stattfindet, z. B. im Rahmen eines kooperativen Schreibprojektes.[8]

Im Folgenden sollen zwei Studien vorgestellt werden, in denen die sprachlichen Lernprozesse beim Schreiben näher untersucht wurden. Dabei muss beachtet werden, dass es sich bei den Untersuchten nicht (nur) um migrationsbedingt mehrsprachige Schülerinnen und Schüler handelt, wie sie im Mittelpunkt dieses Beitrags stehen, sondern um eine ganze Reihe unterschiedlicher Lerner, die gemeinsam haben, dass sie in einer anderen Sprache als ihrer Erstsprache schreiben. Ich gehe davon aus, dass die Erkenntnisse trotzdem zu einem gewissen Grad verallgemeinerbar und auf den schulischen Kontext in Deutschland übertragbar sind.

In der ersten Studie wurden von 23 jungen Erwachsenen aus Québec mit L1 Französisch beim Schreiben eines informellen Briefes und eines argumentativen Textes in der L2 Englisch Lautdenkprotokolle erhoben (Cumming 1990). Die Untersuchung zielte darauf ab, metalinguistische kognitive Prozesse (*thinking* bzw. *decision making episodes*) zu erfassen und diese in Bezug zur Schreibkompetenz, zur L2-Kompetenz und zu den unterschiedlichen Schreibaufgaben zu setzen.[9] Die Ergebnisse lassen sich folgendermaßen zusammenfassen: Die am häufigsten verbalisierten Denkprozesse beziehen sich auf lexikalische Entscheidungen. Diese gehen meist mit Rückgriffen auf die L1 und anschließenden Übersetzungen einher:

> When writers write in a second language, linguistic knowledge is an element often conspicuously in doubt or lacking in this dialectic [between content and rhetorical concerns, I. P.], making it the focus of reflection and analysis in brief episodes of decision making. This reflective thinking appears primarily to consist of two behaviours: (a) searching for and assessing appropriate words or phrases and (b) comparing equivalent terms across languages. (Cumming 1990: 500)

---

8 Zur kritischen Diskussion der Hypothesen vgl. Edmondson & House (2011: 273–275).
9 Verbalisierungen der Autoren bzw. Autorinnen zur Textorganisation oder zum Schreibprozess selbst wurden aus der Analyse ausgeschlossen.

Cumming beobachtet darüber hinaus signifikante Zusammenhänge zwischen der Anzahl an Verbalisierungen von metalinguistischen Entscheidungen und der Schreibkompetenz und schlussfolgert:

> In a second language context, skilled writers may, therefore, have greater opportunities for metalinguistic analyses of the language than writers who have not developed comparable expertise. (Cumming 1990: 499)

Interessanterweise lassen sich in den Daten nur wenige Hinweise auf kognitive Prozesse finden, die sich auf Fragen der grammatischen Form der verwendeten Äußerungen beziehen.[10]

Swain & Lapkin (1995) untersuchten die Schreibprozesse von 9 Schülerinnen und Schülern einer kanadischen *early French immersion*-Klasse mit L1 Englisch. Die im Durchschnitt 13 Jahre alten Probanden und Probandinnen bekamen die Aufgabe, in einer Entwurfs- und einer Überarbeitungsphase einen Zeitungsartikel auf Französisch zu verfassen und dabei laut zu denken. In den transkribierten Lautdenkprotokollen wurden die sog. *language-related episodes* kodiert. Dabei handelt es sich um Elemente des Protokolls, in denen die Lernenden über ein sprachliches Problem sprechen, das ihnen während des Schreibprozesses begegnet (Swain & Lapkin 1995: 378). In einer induktiven Vorgehensweise wurden die Episoden kodiert und folgende Kategorien gewonnen: 1. *Sounds right / doesn't sound right (lexical and grammatical)*, 2. *Makes more sense / doesn't make sense*, 3. *Applied a grammatical rule*, 4. *Lexical search (via English, via French, via both)*, 5. *Translation (phrase or greater)*, 6. *Stylistic*, 7. *Spelling*. Diese Kategorien wurden in einem zweiten Schritt auf einer abstrakteren Ebene in drei Kategorien kognitiver Prozesse zusammengefasst: *Generating alternatives, assessing those alternatives, applying the resulting knowledge*. Swain & Lapkin halten als Ergebnis fest: Die genannten kognitiven Prozesse werden durch das Schreiben erst angeregt und sind relevant für den L2-Erwerb. Bei den Lernenden finden während des Schreibens in den *language-related episodes* spracherwerbsförderliche *noticing*-Prozesse statt, und das, obwohl sie während des Schreibens keinen Zugriff auf externes Feedback haben (Swain & Lapkin 1995: 383). „Our claim is that on each occasion, students engaged in mental processing that may have generated linguistic knowledge that is new for the learner, or consolidated existing knowl-

---

[10] Zu ähnlichen Ergebnissen kommt Krings (1989) in einer Untersuchung von Schreibprozessen in der Fremdsprache Französisch. Am häufigsten (in 44 % der Fälle) tritt das Schreibproblem auf, dass eine semantische Einheit in der L1, nicht aber in der L2 aktiviert werden kann. Gelangen die Lernenden über die Benutzung eines zweisprachigen Wörterbuchs zu einem Äquivalent in der L2, wird die Kontextadäquatheit überprüft. Weitere 40 % der Probleme beziehen sich auf Fragen der Orthografie, der Grammatik und des Stils (Krings 1989: 415f.).

edge" (Swain & Lapkin 1995: 384). Ein weiteres interessantes Ergebnis der Studie ist, dass die Suche nach passenden Lexemen während des Schreibens zwar auch bei diesen Lernenden – wie in der Studie von Cumming (1990) – eine große Rolle spielt. Die Beschäftigung mit der Lexik findet aber vor allem in der Entwurfsphase statt. In der Überarbeitungsphase dominieren Fragen nach grammatikalischer Korrektheit (Swain & Lapkin 1995: 385). Die Diskrepanz zwischen den beiden Studien lässt sich u. U. darauf zurückführen, dass im Design von Cumming keine Überarbeitungsphase vorgesehen war. Dieses Ergebnis unterstreicht das Potenzial der Phase der Textüberarbeitung für die Qualität des Textes.

Manchón (2011: 70) fasst die Ergebnisse mehrerer *Writing to learn the language*-Studien mit Zweitsprachlernenden zusammen und hält folgendes Ergebnis fest: Beim Schreiben, insbesondere beim kooperativen Schreiben, finden – in Abhängigkeit von bestimmten lerner- und aufgabenbedingten Variablen – folgende sprachliche Lernprozesse statt:
1. *Noticing* und Aufmerksamkeit auf formale Aspekte von Sprache,
2. Formulierung von Hypothesen über Form-Funktions-Beziehungen,
3. Überprüfung von Hypothesen durch Feedback,
4. Abwägung verschiedener Formulierungen durch Nutzung von implizitem und explizitem sprachlichen Wissen und sprachliche Vergleiche,
5. Metasprachliche Reflexion und *languaging*.

Dieser kurze Literaturüberblick hat gezeigt, dass während des Schreibens (zweit-)sprachliche Lernprozesse stattfinden, diese aber – insbesondere im deutschsprachigen Raum – noch stärkerer Erforschung bedürfen. Im folgenden Abschnitt gehe ich der Frage nach, inwieweit beim Schreiben darüber hinaus auch fachliche Lernprozesse stattfinden.

3 Schreiben und fachliches Lernen

Im anglo-amerikanischen Raum entstand schon in den 1970er Jahren die *Writing across the Curriculum*-Bewegung (Bazerman et al. 2005), in deren Rahmen angestrebt wurde, das Schreiben als Lernmethode in allen Fächern einzuführen.[11] In diesem Rahmen ist der pädagogische Ansatz des *Writing to learn* entstanden.[12] In

---

11 Zur Abgrenzung der verwandten Begriffe *Writing across the Curriculum*, *Writing in the Disciplines* und *Writing in Content Areas* s. Bazerman et al. (2005: 5–10).
12 Einen ausführlichen Überblick über die Forschung zu den Effekten des Schreibens auf das Lernen von den Anfängen bis heute geben Klein & Boscolo (2016).

ihrem Text *Writing as a Mode of Learning* (1977), der zu einer Art Gründungsdokument des *Writing to learn*-Ansatzes wurde, vertritt Emig folgende Ansicht: „Writing serves learning uniquely because writing as process-and-product possesses a cluster of attributes that correspond uniquely to certain powerful learning strategies" (Emig 1977: 122). Zu diesen Attributen zählen beispielsweise die Möglichkeit der Selbstreflexion und der Selbststeuerung, die sowohl beim Schreiben als auch beim Lernen eine Rolle spielen (Emig 1977: 128). Britton, der die Bewegung ebenso nachhaltig beeinflusst hat, setzt den Akzent auf das expressive Schreiben und seine erkenntnisfördernde Wirkung:

> Expressive writing [...] may be at any stage the kind of writing best adapted to exploration and discovery. It is language that externalizes our first stages in tackling a problem or coming to grips with an experience. (Britton et al. 1975: 197)

Früh wurde aber auch darauf aufmerksam gemacht, dass Schreiben an sich nicht unausweichlich zum Lernen führt und dass viele Studien, die den Zusammenhang zwischen Schreiben und Lernen untersuchen, sowohl in theoretischer als auch methodischer Hinsicht über Mängel verfügen (Ackerman 1993, Applebee 1984, Bangert-Drowns, Hurley & Wilkinson 2004). So stellen Langer & Applebee (1987) fest, dass der Zusammenhang zwischen Schreiben und Lernen ein sehr komplexer ist:

> [...] different kinds of writing activities lead students to focus on different kinds of information, to think about that information in different ways, and in turn to take quantitatively and qualitatively different kind of knowledge from their writing experiences. (Langer & Applebee 1987: 135)

Es ist daher wichtig genau darzulegen, welche theoretischen Annahmen dem Zusammenhang zwischen Schreiben und Lernen zugrunde gelegt werden. Einige zentrale Annahmen werden im nächsten Abschnitt erläutert.

3.1 Theoretische Grundlagen

Pohl & Steinhoff (2010) gehen davon aus, dass es sowohl medial als auch konzeptionell bedingte Aspekte sind, die das Schreiben[13] für das Lernen prädestinieren.

---

[13] *Schreiben* soll hier verstanden werden als das selbständige Produzieren von Texten, in Abgrenzung z. B. vom Notizen machen oder Tafelabschrieb. Dies erscheint sinnvoll, da davon ausgegangen werden kann, dass nur bei der Produktion eines Textes die im Folgenden genannten medialen und konzeptionellen Faktoren des Schreibens voll zum Tragen kommen. Auch Bangert-Drowns, Hurley & Wilkinson (2004) schließen in ihrer Metaanalyse *The Effects of School-*

Als medial bedingte Faktoren nennen sie die *Langsamkeit des Schreibens*, die *Vorläufigkeit des Schreibens* und die *Objektivierung von Sprache* durch das Schreiben (2010: 9f.). Diese Faktoren ermöglichen dem Schreibenden die intensive Planung und Überarbeitung seines Textes sowie die Nutzung des Langzeitgedächtnisses und anderer Wissensquellen. Dadurch dass ein geschriebener Text sich nicht wie gesprochene Sprache verflüchtigt, sondern der Schreibende seinen Text beliebig oft lesen kann, bietet das Schreiben außerdem ein spezifisches Reflexionspotenzial. Die konzeptionell bedingten Faktoren des Schreibens ergeben sich aus der Zerdehntheit der Kommunikationssituation beim Schreiben: Sie zwingt den Schreibenden zur *Verbalisierung des Ausdrucks*, zur *Integration seines Weltwissens* und zur *Antizipation von Leserreaktionen und -bedürfnissen* (Pohl & Steinhoff 2010: 10; Steinhoff 2014: 336). Dem Schreiben wohnt somit eine *epistemisch-heuristische Funktion* inne (vgl. Absatz 1). In dem Schreibentwicklungsmodell von Bereiter (1980) stellt das *epistemic writing* die fünfte und höchste Stufe der Schreibentwicklung dar. Auf dieser Stufe wird das Schreiben zu einem „personal search for meaning" (Bereiter 1980: 88). Für schulische Zwecke führt Steinhoff (2014) die Unterscheidung zwischen epistemischem Schreiben i. e. S. und epistemischem Schreiben i. w. S. ein. Beim epistemischen Schreiben i. e. S., analog zu Bereiters *epistemic writing*, setzt der Schreibende, in der Regel ein Experte, das Schreiben als „Problemlösestrategie zur Strukturierung und Erweiterung von Weltwissen" ein (Steinhoff 2014: 333). Dies setzt metakognitive Fähigkeiten voraus, die Schülerinnen und Schüler meist erst im Laufe ihrer Schulzeit erwerben. Im schulischen Kontext ist es daher sinnvoller, vom epistemischen Schreiben i. w. S. oder vom *lernenden Schreiben* zu sprechen (s. Pohl & Steinhoff 2010: 19f.): Das lernende Schreiben „betrifft sämtliche während des Schreibens stattfindenden Lernprozesse und setzt nicht notwendig Bewusstheit voraus" (Steinhoff 2014: 333).

Eine weitere Systematisierung von Begründungen für das Lernpotenzial des Schreibens stammt von Klein (1999). Er nennt vier unterschiedliche Hypothesen, die den Zusammenhang von Schreiben und Lernen betreffen und die die Theorie, die Praxis und die Empirie des *Writing-to-Learn* nachhaltig beeinflusst haben.

Based Writing-to-Learn *Interventions on Academic Achievement* Studien aus, in denen Schreibaktivitäten mit niedriger kognitiver Involviertheit, das sog. *mechanical writing* (z. B. Lückentexte, Multiple-Choice-Tests), vorkamen (Bangert-Drowns, Hurley & Wilkinson 2004: 37). Nichtsdestotrotz gibt es auch Studien, die beim Anfertigen von Notizen positive Effekte auf das Lernen festgestellt haben (s. Applebee 1984: 585f.). Newell (1984) zeigt jedoch, dass das Schreiben von Aufsätzen dem Anfertigen von Notizen und der Beantwortung von kurzen Fragen hinsichtlich des Lerneffektes überlegen ist.

(1) Shaping at the point of utterance

Diese Hypothese geht vor allem von James Britton aus (s. o.). Sie besagt, dass Schreibende (wie auch Sprechende) bei der Produktion von Äußerungen spontan Wissen produzieren. Britton bevorzugt dabei das expressive Schreiben, d. h. Schreiben ohne Planung und Überarbeitung des Textes (Britton 1970). „I want to associate spontaneous shaping, whether in speech or writing, with the moment by moment interpretative process by which we make sense of what is happening around us; to see each as the pattern-forming propensity of man's mental processes" (Britton 1970: 149).

(2) Forward search

Diese Hypothese kommt dem nahe, was Pohl & Steinhoff (2010) die Objektivierung von Sprache beim Schreiben (s. o.) genannt haben. „The forward search hypothesis suggests that recording ideas in text preserves them, allowing writers to reread them and to develop them further" (Klein 1999: 221).

(3) Genre

Bestimmte Textarten, wie z. B. die Argumentation, verlangen eine tiefe Verarbeitung von Wissen. Durch die Anordnung von Wissenselementen im Text werden neue Beziehungen zwischen diesen Elementen hergestellt (Klein 1999: 231). „Genres such as argumentation are thought to require students to process information deeply and to construct relationships among ideas, thereby attaining increased understanding and recall of curriculum material" (Klein 1999: 230).

(4) Backward search models

Vertreter dieser Hypothese nehmen an, dass „writers construct knowledge by setting rhetorical goals, generating content to address these goals, then revising their rhetorical goals to accomodate this content" (Klein 1999: 242). Dieser Auffassung kann auch das Modell des knowledge transforming von Bereiter & Scardamalia (1987) zugerechnet werden. Da sich in der Literatur immer wieder auf dieses Modell bezogen wird, soll es im Folgenden etwas detaillierter beschrieben werden.

Schreiben wird in dem Modell von Bereiter & Scardamalia als Problemlöseprozess aufgefasst, der im Spannungsfeld von zwei Problemräumen stattfindet: dem inhaltlichen (Was schreibe ich?) und dem rhetorischen Problemraum (Wie schreibe ich?).

> In the content space, problems of belief and knowledge are worked out. In the rhetorical space problems of achieving goals of the composition are dealt with. Connections between the two problems spaces indicates output from one space serving as input to the other. (Bereiter & Scardamalia 1987: 11)

Diese Interaktion zwischen inhaltlichen und rhetorischen Anforderungen des Textes führt dazu, dass der Schreibende nicht einfach nur bestehendes Wissen weitergibt, sondern beim Schreiben neues Wissen produziert (Bereiter & Scardamalia 1987: 12) (*knowledge transforming*). In Abgrenzung dazu zeichnen sich die Schreibprozesse von eher ungeübten Schreibenden durch das *knowledge telling* aus: Ausgehend von der Schreibaufgabe wird Wissen aus dem Gedächtnis abgerufen und ohne Modifikation niedergeschrieben.

Bangert-Drowns, Hurley & Wilkinson (2004) gehen davon aus, dass der Zusammenhang zwischen Schreiben und Lernen vor allem darin besteht, dass das Schreiben den Gebrauch von Lernstrategien positiv beeinflussen und deshalb das Lernen wirksam unterstützen kann. Schreiben kann beispielsweise dazu führen, dass Inhalte wiederholt werden (*Wiederholungsstrategie*), dass Vorwissen mit neuem Wissen verknüpft und Wissen neu angeordnet wird (*Elaborationsstrategien, Organisationsstrategien*) oder dass das eigene Verständnis der Inhalte überprüft wird (*metakognitive* Strategien) (Bangert-Drowns, Hurley & Wilkinson 2004: 32).

3.2 Empirische Evidenz

Zu der Frage, welche Effekte das Schreiben auf das Lernen von fachlichen Inhalten hat, liegen für den deutschsprachigen Raum nur wenige Studien vor. Vier dieser Studien, die Pioniercharakter haben, werden in diesem Abschnitt vorgestellt. Anschließend wird auf eine Meta-Analyse von Bangert-Drowns, Hurley & Wilkinson (2004) eingegangen, die sich mit den Effekten auf den Lernerfolg von *Writing-to-Learn*-Interventionen im Vergleich zu herkömmlichem Unterricht beschäftigt.

Noch bevor mit der Diskussion um die Ergebnisse der PISA-Studien ab dem Jahr 2000 die Diskussion über Sprachbildung in den naturwissenschaftlichen Fächern in Gang kommt, legt Nieswandt (1998) eine Arbeit vor, in der sie die Hypothese überprüft, dass das Schreiben im Chemieunterricht „den Lernenden ein verstehendes Lernen chemischer Zusammenhänge erkennbar erleichtert" (Nieswandt 1998: 22). In einem achtwöchigen Schulversuch (30 Unterrichtsstunden) mit vier Gymnasialklassen des 9. Jahrgangs ($n = 91$) erhielten die Lernenden der Experimentalgruppe sieben schriftliche Hausaufgaben. Diese Hausaufgaben bestanden aus drei unterschiedlichen Texttypen, die fachliche und sukzessiv komplexer werdende sprachliche Lernziele umfassten (Beschreibung von Beobachtungen, Erklärung von Beobachtungen, Deutung von Phänomenen). Die so entstandenen Texte wurden in Hinblick auf den fachlichen Inhalt, die Realisierung des Texttyps, die inhaltliche Struktur und die eingesetzten sprachlichen Mittel analysiert. Die Kontrollgruppe setzte sich nur mündlich mit den Inhalten auseinander.¹⁴ Im Ergebnis lassen sich keine signifikanten Unterschiede zwischen der Experimental- und Kontrollgruppe beobachten. Allerdings macht die Autorin auch keine Angaben über die Vergleichbarkeit der Gruppen, z. B. in Hinblick auf das Vorwissen. Problematisch erscheint überdies, dass Nieswandt bei der Konzeption ihrer Studie von bereits vorhandenen Fähigkeiten der Untersuchungsteilnehmenden zum Verfassen von naturwissenschaftlichen Texten ausgegangen ist bzw. diese nicht kontrolliert hat. Die Schreibfähigkeiten

> hätten die Lernenden im Chemieunterricht des Schulversuchs nicht erwerben, sondern anwenden und entwickeln sollen. Aber der Großteil der SchülerInnen der Experimentalgruppe war kaum in der Lage, Fähigkeiten und Fertigkeiten aus dem Deutschunterricht in das Fach Chemie zu übertragen. [...] Damit stellt sich die Frage inwieweit das Schreiben selbst zum Gegenstand des Chemieunterrichts gemacht werden soll (Nieswandt 1998: 36).

So ist eine Erkenntnis ihrer Arbeit, dass das Schreiben von naturwissenschaftlichen Texten auch im naturwissenschaftlichen Unterricht selbst geübt werden muss und eine Kooperation mit dem Fach Deutsch wünschenswert ist (Nieswandt 1998: 36). Des Weiteren scheint bei mangelndem Vorwissen der Schülerinnen und Schüler zu einem Thema auch die Produktion von Texten schwer zu fallen (Nieswandt 1998: 35). Nieswandt erkennt zudem Motivationsprobleme bei den Untersuchungsteilnehmenden, die sich auf die Schreibleistungen auswirken (Nieswandt 1998: 36). Auch wenn der innovative Charakter der Studie Beachtung verdient, bleibt aufgrund der angesprochenen methodischen Mängel fraglich, inwieweit die Studie tatsächlich Aussagen über die Effekte von fachbezogenen Schreibaktivitäten machen kann.

Bergeler (2009) entwickelt und erprobt in seiner Dissertation eine „Schreib-Lernmethode" und Textproduktionskriterien für das Verfassen von Texten im Physikunterricht. An der Intervention in Form einer siebenstündigen Unterrichtseinheit nahmen 47 Schülerinnen und Schüler eines 11. Jahrgangs teil. Die Interventionsgruppe bekam eine kurze Einführung in das Schreiben mithilfe der Textproduktionskriterien und musste dann spezielle Schreibaufgaben erledigen, die in eine Unterrichtsreihe zum Thema „Akustik" eingebettet waren. Die Kontrollgruppe bekam traditionellen Unterricht ohne Schreibaufgaben. Der Lernerfolg der Schülerinnen und Schüler wurde direkt am Ende der Unterrichtseinheit und noch einmal drei Monate später mit einem Test gemessen. Weitere Untersuchungsinstrumente waren ein Vortest zur Feststellung des Vorwissens, ein Test zum allgemeinen Wortschatz, ein Fragebogen zum Schreiben im Physikunterricht

---

14 Hier fehlen bei der Beschreibung der Untersuchung leider Angaben dazu, wie genau die mündliche Erarbeitung in der Kontrollgruppe aussah.

und ein Bogen zur Beobachtung der Unterrichtsstunden. Die Forschungshypothesen, dass sich der Lernerfolg hinsichtlich des Sachwissens durch das Schreiben von Physik-Texten verbessert und dass sich durch das Schreiben von Physik-Texten im Physikunterricht die Langzeiterinnerung an den behandelten Unterrichtsstoff verbessert, konnten nicht bestätigt werden (Bergeler 2009: 153). Ähnlich wie Nieswandt (1998) kommt auch Bergeler zu dem Ergebnis, dass die Untersuchungsteilnehmenden nur über eine geringe Schreibmotivation verfügen. Hier zeigt sich, dass die Schreibaufgaben u. U. nicht motivierend genug gestaltet waren. Zudem schneiden auch in seiner Untersuchung die Schülerinnen und Schüler mit unterdurchschnittlichem Vorwissen in dem Posttest direkt nach der Unterrichtseinheit in der Interventionsgruppe schlechter ab als die mit vergleichbarem Vorwissen in der Kontrollgruppe (Bergeler 2009: 153). Sie scheinen das Schreiben weniger gut für das fachliche Lernen nutzen zu können als ihre leistungsstärkeren Mitschülerinnen und -schüler.

Positive Ergebnisse zu den Effekten des Schreibens werden in einer neueren Publikation (Stephany, Linnemann & Becker-Mrotzek 2013) im Zusammenhang mit der Evaluation von sprachsensiblen Mathematikkursen für Fünft- und Sechstklässler im Rahmen einer Sommerschule berichtet. Die Kurse hatten das Ziel, sowohl die fachliche als auch die sprachliche Kompetenz der Teilnehmenden zu fördern. Dazu wurden u. a. kommunikativ-epistemische Schreibsettings eingesetzt. Damit sind Schreibaufgaben gemeint, die sowohl den Zweck verfolgen, Wissen zu kreieren, als auch der Kommunikation dienen bzw. einen (realen oder fiktiven) Adressaten haben. In der Schreibdidaktik wird davon ausgegangen, dass Schreibaufgaben besonders lernförderlich sind, wenn die Schreibenden ein kommunikatives Problem lösen müssen und der Text eine erkennbare Funktion hat (vgl. Bachmann & Becker-Mrotzek 2010). An der Testung vor und nach der Sommerschule nahmen 42 Schülerinnen und Schüler teil. Eine Kontrollgruppe war aufgrund des explorativen Charakters der Studie nicht vorhanden. Die Teilnehmenden erzielten im Posttest (Mathematiktest und Schreibaufgabe zum Beschreiben eines mathematischen Fehlers) signifikant bessere Leistungen als im Prätest. Die qualitative Analyse der Schreibaufgabe zeigt außerdem, dass die Schülerinnen und Schüler durch die Förderung auch ihre sprachlichen Kompetenzen verbessern konnten, indem sie im Posttest z. B. mehr fachsprachliche Elemente verwenden (Stephany, Linnemann & Becker-Mrotzek 2013: 218f.).

Wäschle et al. (2015) untersuchen die Effekte eines Lerntagebuchs am Beispiel des Lernerfolgs von 64 Siebtklässlern im Biologieunterricht zu dem Thema „Immunologie". In der Experimentalgruppe schrieben die Schülerinnen und Schüler als Hausaufgabe in einer Zeitspanne von drei Wochen drei Einträge in ein Lerntagebuch und reflektierten ihren Lernprozess. In der Kontrollgruppe wurden eher traditionelle Hausaufgaben bearbeitet (Zusammenfassen, Fragen beantworten). Die beiden Gruppen waren vergleichbar hinsichtlich ihres Geschlechts, ihrer Herkunft, des fachbezogenen Vorwissens und Interesses. Im Ergebnis zeigt die Experimentalgruppe ein besseres Verständnis, eine höhere Reflexionsfähigkeit und ein größeres Interesse in Bezug auf den fachlichen Inhalt. Die Autorinnen führen diesen Effekt auf die Kombination kognitiver und metakognitiver Strategien zurück, die beim Schreiben eines Lerntagebuchs aktiviert werden:

> Accordingly, in writing a learning journal, learners could deeply process the learning contents by organizing and elaborating on the new information. In monitoring their comprehension, they could detect comprehension gaps and eliminate them by applying remedial cognitive strategies. (Wäschle et al. 2015: 59)

Die vier exemplarisch vorgestellten Studien zeigen, dass das Schreiben im Fachunterricht keinesfalls ein ‚Selbstläufer' ist. Zahlreiche Faktoren spielen bei der Frage, ob das Schreiben das Lernen fördert, eine Rolle (z. B. Motivation, fachliches und schreib- bzw. textsortenbezogenes Vorwissen) und müssen dementsprechend bei der Konzeption der Schreibaktivitäten – sowohl in empirischen Studien als auch im Unterricht – berücksichtigt werden. Die Ergebnisse von Stephany, Linnemann & Becker-Mrotzek (2013) bestätigen aber gleichzeitig deutlich, dass dem Schreiben unter guten Bedingungen tatsächlich ein großes Potenzial innewohnt, und zwar sowohl für fachliche als auch sprachliche Lernprozesse. Die Studie von Wäschle et al. (2015) ist ein Hinweis darauf, dass reflexive Schreibaufgaben besonders lernförderlich sein können, wenn sie die Aktivierung metakognitiver Strategien vorsehen.

Weitere wichtige Hinweise darauf, wie Schreibaktivitäten beschaffen sein müssen, um einen positiven Einfluss auf das Lernen zu haben, finden sich in der Meta-Analyse von Bangert-Drowns, Hurley & Wilkinson (2004). Es wurden 48 Studien aus unterschiedlichen Fächern und mit unterschiedlichen Altersgruppen in die Analyse einbezogen. In 36 Studien (75 %) zeigten sich kleine positive Effekte des Schreibens auf den (fachlichen) Lernerfolg (mittlere Effektstärke $d = 0.20$) (Bangert-Drowns, Hurley & Wilkinson 2004: 42f.). Da die Effektstärken der einzelnen Studien sehr stark schwanken, ist davon auszugehen, dass das positive Potenzial des Schreibens für das Lernen aufgrund der Konzeption der Studien nicht immer voll zum Tragen kommen konnte. Folgende Moderatorvariablen haben sich als besonders wichtig herausgestellt:

- *Schulstufe*: In den Klassen 6 bis 8 ließ sich kein positiver Effekt des Schreibens auf den Lernerfolg feststellen (Bangert-Drowns, Hurley & Wilkinson 2004: 49f.). Die Gründe dafür sind unklar, können aber vielleicht auf das Alter der Schülerinnen und Schüler und spezifische Bedingungen in der sensiblen Phase des Übergangs zwischen Primar- und Sekundarbereich zurückzuführen sein.

- *Initiierung metakognitiver Prozesse*: Schreibinterventionen, in denen metakognitive Prozesse angeregt wurden, z. B. in der Form einer Reflexion des eigenen Lernprozesses, erwiesen sich als besonders lernwirksam. Dies entspricht dem Ergebnis der oben erwähnten Lerntagebuch-Studie von Wäschle et al. (2015) und kann als weiterer Hinweis gedeutet werden, dass die Stärke des Schreibens im Kontext des fachlichen Lernens tatsächlich vor allem in der Entfaltung metakognitiver Lernstrategien liegt (s. o.) (Bangert-Drowns, Hurley & Wilkinson 2004: 50).
- *Dauer der Aufgabe*: Schreibaufgaben, die mehr Zeit in Anspruch nahmen, hatten kleinere Effekte als kürzere Aufgaben. Bangert-Drowns, Hurley & Wilkinson (2004: 50) vermuten, dass hierfür entweder motivationale Gründe verantwortlich sind oder die Zeit zum Erledigen der Schreibaufgabe in Konkurrenz zu anderen Lerngelegenheiten in der Unterrichtszeit stand.
- *Dauer der Intervention*: Die Dauer der Schreibintervention moderiert den Lerneffekt, d. h. je länger die Intervention dauert, desto größer der Effekt (Bangert-Drowns, Hurley & Wilkinson 2004: 51).

Die Autorinnen ziehen aus den Ergebnissen ihrer Metaanalyse vorsichtige Schlüsse:

> [...] the simple incorporation of writing in regular classroom instruction does not automatically yield large dividends in learning; some studies report negative effects. [...] However, the consistency of the positive effects in these studies does suggest that one can reasonably expect some enhancement in learning from writing and that the enhancement is optimized by contextual factors. (Bangert-Drowns, Hurley & Wilkinson 2004: 51)

Leider finden sich in der Metaanalyse keine Hinweise darauf, ob und in welcher Weise schreib-und/oder sprachschwache Lernende sowie Schülerinnen und Schüler mit geringem Fachwissen vom Schreiben im Fach profitieren. Die Studien von Bergeler (2009) und Nieswandt (1998) legen nahe, dass Letztere das Schreiben weniger gut für Lernprozesse nutzen können. Dies könnte auch damit zusammenhängen, dass das Vorwissen zu dem Thema einer Schreibaufgabe eine größere Bedeutung für die Schreibmotivation hat als das vorhandene Interesse (Boscolo 2009). Was die sprachlich schwachen Schülerinnen und Schüler betrifft, so gehen Linnemann & Stephany (2014) davon aus, dass mangelnde Sprachkompetenz das Potenzial des Schreibens für Lernprozesse stark einschränkt. Es leuchtet ein, dass schreibschwache Schülerinnen und Schüler beim Schreiben eines Textes kognitiv so stark beansprucht sind, dass keine mentalen Ressourcen für die Verarbeitung der fachlichen Inhalte mehr frei sind. Eine andere Metaanalyse zum Zusammenhang zwischen Schreiben und Textverstehen (Graham & Hebert 2011: 728) zeigt allerdings, dass bei lese- und/oder schreibschwachen Schülerinnen und Schülern das Schreiben über einen gelesenen Text in 10 von 12

Studien zu einem deutlich positiven Effekt auf das Textverstehen führt (mittlere Effektstärke d = 0.64).[15] Im Schreiben zu Texten könnte sich dementsprechend ein besonderes Potenzial für Schülerinnen und Schüler mit geringer Kompetenz in der Zweitsprache Deutsch abzeichnen.

Dem Schreiben im Fachunterricht wird aktuell für das Lernen eine große Rolle zugeschrieben (vgl. Schmölzer-Eibinger & Thürmann 2015). Wenn im Rahmen der Bemühungen zur Sprachbildung in allen Fächern zukünftig tatsächlich auch im Fachunterricht mehr Texte produziert werden, so sollten die o. g. Ergebnisse bei der Konzeption von Schreibaufgaben und -curricula im Fach berücksichtigt werden. Auch wenn es auf der theoretischen Ebene Hinweise gibt, dass Zweitsprachenlernende mit geringer Sprachkompetenz im Deutschen besonders von dem vermehrten Schreiben profitieren können, sind die genauen Bedingungen und Effekte noch weitestgehend unklar. Nicht nur die Effekte des Schreibens auf das fachliche Lernen, sondern auch auf das sprachliche Lernen müssen näher untersucht werden.

4 Erste Schritte in Richtung einer Didaktik des Schreibens im Fachunterricht

Die Entwicklung einer Schreibdidaktik für den Fachunterricht steht noch ganz am Anfang. Offen ist dabei vor allem die Frage zu dem Verhältnis von fächerübergreifenden Konzepten und notwendigen fachspezifischen Konkretisierungen. Welche Rolle kann und soll der Deutschunterricht bei der Anbahnung fachspezifischer Schreibkompetenz übernehmen (vgl. auch Ricart Brede 2015: 186)? Lütke sieht die Rolle des Deutschunterrichtes beispielsweise in der Erarbeitung fachspezifischer Textsorten und fachübergreifender Textmuster sowie der Vermittlung von Schreibstrategien, die dann im Fachunterricht angewendet werden (Lütke 2013: 105f.).[16] Der Transfer aus dem Deutsch- in den Fachunterricht geschieht sicherlich nicht von allein, sondern müsste im Fachunterricht angeleitet werden. Unabhängig von den vielen offenen Fragen lassen sich

---

15 Dieser Effekt ist größer als in den 55 vergleichbaren Studien ohne besonderen Fokus auf schwache Leserinnen und Leser und Schreiberinnen und Schreiber (d = 0.50) (Graham & Hebert 2011: 726).
16 Die Vermittlung von Schreibstrategien ist laut Philipp (2015: 15) eine der effektivsten Fördermaßnahmen zur Verbesserung der Textqualität und sollte deshalb im Unterricht einen großen Raum einnehmen, so dass sich die Zusammenarbeit zwischen Deutsch- und anderem Fachunterricht hier tatsächlich sehr anbietet.

in der Literatur einige Tendenzen erkennen, die Hinweise darauf geben, was bei der unterrichtlichen Gestaltung von Schreibprozessen im Fach beachtet werden sollte. Im Fokus der Diskussion steht die Frage nach (1) geeigneten Schreibaufgaben sowie (2) der Vermittlung von Textmustern bzw. -sorten und (3) von Textprozeduren.

(1) Geeignete Schreibaufgaben
In der allgemeinen Schreibdidaktik werden gute Schreibaufgaben – d. h. Schreibaufgaben mit einem möglichst großen Lernpotenzial – zurzeit unter dem Begriff *Schreibaufgaben mit Profil* diskutiert (vgl. Bachmann & Becker-Mrotzek 2010). Diese Aufgaben zeichnen sich durch eine klare kommunikative Funktion und einen Adressaten aus. Stephany, Linnemann & Wrobbel (2015) erweitern dieses Konzept und setzen Aufgaben ein, die sowohl *kommunikativ* als *epistemisch* sind. Für das Schreiben im Mathematikunterricht verwenden sie sog. *Supportive Writing Assignments* bzw. *unterstützende Schreibaufgaben*. „Die Anwendung unterstützender Schreibaufgaben bedeutet, die SchülerInnen vom Aufbau des für die Schreibaufgabe relevanten Wissens bis hin zum individuellen Schreiben zu unterstützen" (Stephany, Linnemann & Wrobbel 2015: 135). Die Aufgaben zeichnen sich durch folgende Merkmale aus: Es handelt sich auch hier um authentische Schreibaufgaben mit bestimmten Adressaten und einer klaren kommunikativen Funktion. Es ist davon auszugehen, dass die kommunikative Funktion von Texten im Fachunterricht bisher stark vernachlässigt wird, dass sie aber zentral für die Schreibmotivation ist. Unterstützende Schreibaufgaben basieren zudem auf direkter Instruktion, d. h. der Schreibprozess wird in kleine Schritte zerlegt und setzt zunächst an den mündlichen Fähigkeiten der Schülerinnen und Schüler an, um sie so Schritt für Schritt an das Verfassen eines konzeptionellschriftlichen Textes heranzuführen (vgl. auch Gibbons 2006). Zur direkten Instruktion gehört außerdem, dass den Schülerinnen und Schülern der Mehrwert des Schreibens, z. B. durch die Formulierung der damit verbundenen Lernziele, deutlich gemacht wird. Die unterstützenden Schreibaufgaben fördern die Interaktion und die Kommunikation über die entstandenen Texte. Ein letzter Punkt, der insbesondere für das Schreiben mit Zweitsprachlernenden zentral ist, ist die Berücksichtigung der sprachlichen Fähigkeiten der Schülerinnen und Schüler und das Scaffolding des Schreibprozesses durch die Aktivierung des Vorwissens, durch Wortschatzarbeit und die Beschäftigung mit Textsorten und den entsprechenden sprachlichen Mitteln (Stephany, Linnemann & Wrobbel 2015: 135–137). Zu klären bleibt allerdings, inwieweit solche umfangreichen Schreibaufgaben tatsächlich regelmäßig im Fachunterricht eingesetzt werden können und welche Kompetenzen die Fachlehrkräfte benötigen, um diese zu planen, durchzuführen und zu beurteilen.

(2) Textmuster/Textsorten

Beese & Roll sehen die Vermittlung von Textsorten im Fachunterricht „als eine Art didaktischer ‚Hebel' für eine systematische Sprachbildung im Fach" (Beese & Roll 2015: 51). Für die schreibdidaktisch reflektierte Vermittlung des naturwissenschaftlichen Versuchsprotokolls liegen bereits einige Vorschläge vor. Beese & Roll (2015: 60f.) zerlegen das Protokoll in die Bestandteile: Fragestellung; Vermutung/Hypothesenbildung; Durchführung; Ergebnis/Beobachtung und Auswertung, Erklärung sowie Deutung. Sie nennen zu jedem Protokollteil die sprachliche und fachliche Handlung, die ausgeführt wird (z. B. ‚Eigenschaften prüfen', ‚Zusammenhänge herstellen'), und Beispiele für entsprechende sprachliche Mittel. Diese müssten schrittweise vermittelt werden. Ricart Brede (2015) betont darüber hinaus noch die Vorteile der Arbeit mit Musterprotokollen und plädiert außerdem für die Thematisierung allgemeiner sprachlicher bzw. stilistischer Spezifika des Protokolls, wie z. B. unpersönlicher Schreibstil (Ricart Brede 2015: 185). Interessanterweise macht Krabbe (2015) aus der Perspektive der Physikdidaktik darauf aufmerksam, dass sich hinsichtlich der erforderlichen sprachlichen Mittel für ein Versuchsprotokoll in Schulbüchern sehr unterschiedliche Angaben finden lassen (Krabbe 2015: 158). Zudem entspricht die „seitens der Sprachdidaktik vorgenommene Charakterisierung und Normierung des Versuchsprotokolls [...] mit ihrer Übertragung bestimmter linguistischer Kategorien (z. B. der Vorgangsbeschreibung auf die Beschreibung der Versuchsdurchführung) teilweise nicht den fachlich-epistemischen Anforderungen" (Krabbe 2015: 160). Diese Feststellung macht noch einmal deutlich, wie wichtig bei der Erschließung der sprachlichen Anforderungen und der Modellierung von Sprachbildung in allen Fächern die Kooperation zwischen den sprachlichen und den fachlichen Experten ist.

(3) Prozedurenorientierung

Für das Verfassen bestimmter Textsorten ist die Beherrschung entsprechender *Textprozeduren* zentral. Feilke versteht Textprozeduren als komplexe Zeichen für Texthandlungen (2014: 23). Sie gehören zu bestimmten Texthandlungstypen und diese wiederum kommen in Textsorten vor (Feilke 2014: 26). Beispielsweise kann man in der Textsorte *Brief* den Texthandlungstyp *Argumentieren* finden. Das Argumentieren umfasst Handlungsschemata wie *Positionieren, Begründen und Schließen, Konzedieren* usw. Zum Handlungsschema *Positionieren* gehören Prozedurausdrücke wie *Ich finde, dass..., meiner Meinung nach..., meines Erachtens*. Handlungsschemata und Prozedurausdrücke ergeben zusammen die Textprozeduren. Textprozeduren sind sozial geprägt und werden durch die Rezeption und Produktion von Texten angeeignet (Feilke 2014: 19). Dadurch, dass es sich bei den Prozedurausdrücken um sprachliche Konstruktionen handelt, die oberhalb der

Wortebene angesiedelt sind und ganze Sätze und Textabschnitte organisieren können, sind die Gebrauchsbedingungen relativ komplex und können nur durch umfangreiche sprachliche Erfahrungen erworben werden. Vor diesem Hintergrund hat sich in den letzten Jahren eine *Didaktik der Textprozeduren* entwickelt (vgl. Bachmann & Feilke 2014). Rotter & Schmölzer-Eibinger (2015: 77) gehen davon aus, dass insbesondere die Textkompetenz von Zweitsprachenlernenden von der expliziten Vermittlung von Textprozeduren profitiert, und schlagen ein *prozedurenorientiertes didaktisches Modell* für den Fachunterricht vor, indem sie Prozedurendidaktik und den aus der Zweitsprachendidaktik bekannten Ansatz des *Focus-on-Form* miteinander verbinden. Dabei wird in einem kleinschrittigen Verfahren die Aufmerksamkeit der Schülerinnen und Schüler auf Textprozeduren gelenkt, diese werden hinsichtlich ihrer Funktion und Angemessenheit reflektiert und schließlich selber produziert.

5 Schlussbemerkungen

Im Zusammenhang mit den Bemühungen um die Verankerung von sprachbildenden Maßnahmen in allen Fächern wird dem Schreiben zurzeit besondere Aufmerksamkeit zuteil. In diesem Beitrag wurde gezeigt, dass es sowohl theoretische als auch empirische Hinweise darauf gibt, dass das Schreiben ein besonderes Potenzial für die Initiierung von sprachlichen und fachlichen Lernprozessen hat. Als besonders vielversprechend erweisen sich Ansätze, die kommunikatives und epistemisches Schreiben miteinander verbinden, sowie das reflexive Schreiben, bei dem Lernstrategien aktiviert werden. Schülerinnen und Schüler mit geringen sprachlichen Kompetenzen in der Zweitsprache Deutsch könnten demnach besonders vom Schreiben im Fachunterricht profitieren. Dafür benötigen sie aber motivierende Schreibaufgaben und sprachliche Hilfen. Zur Etablierung des Schreibens im Fachunterricht werden zurzeit mehrheitlich Konzepte aus der Deutsch-/DaZ- bzw. Schreibdidaktik auf den Fachunterricht übertragen, z. B. durch die Forderung nach kommunikativen und authentischen Schreibaufgaben. Hier muss m. E. – in Kooperation mit den Fachdidaktikern – noch eine stärkere Anpassung an die spezifischen Gegebenheiten der einzelnen Fächer erfolgen.

Trotz des großen Potenzials des Schreibens für das Lernen ist deutlich geworden, dass Schreib- und damit verbundene Lernprozesse vielfältigen beeinflussenden Variablen ausgesetzt sind und sorgfältig geplant werden müssen, damit tatsächlich ein Lernerfolg erzielt werden kann. Eine Intensivierung der Forschung in diesem Bereich, insbesondere zu den Effekten bestimmter Schreibaufgaben und (z. T. noch zu entwickelnder) schreibdidaktischer Konzepte auf den Kompetenzzuwachs von Lernenden, insbesondere auch von Zweitsprachlernenden, wäre sehr wünschenswert. Nur auf der Basis von Erkenntnissen aus solchen Studien kann es gelingen, die eingangs konstatierte Diskrepanz zwischen dem Potenzial des Schreibens und der Nutzung dieses Potenzials in der derzeitigen Unterrichtspraxis zu überbrücken.

6 Literatur

Ackerman, John M. (1993): The promise of writing to learn. *Written Communication* 10 (3): 334–370.
Applebee, Arthur N. (1984): Writing and Reasoning. *Review of Educational Research* 54 (4): 577–596.
Bachmann, Thomas & Becker-Mrotzek, Michael (2010): Schreibaufgaben situieren und profilieren. In Pohl, Thorsten & Steinhoff, Torsten (Hrsg.): *Textformen als Lernformen*. Duisburg: Gilles & Francke, 191–209.
Bachmann, Thomas & Feilke, Helmuth (Hrsg.) (2014): *Werkzeuge des Schreibens. Beiträge zu einer Didaktik der Textprozeduren*. Stuttgart: Fillibach bei Klett.
Bangert-Drowns, Robert L.; Hurley, Marlene M. & Wilkinson, Barbara (2004): The Effects of School-Based Writing-to-Learn Interventions on Academic Achievement: A Meta-Analysis. *Review of Educational Research* 74 (1): 29–58.
Bazerman, Charles (2005): Writing to Learn. Origins of the Writing to Learn Approach. In Bazerman, Charles; Little, Joseph; Bethel, Lisa; Chavkin, Teri; Fouquette, Danielle & Garufis, Janet (eds.): *Reference Guide to Writing Across the Curriculum*. West Lafayette, IN: Parlor Press LLC, 57–65.
Bazerman, Charles; Little, Joseph; Bethel, Lisa; Chavkin, Teri; Fouquette, Danielle & Garufis, Janet (eds.) (2005): *Reference Guide to Writing Across the Curriculum*. West Lafayette, IN: Parlor Press LLC.
Beese, Melanie & Roll, Heike (2015): Textsorten im Fach – zur Förderung von Literalität im Sachfach in der Schule und Lehrerbildung. In Benholz, Claudia; Frank, Magnus & Gürsoy, Erkan (Hrsg.): *Deutsch als Zweitsprache in allen Fächern*. Stuttgart: Fillibach bei Klett, 51–72.
Bergeler, Elmar (2009): *Lernen durch eigenständiges Schreiben von sachbezogenen Texten im Physikunterricht*. Eine Feldstudie zum Schreiben im Physikunterricht am Beispiel der Akustik. Dresden: Technische Universität Dresden. http://www.qucosa.de/fileadmin/data/qucosa/documents/2278/Doktorarbeit.pdf *(16.05.2016)*.
Bereiter, Carl (1980): Development in Writing. In Gregg, Lee W. & Steinberg, Erwin Ray (eds.): *Cognitive processes in writing*. Hillsdale, NJ: Lawrence Erlbaum, 73–93.
Bereiter, Carl & Scardamalia, Marlene (1987): *The psychology of written communication*. Hillsdale, NJ: Lawrence Erlbaum.
Britton, James N. (1970): *Language and Learning*. London: Allen Lane.
Britton, James N.; Burgess, Anthony; Martin, Nancy; McLeod, Alex & Rosen, Harold (1975): *School councils research studies: The development of writing abilities*. London: Macmillan, 11–18.

Boscolo, Pietro (2009): Engaging and Motivating Children to Write. In Beard, Roger; Myhill, Debra; Riley, Jeni & Nystrand, Martin (eds.): *The SAGE Handbook of Writing Development*. London: Sage, 300–312.

Chenoweth, Ann N. & Hayes, John R. (2001): Fluency in Writing. Generating Text in L1 and L2. *Written Communication* 20 (1): 99–118.

Chlosta, Christoph & Ostermann, Torsten (2005): Warum fragt man nach der Herkunft, wenn man die Sprache meint? Ein Plädoyer für eine Aufnahme sprachbezogener Fragen in demographische Untersuchungen. In BMBF (Hrsg.): *Migrationshintergrund von Kindern und Jugendlichen. Wege zur Weiterentwicklung der amtlichen Statistik*. Bonn, Berlin: Arbeitsstelle Interkulturelle Konflikte und gesellschaftliche Integration, 55–65.

Cumming, Alister (1990): Metalinguistic and Ideational Thinking in Second Language Composing. *Written Communication* 7 (4): 482–511.

Dittmann-Domenichini, Nora (2014): Hören, Lesen, Schreiben – Eine Analyse schulsprachlicher Kompetenzen im Zeichen relevanter Bildungsübergänge. In Ahrenholz, Bernt & Grommes, Patrick (Hrsg.): *Zweitspracherwerb im Jugendalter*. Berlin: de Gruyter, 151–170.

Dittmann-Domenichi, Nora; Khan-Bol, Jeannine; Rösselet, Stephan & Müller, Romano (2011): Sprache(n) – Schule(n) – Schulsprache(n). Ressourcen und Risikofaktoren auf dem Weg zur schulsprachlichen Kompetenz. *Bulletin VALS-ASLA* 94 (2): 107–128.

Edmondson, Willis J. & House, Juliane (2011): *Einführung in die Sprachlehrforschung*. 4. Aufl. Tübingen: Narr Francke Attempto.

Eigler, Gunther (2005): Episemisches Schreiben ist schwierig – seine Erforschung noch mehr. *Unterrichtswissenschaft* 33 (3): 244–254.

Emig, Janet (1977): Writing as a mode of learning. *College Composition and Communication* 28: 122–128.

Feilke, Helmuth (2014): Begriff und Bedingungen literaler Kompetenz. In Feilke, Helmuth & Pohl, Thorsten (Hrsg.): *Schriftlicher Sprachgebrauch. Texte verfassen*. Baltmannsweiler: Schneider Hohengehren, 33–53.

Galbraith, David (2009): Cognitive models of writing. *gfl-journal* (2–3): 7–22. http://www.gfl-journal.de/2-2009/galbraith.pdf *(01.09.2016)*.

Gibbons, Pauline (2006): Unterrichtsgespräche und das Erlernen neuer Register in der Zweitsprache. In Mecheril, Paul & Quehl, Thomas (Hrsg.): *Die Macht der Sprachen. Englische Perspektiven auf die mehrsprachige Schule*. Münster, New York: Waxmann, 269–290.

Graham, Steve & Hebert, Michael (2011): Writing to Read: A Meta-Analysis of the Impact of Writing and Writing Instruction on Reading. *Harvard Educational Review* 81 (4): 710–744.

Grießhaber, Wilhelm (2008): Schreiben in der Zweitsprache Deutsch. In Ahrenholz, Bernt & Oomen-Welke, Ingelore (Hrsg.): *Deutsch als Zweitsprache*. Baltmannsweiler: Schneider Hohengehren, 228–238.

Gunten, Anne von (2012): *Spuren früher Textkompetenz. Schriftliche Instruktionen von ein und mehrsprachigen 2.-KlässlerInnen im Vergleich*. Frankfurt a. M.: Peter Lang.

Haberzettl, Stefanie (2015): Schreibkompetenz bei Kindern mit DaZ und DaM. In Klages, Hana & Pagonis, Giulio (Hrsg.): *Linguistisch fundierte Sprachförderung und Sprachdidaktik: Grundlagen, Konzepte, Desiderate*. Berlin: de Gruyter, 47–69.

Hatch, Evelyn (1978): Discourse analysis and second language acquisition. In Hatch, Evelyn (ed.): *Second language acquisition: a book of readings*. Rowley, MA: Newbury House, 401–435.

Hayes, John R. (2012): Modeling and Remodeling Writing. *Written Communication* 29: 369–388.

Hayes, John R. & Flower, Linda S. (1980): Identifying the organization of writing processes. In Gregg, Lee W. & Steinberg, Erwin Ray (eds.): *Cognitive processes in writing*. Hillsdale, NJ: Lawrence Erlbaum, 3–30.

Klein, Perry D. (1999): Reopening Inquiry into Cognitive Processes in Writing-to-Learn. *Educational Psychology Review* 11 (3): 203–270.

Klein, Perry D. & Boscolo, Pietro (2016): Trends in Research on Writing as a Learning Activity. *Journal of Writing Research* 7 (3): 311–350.

Krabbe, Heiko (2015): Das Versuchsprotokoll als fachtypische Textsorte des Physikunterrichts. In Schmölzer-Eibinger, Sabine & Thürmann, Eike (Hrsg.): *Schreiben als Medium des Lernens. Kompetenzentwicklung durch Schreiben im Fachunterricht*. Münster, New York: Waxmann, 157–174.

Krashen, Stephen (1989): We acquire vocabulary and spelling by reading: Additional evidence for the input hypothesis. *Modern Language Journal* 73: 440–464.

Krings, Hans Peter (1989): Schreiben in der Fremdsprache. Prozeßanalysen zum ‚vierten skill'. In Antos, Gerd & Krings, Hans P. (Hrsg.): *Textproduktion. Ein interdisziplinärer Forschungsüberblick*. Tübingen: Niemeyer, 377–436.

Langer, Judith A. & Applebee, Arthur N. (1987): *How writing shapes thinking. A Study of Teaching and Learning*. Urbana, IL: National Council for Teachers of English.

Linnemann, Markus & Stephany, Sabine (2014): Supportive Writing Assignments for Less Skilled Writers in the Mathematics Classroom. In Klein, Perry D.; Boscolo, Pietro; Kirkpatrick, Lori & Gelati, Carmen (eds.): *Writing as a Learning Activity*. Leiden: Brill, 66–94.

Long, Michael H. (1996): The Role of Linguistic Environment in Second Language Acquisition. In Ritchie, William C. & Bahtia, Tej K. (eds.): *Handbook of second language acquisition*. New York: Academic Press, 413–468.

Lütke, Beate (2013): Sprachförderung im Deutschunterricht – fachspezifische und fächerübergreifende Schwerpunkte. In Becker-Mrotzek, Michael; Schramm, Karen; Thürmann, Eike; Vollmer, Helmut Johannes (Hrsg.): *Sprache im Fach. Sprachlichkeit und fachliches Lernen*. Münster, New York: Waxmann, 99–112.

Manchón, Rosa M. (2011): Writing to learn the language. Issues in theory and research. In Manchón, Rosa M. (ed.): *Learning-to-Write and Writing-to-learn in an Additional Language*. Amsterdam, Philadelphia: John Benjamins, 61–82.

Massumi, Mona; von Dewitz, Nora; Grießbach, Johanna; Terhart, Henrike; Wagner, Katharina; Hippmann, Kathrin & Altinay, Lale (2015): Neu zugewanderte Kinder und Jugendliche im deutschen Schulsystem. Bestandsaufnahme und Empfehlungen. Hrsg. v. Mercator-Institut für Sprachförderung und Deutsch als Zweitsprache und Zentrum für LehrerInnenbildung. http://www.mercator-institut-sprachfoerderung.de/fileadmin/Redaktion/PDF/Publikationen/MI_ZfL_Studie_Zugewanderte_im_deutschen_Schulsystem_final_screen.pdf (01.09.2016).

Nieswandt, Martina (1998): Lernen im Chemieunterricht durch eigentätiges Schreiben. Fallanalysen. *Zeitschrift für Didaktik der Naturwissenschaften* 4 (2): 21–40.

Neumann, Astrid (2010): Subgruppenanalyse der Schreibfähigkeiten anhand der Ergebnisse der DESI-Studie. In Neumann, Astrid & Domenech, Madeleine (Hrsg.): *Paradoxien des Schreibens in der Bildungssprache Deutsch. Befunde zu Schreibsozialisation, Schreibmotivation und Schreibfähigkeit bei Schülerinnen und Schülern nichtdeutscher Muttersprache im mehrsprachigen Kontext*. Hamburg: Kovac, 9–37.

Newell, George E. (1984): Learning from Writing in Two Content Areas: A Case Study/Protocol Analysis. *Research in the Teaching of English* 18 (3): 265–287.

Petersen, Inger (2014): *Schreibfähigkeit und Mehrsprachigkeit*. Berlin: de Gruyter.

Philipp, Maik (2015): *Grundlagen der effektiven Schreibdidaktik und der systematischen schulischen Schreibförderung*. Baltmannsweiler: Schneider Hohengehren.

Pica, Teresa (1994): Review Article. Research on Negotiation. What Does It Reveal About Second-Language Learning Conditions, Processes, and Outcomes? *Language Learning* 44 (3): 493–527.

Pohl, Thorsten & Steinhoff, Torsten (2010): Textformen als Lernformen. In Pohl, Thorsten & Steinhoff, Torsten (Hrsg.): *Textformen als Lernformen*. Duisburg: Gilles & Francke, 5–26.

Ricart Brede, Julia (2015): Zur Didaktik des Versuchsprotokolls als Aufgabe eines sprachsensiblen Fachunterrichts und eines fachsensiblen Sprach(förder)unterrichts. In Klages, Hana & Pagonis, Giulio (Hrsg.): *Linguistisch fundierte Sprachförderung und Sprachdidaktik: Grundlagen, Konzepte, Desiderate*. Berlin: de Gruyter, 181–199.

Riebling, Linda (2013): *Sprachbildung im naturwissenschaftlichen Unterricht. Eine Studie im Kontext migrationsbedingter sprachlicher Heterogenität*. Münster, New York: Waxmann.

Rotter, Daniela & Schmölzer-Eibinger, Sabine (2015): Schreiben als Medium des Lernens in der Zweitsprache. Förderung literaler Kompetenz im Fachunterricht durch eine „Prozedurenorientierte Didaktik und Focus on Form". In Schmölzer-Eibinger, Sabine & Thürmann, Eike (Hrsg.): *Schreiben als Medium des Lernens. Kompetenzentwicklung durch Schreiben im Fachunterricht*. Münster, New York: Waxmann, 73–97.

Schmölzer-Eibinger, Sabine (2011): *Lernen in der Zweitsprache. Grundlagen und Verfahren der Förderung von Textkompetenz in mehrsprachigen Klassen*. 2. Aufl. Tübingen: Narr.

Schmölzer-Eibinger, Sabine & Thürmann, Eike (Hrsg.) (2015): *Schreiben als Medium des Lernens. Kompetenzentwicklung durch Schreiben im Fachunterricht*. Münster, New York: Waxmann.

Schneider, Hansjakob; Becker-Mrotzek, Michael; Sturm, Afra; Jambor-Fahlen, Simone; Neugebauer, Uwe; Efing, Christian & Kernen, Nora (2013): *Expertise zur Wirksamkeit von Sprachförderung*. Aarau, Köln: Pädagogische Hochschule FHNW, Universität zu Köln, Mercator Institut.

Segeritz, Michael; Walter, Oliver & Stanat, Petra (2010): Muster des schulischen Erfolgs von jugendlichen Migranten in Deutschland: Evidenz für segmentierte Assimilation? *Kölner Zeitschrift für Soziologie und Sozialpsychologie* 62 (1): 113–138.

Stanat, Petra; Rauch, Dominique & Segeritz, Michael (2010): Schülerinnen und Schüler mit Migrationshintergrund. In Klieme, Eckhart; Artelt, Cordula; Hartig, Johannes; Jude, Nina; Köller, Olaf; Prenzel, Manfred; Schneider, Wolfgang & Stanat, Petra (Hrsg.): *PISA 2009: Bilanz nach einem Jahrzehnt*. Münster, New York: Waxmann, 200–230.

Steinhoff, Torsten (2014): Lernen durch Schreiben. In Feilke, Helmuth & Pohl, Thorsten (Hrsg.): *Schriftlicher Sprachgebrauch – Texte verfassen*. Baltmannsweiler: Schneider Hohengehren, 316–330.

Stephany, Sabine; Linnemann, Markus & Becker-Mrotzek, Michael (2013): Schreiben als Mittel des mathematischen Lernens. In Becker-Mrotzek, Michael; Schramm, Karen; Thürmann, Eike & Vollmer, Helmut Johannes (Hrsg.): *Sprache im Fach. Sprachlichkeit und fachliches Lernen*. Münster, New York: Waxmann, 203–222.

Stephany, Sabine; Linnemann, Markus & Wrobbel, Lena (2015): Unterstützende Schreibarrangements im Mathematikunterricht – Kriterien, Umsetzung und Grenzen. In Schmölzer-Eibinger,

Sabine & Thürmann, Eike (Hrsg.): *Schreiben als Medium des Lernens – Kompetenzentwicklung durch Schreiben im Fachunterricht.* Münster, New York: Waxmann, 131–156.

Swain, Merrill (1985): Communicative competence: Some roles of comprehensible input and comprehensible output in its development. In Gass, Susan M. & Madden, Carolyn G. (eds.): *Input in second language acquisition.* Rowley, MA: Newbury House, 235–253.

Swain, Merrill (2000): The output hypothesis and beyond: Mediating acquisition through collaborative dialogue. In Lantolf, James P. (ed.): *Sociocultural Theory and Second Language Learning.* Oxford: Oxford University Press, 97–114.

Swain, Merrill (2006): Languaging, agency, and collaboration in second language proficiency. In Byrnes, Heidi (ed.): *Advanced Language Learning. The Contribution of Halliday and Vygotsky.* London u. a.: Continuum, 95–108.

Swain, Merrill & Lapkin, Sharon (1995): Problems in Output and the Cognitive Processes They Generate: A Step Towards Second Language Learning. *Applied Linguistics* 16 (3): 371–391.

Thürmann, Eike (2012): Lernen durch Schreiben? Thesen zur Unterstützung sprachlicher Risikogruppen im Sachfachunterricht. *DieS-online* 1. http://geb.uni-giessen.de/geb/volltexte/2012/8668/pdf/DieS_online-2012–1.pdf *(16.05.2016).*

Thürmann, Eike; Pertzel, Eva & Schütte, Anna Ulrike (2015): Der schlafende Riese. Versuch eines Weckrufs zum Schreiben im Fachunterricht. In Schmölzer-Eibinger, Sabine & Thürmann, Eike (Hrsg.): *Schreiben als Medium des Lernens. Kompetenzentwicklung durch Schreiben im Fachunterricht.* Münster, New York: Waxmann, 17–46.

Wäschle, Kristin; Gebhardt, Anja; Oberbusch, Eva-Maria & Nückles, Matthias (2015): Journal writing in science: Effects on comprehension, interest, and critical reflection. *Journal of writing research* 7 (1): 41–64.

Ingelore Oomen-Welke
Sachtexte verstehen – Dichte, Lesbarkeit, Wortschatz

1 Ausgangslage und Einordnung

Sprachliches Lernen vollzieht sich bekanntlich in Auseinandersetzung mit der Sachwelt. Es beginnt in der Familie und wird in Kindertageseinrichtungen und Grundschulen fortgesetzt: Gegenstände werden benannt und beschrieben sowie Ereignisse und Gegebenheiten (Prozesse, Handlungen, Konstellationen und Zustände) dargestellt, Befindlichkeiten ausgedrückt und Begründungen formuliert. Durch das Sprechen über und Besprechen von solchen „Gegenständen", also „Sachen", erwerben Kinder Sprache und bauen sie nach und nach aus: von der Sprache des familiären oder intimen Kreises über zunehmend öffentlichere Sprachverwendungen bis zum formellen Sprachgebrauch (Lebensbereiche und Systeme nach Bronfenbrenner 1981: 23f.; Register nach Maas 2008: 46). Wenn mit Kindern nicht explikativ, sondern überwiegend direktiv gesprochen wird, stockt dieser Ausbau, denn es mangelt an einem differenzierten Angebot. Sachtexte helfen vor und in der Grundschulzeit, den Sprachausbau zu befördern, und bilden den Einstieg in sog. Sach-, Fach- und Bildungssprachen.

Viele Kinder erwerben von Anfang an oder in der frühen Kindheit zwei bzw. mehrere Sprachen. Reich (2013) spricht in diesem Zusammenhang von der „fortgeschrittenen Einwanderungsgesellschaft", für die „durchgängige Sprachbildung" ein Erfordernis ist. Gleichzeitig gibt es Kinder und Jugendliche, die neu in eine mehrheitlich deutschsprachige Umgebung kommen und die sich Deutsch als Zweitsprache erst aneignen (müssen). Alle diese Kinder werden über Sachtexte an sach-, fach- und bildungssprachliche Register herangeführt, um das Rüstzeug für Leben und Beruf zu erwerben. Die Durchgängigkeit der Sprachbildung jedoch nicht nur in einer Sprache, sondern in mehreren möglich zu machen, das sei erwähnt als die künftige Herausforderung der Sprachdidaktik, und das folgend Ausgeführte muss in Richtung Zweisprachigkeit fortgesetzt werden.

Sachtexte, die Kinder vor und in der Grundschule allmählich an sach-, fach- und bildungssprachliche Register heranführen sollen, finden in der Sprachdidaktik seit einigen Jahren wieder viel Beachtung. PISA 2000 hat dazu beigetragen, die Beschäftigung der 1970er Jahre mit pragmatischen Texten

(Gebrauchstexten, Sachprosa, expositorischen Texten, Sachtexten; s. Oomen-Welke 2005: 109 und Bezüge dort) wieder aufleben zu lassen und sie in neuen Kontexten zu erweitern (vgl. entsprechende Sammelbände wie Fix & Jost 2005, Ahrenholz 2010, Becker-Mrotzek et al. 2013 oder bilinguale Sachfächer, s. die Literatur z. B. bei Bleichner & Dietrich-Chénel 2013: 341f.). Quasi parallel entwickelte sich die bereits im Modellprogramm FörMig (2004–2009) und schließlich durch das FörMig-Kompetenzzentrum (2010–2013) verstärkt angestoßene Diskussion über „durchgängige Sprachbildung" und „Bildungssprache" (letztere nach Habermas 1978; s. Gogolin et al. 2013), die in der Deutschdidaktik breit aufgegriffen wurde (Feilke 2012, 2013; Oomen-Welke & Bremerich-Vos 2014). Für Deutsch als Zweitsprache wurde der Anschluss an die von Cummins (1980, 1991) postulierten BICS (*Basic Interpersonal Communicative Skills*) und CALP (*Cognitive Academic Language Proficiency / Conversational and Academic Language Proficiency*) gesucht.

Drei Aspekte scheinen mir in diesem Zusammenhang für die Zielgruppen zu klären: die Dichte oder Lesbarkeit von Sachtexten, die Nützlichkeit der lexikalischen Häufigkeit für das Verstehen und Strategien der Erschließbarkeit von Textelementen und Text.

2 Fokus auf den Sachtext

Fachtexte sind nach Christmann & Groeben (2002) überwiegend Instruktionstexte. Wodurch sie sich auszeichnen, ist vielfach beschrieben worden (s. Roelcke 2013 und die Literatur dort): Sie weisen gegenüber anderen Textarten lexikalische, grammatische, textliche und weitere Besonderheiten auf wie künstliche Ausdrücke und Formeln, Illustrationen in Bild- und Grafikform, kurz u. a.

- Lexikalisch: Bedeutungsfestlegung, postulierte Exaktheit und Eindeutigkeit; Metaphorik mit Rückgriff auf Physisches; fremdsprachliche Entlehnungen und künstliche Neuschöpfungen, auch hybride Lexeme;
- Grammatisch: Ausschöpfung der Wortbildungsmöglichkeiten Komposition, Derivation, Kürzung, Konversion; Verdichtung schriftsprachlicher Muster wie unpersönliche und Genitiv-Konstruktionen, Nominalisierungen und Funktionsverbgefüge, Hypotaxe;
- Textlich: besonders Intertextualität und Informativität; standardisierte Makrostrukturen/Textbaupläne je nach fachlicher Konvention; dichte Verknüpfungen samt Rekurrenz und Isotopie, fachtypische Schlussverfahren.

Einige dieser Merkmale zeichnen auch Sachtexte aus, die sich in Sach- und Unterrichtsmaterialien finden, wenngleich nicht in derselben Verdichtung. Sachtexte werden in der Schule als didaktische Texte mit Behaltensfunktion benutzt; sie sind, sofern sie Sachbüchern entnommen sind, jedoch nicht unbedingt von vornherein auf kindliche Schüler als Lesende hin konstruiert und daher oft schwieriger als gängige Lese(buch)texte. Nach Christmann & Groeben (2002: 151) wären sprachliche Einfachheit, kognitive Gliederung/Ordnung, Kürze/Prägnanz und motivationale Stimulanz die für Textverständlichkeit nötigen Dimensionen, am bedeutendsten davon ist die kognitive Gliederung/Ordnung. Trotz einer gewissen Uneindeutigkeit dieser Kategorien können didaktische Sachtexte entsprechend zu konstruieren versucht werden; authentische Sachtexte aus nichtschulischen Werken entziehen sich allerdings den Anforderungen. In diesem Abschnitt wird die Rezipientensicht verfolgt: die Sicht auf Sachtexte, die in der Schule verwendet werden, aber nicht primär für sie geschrieben sind, also ihre Verständlichkeit für Kinder mit durchschnittlicher und zu fördernder Sprachkompetenz.

Es scheint für Lehramtsstudierende und evtl. selbst für Lehrpersonen nicht einfach, die Schwierigkeit von Sachtexten richtig einzuschätzen (Belege bei Bamberger 1987), wohl weil sie nicht zwischen der des Inhalts und der des Textbaus unterscheiden. Ein Beispiel dafür liefert Willenberg (2005: 94f.), der Lehramtsstudierenden aller Schulfächer einen Text über die Schleiereule zur Einschätzung gibt.

Willenberg (2005: 96–101) resümiert zunächst einige Methoden zur Einschätzung der Lese-Schwierigkeit von Texten und kommt dabei auf vier Ansätze:
- auf quantifizierende Lesbarkeitsformeln aus dem englischsprachigen Bereich;
- auf das Hamburger Verständlichkeitskonzept mit vier Kategorien (Langer, Schulz-von Thun & Tausch 1999), das sind die „Verständlichkeitsmacher" Einfachheit, Gliederung und Ordnung, Kürze und Prägnanz, anregende Zusätze;
- auf die PISA 2000-Kategorien (2001), das ist vor allem die Darbietung der Information;
- auf die Hauptkriterien Groebens (1977), das sind grammatisch-stilistische Einfachheit, semantische Dichte, kognitive Strukturierung, motivierender konzeptueller Konflikt.

Berechtigte Kritik übt er an den allgemein bekannten, eher banalen Kategorien des Hamburger Verständlichkeitskonzepts; begrenzt nützlich findet er die PISA-Kategorien; eher nützlich die Ansätze Groebens. Die Lesbarkeitsformeln wischt er kurz weg; sie seien aus dem englischsprachigen Bereich und passten nicht auf das Deutsche wegen dessen längeren Wörtern und komplexerer Sätze. Nach dieser Sichtung benennt er eigene, passendere Kategorien für Sachtexte: die Satzlänge im Drei-Sekunden-Fenster, Wortschatzkategorien, Vertextung mit Junktoren und Satzverbindungen, isotopische Merkmale wie Redundanz und Schlüsselwörter sowie Stilistisches. Er begründet sie, validiert sie an Beispielen und kommt damit zu gewinnbringenden Schlüssen. Das Konzept ist sehr einleuchtend. Allerdings bleiben die mehrdimensionalen Kategorien in der generellen Anwendung aufwändig und sind auch nicht immer eindeutig, z. B. bei der Unterscheidung der vier Ebenen Basiswörter, Konkreta, Abstrakta, Fachwörter (Willenberg 2005: 95): Dasselbe Basiswort kann als Teil von Komposition oder Derivation oder in verschiedenen Kontexten vorkommen und dann auf verschiedenen Ebenen anzusiedeln sein, vgl. *Kreis: Stuhlkreis, Singkreis, Familienkreis, Kreislauf, Stromkreis, kreisen,* ein Thema *umkreisen,* etwas gedanklich *einkreisen...*

Jesch (2015) beschäftigt sich als Literaturdidaktikerin vornehmlich mit dem Impliziten. Implikationen treffen ebenso für Sachtexte zu, nach unserer Ansicht auch das Implizite II nach Jesch:

> Gleichwohl tritt das Implizite in *zwei* übergeordneten Formen auf: als das wortgebundene Implizite I und als das nicht wortgebundene, gemäß Strasen kontextgebundene Implizite II (vgl. Linke/Nussbaumer 2000: 437). Das Implizite I erfordert zu seinem Verständnis sprachliches lexikalisches Wissen etwa der Art, dass die Aussage „Diesmal hat sie sich auf ihren Vortrag vorbereitet" durch die wortgebundene Semantik des Temporaladverbs impliziert, die betroffene Person habe auch schon unvorbereitete Vorträge gehalten. Da das wortgebundene Implizite vergleichsweise geringe Verständnisschwierigkeiten, und zwar nur im Bereich der hierarchieniedrigen Textverstehensprozesse, bereitet, insbesondere aber da es, abgesehen vielleicht von konventionellen Metaphern, weit weniger literaturtypisch ist als das Implizite II, soll es im Folgenden nicht Gegenstand weiterer Ausführungen sein. [...] Nicht immer und nicht für alle Rezipient_innen entstammt das benötigte Wissen vertrauten Erfahrungszusammenhängen, sodass es sich leicht und ganz nebenbei inferieren ließe. Und selbst wenn das einschlägige Vorwissen verfügbar ist, kann eine aufwändigere Verknüpfung des zu verstehenden Textes mit textexternen Wissensbestandteilen, also eine elaboriertere Inferenz, erforderlich sein. (Jesch 2015: 26)

Trotz Willenbergs Negierung lohnt es sich m. E., die frequenziellen Lesbarkeitsformeln genauer anzuschauen und ihren Wert für das Deutsche zu prüfen. Lesbarkeit von Texten mittels frequenzieller Textanalyse findet weitaus mehr Beachtung, als viele Sprachdidaktiker bislang wahrnehmen. In der Literaturdidaktik haben sich u. a. Bamberger & Vanecek (1984) sowie Bamberger (1987, 2000) damit beschäftigt. Letzterer erkennt den Lesbarkeitsformeln prognostischen Wert für das Textverstehen von Schülerinnen und Schülern zu.

2.1 Textdichte – Wie Lesbarkeit frequenziell ermittelt werden kann

„Lesbarkeitsanalyse ist der Oberbegriff für eine Vielzahl von Verfahren, um von textinternen Merkmalen auf ein textexternes Merkmal, nämlich die Lesbarkeit (gemessen am Rezipienten) oder die Fähigkeit, lesbar zu formulieren (gemessen am Kommunikator), zu schließen" (Merten 1995: 175). Lesbarkeitsanalysen sind frequenzielle Verfahren, sie messen die sprachliche Schwierigkeit eines Textes, die auf der Häufigkeitsauszählung bestimmter sprachlicher Einheiten, meist von Affixen oder Silben oder/und Wörtern, basieren. Die sprachlichen Basis-Einheiten (Silben, Wörter) werden evtl. mit ihrer Häufigkeit im Sprachgebrauch korreliert und in ein Verhältnis zu Gliederungseinheiten (Sätzen) gesetzt. Sie drücken die Lesbarkeit von Texten numerisch, also in Zahlen aus. Damit schließen Lesbarkeitsanalysen an andere Frequenzanalysen an wie z. B. Wortschatzhäufigkeit, die ebenso wie diese in der ersten Hälfte des 20. Jhs. entwickelt wurden. Die Zahl der Variablen für die Lesbarkeit eines Texts bleibt mit Silbe, Wort, Satz und Koeffizienten gering, mit zunehmender Silbenzahl im Wort und zunehmender Wortzahl im Satz ist eine Komplexitätszunahme verbunden, weswegen auch von „Textdichte" gesprochen werden könnte. Ungeklärt bleibt, ob grammatische Suffixe als Silben gelten sollen und wie z. B. Zahlen wie „1980" gezählt werden sollen (Ott & Meurers 2010: 9). Die Menge der vorgeschlagenen Verfahren geht für das Englische in die Hunderte; Literaturberichte dazu und einige der Verfahren (z. B. Chall & Dale 1995; Dale & Chall 1948; Flesch 1948) führen z. B. Merten (1995: 176ff.) und Ott & Meurers (2010) genauer auf. Ergänzt wird dies um Einstellungsanalysen bzw. Motivanalysen der Leser (Merten 1995: 193), die nicht unerheblich sind.[1]

Genauer: Quantifizierende Analysen von Textverständlichkeit kommen in den 1920er Jahren zuerst in den USA auf, ebenso wie quantitative Wortschatzforschung und Basiswortschätze (zu Letzteren Oomen-Welke & Decker 2012: 120f.; vgl. Pfeffer 1964, 1969, 1970 und Kühn 1979). In der deutschsprachigen Diskussion werden sie erst in den 1960er bzw. 1970er Jahren aufgegriffen, oft aus didaktischer Motivation (Lesebuchtexte, Zweitsprachwortschatz).

Mihm stellt in einem frühen Heft der Zeitschrift *Linguistik und Didaktik* (1973) für Lesetexte dar, wie schon die Satzlänge (v. a. Anzahl der Wörter) als ein Index Aufschluss über Lesbarkeit gibt ohne allzu komplizierte Analyseverfahren. Außerdem sei die Wortschwierigkeit in Relation zur Worthäufigkeit zu bedenken, im Wesentlichen nach der einfachen Formel, dass häufige Wörter leicht, seltene

---

[1] Zum Aufrechterhalten des Interesses beim Lesen von Texten vgl. auch Christmann & Groeben (1996).

Wörter dagegen schwierig seien. So schließt er nicht nur an Flesch (1948) an, sondern vor allem an Dale & Chall (1948), die eine Liste der 3000 häufigsten Wörter in ihre Lesbarkeitsbestimmung einbeziehen.[2] Für das Deutsche war dies damals jedoch problematisch, da kaum aktuellere Statistiken als Kaeding (1897) verfügbar waren (später aber doch die Ergebnisse von Pfeffer 1964, 1969, 1970). Unter Berücksichtigung der quantifizierbaren Unterschiede zwischen dem Englischen und dem Deutschen (Wort- und Satzlänge) stellt Mihm (1973: 120f.) eine Lesbarkeitstabelle mit Schwierigkeitskennzahlen für Textsorten auf, die von wissenschaftlichen Abhandlungen (sehr schwer) über Fachliteratur (schwierig) und Sachbuch, Roman (anspruchsvoll) bis zu Comics (sehr leicht) reicht. Zeitungen seien erstaunlich schwierig zu lesen (vgl. ähnlich Amstad 1978), dagegen seien Lesebücher leicht, und immer sei der Faktor Wortlänge ausschlaggebend.

Die Verständlichkeit von Zeitungen behandelt Amstad (1978) in seiner Zürcher Dissertation über die „Verständlichkeitsmessung" ausführlicher. Er kritisiert die damalige Version des Hamburger Verständlichkeitskonzepts (Langer, Schulz-von Thun & Tausch 1974) und den Verständnistest von Wieczerkowski, Alzmann & Charlton (1970), gegen die er die am Englischen entwickelte Formel von Flesch (1948; *Flesch Reading Ease* → FRE) verteidigt. Während ihre Validität für das Englische durch eine Reihe von Untersuchungen bestätigt sei und bessere Ergebnisse liefere als fast alle anderen Verfahren (ausgenommen Dale & Chall 1948[3]), müsse sie für das Deutsche vor allem im Hinblick auf größere Wortlänge (engl. 1,4 Silben pro Wort; deutsch 1,7–1,9 Silben pro Wort) neu justiert werden. Die durchschnittliche Satzlänge des Englischen und Deutschen sei dagegen mit etwas über 20 Wörtern (in schriftlichen Texten?) vergleichbar. Allerdings bewerte Flesch die Wortschwierigkeit gegenüber der Satzschwierigkeit zu hoch, weswegen die Revision seiner Formel durch Powers, Sumner & Kearl (1958) zu berücksichtigen sei.[4] Dadurch entstehe eine Neugewichtung von Wort zu Satz (Amstad 1978: 81f.). Verwiesen sei hier auf viele bestätigende und kritische Internetseiten (vgl. Fußnote 5).

---

2 Ursprünglich sahen Dale & Chall (1948) 763 vertraute Wörter vor, deren Vorkommen das Lesen eines Textes erleichtere. Eine Neufassung (zuletzt Chall & Dale 1995) erweitert das Verfahren auf 3000 bekannte Wörter.
3 Dale & Chall (1948) zieht er deswegen nicht in Betracht, weil ihm damals keine Liste der 3000 häufigsten Wörter des Deutschen zur Verfügung steht.
4 Vgl. http://www.readabilityformulas.com/powers-sumner-kear-readability-formula.php neu: „The Powers-Sumner-Kearl Readability Formula is one of the best formulas to calculate the US grade level of a text sample based on sentence length and number of syllables. This formula is suited for primary age children (age 7–10) and, usually, is not considered ideal for children above the age of 10 years." (PSKR Formula: Reading Age RA = 0.0778(ASL) + 0.0455(NS) + 2.7971) *(15.07.2014).*

Amstads Formel für das Deutsche lautet: FRE_{dt} = 180 − SL − (58,5 x WL), also wird die Lesbarkeitsstufe ermittelt durch einen Gewichtungs-Koeffizienten 180 minus mittlere Satzlänge minus dem Produkt aus Gewichtungs-Koeffizient 58,5 mal mittlere Wortlänge. Die Leistung dieser Formel vergleicht Amstad mit den oben genannten Formeln und kommt zu dem einsichtigen Fazit: Nur mittels einer Verständlichkeitsformel sei Textverständlichkeit in angemessener Frist zu bestimmen, und es sei eher von Vorteil, wenn nicht die Kenntnis oder Unkenntnis des Inhalts interveniere. Optimiert werden könne das Verfahren durch Einbezug von Wortfrequenz, wenn entsprechende Listen zur Verfügung ständen, was mittlerweile der Fall ist.

Nicht die Wortfrequenz, jedoch die Wortlänge wird berücksichtigt in einem weiteren Messverfahren für das Deutsche: in den Wiener Formeln von Bamberger & Vanecek (1984) und Bamberger (1987, 2000). Bamberger (1987) macht als Ursache von Leseunlust und Leseproblemen aus, dass erste Bücher oft zu schwierig seien, so dass Kinder an ihnen scheiterten und die weitere Lektüre verweigerten. Für Lesbarkeitsberechnungen spreche Folgendes: Die Lesbarkeits-Ergebnisse aufgrund bisheriger Lesbarkeitsformeln streuen nur um ein Jahr des Kindesalters (Bamberger 1987: 149), während freie Texteinschätzungen von Experten eine Streuung von vier Jahren aufwiesen. In den Lesbarkeitsformeln seien Sprachfaktoren wie Satz- und Wortlänge, Mehrsilbigkeit von Wörtern, Verben und Abstrakta mathematisch erhoben; als für die 4. Klassenstufe geeignet ergeben sich durchschnittlich eine Satzlänge von 11 Wörtern (je Jahr um ein Wort längere Sätze), eine Wortlänge von 1,62 Silben, 11 Prozent Wörter mit drei und mehr Silben usw. Für literarische Texte führt er dazu eine Skala der Klassenstufen mit geeigneter Wort- und Satzlänge sowie Silbigkeit und Häufigkeit von Wörtern an. Aus diesen Ergebnissen entwickelt er den „Lesbarkeitsindex Lix" (nach Björnsson 1968) mit der *Wiener Literaturformel WLF* und der *Wiener Sachtextformel WSF*, insgesamt sind es vier Wiener Formeln; die Standardabweichung beträgt ihm zufolge also nur eine Schulstufe/Klasse. Die sog. 4. *Wiener Sachtextformel WSF* lautet: Schulstufe = 0,2656 x SL + 0,2744 x MS − 1,6939 (r = 0,97); zu lesen als „Die Schulstufe/Jahrgangsstufe ermittelt sich aus der Satzlänge SL (Anzahl der Wörter) multipliziert mit 0,2656 plus 0,2744 mal dem Prozentsatz der drei- und mehrsilbigen Wörter MS, vermindert um 1,6939" (Bamberger 1987: 152; vgl. Bamberger 2000; die Kommazahlen sind Gewichtungs-Koeffizienten). Das Ergebnis wird verglichen mit schwedischen Verfahren (*Lix* nach Björnsson 1968), aus denen sich Werte zwischen 15 (leicht) und 80 (schwierig) ergeben. Bamberger (1987: 151–153) erhält so durchschnittlich anzustrebende **Leseindex**-Werte (Lix-Werte) für die Schulstufen 4 bis 13. Bamberger (2000) geht noch weiter und berücksichtigt für das Lesbarkeitsprofil außer sprachlichen auch Präsentationsfaktoren sowie den Bezug des Textes zum Leser. Er präsentiert eine Kontrollliste (2000: 262) und ein Analyseblatt (2000: 264) und konstatiert, dass Analyseformulare gleiche Ergebnisse erbrächten wie Lesbarkeitsformeln. Zur Anwendung des Lesbarkeits-Verfahrens macht er praktikable Vorschläge (1987: 152f.) für längere und kürzere Texte, die die besondere Schwierigkeit einzelner Texte rechnerisch bestimmen sollen.

In den Formeln selbst gibt es bei allen Autoren neben der Anzahl der Silben, Wörter und Sätze und den Verhältnissen zwischen ihnen auch noch Koeffizienten, die jeweils deren Gewichtung angeben; das Zustandekommen der Koeffizienten erschließt sich jedoch nicht genau, zumal wenn (wie z. B. bei Amstad) noch Verschiebungen vorgenommen werden, damit als Ergebnis Werte zwischen 100 (leicht, für 11-jährige Schüler geeignet), und 0–50 (schwer, für Akademiker bestimmt) geliefert werden.[5]

Bamberger setzt Koeffizienten mit vier Stellen rechts des Kommas ein, was vermutlich den Eindruck äußerster Exaktheit aufdrängen soll. Wenn Lehrpersonen allerdings, wie er empfiehlt, seine Lix-Werte mit dem Taschenrechner berechnen, werden sie gelegentlich runden, was in meinem Nachvollzug zu Schwankungen zwischen 1,5 und 3 Ergebnispunkten führt. Der Vergleich der Indexwerte nach verschiedenen Berechnungen ist auch deshalb verwirrend, weil einige Autoren (wie Björnsson 1968, Bamberger 1987) dem numerischen Prinzip „je höher, desto schwieriger" und andere (wie Amstad 1978 und Flesch 1948) dem Prinzip „je höher, desto leichter" folgen. Es verwundert daher nicht, dass Lesbarkeitsberechnungen in der Didaktik der Schulfächer nur geringe Wahrnehmung finden. Die Frage nach einer Vereinheitlichung kann man stellen.

Eine Revision aus der Perspektive der Anglistik (Englisch als Fremdsprache, Lehr- und Lernforschung) bringen Ott & Meurers (2010) mit ausführlicher Begründung. Ihr Ziel ist es, in den neuen Medien (Englisch-)Texte zu finden („making web pages searchable", Ott & Meurers 2010: 13), die inhaltlich und sprachlich für Lernende der jeweiligen Niveaus geeignet sind, und durch Lehrpersonen deren Leseschwierigkeit per PC einschätzbar und „teachable" (Pienemann 1989) zu machen. Dies bezieht sich nicht nur auf die Lexik, sondern ebenso auf typische grammatische Strukturen, und geht damit explizit ein Stück weit über vorhergehende Ansätze hinaus. Dabei werden Texteigenheiten und Leserfähigkeiten einander gegenübergestellt und auch zweitsprachliches Lernen einbezogen.

---

5 *Flesch Reading Ease* FRE (1948): FRE = 206.835 − (1,015 · ASL) − (84,6 x ASW), wobei ASL Average Sentence Length bedeutet, also Wörterzahl durch Zahl der Sätze, und ASW Average Number of Syllabes per Word, also Silbenzahl durch Wörterzahl. Powers, Sumner & Kearl (1958): -2,2029 + (0,0778 x sl) + (4,55 x wl) = x (für Werte von +4 bis +12, d. i. leicht bis schwer verständlich); vgl. Amstad (1978). – Vgl. zustimmende und kritische Seiten im Internet, z. B. http://www.fleschindex.de *(30.10.2016);* http://www.fleschindex.de/berechnen *(30.10.2016);* http://barrierekompass.de/aktuelles/detail/kompetenzsimulation.html *(30.10.2016).*

Eine Kategorie der *readability* ist die der 3000 Basiswörter (ähnlich wie bei Dale & Chall 1948), das lexikalische Häufigkeitsprofil des Wortschatzes. Allerdings sind die Wörter, so möchte man einwenden, durch kontextuelle Mehrdeutigkeiten, Ableitungen und phraseologische Verbindungen in Texten nicht eindeutig deutbar (vgl. oben). Aktive und passive ‚einfache Wörter' (bei der Sprachproduktion und der Sprachrezeption) sind sie nur je nach Thema und Textsorte. Das heißt, dass diese Strukturen vor allem in Kontexten und *text models* erhoben (und erworben) werden können. Quasi analog zu den Lix-Werten bei Bamberger (1987) rekurrieren Ott & Meurers (2010) auf Internetanwendungen, die Texte automatisch für bestimmte Lernalter kategorisieren und gleichzeitig die Exaktheit der bisherigen Verfahren überprüfen. Das sonst gelobte Verfahren von Dale & Chall (1948) ergibt bei Ott & Meurers (2010: 12) die geringste, die Flesch-Verfahren ergeben die höchste „accuracy" der Lernstufenzuordnung. *Lix* liegt im mittleren Bereich. – Demgegenüber bleibt die Lix-Anwendung per Internet (basierend auf Björnsson 1968, auf den auch Bamberger & Vanecek 1984 sich berufen) durch Lenhard & Lenhard (2014) schmal begründet.

Lesbarkeitsanalysen messen die Textdichte, sie liefern personenunabhängige Prozeduren zur Einschätzung von Textschwierigkeiten in Bezug auf verschiedene Altersgruppen. Sie sind nur *ein* Aspekt beim Verstehen von Sachtexten. Die kognitive Rahmung, in die die neue Information eingeordnet werden soll, stellen Christmann & Groeben (1996) für unterschiedliche Textsorten (und nach verschiedenen Ansätzen) dar. Doch auch hier (Christmann & Groeben 2002: 156f.) spielt – unter anderen – die Rolle der Spracheinheiten (Wörter, Kürze) eine Rolle. Lesbarkeitsanalysen verkennen andere Komponenten des Textverstehens nicht. Sie betonen die formale Struktur, die bei der Integration in den kognitiven Rahmen wichtig bleibt: die Textdichte.

2.2 Textbeispiele – Was frequenzielle Berechnungen ergeben

Mittels der *Amstad-Formel* (1978) und der *Vierten Wiener Sachtextformel* von Bamberger & Vanecek (1984) und Bamberger (1987) soll an Beispielen überprüft werden, ob frequenzielle Lesbarkeitsformeln praktisch anwendbar sind, ob sie übereinstimmende Ergebnisse für die Textdichte liefern und empfohlen werden können. Gewählt werden Sachtexte, die sich mit der Natur beschäftigen und evtl. für das Grundschulalter in Frage kommen. Erweitert wird das Textspektrum durch den Text „Schleiereule" (bei Willenberg 2005), einen Ausschnitt aus der Kinderliteratur (Lindgren) und einen Text aus einem Sachbilderbuch „Burgen". Die Auffälligkeiten der ausgewerteten Textausschnitte sind vorab von mir eingeschätzt, die frequenziellen Einheiten in den Texten werden in Tabellenform dargestellt.

Beispiel 1
Auffällige Schwierigkeiten: Mehrere vier- und fünfsilbige Zusammensetzungen; „*Tagpfauenauge*" als Thema fünfsilbig

> Das Tagpfauenauge
> Wusstest du, dass Raupen die Kinder der Schmetterlinge sind? Im Frühjahr kommen die Tagpfauenaugen aus ihrem Versteck. Das Weibchen legt sehr viele winzige Eier auf die Unterseite eines Brennnesselblattes. Dann fliegt es davon. Nach einigen Tagen schlüpfen kleine Raupen aus den Eiern. Sie sind sehr gefräßig. Wer viel frisst, wird dick.
>
> Wolfgang de Haën (1972): *Wie kleine Tiere groß werden.* Ravensburg: Ravensburger Buchverlag Otto Maier.

Beispiel 2
Auffällige Schwierigkeiten: mehrsilbige komplexe Adjektive; Konditionalsatz ohne *wenn*

> **Was ist eigentlich Wasser?**
> Wasser ist eine farb- und geruchlose Flüssigkeit, die für Menschen, Tiere und Pflanzen notwendig ist.
> In der Natur kommt Wasser vor allem in Flüssen, Seen und Meeren vor. Ist es sehr kalt – unter 0 Grad Celsius – gefriert Wasser zu Eis und wird fest. Beim Kochen verwandelt sich Wasser zu Dampf.
>
> Martina Gorgas & Johanna Friedl (2009): *Mein Ravensburger Vorschulwissen.* Ravensburg: Ravensburger Buchverlag Otto Maier.

Beispiel 3
Auffällige Schwierigkeiten: Länge des zweiten Satzes und die Schachtelung des Hauptsatzes und der Nebensätze

> **Die Umwandlung von Wasser**
> Wasser ist eine Flüssigkeit, doch bei Kälte wird es fest (Eis, Schnee, Raureif) und bei Wärme ein Gas, *das* sich in der Luft verflüchtigt (Wasserdampf). Auf den folgenden Seiten rekonstruieren wir zusammen den faszinierenden Wasserkreislauf, und du wirst herausfinden, *wie* Wolken, Regen oder Nebel entstehen, entdecken, *dass* auch in der Luft Wasser ist und verstehen, *warum* man auf Eis Schlittschuh laufen kann und *warum* im Winter die Fensterscheiben beschlagen.
>
> Pier Giorgio Citterio (2000): *Das große Buch der Experimente.* Augsburg: Bechtermünz.

Beispiel 4
Auffällige Schwierigkeiten: kaum

> **Die Waldmaus**
> Es gibt fast so viele Waldmäuse wie Spatzen, aber man sieht sie nur ganz selten, denn sie sind scheu und flink. Waldmäuse sind Pflanzenfresser. Sie bauen ihr Nest in dunklen Höhlen, im Waldboden oder unter Baumwurzeln. Es ist mit Heu und zerbissenem Stroh weich gepolstert. Dort bringt die Mutter ihre Jungen zur Welt. Sie sind in ihrem Leib gewachsen, bis sie fast wie richtige Mäuse aussehen. Wenn sie geboren werden, sind sie aber noch nackt, und ihre Augen sind geschlossen.
>
> Wolfgang de Haën (1972): *Wie kleine Tiere groß werden*. Ravensburg: Ravensburger Buchverlag Otto Maier.

Beispiel 5
Auffällige Schwierigkeiten: biologische Bezeichnungen, vor allem im zweiten Abschnitt

> **Teiche und Flüsse**
> Es gibt kaum einen Teich, auf dem du nicht einige Enten sehen wirst. Sie haben ziemlich lange Hälse, Schwimmfüße und breite, flache Schnäbel. Schwimmen können sie alle sehr gut. Die meisten ernähren sich von Algen und Wasserpflanzen aus dem Teich.
> Es gibt drei Gruppen von Enten: Tauchenten wie die Reiherente, Schwimmenten wie die Stockente und die seltenen Säger, die von Fischen leben. Auch Schwäne, Gänse, Teichhühner und Blässhühner siehst du auf Teichen.
>
> Steve Parker (2008 und früher): *Teiche und Flüsse*. Hildesheim: Gerstenberg.

Beispiel 6
Auffällige Schwierigkeiten: ungewöhnliche Ableitung „krautigen", nicht alltagssprachlich „keimen, Keimblätter"

> **Was ist eigentlich ein Baum?**
> Bäume sind sehr große Pflanzen. Sie sind ähnlich wie andere Pflanzen aufgebaut. Sie haben ebenso Wurzeln, Blätter und Früchte. Allerdings unterscheiden sie sich auch von den krautigen Pflanzen. Sie haben einen sehr dicken Stamm aus festem Holz, werden sehr groß und auch besonders alt. Alle Bäume entstehen aus winzigen **Samenkörnern**. Zunächst wartet das Samenkorn, bis es feucht und warm genug ist, um zu keimen. Im Frühling entsteht zunächst ein kleines Pflänzchen. Zu Beginn sorgen kleine Keimblätter für seine Ernährung. ...
>
> Sabine Nelke (2011): *Das Leben im Wald. Wissen mit Durchblick*. Opladen: Helmut Lingen.

Beispiel 7

Auffällige Schwierigkeiten: viele Aufzählungen, die den jeweiligen Satz schwer überschaubar machen; viele Attribute „nach Einbruch *der Dunkelheit* ist über dem *stillen* Dorf ein *heiseres* Kreischen zu hören"...; phraseologische Verbindungen „*durch Mark und Bein*", „*zieht seine Kreise*"; gesuchter und poetischer Wortschatz „*Raine*", „*dahinschlängelnden*", „*umsäumt*", „*zirpen*"; Partizipien I als Adverbial oder Attribut „*rufend*", „*dahinschlängelnden*"

> **Die Schleiereule**
>
> Eine Mondnacht im späten Februar. Kurz nach Einbruch der Dunkelheit ist über dem stillen Dorf ein heiseres Kreischen zu hören, das durch Mark und Bein geht: Chrüüh-chrüüh klingt es alle fünf Sekunden immer aus einer anderen Stelle des Himmels. Ein Schleiereulenmännchen zieht rufend seine Kreise. Es hat hier alles vorgefunden, was es zum Leben und zur Gründung einer Familie braucht: Eine Landschaft, in der sich Wiesen, Felder, Raine, Gebüsche und Obstgärten abwechseln; einen dahinschlängelnden Bach, umsäumt von Erlen; alte Feldwege mit Böschungen. Und mitten drin das Dorf, sein Dorf. Es ist noch ein richtiges Dorf mit Bauernhöfen, Viehställen und Misthaufen, bunten Bauerngärten und Hühnern in (sic) Hof, mit Feldscheunen und Holzschuppen. In diesem Revier zirpen die Spitzmäuse am Dorfrand, rascheln Waldmäuse im Gebüsch und graben Wühlmäuse in den Wiesen.
>
> Wolfgang Epple & Manfred Rogel (1989: 5): *Die Schleiereule*. Luzern: Kinderbuchverlag (zitiert nach Willenberg 2005: 94).

Beispiel 8

Auffällige Schwierigkeiten: kaum; Zusammensetzungen mit „*Schnee*" als Wortfamilie

> **Madita**
>
> Den ganzen Tag haben sie Spaß in ihrem Schnee. Sie rollen sich darin herum, sie bauen einen Schneemann und eine Schneelaterne und dann rollen sie sich wieder im Schnee. Das macht Sasso auch. Er bellt und freut sich. Gosan guckt durchs Küchenfenster und glaubt, dass Sasso verrückt geworden ist. Gosan macht sich nichts aus Schnee. ...
> Und dann gibt es eine Schneeballschlacht! Papa kämpft so wild, dass er schließlich in eine Schneewehe fällt. Da muss er laut lachen und will nicht weitermachen. Am Küchenfenster steht Mama und guckt zu. Sie glaubt, dass Papa verrückt geworden ist. Sie macht sich auch nichts aus Schnee, genau wie Gosan.
>
> Astrid Lindgren (1984): *Guck mal, Madita, es schneit!* Hamburg: F. Oetinger.

Beispiel 9
Auffällige Schwierigkeiten: viele Vier- bis Fünfsilbler *„Talgabelungen"*, *„zusammenfließen"*, *„Niederungsburgen"*, *„überwindbaren"*; mehrere, teils erweiterte Reihungen mit *„und"*, *„oder"* oder Komma *„sehen und sich gut verteidigen"*, *„auf Bergkuppen oder hohen Felsen, an Talgabelungen oder dort, wo..."*, *„Höhen- oder Niederungsburgen"*, *„Seen, Sümpfen oder Flüssen"*, *„vor kaum überwindbaren Mauern, Gräben und Wällen"*; Einschübe *„wenn überhaupt"* ...

> **Burgen**
> Um den Feind schon von weitem sehen und sich gut verteidigen zu können, errichtete man sie auf Bergkuppen oder hohen Felsen, an Talgabelungen oder dort, wo zwei Ströme zusammenfließen. Diese Art nennt man Höhen- oder Niederungsburgen. Viele von ihnen sind auch ganz von Seen, Sümpfen oder Flüssen eingeschlossen. Es sind Wasserburgen. Immer aber waren sie so angelegt, daß Angreifer, wenn überhaupt, nur höchst mühselig an sie herankamen und dann vor kaum überwindbaren Mauern, Gräben und Wällen standen.
> Christiane Bimberg & Thomas Binder (1990): *Burgen stolz und kühn.* 5. Aufl. Berlin: Altberliner Verlag.

Insgesamt geht es bei Lesbarkeitsanalysen um quantitative Relationen, die die Textdichte nennen. Es ist keine Frage, dass vielsilbige Wörter und Aufzählungen von Satzgliedern sowie Gliedsätze und attributive Einbettungen quantitativ zu Buche schlagen, weil sie Sätze länger machen. Schon Wieczerkowski, Alzmann & Charlton (1970) hatten mit der Auflösung von Hypotaxen experimentiert und dadurch bessere Lesbarkeitswerte erreicht. Die manuelle Auszählung von Sätzen, Wörtern und Silben ist allerdings selbst bei der Beschränkung auf eine Stichprobe von 100 Wörtern (wie Bamberger 2000 vorschlägt) eine Konzentration fordernde und störanfällige Arbeit, die allenfalls Schulbuchmachern, kaum aber Lehrpersonen in der täglichen Unterrichtsvorbereitung zuzumuten ist. Vielleicht könnte daher das von Ott & Meurers (2010) entwickelte Verfahren auch zur automatischen Lesbarkeitseinschätzung für den Gebrauch außerhalb des Internets, als PC-Anwendung, weiterentwickelt werden? Oder gibt es noch eine einfachere Methode für den täglichen Gebrauch?

Auf der Suche nach Einfachheit wurde hier das allereinfachste getan: die Texte in WORD eingegeben und per *Überprüfen > Wörter zählen* die Anzahl der Zeichen (ohne Leerzeichen) durch die Anzahl der Wörter geteilt; das Ergebnis ist die durchschnittliche Wortlänge und damit ein Faktor der Textdichte, die zum Vergleich in der folgenden Übersicht mit aufgeführt ist. Bei dem stark hypotaktischen Text 3 wird einmal der Lesbarkeitswert original angegeben, danach mit * der Wert nach Auflösung der Hypotaxen.

Tab. 1: Sachtext-Lesbarkeit bzw. -dichte in der Übersicht

Textname	1 Tagpfauenauge	2 Was ist Wasser	3 Umwandlung von Wasser	4 Waldmaus	5 Teiche & Flüsse	6 Was ist ein Baum	7 Schleiereule	8 Madita	9 Burgen
Zahl Sätze	7	4	2/8*	7	7	9	8	6	5
Wörter (ohne Überschrift)	51	50	79	80	72	79	128	106	77
Silben	88	76	119	123	119	136	225	153	145
% der Mehrsilbler > 2	13,7%	10%	15%	15%	15,3%	16,5%	18,7%	7,5%	18%
Ø Wort: Satz	7,3	12,5	39,5/11,3*	11,4	10,3	8,8	16	13,3	15,4
Ø Silbe: Wort	1,7	1,52	1,5	1,54	1,6	1,7	1,6	1,4	1,9
Amstad	73,7	78,6	52,4/82,2*	78,7	73	70,5	61,4	78	54,5
Bamberger & Vanecek	3,9	4,4	12,9/5,4*	5,5	5,2	5,2	7,7	3,9	8,1
WORD Wö	51	50	69	80	72	79	129	107	77
WORD Zei	286	244	393	398	388	444	736	641	477
Ø Zei: Wö	5,6	4,9	5,7	5	5	5,6	5,7	5	6,2

* wenn lange Satzreihen in mehrere Hauptsätze aufgelöst werden

Die in Tabelle 1 in der Übersicht dargestellten numerischen Ergebnisse sollen in Relation zueinander gesetzt werden: Nach Amstad (1978) (analog zu Flesch 1948) bedeutet ein Wert zwischen 100 und 80, dass der Text für 11-jährige Schüler geeignet sei; zwischen 60 und 80 für die Sekundarstufe, und zwischen 50 und 0 für Akademiker. Keiner der Texte erreicht einen Wert zwischen 100 und 80, daher gelten alle als zu schwer für Grundschüler. Zwei Texte liegen knapp unter 80 und werden im Verhältnis als „leichter" eingestuft. „Die Schleiereule" ist nach Amstad schwer, „Die Umwandlung von Wasser" sehr schwer, wie übrigens schon der lange zweite Satz zeigte.

Der numerische Wert bei Bamberger & Vanecek (1984) und Bamberger (1987; 2000) bezeichnet im Prinzip die Klassenstufe, für die der Text geeignet ist. „Tagpfauenauge", „Was ist Wasser" könnten danach in der Grundschule gelesen werden. „Waldmaus", „Teiche und Flüsse", „Was ist ein Baum" kämen eher für die untere Sekundarstufe in Frage. Als schwer erscheinen der Text „Die Schleiereule" und „Burgen" sowie „Umwandlung von Wasser", sofern die Satzreihe nicht aufgelöst wird; ebenso ist es bei Amstad. Der Lindgren-Text wird als leicht ermittelt.

Was hat demgegenüber die Wörterzählung in WORD ergeben? Erstaunlicherweise nicht viel anderes; das Ergebnis weicht nicht weiter ab als das der beiden Lesbarkeitsformeln. Er zeichnet die Texte 2, 4, 5 und 8 als die leichtesten aus. Der Quotient aus „Zeichen geteilt durch Wörter" bildet nur eine Dimension ab, die Wortlänge. Er postuliert keine Zuordnung zu Schul- oder Altersstufen, bewegt sich jedoch in ähnlichen Dimensionen wie das von Bamberger & Vanecek angelegte Verfahren. Unter der unbestrittenen Prämisse, dass die Wortlänge ein Merkmal der Textschwierigkeit ist, ist er aber nicht ohne Aussagekraft und hat den Vorteil, am PC sehr einfach ermittelt werden zu können, er könnte daher einen ersten Schritt zur Einschätzung der Textschwierigkeit darstellen, die auch für Lehrpersonen einsetzbar wäre.

Tab. 2: Vergleich der Schwierigkeitsstufen in verschiedenen Berechnungen und anhand der o. g. *auffälligen Schwierigkeiten*

	1 Tagpfauenauge	2 Was ist Wasser	3 Umwandlung von Wasser	4 Waldmaus	5 Teiche & Flüsse	6 Was ist ein Baum	7 Schleiereule	8 Madita	9 Burgen
Amstad	mittel	mittel	sehr schwer/ leicht*	leicht bis mittel	mittel	mittel bis schwer	schwer	mittel	sehr schwer
Bamberger & Vanecek	leicht	leicht	sehr schwer/ mittel*	mittel	leicht	leicht	schwer	leicht	sehr schwer
WORD	mittel	leicht	mittel	leicht	leicht	mittel	mittel	leicht	schwer
auffällige Schwierigkeiten	mittel	mittel	schwer	leicht	leicht bis mittel	mittel	schwer	leicht	sehr schwer

Eine vergleichende Überprüfung an größeren Stichproben von Texten wäre interessant. Selbstverständlich brauchen Sachtexte darüber hinaus einen zweiten Blick auf ihre Besonderheiten, wie es als „auffällige Schwierigkeiten" beigefügt ist. Auffällige Schwierigkeiten in 2.2 zeigten sich vor allem bei der Wort- und Satzlänge. Für den Sachunterricht in der Grundschule ist es ggf. empfehlenswert, Mehrfachreihungen im Satz oder komplexe Satzgefüge wie in Beispiel 3 Satz 2 aufzulösen und den Wortschatz zu erschließen.

Vorbehaltlich der Validierung an einer größeren Zahl von Sachtexten könnte neben den ausgeklügelten frequenziellen Verfahren die schlichte Zählung per WORD einen Hinweis auf die Textdichte und damit Lesbarkeit geben. Der Abgleich mit einer Häufigkeitsliste wäre ein weiteres Indiz der Textschwierigkeit (s. 3.2).

3 Fokus auf lesende Kinder

Die Schwierigkeit eines Sachtexts für eine bestimmte Gruppe zu ermitteln, ist eine notwendige Bedingung für den Einsatz des Texts im Unterricht (und darüber hinaus), sie ist aber nicht hinreichend. In pluralen und mehrsprachigen Schulen ist der Blick auf die Register zu lenken, die den Kindern im Deutschen und evtl. in anderen Sprachen zur Verfügung stehen. Im Sachunterricht spielen Sachtexte gegenüber den Sachinhalten bedauerlicherweise nur eine marginale Rolle, weil hier offenbar wenig gelesen wird (Oomen-Welke 2005). Viele Kinder kommen jedoch außerhalb der Schule mit Sachtexten in Berührung, die sie aber nicht gut verstehen (vgl. Oomen-Welke 2003). Das wirkt sich besonders hemmend aus bei Kindern, die keinen reichen Wortschatz haben und in deren Lebenswelt das schriftsprachliche Register nur eine geringe Rolle spielt. Apeltauer (2017) referiert Arbeiten, die den sozioökonomischen Status und die Bildung von Familien mit dem Wortschatzumfang ihrer Kinder in Zusammenhang bringen. Kinder aus bildungsbenachteiligten Familien hören weniger als halb so viele Wörter (*types*) und gebrauchen selbst weniger als halb so viele Wörter (*types*) wie Kinder aus bildungsnahen Familien. Das wirkt sich bei Sachtexten aus, und evtl. verschärft bei Kindern mit Deutsch als Zweitsprache. Für sie ist die Erschließung des Wortschatzes vorrangig, damit Sachtexte verstanden werden. Einige Möglichkeiten werden im Folgenden an Beispielen gezeigt, weitere genannt.

3.1 Arbeit am Wort – Wie man Wortschatz erschließt in Erst- und Zweitsprache

Worterschließungsmethoden einzusetzen und Strategien zur eigenen Worterschließung für die Kinder zu vermitteln, muss ein primäres Anliegen sein. Als ein Beispiel sei Text 1 aus Abschnitt 2.2 betrachtet, „Das Tagpfauenauge". Die erste Sichtung oben ergab, dass hier kaum komplexe Syntax anzutreffen ist, dass dagegen der Wortschatz mit den vielen Kompositionen, die die Wörter lang und evtl. unübersichtlich machen, eine Schwierigkeit darstellt. Das beginnt schon beim Titelwort, dem Thema des Texts.

Man kann *Tagpfauenauge* zwar als Determinativkompositum konstruieren: Grundwort *Auge* und Bestimmungswort *Tagpfauen*; danach wiederum Grundwort *Pfau* (mit Fuge) und Bestimmungswort *Tag* – das ergibt jedoch hier keinen begrifflichen Sinn, denn es handelt sich ja nicht sachlich um ein Auge, sondern metaphorisch um einen Schmetterling. Empfehlenswert und logisch erscheint es, in solchen Fällen vom Gegenstand auszugehen, also von einem *Schmetterling*, und danach, wenn möglich, die Motiviertheit des Namens vom Aussehen her zu klären:

Abb. 1: Pfauenauge – Pfau – Auge

Wie sieht er aus?
Der Schmetterling hat Flecken / ein Muster wie der Pfau.
Jeder Fleck sieht aus wie ein Auge.
Der Schmetterling heißt Pfauenauge.
Es gibt das Tag-Pfauenauge und das Nacht-Pfauenauge...

Die Erklärung durch Komposition ist erfolgreicher bei den Komposita *Unterseite* und *Brennnesselblatt*, erfordert jedoch Anschaulichkeit und Geduld, wie auch in Beispiel 4 und wie die Entenarten in Beispiel 5.

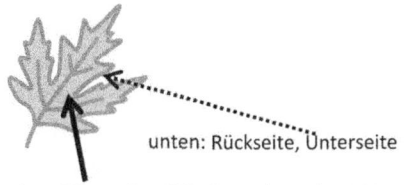

unten: Rückseite, Unterseite

oben: Oberseite   (die Seite oben, die Seite unten)   die Brennnessel (brennen + die Nessel)
Abb. 2: Unterseite eines Brennnesselblatts

Speziell bei der Benennung *Unterseite* und *Oberseite* ist zu beachten, dass die *Unterseite* unte**n** ist; für Lehrpersonen: Das Bestimmungswort ist aus der Präposition **unter, ober** gebildet, während die lokale Beschreibung das Adverb enthält: *Diese Seite ist **unten / oben**.*

Die Arbeit mit Wortfamilien, die vorher oder parallel im Deutschunterricht stattfindet, ist hier hilfreich und auch verbreitet. Dennoch: Solche Erklärungen unterbrechen die laufende Lektüre und damit das Sinnverstehen.

Daher alternativ: Bei der Einführung des Sachverhalts wird der Text entlastet, d. h. es könnten lange, schwierige Wörter vorläufig ersetzt werden, damit der Zusammenhang verstanden wird.

Beispiel 1:

Wusstest du, dass Raupen die Kinder der Schmetterlinge sind? Im Frühjahr kommen die ~~Tagpfauenaugen~~ Schmetterlinge aus ihrem Versteck. Das Weibchen legt sehr viele ~~winzige~~ Eier auf ~~die Unterseite eines Brennnesselblattes~~ ein Blatt...

Methodisch kann das an der Tafel, am OHP oder Whiteboard in der Weise vor sich gehen, dass der Text mit den Ersatzwörtern (s. o. Kasten) präsentiert und gelesen wird. Ist er verstanden, werden nach und nach die langen, schwierigen Wörter eingeführt und für die Ersatzwörter substituiert: bei elektronischen Medien durch Überschreiben, an der Tafel durch Überkleben mit einer Karte, am OHP durch Darüberschreiben:

Blatt → *Brennnessel+Blatt* → *Brennnesselblatt*;
wo genau? → *Seite (des Blattes)* → *Oberseite / Unterseite*

Welcher Schmetterling? (Bild) → *Pfauenauge* (Abb. von ‚Auge' und ‚Pfau')
→ *Tag-Pfauenauge / Nacht-Pfauenauge*

Solche gedehnten Verfahren – die auch „didaktische Schleifen" genannt werden und bei denen nach einem kleinen Umweg der Weg wieder erreicht wird – postuliere ich nicht als neu, sondern als bewährt; sie eignen sich insbesondere für Kinder, die wenig Erfahrung mit den langen Wörtern der Sachsprache haben.

Hier Unterrichtszeit in das Wortverstehen und Wortbilden zu investieren, dient auch dem Textverstehen; Worterkennung und Sinnentschlüsselung sind Strategien (z. B. nach Schramm 2017), die für die Textrezeption und das formelle Register des Sprachgebrauchs notwendig sind. Die Sprache des Sachunterrichts – als eine Grundlage der späteren Fachsprache – wird auf diese Weise vorbereitet, die Sache verstanden.

Genannt seien für die weitere Wortschatzarbeit
- Wortfamilien, in denen Wörter morphologisch durchschaubar gemacht werden (vor allem Komposition und Derivation)
- Wortvernetzung in Wort- und Sachfeldern (*Schmetterling, Nachtfalter; Eier legen, Raupe, Flügel, Fühler...*), Ablaufschemata (*aus dem Versteck kommen, Eier legen, Raupen schlüpfen...*),
- Bewertungsnetze (*Schmetterling – Frühling – schönes Wetter, Motte – Schädling...*) (vgl. Kühn 2010: 64ff.; Oomen-Welke & Kühn 2010: 146f.)
- Wortbedeutung in Erklärungen, Umschreibungen, Kontexten.

Betont sei, dass sich die Bedeutungserschließung nicht nur auf sog. Begriffs- bzw. Inhaltswörter/Onosemantika erstreckt, sondern auch auf Funktionswörter / Synsemantika wie z. B. Präpositionen, die gerade am Anfang für Zweitsprachler eine Schwierigkeit darstellen, auch weil sie sich in verschiedenen Sprachen nicht genau entsprechen. Gerade sie sollten Aufmerksamkeit erhalten und nach Möglichkeit bildliche Unterstützung finden: *auf* vs. *über, neben, zwischen...* Über die Unterscheidung von Präposition und Adverb (*unter – unten; hinter – hinten, auf / über – oben:* „*Der Vogel ist oben den Dach.") im Zweispracherwerb ist noch eigens nachzudenken; auch das kann und sollte am Beispiel von Sachtexten geschehen.

3.2 Bekannte Wörter – Ein Häufigkeitswortschatz als Hilfsmittel

Ergänzend zu Lesbarkeitsanalysen wird öfter eine Wortschatzliste mit 1000–3000 häufigen Wörtern als hilfreich gefordert. Der Wortschatz in Texten wäre dann auf seine Häufigkeit im Sprachgebrauch hin durchzusehen, wobei häufige Wörter (die 1000 häufigsten) als leicht, dagegen seltene Wörter (nicht unter den ersten 3000) als schwieriger angesehen werden. Das leuchtet ein. Dass die Worthäufigkeit bis dato keine Rolle spielt, mag daran liegen, dass es – außer dem Grundwortschatz für Zweitsprachler am Anfang des DaZ-Erwerbs (Oomen 1980) – lange keine entsprechenden Listen gab. Mittlerweile stehen jedoch Wortschatz-Datenbanken (s. Ahrenholz & Wallner 2013) sowie Möglichkeiten der Messung von Wortfrequenzen zur Verfügung, die aus dem Erwachsenen-Wortschatz gewonnen sind und für den Sachwortschatz von Kindern anwendbar gemacht werden können. Deswegen haben wir eine Bearbeitung unseres vorhandenen Wortmaterials mittels Abgleich mit diesen Häufigkeiten vorgenommen (s. Oomen-Welke 2015 und bereits Oomen-Welke & Decker 2012; demn. 2017), die u. a. den Sachtexten zu Gute kommen und eine zielgenauere Einschätzung ermöglichen soll.

4 Fazit

An Sachtexten lernen Grundschulkinder Wissen über Sachen sowie Sprachmittel zu deren Besprechen. Bei der Auswahl von Sachtexten spielen sowohl die Lesbarkeit/Dichte des Texts als auch die sprachlichen Kompetenzen der Kinder eine Rolle: Sachtexte mit großenteils bekanntem Wortschatz sollten am Anfang stehen, sonst ist der Text zu schwierig. Wörter in Sachtexten werden neu erschlossen und dem Sprachschatz einverleibt, wozu Erschließungs- und Behaltensstrategien nützlich sind. Verfahren zur Einschätzung von Schwierigkeitsniveaus in Texten und im Wortschatz sowie Erschließungsstrategien sind ein andauerndes Desiderat der Sprachdidaktik, vor allem wenn Kinder mit erst- und zweitsprachlichem Förderbedarf die Zielgruppe bilden. Sie wurden hier in den Blick genommen; ein einfaches Verfahren kann erprobt werden.

5 Literatur

Ahrenholz, Bernt (Hrsg.) (2010): *Fachunterricht und Deutsch als Zweitsprache*. Tübingen: Narr.
Ahrenholz, Bernt & Wallner, Franziska (2013): Korpora für DaF. In Oomen-Welke, Ingelore & Ahrenholz, Bernt (Hrsg.): *Deutsch als Fremdsprache*. Baltmannsweiler: Schneider Hohengehren, 261–272.
Amstad, Toni (1978): *Wie verständlich sind unsere Zeitungen?* Dissertation Univ. Zürich
Apeltauer, Ernst (2017): Wortschatzentwicklung und Wortschatzarbeit. In Ahrenholz, Bernt & Oomen-Welke, Ingelore (Hrsg.): *Deutsch als Zweitsprache*. 4. Aufl. Baltmannsweiler: Schneider Hohengehren, 306–326.
Bamberger, Richard (1987): Die Lesbarkeitsforschung – eine Hilfe in der Anpassung der Textschwierigkeit an die Leseleistung. In Seifert, Walter (Hrsg.): *Literatur und Medien in Wissenschaft und Unterricht*. Festschrift für Albrecht Weber zum 65. Geburtstag. Köln, Wien: Böhlau, 149–156.
Bamberger, Richard (2000): *Erfolgreiche Leseerziehung in Theorie und Praxis*. Wien, Baltmannsweiler: öbv & hpt, Schneider Hohengehren.
Bamberger, Richard & Vanecek, Erich (1984): *Lesen – Verstehen – Lernen – Schreiben*. Wien, Frankfurt a. M.: Jugend und Volk, Diesterweg.
Becker-Mrotzek, Michael; Schramm, Karen; Thürmann, Eike & Vollmer, Helmut Johannes (Hrsg.) (2013): *Sprache im Fach. Sprachlichkeit und fachliches Lernen*. Münster: Waxmann.
Bleichner, Yves & Dietrich-Chénel, Karin (2013): CLIL und Sachfachunterricht in Frankreich / Elsass. In Oomen-Welke, Ingelore & Ahrenholz, Bernt (Hrsg.): *Deutsch als Fremdsprache*. Baltmannsweiler: Schneider Hohengehren, 331–343.
Björnsson, Carl-Hugo (1968): *Lasbarhet* (Readability). Stockholm: Liber; (1971): Kopenhagen: Gad.
Bronfenbrenner, Urie (1979, dt. 1981): *Die Ökologie der menschlichen Entwicklung. Natürliche und geplante Experimente*. Frankfurt a. M.: S. Fischer.
Chall, Jeanne S. & Dale, Edgar (1995): *Readability revisited: the new Dale-Chall readability formula*. Cambridge, MA: Brookline Books.
Christmann, Ursula & Groeben, Norbert (1996): Textverstehen, Textverständlichkeit – Ein Forschungsüberblick unter Anwendungsperspektive. In Krings, Hans P. (Hrsg.): *Wissenschaftliche Grundlagen der Technischen Kommunikation*. Tübingen: Narr, 129–189.
Christmann, Ursula & Groeben, Norbert (2002): Anforderungen und Einflussfaktoren bei Sach- und Informationstexten. In Groeben, Norbert & Hurrelmann, Bettina (Hrsg.): *Lesekompetenz – Bedingungen, Dimensionen, Funktionen*. Weinheim, München: Juventa, 150–173.
Cummins, James (1980): The construct of language proficiency in bilingual education. In Alatis, James E. (ed.): *Current Issues in Bilingual Education*. Washington: Georgetown University Press, 81–103.
Cummins, Jim (1991): Conversational and academic language proficiency in bilingual contexts. In Hulstijn, Jan H. & Matter, J. F. (eds.): *Reading in Two Languages. AILA-Review* 8: 75–89.
Dale, Edgar & Chall, Jeanne S. (1948): A Formula for Predicting Readability. *Educational Research Bulletin* 27: 11–20.
Dehn, Mechthild; Oomen-Welke, Ingelore & Osburg, Claudia (2012): *Kinder und Sprache(n) – Was Erwachsene wissen sollten*. Seelze: Klett-Kallmeyer.

Deutsches PISA-Konsortium (Hrsg.) (2001): *PISA 2000. Basiskompetenzen von Schülerinnen und Schülern im internationalen Vergleich.* Opladen: Leske & Budrich.
Feilke, Helmuth (2012): Bildungssprachliche Kompetenzen – fördern und entwickeln. *Praxis Deutsch* (233): 4–13.
Feilke, Helmuth (2013): Bildungssprache und Schulsprache – am Beispiel literal-argumentativer Kompetenzen. In Becker-Mrotzek, Michael; Schramm, Karen; Thürmann, Eike & Vollmer, Helmut Johannes (Hrsg.) (2013): *Sprache im Fach. Sprachlichkeit und fachliches Lernen.* Münster: Waxmann, 113–130.
Fix, Martin & Jost, Roland (Hrsg.) (2005): *Sachtexte im Deutschunterricht.* Baltmannsweiler: Schneider Hohengehren.
Flesch, Rudolf (1948): A New Readability Yardstick. *Journal of Applied Psychology* 32 (3): 221–233.
FöRMIG: *Förderung von Kindern und Jugendlichen mit Migrationshintergrund.* Bund-Länder-Projekt 2004–2009. http://www.foermig.uni-hamburg.de/web/de/print/home/ *(28.09.2014).*
FöRMIG Kompetenzzentrum der Universität Hamburg (2010–2013). http://www.blk-foermig.uni-hamburg.de/web/de/all/fkz/ *(28.09.2014).*
Gogolin, Ingrid; Lange, Imke; Michel, Ute & Reich, Hans H. (Hrsg.) (2013): *Herausforderung Bildungssprache – und wie man sie meistert.* Münster: Waxmann.
Grießhaber, Wilhelm (2010): *Spracherwerbsprozesse in Erst- und Zweitsprache. Eine Einführung.* Duisburg: UVRR.
Groeben, Norbert (1977): *Die Verständlichkeit von Unterrichtstexten.* 2. Aufl. Münster: Aschendorff.
Habermas, Jürgen (1978): Umgangssprache, Wissenschaftssprache, Bildungssprache. *Merkur* (4): 327–342.
Jesch, Tatjana (2015): Das Implizite verstehen: Didaktische Denkanstöße aus der Rezeptionsorientierten kognitiven Literaturwissenschaft. *Didaktik Deutsch* 39, 23–41.
Kaeding, Friedrich Wilhelm (Hrsg.) (1897/98): *Häufigkeitswörterbuch der deutschen Sprache.* Band 1, 2. Steglitz bei Berlin: Selbstverlag.
Kühn, Peter (1979): *Der Grundwortschatz. Bestimmung und Systematisierung.* Tübingen: Niemeyer.
Kühn, Peter (2010): *Sprache untersuchen und erforschen.* Berlin: Cornelsen Scriptor.
Kühn, Peter (2013): Wortschatz und Wortschatzarbeit. In Oomen-Welke, Ingelore & Ahrenholz, Bernt (Hrsg.): *Deutsch als Fremdsprache.* Baltmannsweiler: Schneider Hohengehren, 153–164.
Langer, Inghard; Schulz von Thun, Friedemann & Tausch, Reinhard (1974, [6]1999, [7]2002, [9]2011): *Sich verständlich ausdrücken.* München: E. Reinhardt.
Lenhard, Alexandra & Lenhard, Wolfgang (2014): *Berechnung des Lesbarkeitsindex LIX nach Björnsson.* Bibergau: Psychometrica. http://www.psychometrica.de/lix.html *(16.09.2014).*
Maas, Utz (2008): *Sprache und Sprachen in der Migrationsgesellschaft: die schriftkulturelle Dimension.* Göttingen: V&R Unipress.
Merten, Klaus (1995): *Inhaltsanalyse: Einführung in Theorie, Methode und Praxis.* Opladen: Westdeutscher Verlag.
Merten, Stephan & Kuhs, Katharina (Hrsg.) (2012): *Perspektiven empirischer Sprachdidaktik.* Trier: WVT.
Mihm, Arend (1973): Sprachstatistische Kriterien zur Tauglichkeit von Lesebüchern. *Linguistik und Didaktik* 14 (4): 117–127.

Oomen, Ingelore (1980): Grundwortschatz für Ausländerkinder. Eine Lehrerhilfe zur Unterrichtsvorbereitung. In Meiers, Kurt; Oomen, Ingelore; Pommerin, Gabriele & Schwenk, Helga (Hrsg.): *Deutsch als Zweitsprache. Praxis Deutsch Sonderheft '80*. Seelze: Friedrich, 37–39.

Oomen-Welke, Ingelore (2003): Lesen, verstehen und verstehbar machen. Ein Sachtext – Beobachtungen beim Lesen mit türkischen Drittklässlern. In Brinkmann, Erika; Kruse, Norbert & Osburg, Claudia (Hrsg.): *Kinder schreiben und lesen. Beobachten – Verstehen – Lehren*. DGLS-Jahrbuch 2003. Freiburg: Fillibach, 165–177.

Oomen-Welke, Ingelore (2005): Wo lernen Grundschulkinder, Sachtexte zu verstehen? In Fix, Martin & Jost, Roland (Hrsg.): *Sachtexte im Deutschunterricht*. Baltmannsweiler: Schneider Hohengehren, 108–119.

Oomen-Welke, Ingelore (2015): Basiswortschatz I: Wortschatzaufbau und Wortschatzerweiterung bei Sachtexten – in der Erst- und Zweitsprache Deutsch. In Kuhs, Katharina & Merten, Stefan (Hrsg.): *Arbeiten am Wortschatz. Sprache und Sprachgebrauch untersuchen*. Trier: WVT, 11–30.

Oomen-Welke, Ingelore & Bremerich-Vos, Albert (2014): Sprache und Sprachgebrauch untersuchen. In Behrens, Ulrike; Bremerich-Vos, Albert; Krelle, Michael; Böhme, Katrin & Hunger, Susanne (Hrsg.): *Bildungsstandards Deutsch: konkret. Sekundarstufe I: Aufgabenbeispiele, Unterrichtsanregungen, Fortbildungsideen*. Berlin: Cornelsen, 215–246.

Oomen-Welke, Ingelore & Decker, Yvonne (2012): Empirische Basis von Wortschätzen in Deutsch als Zweitsprache für Kinder. In Merten, Stephan & Kuhs, Katharina (Hrsg.): *Perspektiven empirischer Sprachdidaktik*. Trier: WVT, 119–132.

Oomen-Welke, Ingelore & Kühn, Peter (2010): Sprache und Sprachgebrauch untersuchen. In Bremerich-Vos, Albert; Granzer, Dietlinde; Behrens, Ulrike & Köller, Olaf (Hrsg.): *Bildungsstandards für die Grundschule: Deutsch konkret*. 2. Aufl. Berlin: Cornelsen Scriptor, 139–184.

Ott, Niels & Meurers, Detmar (2010): Information retrieval for education: making search engines language aware. *Themes in Science and Technology Education* 3 (1–2): 9–30. http://earthlab.uoi.gr/ojs/theste/index.php/theste/article/view/48/30.pdf *(25.05.2015)*.

Pfeffer, Jay Alan (1964): *Grunddeutsch – Basic (Spoken) German Word List – Grundstufe*. Englewood Cliffs, NJ: Prentice Hall.

Pfeffer, Jay Alan (1970): *Grunddeutsch – Basic (Spoken) German Word List – Mittelstufe*. Englewood Cliffs, NJ: Prentice Hall.

Pfeffer, Jay Alan (1969): Grunddeutsch oder: Über den nötigen Vorrat an deutscher Sprache. *Zeitschrift für deutsche Sprache* 25: 132–141.

Pienemann, Manfred (1989): Is Language Teachable? Psychologic Experiments and Hypotheses. *Applied Linguistics* 10 (1): 52–79.

Powers, R. D.; Sumner, W. A. & Kearl, B. E. (1958): A Recalculation of Four Readability Formulas. *Journal of Educational Psychology* 49: 99–105.

Reich, Hans H. (2013): Durchgängige Sprachbildung. In Gogolin, Ingrid; Lange, Imke; Michel, Ute & Reich, Hans H. (Hrsg.): *Herausforderung Bildungssprache – und wie man sie meistert*. Münster: Waxmann, 55–70. http://li.hamburg.de/contentblob/3850452/data/download-reich-sprachbildung.pdf *(11.1.2014)*.

Reich, Hans H. & Roth, Hans-Joachim (2005): *Havas 5 – Ein profilanalytisches Instrument am Übergang vom Elementar- in den Primarbereich*. Hamburg: Landesinstitut für Lehrerbildung und Schulentwicklung Hamburg.

Roelcke, Thorsten (2013): Deutsch als Fach-Fremdsprache (DaFAF). In Oomen-Welke, Ingelore & Ahrenholz, Bernt (Hrsg.): *Deutsch als Fremdsprache*. Baltmannsweiler: Schneider Hohengehren, 378–388.
Schramm, Karen (2017): Sprachlernstrategien. In Ahrenholz, Bernt & Oomen-Welke, Ingelore (Hrsg.): *Deutsch als Zweitsprache*. 4. Aufl. Baltmannsweiler: Schneider Hohengehren, 137–149.
Wieczerkowski, Wilhelm; Alzmann, Ortrud & Charlton, Michael (1970): The effects of improved text arrangement and readability values, comprehension and retention. *Zeitschrift für Entwicklungspsychologie und Pädagogische Psychologie* 2 (4): 257–268.
Willenberg, Heiner (2005): Ein handhabbares System, um Textschwierigkeiten einzuschätzen. Vorschläge für eine Textdatenbank von Sachtexten. In Fix, Martin & Jost, Roland (Hrsg.): *Sachtexte im Deutschunterricht*. Baltmannsweiler: Schneider Hohengehren, 94–106.

Sachtexte
Bimberg, Christiane & Binder, Thomas (1990): *Burgen stolz und kühn*. 5. Aufl. Berlin: Altberliner Verlag.
Citterio, Pier Giorgio (2000): *Das große Buch der Experimente*. Übersetzt v. Anke Schreiber. Augsburg: Bechtermünz.
Epple, Wolfgang & Rogel, Manfred (1989): *Die Schleiereule*. Luzern: Kinderbuchverlag.
Gorgas, Martina & Friedl, Johanna (2009): *Mein Ravensburger Vorschulwissen*. Ravensburg: Ravensburger Buchverlag Otto Maier.
Haën, Wolfgang de (1972): *Wie kleine Tiere groß werden*. Ravensburg: Ravensburger Buchverlag Otto Maier.
Lindgren, Astrid (1984): *Guck mal, Madita, es schneit!* Hamburg: F. Oetinger.
Nelke, Sabine (2011): *Das Leben im Wald. Wissen mit Durchblick*. Opladen: Helmut Lingen.
Parker, Steve (2008 und früher): *Teiche und Flüsse*. Hildesheim: Gerstenberg.

Heidi Rösch
Literaturunterricht und sprachliche Bildung

In dem Beitrag wird zunächst Grundlegendes zu mehrsprachigen bzw. DaZ-Lerngruppen geklärt und das Prinzip der Verbindung von sprachlichem und literarischem Lernen skizziert und an einem Beispiel erläutert. Danach werden literaturdidaktische Konzepte im Kontext der Deutsch- als Erst-, Fremd- und Zweitsprachdidaktik gegenübergestellt und durch Überlegungen zur Mehrsprachigkeitsdidaktik ergänzt. Abschließend werden Grundlagen der Unterrichtsplanung formuliert.

1 Grundlegendes zu mehrsprachigen bzw. DaZ-Lerngruppen

In der Spracherwerbsforschung werden Menschen als bilingual bezeichnet, die von Geburt an mit zwei Sprachen aufwachsen, also einen bilingualen oder Doppelspracherwerb durchlaufen. In diesem Sinne wachsen Kinder und Jugendliche aus Migrantenfamilien meist zwei- oder mehrsprachig auf, was aber nicht bedeutet, dass alle zum Spracherwerbstyp der „balanciert Zweisprachigen" gehören. Viele sind „Bilinguale mit dominanter (nicht-deutscher) Sprache" oder „Monolinguale (am Anfang des Zweitspracherwerbs)" (Apeltauer 1997: 18) und damit DaZ-Lernende auf dem Weg zur Zielsprache. In einsprachig deutschen Bildungseinrichtungen und Forschungsarbeiten, die sich auf diesen Kontext beziehen, steht häufig die letztgenannte Gruppe im Fokus. Sie einfach als bilingual zu bezeichnen, ist meines Erachtens verwirrend, denn korrekterweise handelt es sich um DaZ-Lernende mit bilingualem oder mit bezogen auf die nicht-deutsche Sprache monolingualem Erstspracherwerb. Dabei beschreibt DaZ-Lernen eine Spracherwerbsphase und ist weder ein Synonym für Schülerinnen und Schüler mit Migrationshintergrund noch deren Bringschuld, sondern eine Herausforderung der deutschsprachigen Bildungseinrichtung, den Zweitspracherwerbsprozess zu unterstützen.

Bezogen auf schulische Mehrsprachigkeit unterscheidet Vetter (vgl. 2013) zwischen innersprachlicher, lebensweltlicher und fremdsprachlicher Mehrsprachigkeit. Inner(sprachlich)e Mehrsprachigkeit bezieht sich auf Sprachvarietäten, Dialekte, Sozio- und Ethnolekte und ist von äußerer Mehrsprachigkeit in Verbindung mit Nationalsprachen (die natürlich ebenfalls eine innere Mehrsprachigkeit aufweisen) zu unterscheiden. Lebensweltliche Mehrsprachigkeit lässt sich auch als gesellschaftliche und fremdsprachliche als institutionelle Mehrsprachigkeit verstehen, was die Perspektive von einer individuellen zu einer politischen Betrachtung verschiebt und im migrationsgesellschaftlichen Kontext Fragen der Sprachpolitik, der Spracheinstellungen, des Sprachprestiges und des (Neo-)Linguizismus (vgl. Dirim 2010) aufwirft. Diese in Bildungsinstitutionen aufzugreifen überwindet die im Kontext der Mehrsprachigkeitsdidaktik oft geforderte Perspektive auf die Schülerinnen und Schüler aus Migrantenfamilien und öffnet den Blick dafür, dass sich in einer Migrationsgesellschaft alle mit den genannten Phänomenen beschäftigen, eine positive Haltung zur eigenen und gesellschaftlichen Mehrsprachigkeit entwickeln und mehrsprachige oder auch interkulturelle Kommunikationssituationen konstruktiv gestalten können sollten.

In diesem Sinne verweist Vetter auf Konzepte wie translinguale Praxis oder Ökologie mehrsprachiger Räume, denn diese „zeigen flexible Gegenentwürfe und entwickeln Sprachen als soziale, politische und historische Konstrukte, wobei gleichzeitig der Raum zwischen diesen Konstrukten in den Blick genommen wird" (Vetter 2013: 243). Sie bezieht sich auf Erkenntnisse der angewandten Linguistik, dass mehrsprachige Sprecher besondere und eigenständige Sprecher sind, dass es keine ausgeglichene, perfekte Zwei- und Mehrsprachigkeit gibt und dass nicht alle Elemente der Sprachkenntnisse im schulischen Kontext gleich bedeutsam sind. Auf dieser Grundlage kritisiert sie Fragen wie „wer welche oder wie viele Sprachen (wann, mit wem und zu welchem Zweck) spricht" und plädiert dafür zu klären, „wie die Sprachverwenderinnen auf die ihnen zur Verfügung stehenden sprachlichen Ressourcen zurückgreifen und welche subjektiven Positionierungen sie dabei vornehmen (möchten)" (Vetter 2013: 243).

Für meinen Beitrag betrachte ich Mehrsprachigkeit im migrationsgesellschaftlichen Kontext, indem ich den Umgang mit Literatur als Lerngegenstand eines Literaturunterrichts in der Migrationsgesellschaft im Blick auf lebensweltlich mehrsprachige Lerngruppen unter besonderer Berücksichtigung von DaZ-Lernenden ins Zentrum stelle. Dabei steht nicht das Heranholen der von den Schülerinnen und Schülern mitgebrachten Sprachen im Zentrum, sondern die Reflexion migrationsgesellschaftlicher Mehrsprachigkeit. Besonders eignen sich dafür migrationsliterarische Werke, die dies thematisieren und nach meiner Erfahrung von Schülerinnen und Schülern aus Migrantenfamilien bezogen auf das genannte Thema sehr viel kompetenter angenommen werden als von ihren Mitschülern aus Nicht-Migrantenfamilien.

2 Grundlegendes zur Verbindung von Literatur und Sprache im Deutschunterricht

Literaturunterricht ist als Teil des Deutschunterrichts Fachunterricht und genauso wie andere Fächer zunächst kein Fremdsprachen- oder DaZ-Unterricht, auch wenn seine Kompetenzbereiche den in der Fremdsprachdidaktik als Sprachfertigkeiten bezeichneten Bereichen ‚Sprechen und Schreiben', ‚Hören und Lesen' entsprechen. Diese Fertigkeiten spielen in allen Unterrichtsfächern eine Rolle, werden aber im Deutschunterricht grundlegend entwickelt, das heißt sie sind im Deutschunterricht im Unterschied zu anderen Fächern nicht an konkrete fachliche Inhalte gebunden, was letztendlich die Gefahr birgt, dass im Deutschunterricht – in der Regel im Umgang mit pragmatischen Texten – eine beliebige Zusammenstellung und auf der inhaltlichen Ebene eine diffuse Bearbeitung von Themen aus den unterschiedlichsten Disziplinen ohne inhaltsbezogene Progression erfolgt. Hinter dem Verständnis des Faches als Schlüsselfach für ethische Grundfragen, Medienerziehung, interkulturelles Lernen, Deutsch als Zweitsprache usw. verbirgt sich eine Überfrachtung des Faches bei gleichzeitiger Entlastung anderer Fächer, die es aufzubrechen gilt.

In den Bildungsstandards der KMK[1] (vgl. Ständige Konferenz der Kultusminister der Länder in der Bundesrepublik Deutschland 2003–2012) wird „Sprache und Sprachgebrauch untersuchen" in der Primarstufe zum querliegenden Unterbau, in der Sekundarstufe I zum Überbau und in der Sekundarstufe II als „Sprache und Sprachgebrauch reflektieren" zum „domänenspezifischen Kompetenzbereich". „Mit Texten und Medien umgehen" wird in der Primarstufe und Sekundarstufe I dem Lesen zu- bzw. untergeordnet, was nicht zuletzt den Neutralisierungsprozess des literarischen Lernens maßgeblich befördert. In der Sekundarstufe II wird dieser Bereich als „Sich mit Texten und Medien auseinandersetzen" zu einem dem Sprachbereich gleichgestellten „domänenspezifischen Kompetenzbereich". Im Baden-Württembergischen Bildungsplan wird bereits für die Grundschule neben dem Kompetenzbereich „Sprachbewusstsein entwickeln" auch „literarisches Lernen" als Kompetenzbereich benannt, das heißt literarisches Lernen wird nicht unter „Lesen – mit Texten und Medien umgehen" subsumiert (vgl. Landesbildungsserver Baden-Württemberg), sondern erhält einen eigenen und damit bedeutsameren Status.

Im Sinne der Gleichgewichtung von literarischem und sprachlichem Lernen habe ich schon 2005 bezogen auf die Bildungsstandards zum Mittleren

---

[1] Vgl. meine Auseinandersetzung mit den Bildungsstandards im Fach Deutsch in Rösch (2014).

Schulabschluss analog zu „Sprache und Sprachgebrauch untersuchen" für einen Kompetenzbereich „Literatur und Umgang mit Literatur reflektieren" votiert. In gewisser Weise erfolgt dies in den Bildungsstandards für die Allgemeine Hochschulreife von 2012 durch die beiden „domänenspezifischen Kompetenzbereiche", die die als „prozessbezogen" bezeichneten Kompetenzbereiche Sprechen, Zuhören, Schreiben und Lesen umrahmen. Meines Erachtens legt diese Struktur die Grundlage für eine Gleichgewichtung von sprachlichem und literarischem Lernen und sollte mit der Konsequenz, dass auch die Literaturdidaktik die sprachlichen Grundfertigkeiten mitzudenken hätte und dies nicht der Sprachdidaktik überlassen kann, für alle Schulstufen gelten. Das wäre zum einen eine wichtige Grundlage für einen integrierten, das heißt die Lernbereiche Sprache und Literatur verbindenden Deutschunterricht. Dazu gehört zunächst, die Sprachlichkeit der Literatur wahrzunehmen sowie Literatur- und Sprachreflexion zu synchronisieren, was an folgendem Beispiel veranschaulicht werden soll:

Peter Bichsel: Erklärung

Am Morgen lag Schnee.
Man hätte sich freuen können. Man hätte Schneehütten bauen können oder Schneemänner, man hätte sie als Wächter vor das Haus getürmt.
Der Schnee ist tröstlich, das ist alles, was er ist
– und er halte warm, sagt man, wenn man sich in ihn eingrabe.
Aber er dringt in die Schuhe, blockiert die Autos, bringt Eisenbahnen zum Entgleisen und macht entlegene Dörfer einsam.
In: Treffpunkte. Lesebuch für das 5. Schuljahr. Schroedel (1991: 96).

Die Sprachlichkeit dieses parabolischen Texts unterstützt seine Literarizität in einer Weise, dass ausgehend von denselben Elementen sprachliches und literarisches Lernen initiiert werden kann.

Sprachliches Lernen	Literarisches Lernen
Modalität	Schnee(wetter) und seine Wirkung
man als unpersönliche,	*man* als Platzhalter für …,
er (der Schnee) als persönliche Form	*Schnee* als Metapher für …
Wendepunkt durch Modalitätswechsel	*Erklärung* als poetische Textsorte:
und die Konjunktion *aber*	Was wird wem erklärt und wozu?

Zum anderen ist der Deutschunterricht – wie jeder Fachunterricht – auf die konkrete Lerngruppe abzustimmen, die hier im Kontext ihrer spracherwerblichen Diversität betrachtet wird und aus einsprachigen Deutsch-als-Erstsprache-Sprechenden, aus lebensweltlich Mehrsprachigen mit einer Migrationssprache sowie DaZ-Lernenden besteht. Aus DaZ-Perspektive sind lexikalische Einheiten wie *als Wächter vor das Haus türmen* oder *zum Entgleisen bringen* interessant, weil sie auch als Präpositionalphrasen behandelt werden können. Wie in allen Texten lassen sich auch hier Proformen oder auch Verbformen grundlegend thematisieren, was sich hier vor allem auch deshalb anbietet, weil der Umgang damit für literarisches Lernen sehr interessant ist. Es ist ratsam, diese Aspekte mit DaZ-Lernenden vorbereitend zu klären, damit sie im gemeinsamen Unterricht auf der literarischen Bedeutungsebene mitreden können.

Aus Mehrsprachigkeitsperspektive ist hier auf innersprachliche Varietäten bzw. das DACHL-Prinzip zu verweisen, das D für Deutschland, A für Österreich, CH für die Schweiz und L für Luxemburg und Liechtenstein als deutschsprachige Länder explizit in den Blick nimmt. Wird der Text, der in der schriftlichen Fassung keine schweizerdeutschen Spezifika enthält, von Vertretern dieser Ländervarietäten laut gelesen, so wird aber die regionalsprachliche Prägung sicher deutlich. Ein solches Verfahren ließe sich auch mit bundesdeutschen Dialekten durchführen. Interessanter wäre allerdings die Übertragung des Textes in Sprachen der Schüler, was neben Sprachvergleichen hinsichtlich z. B. der Gestaltung von Modalität auch die Frage provoziert, ob sich Schnee auch in schneearmen Regionen als Metapher eignet oder man dort evtl. von der Hitze sprechen müsste. Diese Aufgaben unterstützen außerdem das literarische Lesen.

3 Literaturdidaktische Ansätze

Um den genannten Ansprüchen gerecht zu werden, werden im Folgenden zunächst die Grundprinzipien der Literaturdidaktik im Deutschunterricht, der letztendlich als Erstsprachunterricht konzipiert ist, auch wenn er in multilingualen Gruppen angeboten wird, aus fremd- und zweitsprachdidaktischer sowie aus mehrsprachigkeitsdidaktischer Perspektive betrachtet.

3.1 Deutsch als Erstsprachendidaktik

Die Debatte um eine Erziehung durch versus zur Literatur scheint vielen überholt, weil sich mindestens in der Literaturdidaktik das Primat der literarischen

Bildung als eine Erziehung zur Literatur durchgesetzt hat. In der schulischen Praxis erlebe ich aber immer wieder etwa im Umgang mit Märchen oder problemorientierter Kinder- und Jugendliteratur den Versuch, moralische oder soziale Werte und Normen zu vermitteln. Dies entspricht einer Vorstellung von Literatur zur moralischen Erziehung, die den in der Aufklärung (ca. 1720–1800) neu entstandenen literarischen Gattungen wie Lehrgedicht, moralisierende Fabel, Erziehungsroman oder didaktische Satire entsprechen und oft eben nur bedingt herrschende Machtstrukturen aufbrechen und ein System individueller Freiheit, Gleichheit und Gerichtbarkeit herstellen wie das Drama der Aufklärung. Treten neue Bildungsaufgaben wie in den 1970er und 1980er Jahren die Interkulturelle Erziehung und Bildung auf den Plan, findet regelmäßig ein Rückfall in das Konzept einer Erziehung durch Literatur statt. Dabei wird angenommen, der Umgang mit (oftmals eher ideologisch als literarisch anspruchsvoller) Literatur könne interkulturelles Lernen bewirken. Stattdessen setzt inter- oder auch transkulturelle Literaturdidaktik eher darauf, inter- oder auch transkulturelle Potenziale in literarischen Werken zu erkennen, zu diskutieren und ggf. in ihrer Wirkung zu reflektieren.

Literarische Bildung als Erziehung zur Literatur stellt nicht nur literarische Werke ins Zentrum, sondern unterstützt einen interaktiven, multiperspektivischen und reflexiven Umgang mit literarischen Werken und vermittelt dabei literarische Lesarten. Sie grenzt sich nach meinem Verständnis von Verfahren ab, die literarische Werke nur als moralische Instanz, Themenlieferant oder als Anlass für eine Form der Handlungs- und Produktionsorientierung, die vom literarischen Werk wegführt, betrachtet.

Es lassen sich grob vier literaturdidaktische Richtungen für den Erstsprachenunterricht unterscheiden:
- *Gattungsdidaktiken*, die früher als Lyrik-, Prosa- und Dramendidaktik alle Großgattungen betrafen, heute nur noch bezogen auf für den Literaturunterricht relativ neu konzipierte Felder wie Film, Theater, Migrations- oder auch postmigrantische Literatur angewendet werden. Hierunter lässt sich auch der Ansatz Literaturunterricht im Medienverbund fassen, in dem versucht wird, eine Verbindung zwischen den verschiedenen Medienpräsentationen desselben Werks herzustellen.
- *Methoden- bzw. literaturtheoretisch orientierte Didaktiken*, die kurz vor der Jahrtausendwende ausschnitthaft unter dem Label „Textnahes Lesen" (vgl. Belgrad & Fingerhut 1998) zusammengefasst wurden. Auch produktive Verfahren oder Kommunikationsformen wie das Literarische Gespräch sind literaturtheoretisch fundiert, auch wenn sie in der Praxis der Lehrerbildung und des Unterrichts allzu oft auf den als schülerorientiert etikettierten Umgang mit Literatur reduziert werden. Es geht also um hermeneutische, poststruktu-

ralistische, dekonstruktivistische, literatursoziologische, postkoloniale, interkulturelle, intermediale und andere Ansätze (vgl. Kammler 2010).
- Unter *Kontextorientierung* verstehe ich literaturhistorische (vgl. „Didaktik der Literaturgeschichte", Fingerhut 2010) oder kulturwissenschaftliche Ansätze, die ideengeschichtliche, ideologie- oder auch gesellschaftskritische Aspekte aufgreifen wie die feministische Literaturwissenschaft, Queer, postkoloniale oder auch intersektionale Theorien. Der Unterschied zu methodenorientierten Literaturdidaktiken besteht vor allem in der Betonung des historisch-politischen Kontextes.
- *Empirische Literaturdidaktik* befasst sich mit Fragen des Literaturerwerbs, der literarischen Sozialisation und des Verlaufs von literarischer Bildung auf Grundlage einer Datengewinnung im (Um-)Feld des Literaturunterrichts. In diesem Zusammenhang sind auch erste Interventionsstudien zur Überprüfung methodenorientierter Ansätze durchgeführt worden (vgl. Fritzsche et al. 2006) oder Untersuchungen zu Literaturunterrichtskonzeptionen von Lehrkräften (vgl. Wieser 2008).

Im Hinblick auf Literaturunterricht in der Migrationsgesellschaft wird ein weiter Rahmen gesteckt zwischen „Interkulturellem Literaturunterricht" (Dawidowski & Wrobel 2006) und „Transkultureller literarischer Bildung" (Wintersteiner 2006). Während Dawidowski und Wrobel in ihrer Einleitung vorwiegend pädagogisch in der Perspektive auf Kinder und Jugendliche mit Migrationshintergrund argumentieren, begründet Wintersteiner sein Konzept poetologisch mit der Alterität und Verschiedenheit von Literatur. Er bezieht u. a. mehrsprachige bzw. Literaturen ein, die sich mit Linguizismus befassen oder postkolonial argumentieren. Meine eigenen Arbeiten konzentrieren sich darauf, Interkulturelle Literatur zu lesen bzw. Literatur interkulturell zu lesen, was für mich bedeutet, sich mit multi-, trans-, inter- und vor allem auch dominanzkulturellen, inklusive sprachlichen, Aspekten in der Literatur zu befassen. Dabei liefert auch bei mir die Literatur und nicht die Lerngruppenkonstellation den zentralen Zugang. Meine Unterrichtsprojekte etwa zu dem Spielfilm *Kebab Connection* von Anno Saul zeigen aber, dass das gerade bei Lernenden mit Migrationshintergrund zu guten fachlichen Leistungen führt. Während ihre Mitschüler und -schülerinnen ohne Migrationshintergrund zu kulturalisierenden Äußerungen neigen, argumentieren die mit Migrationshintergrund mit der Filmsprache, der Figurencharakterisierung etc. (vgl. Rösch et al. 2011). Vorschläge zum Umgang mit migrationsmehrsprachiger Kinder- und Jugendliteratur liegen ebenfalls vor (vgl. Rösch 2013b).

3.2 Fremdsprachdidaktik

In den Fremdsprachdidaktiken kommen die genannten Ansätze auch zum Tragen, wobei mir der Fokus auf methodenorientierten Ansätzen zu liegen scheint, obwohl auch gattungsspezifische Ansätze existieren (z. B. Märchen im Fremdsprachenunterricht). Ein elitäres Verständnis von Literatur und Literaturunterricht hat lange dazu geführt, dass Literatur nur für fortgeschrittene Fremdsprachenlernende vorgehalten wurde. Im Zuge der Entwicklung rezeptionsästhetischer Ansätze wird der Umgang mit Literatur auch für Anfänger etabliert. Des Weiteren gilt Literatur im aufgabenbasierten Fremdsprachenunterricht als gute Grundlage für eine Bedeutungsaushandlung in komplexer Kommunikationssituation (vgl. Bredella & Burwitz-Melzer 2004).

Die Interkulturelle Germanistik um Wierlacher verfolgt seit 1980 das Ziel, Deutsch nicht nur als fremde Sprache, sondern auch als fremde Literatur zu sehen. Damit wurde interkulturelles Lernen eng mit literarischem Lernen verknüpft und nicht wie in anderen Konzepten der interkulturellen Fremdsprachendidaktik auf die Weiterentwicklung der traditionellen Landeskunde zu *cultural studies* fokussiert. Die interkulturelle Germanistik ist von Mecklenburg zu einer „Germanistik als interkulturelle Literaturwissenschaft" weiterentwickelt worden. Eine zentrale Basis bildet dabei das Konzept der Alterität von Literatur und die Entwicklung einer interkulturellen Lesart, die Unterschiede von Kultur bedenkt und über Grenzen gesellschaftlicher Praxis der Kultur hinausgeht (vgl. Mecklenburg 2008). Mecklenburg unterscheidet dabei die Vorsilbe *inter* im Sinne von ‚zwischen, gegenseitig', die eher Abstand und Verbindung konnotiert und sich in der Regel auf Unterschiede, Ähnlichkeiten, Beziehungen, Prozess, Austausch, Konflikte bezieht, von der Vorsilbe *trans* im Sinne von ‚quer hindurch, über hinaus, jenseits', die Übergang und Bewegung konnotiert und sich auf Kulturübergreifendes (Universelles) oder über eine Kultur Hinausgehendes (Transfer) bezieht. Einseitigen Transfer versteht er als trans-, wechselseitigen als interkulturell (vgl. Mecklenburg 2008: 92).

Die didaktischen Konsequenzen überlässt er anderen und verweist konsequenterweise auf Bredella, der mit Christ das Gießener Graduierten-Kolleg „Didaktik des Fremdverstehens" (1991–2000) gegründet hat, das die Begriffe des Fremdverstehens und des interkulturellen Lernens in der Fremdsprachdidaktik stark geprägt hat. Bredellas (vgl. 2012) Konzept des interkulturellen Verstehens basiert auf dem Verfahren der Perspektivenübernahme, des Perspektivenwechsels (zwischen Innen- und Außensicht) sowie der Perspektivenkoordination. Dieses Verständnis von Perspektivenwechsel wird m. E. durchaus zurecht als einseitiger Prozess von Seiten derjenigen, die auf der Seite des Eigenen stehen (vgl. Fäcke 2006: 35), kritisiert. Fäcke plädiert für eine postmodern determinierte nicht essentialistische Sicht, die den Umgang mit literarischen Texten an hybriden und patchworkartigen Konzepten im Kontext diskurstheoretischer und kulturpoetischer Ansätze orientiert. Mit Blick auf die Fremdsprachendidaktik formuliert sie, dass neben der eigen- und zielkulturellen Diskurssphäre erst eine transkulturelle Reflexion jenseits der Dichotomie zur Infragestellung der Kategorie Fremdheit und zu einem Interplay der Kulturen durch die Verflüssigung von Grenzen führt (vgl. Fäcke 2006: 36). Dem ist zuzustimmen, vor allem, weil hier die transkulturelle als ergänzende Ebene benannt und nicht absolut gesetzt wird.

In jüngster Zeit scheinen postkoloniale Perspektiven (vgl. z. B. Kanjo 2013) auch im fremdsprachlichen Literaturunterricht inter- oder transkulturelle Ansätze zu ergänzen, eventuell auch zu verdrängen. Die o. g. in der Fremdsprachdidaktik geforderte Einbindung der lebensweltlichen Migrationsmehrsprachigkeit findet bislang nur Umsetzung in literaturdidaktischen Modellen zu Migrations- oder mehrsprachiger Literatur, die diese Sprachen aufgreifen.

3.3 Deutsch als Zweitsprachdidaktik

In der Zweitsprachdidaktik ist vor allem Belkes Ansatz des generativen Schreibens (vgl. Belke 2003, 2012) zu erwähnen, der auch den Umgang mit Lyrik integriert. Sie nutzt sprachspielerische Gedichte wie *Wörter und Bilder* von Hans Manz oder *Jeder Zug hat seinen Bahnhof* von B. H. Bull, um sie als generative Schreibaufgaben mit DaZ-Lernenden weiterzuschreiben oder auch zu analysieren. Diese erhalten damit eine Vorlage für Satzmuster, Präpositionalphrasen und andere grammatische Phänomene, die sie kreativ nutzen können.

In meinen eigenen Projekten zur formfokussierten DaZ-Förderung arbeite ich mit Gedichten wie *Fragen eines lesenden Arbeiters* von Bertolt Brecht, um Frageformen zu thematisieren, oder *Ich wähle nur die Worte, die mich bereits gewählt haben ....* von José F. A. Oliver, um Verbformen zu thematisieren und gleichzeitig migrationsgesellschaftliche Themen anzusprechen. Dafür eignen sich auch Kurzprosatexte wie *Kannitverstan* von Johann Peter Hebel oder *Wolkenkarte* von Yoko Tawada, in denen es um die Reflexion einer für den Ich-Erzähler bzw. die Ich-Erzählerin fremdsprachlichen Situation geht.

DaZ-didaktische Aufgaben haben wir auch bereits zu kinderliterarischen Werken wie *Das Sams* von Paul Maar entwickelt und in einer Projektwoche mit Berliner Grundschülerinnen und -schülern durchgeführt. *Gullivers Reisen* von Erich Kästner wurde in einem Pforzheimer Sprachcamp mit Kindern gelesen und *Spatzenmilch und Teufelsdreck* von Ghazi Abdel-Qadir in einem Bruchsaler Sprach- und Theatercamp auch auf die Bühne gebracht. Dabei wurden Form- und Wortschatzorientierung in Anlehnung an den *lexical-approach*-Ansatz von Lewis (vgl. 1993) eng miteinander verbunden. Außerdem werden Werke mit explizitem oder implizitem Bezug zur Migrationsgesellschaft ausgewählt und produktive Aufgaben mit Bezug zu den von mir formulierten ‚DaZ-Stolpersteinen' (vgl. Rösch 2011: 80–83) formuliert. Damit das literarische Lernen dem sprachlichen nicht einfach untergeordnet wird, ist es wichtig, die Unterrichtseinheiten so zu planen und durchzuführen, dass beide Bereiche möglichst gleichberechtigt vorkommen – wie Aufgaben zum *Sams* zeigen:

Paul Maar *Das Sams* in einer Projektwoche mit Berliner Grundschülerinnen und -schülern	
Beispielaufgaben zum sprachlichen Lernen	**Beispielaufgaben zum literarischen Lernen**
– Komposita: (Er-)Finde weitere Wörter wie *Taschen-/Flaschenbier, Rot-/Rosen-/Grünkohl* und erkläre, warum sie beleidigend wirken? Erkläre anderen, was eine *Wunschmaschine* oder eine *Knackwurst-Bring-Anlage* ist und finde heraus, wie solche ‚langen Wörter' gebildet werden? – Strukturwörter erfragen: „Nachdem das Sams den Papierkorb gefressen hat: ‚Wo bekomme ich aber einen neuen Papierkorb her?' ‚Den kaufen wir morgen, Papa.' (35) Wer oder was ist „den"? Ersetze den Papierkorb durch andere Sachen (z. B. das Buch, die Lampe)! – Wort- und Texterschließung trainieren: Sammle Wörter zum Rechnen und kläre die Form und Bedeutung! (Im Text kommt *nachrechnen*, *sich verrechnen*, *Rechnung* etc. vor, so dass klar werden kann, was die Präfixe bedeuten und dass Präfixe die Bedeutung, Suffixe die Wortart ändern.) – Konjunktionen semantisch klären: Suche Sätze mit *wenn* und ersetze *wenn* durch *dass*! Wie ändert das den Sinn? – Präpositionen: z. B. „Herr T. breitete schnell wieder die Decke über das Sams" (29): Wo ist das Sams? (weitere Übungen zu Wechselpräpositionen mit Textstellen) Was macht es? (z. B. Es krabbelt raus, hüpft runter etc.)	– Spiele, wie Herr Taschenbier – am Anfang, in der Mitte und am Ende der Erzählung – steht, sitzt oder durch die Tür geht! Halte fest, was er über sich, Frau Rotkohl, seinen Chef oder das Sams denkt! Ist er größer geworden? (Das kann zeigen, dass er aufrechter geht, selbstbewusster auftritt, innerlich gewachsen ist und eignet sich auch zur Thematisierung von Komparation.) – Zeige die äußere Entwicklung des Sams auf (er wird größer, menschlicher usw.)! – Erstellt ein Schaubild zur Entwicklung des Sams und Herrn Taschenbiers! (In unserer Gruppe wurde dabei die äußerliche Entwicklung des Sams gegenläufig zur inneren Entwicklung Herrn Taschenbiers dargestellt (vgl. Rösch 2008).) – Stell dir vor, du wärst das Sams / du hättest ein Sams! Beschreibe deinen Tag! (Diese Aufgabe zielt darauf, die Funktion des Sams als Katalysator für Herrn Taschenbiers Entwicklung zu reflektieren und eignet sich auch, um den Konjunktiv zu thematisieren.) – Spiele das Sams mit einem Spiegel in der Hand! (Interessant ist, wie die Kinder den Spiegel halten, um sich oder die Umgebung zu spiegeln.) – Nachdem das Sams Herrn Taschenbier verlassen hat: Das Sams ruft an – erkläre ihm, warum es wiederkommen soll! (Hier zeigt sich, ob die Kinder die Wandlung Herrn Taschenbiers mitvollzogen haben und ob sie Begründungen formulieren können.)

Deutlich geworden ist, dass literarische Aufgaben auch im DaZ-Unterricht das Ziel haben, die Leserrollen aktiv zu besetzen, und gleichzeitig geeignet sind, sprachliche Phänomene zu bearbeiten. Nimmt man diese ernst, bedeutet es, den literarischen Rezeptionsprozess zumindest punktuell zu verlassen und sich der Sprachvermittlung zuzuwenden, um danach wieder zum literarischen Lernen zurückzukehren.

Ein weiterer DaZ-spezifischer Zugang ist DaZ als Literatursprache. Vor allem in migrationsliterarischen Werken sprechen oder erwerben Figuren DaZ oder sie thematisieren migrationsbedingte Mehrsprachigkeit. Zu erwähnen sind frühe Gedichte wie *nicht nur gastarbeiterdeutsch* von Franco Biondi aus dem Jahre 1979 (vgl. meine Didaktisierung in Rösch 1995: 46) oder *Kanak Sprak* von Feridun Zaimoglu aus dem Jahre 1995 (vgl. meine Analyse in Rösch 2013a), die eine migrationsspezifische Ausprägung des Deutschen zur Literatursprache machen – ähnlich übrigens wie naturalistische Werke, die Regionalsprachen als gesellschaftskritisches Mittel eingesetzt haben.

Andere Migrationsautoren und -autorinnen reflektieren die Besonderheiten der deutschen Sprache, wie Zehra Çirak, die in ihrem Gedicht *deutsche sprache gute sprache* das Verwirrspiel mit Proformen inszeniert, oder Ivan Tapia Bravo, der in seinem häufig auch von mir zitierten Gedicht *Das bin ich mir schuldig* mit trennbaren und untrennbaren Verben spielt.

Yoko Tawada: Wortstellung

Das Verb spielt die zweite Geige
Wenn die Melodie zitiert ist
hat es den letzten Ton
An einem gewöhnlichen Tag steht das Subjekt
vorne
Jeder kann anfangen aber wer steht am Ende
Wenn ein anderer den Kopf macht
muss das Subjekt
nach hinten rücken
Die Reihenfolge und die Hierarchie sind zweierlei
Der Rhythmus kennt keine Korruption

Yoko Tawada thematisiert in *Wortstellung* (2010) die Verbstellung im deutschen Satz. Dieses und weitere Gedichte aus ihrem Gedichtband *Abenteuer der deutschen Grammatik* eignen sich zur Sprachreflexion durch Aufgaben wie:
- *Erkenne die Regeln, finde Beispiele im Text oder in deiner Alltagssprache!*
- *Ergänze die Regel für die Verbstellung im Fragesatz, in einer Aufforderung!*
- *Übertrage das Gedicht in deine andere Sprache oder formuliere es im Blick auf deine andere Sprache um!*

Eines der Gedichte in dem Band heißt: *DIE MISCHSCHRIFT DES MONDES – Die* 逃走 *des* 月*s*. Es ist eines der seltenen Beispiele für zweisprachiges Schreiben bei Yoko Tawada, das durch die unterschiedlichen Schriften, die aber leicht erkennbare Orientierung am deutschen Sprachsystem besonders interessant ist. Andere Migrationsautorinnen und -autoren wie Gino Chiellino oder José F. A. Oliver praktizieren zweisprachiges Schreiben öfter und verfassen integrativ mehrsprachige Gedichte (vgl. mein Unterrichtsmodell zu Gedichten von José F. A. Oliver in Rösch 1999). Damit ist eine Verbindung zur Mehrsprachigkeitsdidaktik hergestellt, die nach meinem Verständnis allerdings keinesfalls einen DaZ-didaktischen Zugang im Fach ersetzt.

3.4 Mehrsprachigkeitsdidaktik und Diversität

Wie oben ausgeführt, geht es hier um migrationsbedingte Mehrsprachigkeit, die zu gesellschaftlichen Veränderungen führt, für die Vertovec 2007 den Begriff „Superdiversity" geprägt hat. Ihm geht es um das Zusammenspiel von Faktoren wie „Unterschiede im Einwanderungsstatus und die damit einhergehenden Rechtsansprüche und Einschränkungen von Rechten, divergierende Arbeitsmarkterfahrungen, unterschiedliche Geschlechter- und Altersprofile, welche die Einwandererströme kennzeichnen, spezifische räumliche Verteilungsmuster in den Aufnahmekontexten sowie lokal uneinheitliche Reaktionen von Dienstleistern und Ortsansässigen", die berücksichtigt werden müssen, „um die komplexe Natur der gegenwärtigen, von Migration bestimmten Diversität besser zu verstehen und umfassender anzugehen" (Vertovec 2012: 1).

Diversity bzw. Diversität als migrationsgesellschaftliches Konzept strebt statt einer separierten eine Gesamtbetrachtung von Differenzmerkmalen an (vgl. Allemann-Ghionda 2013: 29). Zentral sind eine „nicht dichotome und nicht hierarchische Sicht auf Unterschiede" als Ergebnisse sozialer Konstruktion (Mecheril & Plößer 2011: 236) und die damit verbundenen „komplexen Macht- und Ungleichheitsdynamiken" (Mecheril & Plößer 2011: 282). Migrationssprachen werden meist nur als ein Differenzmerkmal unter anderen benannt, mit dem Menschen mit Migrationshintergrund als DaZ-Lernende oder als Mehrsprachige konstruiert und von anderen abgegrenzt werden. Ich behandle sprachliche Diversität dennoch separat, berücksichtige aber die mit dem Diversitätsanspruch verbundene Ungleichheitsdynamik, die die Mehrsprachigkeitsdidaktik zu überwinden versucht.

Im Literatur- oder jedem anderen Fachunterricht sprachliche Diversität zu praktizieren, ist nicht mit einer zwei- oder mehrsprachigen Bildung zu verwechseln. Vielmehr geht es darum – zunächst unabhängig von der konkreten Lerngruppe –, gesellschaftliche Mehrsprachigkeit erfahrbar zu machen. Deshalb plädiere ich für eine Verortung auf der Lerngegenstandsebene. Ein Grundprinzip des Umgangs mit

Literatur stellt dabei Bewusstheit für Übersetzungen dar, denn diese geraten gerade im Umgang mit Kinder- und Jugendliteratur häufig völlig aus dem Blick. Deshalb ist bei Übersetzungen ins Deutsche mindestens der Originaltitel einzubeziehen. Bei international verbreiteten Werken wie *Pippi Långstrump* von Astrid Lindgren bietet sich ein Vergleich der Titel in unterschiedlichen Sprachen an. Ähnlich lässt sich mit Übersetzung deutscher Literatur in Migrationssprachen verfahren:

- Warum heißt *Ben liebt Anna* von Peter Härtling im Türkischen *Benjamin Anna'yi Seviyor?* Türkischsprachige Kinder können sicher erklären, dass *ben* das türkische Wort für *ich* ist und deshalb hier eben der volle Name steht.
- Wo steht im russischen Titel Джим Пуговка и Машинист Лукас *(Dzim Pugovka i masinist Lukas)* und Джим Пуговка и Чертова Дюжина *(Dzim Pugovka i Certova Djuzina)* Jim Knopf und die anderen Protagonisten?. Russischsprachige Kinder erklären, ob *Pugovka* Knopf heißt bzw. warum nicht einfach кнопка (knopka für Knopf) da steht. Wenn man mit der kyrillischen Schrift arbeitet, ist es interessant, mit einzelnen Buchstaben auch international gebräuchliche Wörter wie Kino zu schreiben.

Dabei geht es darum, Migrationssprachen sichtbar und die lebensweltlichen Sprachkompetenzen von Sprecherinnen und Sprechern dieser Sprachen unterrichtsrelevant zu machen. Ein solches Vorgehen lässt sich ausweiten zu altersangemessenen Translations-Studien, die unterschiedliche Formen des literarischen Übersetzens reflektieren: Wie werden sprachspezifische Bilder, Metaphern übersetzt? Wie geht man mit Sprachvarietäten innerhalb einer Sprache um? Wie übersetzt man kulturspezifisches Verhalten – behält man es bei (und erklärt es) oder passt man es so an die zielsprachliche Kultur an, dass das Kulturandere nivelliert wird? Muss man Bilderbücher (ohne Text) übersetzen?

Ein weiterer Bereich ist der Umgang mit mehrsprachiger Literatur: In der Kinder- und Jugendliteratur lassen sich additive und integrative Formen des mehrsprachigen Schreibens (vgl. Rösch 2013b) unterscheiden. Diese gibt es auch in der Migrationsliteratur, dort werden sie allerdings häufig(er) mit trans- oder interlingualen Reflexionen verbunden wie in *Wolkenkarte* von Yoko Tawada, deren Ich-Erzählerin in einem Schweizer Supermarkt nicht versteht, welche Karte sie braucht, und bei der Frage nach einem „Velo" (was sich anhört wie japanisch Zunge) darüber ins Grübeln kommt, dass sie offensichtlich nicht die richtige Zunge hat, „die man braucht, um hierher zu gehören", „denn meine Zunge kann die Wörter nicht so aussprechen wie die Zunge der Einheimischen" (Tawada 2002: 52).

In migrationsliterarischen Werken finden sich neben Hinweisen auf die Macht der Sprache zur Ausgrenzung auch jugendsprachliche Formen wie das „Gemischt-Sprechen", das Hinnenkamp als „Ausdruck der ganz spezifischen Identität der Jugendlichen innerhalb des Migrationsprozesses" (Hinnenkamp 2006: 11) betrachtet. Sie berge spezifische kommunikative Lösungen von Migrantenjugendlichen für den „Umgang mit eigenen und fremden Typisierungen und Zuschreibungen [...] oder das Sicheinschließen oder Ausschließen in Gruppen" (Hinnenkamp 2006: 12). Er fordert die Anerkennung dieser Sprachverwendung, denn sie überwindet eine defizitorientierte Perspektive und fokussiert die Leistungen der nachwachsenden Generation unter „gesellschaftlichen Bedingungen der systematischen Benachteiligung" (Hinnenkamp 2006: 13). Dies ist auch Thema in postmigrantischen Werken wie dem Rap-Song *Türken Slang* von Eko Fresh (2011):

Eko Fresh: Türken Slang	
Part 1	**Part 2**
Der Türkenslang, lan, bring mir bei	Ich verfolge weiter munter die Türkenschiene
„Hallo, ich will Tee" heißt „Selam, bring mir çay"	Unter die Gürtellinie
Diesen Slang sprechen alle in der Stadt [...]	Feinste Ware, womit ich der Kundschaft im Viertel
Der Türsteher denkt: „Den lass ich nicht rein!"	diene
Jedes Jahr in der Heimat, was mein Sparschwein köpft	Was los? Jeder von den Ottos will Crack [...]
Ein Bastard ist ein piç und ein Arsch heißt göt	Wir sind wie Wilde vom Land, unsere Filme sind gebrannt
Für unsere Movies gibt es keine Synchronisation auf Deutsch	Den ganzen Tag am Zocken und die Hilfe gibt's vom Amt
Deswegen übersetz ich den Insider shit für euch	In der türkischen Küche gibt es Leckereien [...]
TRT INT die Bärte sind getrimmt	Pide ist Weißbrot, oglum heißt Sohnemann [...]
En büyük king, zeigen wir Frau Merkel wer wir sind [...]	Nur für dich war diese kostbare Message
[Refrain]	Denn nun weißt du, wie die Osmanen sprechen
	Wir haben so viel Zeit verschwendet
	Zeit, dass sich die Scheiße wendet
	Straßendeutsch, Fadenkreuz
	Hiermit ist dein Leid beendet [Refrain]
Refrain:	
Unsere Eltern waren Gastarbeiter	
Jetzt machen wir den Job hier als Hustler weiter	
Für Deutsche sind wir Türken / Für Türken sind wir Deutsche	
Deshalb sag' ich euch, was die Wörter so bedeuten	
Wir werden oft als Asoziale betitelt	
Haben unsere eigene Sprache entwickelt	
Nenn es Straßendeutsch oder Türkenslang	
Ich mach' mehr für die Völkerverständigung ... als ihr	

In dem Song kommen Deutsch, Englisch und Türkisch vor. Bezogen auf das Türkische fällt auf, dass neben der elaborierten Sprachwahl (rund um das Essen) auch eine Fäkalsprache reaktiviert wird. Interessant ist allerdings die kontextuelle Einbettung von Wörtern wie „Bastard / piç" und „Arsch / göt". Denn sie folgen als Assoziation auf einen „Türsteher, der denkt: ‚Den lass ich nicht rein!'" und die teure Urlaubsreise in die „Heimat" und thematisieren somit migrantenspezifische Diskriminierungserfahrungen, auf die mit einer aggressiven Sprachwahl reagiert wird. Dazu gehört auch die doppelte Ausgrenzung „Für Deutsche sind wir Türken / Für Türken sind wir Deutsche", die das Lyrische Ich im Refrain als Grund für die Entwicklung „unserer eigenen Sprache" angibt. Dieses als „Straßendeutsch oder Türkenslang" bezeichnete „Gemischt-Sprechen" verweist darauf, dass es sich um ein auf der Straße entstandenes Deutsch handelt, das Türken wie andere Diskriminierte (etwa Schwarze in den USA) als nicht-standardisierte Sprachvarietät entwickeln.

Das verweist auf die Thematisierung von Superdiversity, so dass sich im Literaturunterricht anbietet, die angesprochenen Interdependenzen entlang der Differenzlinien Türkisch und Deutsch, aber auch „Türken" und „Deutsche", herauszuarbeiten und abschließend zu klären, was das Lyrische Ich damit meint, wenn es singt: „Ich mach' mehr für die Völkerverständigung ... als ihr" und wen es mit Ich/Wir und Du/Ihr meint. Im Video wird übrigens nicht nur die Differenzlinie Türken und ein Deutscher ebenfalls aufgegriffen, sondern es wird auch das Bild von den gewaltbereiten Türken bedient und im Laufe des Songs als spielerische Rauferei aufgebrochen.

4 Grundlagen der Unterrichtsplanung

Lehrkräfte brauchen für einen solchen Unterricht Bewusstheit in mehrfacher Hinsicht:
- *literature awareness*, um (inter-, trans-, multi-)kulturelle und dominanzkritische Dimensionen von Literatur/en und ihrer Rezeption wahrzunehmen und in Unterrichtshandeln zu transformieren;
- *language awareness*, um die Perspektive Mehrsprachigkeit der Gruppe und der Literatur wahrzunehmen und in Unterrichtshandeln zu transformieren;
- *Spach(lern)bewusstheit* v. a. in der Perspektive auf DaZ-Lernende sowie defensive und offensive Verfahren im Umgang mit ‚schweren' Texten;
- *diversity awareness* mit diskriminierungskritischer Perspektive, die die Lebenswelt aller Schülerinnen und Schüler ressourcenorientiert reflektiert und personale sowie kategoriale Perspektivenwechsel initiiert.

Grundsätzlich gilt es, Vertrauen in literarisches Verstehen, auch bei vagem Sprachverstehen, zu praktizieren. Dabei kann es sinnvoll sein, die Textmenge zu reduzieren oder Werke verzögert zu präsentieren und eine kontextuelle Semantisierung zu unterstützen. In jedem Fall sollte der Anschlusskommunikation während des gesamten Prozesses viel Zeit eingeräumt und dabei Multiperspektivität im Text und in der Lerngruppe entfaltet werden.

Die Aufgaben können generativ, produktiv oder textnah gestaltet werden. Sie verfolgen das Ziel, die Sprachlichkeit des Werks zu entdecken und diese durch die Transformation von Text(teil)en in eine andere Sprache oder durch Sprachvergleiche zu erweitern. Im Zentrum der Betrachtung literarischer Werke stehen imagologische Zugänge hinsichtlich der Figuren(konstellation) unter besonderer Berücksichtigung von Ethnizität und Sprache bzw. *othering* und Linguizismus sowie die Reflexion von Orten und ihren Funktionen als Heterotopien oder Transtopien im globalen Kontext.

5 Literatur

Allemann-Ghionda, Cristina (2013): *Bildung für alle. Diversität und Inklusion*. Internationale Perspektiven. Paderborn: Schöningh.
Apeltauer, Ernst (1997): *Grundlagen des Erst- und Fremdsprachenerwerbs*. München: Langenscheidt.
Belgrad, Jürgen & Fingerhut Karlheinz (Hrsg.) (1998): *Textnahes Lesen. Annäherung an Literatur im Unterricht*. Baltmannsweiler: Schneider Hohengehren.
Belke, Gerlind (2003/2012): *Mehrsprachigkeit im Deutschunterricht. Sprachspiele, Spracherwerb, Sprachvermittlung*. Baltmannsweiler: Schneider Hohengehren.
Bredella, Lothar (2012): Transkulturalität als Herausforderung für das interkulturelle Verstehen. In Fäcke, Christiane; Martinez, Hélène & Meißner, Franz-Joseph (Hrsg.): Mehrsprachigkeit: Bildung – Kommunikation – Standards. Kongressband zum 3. Bundeskongress des Gesamtverbands Moderne Fremdsprachen (GMF). Stuttgart: Klett, 39–57.
Bredella, Lothar & Burwitz-Melzer, Eva (2004): *Rezeptionsästhetische Literaturdidaktik mit Beispielen aus dem Fremdsprachenunterricht Englisch*. Tübingen: Narr.
Dawidowski, Christian (2006): Theoretische Entwürfe zur Interkulturellen Literaturdidaktik. Zur Verbindung pädagogischer und deutschdidaktischer Interkulturalitätskonzepte. In Dawidowski, Christian & Wrobel, Dieter (Hrsg.): *Interkultureller Literaturunterricht*. Baltmannsweiler: Schneider Hohengehren, 18–36.
Dawidowski, Christian & Wrobel, Dieter (Hrsg.): *Interkultureller Literaturunterricht*. Baltmannsweiler: Schneider Hohengehren.
Dirim, Inci (2010): „Wenn man mit Akzent spricht, denken die Leute, dass man auch mit Akzent denkt oder so." Zur Frage des (Neo-)Linguizismus in den Diskursen über die Sprache(n) der Migrationsgesellschaft. In Mecheril, Paul; Dirim, Inci; Gomolla, Mechtild; Hornberg, Sabine & Stojanov, Krassimir (Hrsg.): *Spannungsverhältnisse. Assimilationsdiskurse und interkulturell-pädagogische Forschung*. Münster: Waxmann, 91–114.
Fäcke, Christiane (2006): *Transkulturalität und fremdsprachliche Literatur*. Eine empirische Studie zu mentalen Prozessen von primär mono- oder bikulturell sozialisierten Jugendlichen. Frankfurt a. M.: Peter Lang.
Fingerhut, Karlheinz (2010): Didaktik der Literaturgeschichte. In: Bogdal, Michael & Korte, Hermann (Hrsg.): Grundzüge der Literaturdidaktik. 5. Aufl. München: Deutscher Taschenbuchverlag, 147–166.
Fritzsche, Joachim; Krempelmann, Anita; Tosun, Claudia & Zaborowski, Katrin (2006): *Literaturunterricht kontrastiv*. Der handlungs- und produktionsorientierte Literaturunterricht auf dem Prüfstand. Baltmannsweiler: Schneider Hohengehren.

Hinnenkamp, Volker (2006): *Zweisprachig, halbsprachig, gemischtsprachig – über die (Nicht-) Anerkennung der Sprache von jugendlichen MigrantInnen.* http://www.hs-fulda.de/ fileadmin/Fachbereich_SK/Professoren/Hinnenkamp/Hinnenkamp_Anerkennung_ Sprache_Vortrag_Weg-weisend_Fulda_12-10-06.pdf *(04.04.2013).*

Kammler, Clemens (2010): Literaturtheorie und Literaturdidaktik. In Kämper-van den Boogaart, Michael & Spinner, Kaspar H. (Hrsg.): *Lese- und Literaturunterricht.* Teil 1. Baltmannsweiler: Schneider Hohengehren, 201–237.

Kanjo, Judita (2013): *Deutschsprachige Literatur des postkolonialen Diskurses. Eine fremdsprachendidaktische Studie.* München: Iudicium.

Landesbildungsserver Baden-Württemberg für die Grundschule. http://www.schule-bw.de/ schularten/grundschule/1gsfaecher/2deutsch/ *(15.12.2014).*

Lewis, Michael (1993): *The Lexical Approach. The state of ELT and a Way forward.* Hove: Language Teaching Publications.

Mecheril, Paul & Plößer, Melanie (2011): Differenzordnungen. Pädagogik und der Diversity-Ansatz. In Spanning, Reingard; Arens, Susanne & Mecheril, Paul (Hrsg.): bildung – macht – unterschiede. Innsbruck: university press, 59–79.

Mecklenburg, Norbert (2008): *Das Mädchen aus der Fremde. Germanistik als interkulturelle Literaturwissenschaft.* München: Iudicium.

Rösch, Heidi (2011): *Deutsch als Fremd- und Zweitsprache.* Studienbuch. Berlin: Akademie Verlag.

Rösch, Heidi (1995): *Interkulturell unterrichten mit Gedichten. Zur Didaktik der Migrationslyrik.* Frankfurt a. M.: Verlag für Interkulturelle Kommunikation.

Rösch, Heidi (1999): „Ich wähle nur die Worte, die mich gewählt haben." – Die Sprachen des Dichters José Oliver. *Praxis Deutsch* 157: 53–58.

Rösch, Heidi (2008): „Das Sams" von Paul Maar in multiethnischen Lerngruppen. In Knobloch, Jörg (Hrsg.): *Kinder- und Jugendliteratur für Risikoschülerinnen und Risikoschüler? Aspekte der Leseförderung.* München: kopaed (kjl&m 08.extra), 146–155.

Rösch, Heidi (2013a): Migrationsliteratur von deutsch-türkischen Autoren: Entwicklung und Behandlung im Deutschunterricht. In Hofmann, Michael & Pohlmeier, Inga (Hrsg.): *Deutsch-türkische und Türkische Literatur.* Literaturwissenschaftliche und fachdidaktische Perspektiven. Würzburg: Königshausen & Neumann, 63–92.

Rösch, Heidi (2013b): Mehrsprachige Kinderliteratur im Literaturunterricht. In Gawlitzek, Ira & Kümmerling-Meibauer, Bettina (Hrsg.): *Mehrsprachigkeit und Kinderliteratur.* Stuttgart: Fillibach bei Klett, 143–168.

Rösch, Heidi (2014): Deutschunterricht als Sprach- und Literaturunterricht in der Migrationsgesellschaft und die Bildungsstandards. *Didaktik Deutsch* 34: 10–12.

Rösch, Heidi; Blé Perez, Nora; Junker, Patrizia & Merkle, Judith (2011): *Interkulturelle Filmbildung in der Sekundarstufe I am Beispiel „Kebab Connection" von Anno Saul.* Karlsruhe: Pädagogische Hochschule Karlsruhe. http://www.ph-karlsruhe.de/fileadmin/user_ upload/hochschule/masterstudimm/Filmprojekt_Abschlussbericht.pdf *(19.1.2015).*

Ständige Konferenz der Kultusminister der Länder in der Bundesrepublik Deutschland
- Bildungsstandards im Fach Deutsch für den Mittleren Bildungsabschluss. Beschluss v. 04.12.2003.
- Bildungsstandards im Fach Deutsch für den Hauptschulabschluss. Beschluss v. 15.10.2004.
- Bildungsstandards im Fach Deutsch für den Primarbereich. Beschluss v. 15.10.2005.
- Bildungsstandards für die Allgemeine Hochschulreife. Beschluss v. 18.10.2012.

Vertovec, Steven (2012): Superdiversität. In: *Heimatkunde*. Migrationspolitisches Portal der Heinrich-Böll-Stiftung. https://heimatkunde.boell.de/2012/11/18/superdiversitaet *(15.6.2015)*.

Vetter, Eva (2013): Sprachliche Bildung macht den Unterschied. Sprachen in schulischen Lehrkontexten. In Vetter, Eva (Hrsg.): *Professionalisierung für sprachliche Vielfalt. Perspektiven für eine neue Lehrerbildung*. Baltmannsweiler: Schneider Hohengehren, 238–258.

Wieser, Dorothee (2008): *Literaturunterricht aus Sicht der Lehrenden. Eine qualitative Interviewstudie*. Wiesbaden: Verlag für Sozialwissenschaften.

Wintersteiner, Werner (2006): *Transkulturelle literarische Bildung. Die „Poetik der Verschiedenheit" in der literaturdidaktischen Praxis*. Innsbruck: drava.

Quellen der literarischen Werke

Abdel-Qadir, Ghazi (1993): *Spatzenmilch und Teufelsdreck*. Berlin, München: Erika Klopp.

Bichsel, Peter (1964): *Erklärung*. In: Bichsel, Peter: Eigentlich möchte Frau Blum den Milchmann kennen lernen. 10. Aufl. Berlin: Suhrkamp 1996, 69.

Biondi, Franco (1983): *nicht nur gastarbeiterdeutsch*. In Ackermann, Irmgard (Hrsg.): In zwei Sprachen leben. München: dtv, 84-87.

Bravo, Ivan Tapia (1983): *Das bin ich mir schuldig*. In Ackermann, Irmgard (Hrsg.): In zwei Sprachen leben. München: dtv, 233.

Brecht, Bertolt: *Fragen eines lesenden Arbeiters*. In Brecht, Bertolt (1953): Kalendergeschichten. Reinbek: Rowohlt, 91f.

Bull, Bruno Horst (1968): *Jeder Zug hat seinen Bahnhof*. In Bull, Bruno Horst: Aus dem Kinderwunderland. Freiburg: Herder, 24.

Çirak, Zehra (1988): *deutsche Sprache gute sprache oder die denen ihnen*. In Janetzki, Ulrich & Zimmermann, Lutz (Hrsg.): Anfang sein für einen neuen Tanz kann jeder Schritt. Junge Berliner Literatur der achtziger Jahre. Berlin: Literarisches Colloquium, 42

Fresh, Eko (2011): *Türken Slang*. Songtext: http://www.songtextemania.com/turken_slang_songtext_eko_fresh.html *(20.10.2014)*; Musikvideo: http://www.youtube.com/watch?v=qhid09Fv_k4&feature=related *(20.10.2014)*.

Härtling, Peter (1979): *Ben liebt Anna*. Kinderroman. Weinheim, Basel: Beltz & Gelberg.

Hebel, Johann Peter (1809): *Kannitverstan*. gutenberg.de *(03.01.2010)*.

Kästner, Erich (2007): *Gullivers Reisen*. Hamburg: Dressler.

Lindgren, Astrid (1987): *Pippi Langstrumpf*. Gesamtausgabe. Hamburg: Oetinger.

Maar, Paul (1973): *Eine Woche voller Samstage*. Hamburg: Oetinger.

Manz, Hans (1991): *Wörter und Bilder*. In Manz, Hans: Die Welt der Wörter. Sprachbuch für Kinder und Neugierige. Weinheim, Basel: Beltz & Gelberg, 133.

Oliver, José F. A. (1987): *Ich*. In Oliver, José F. A.: Auf-Bruch. Berlin: Das arabische Buch, 12.

Tawada, Yoko (2002): *Überseezungen*. Tübingen: Konkursbuch.

Tawada, Yoko (2002): *Wolkenkarte*. In Tawada, Yoko: Überseezungen. Tübingen: Konkursbuch, 51f.

Tawada, Yoko (2010): *Wortstellung*. In Tawada, Yoko: Abenteuer der deutschen Grammatik. Tübingen: Konkursbuch; http://www.konkursbuch.com/html/net-h-10/Leseprobe%20grammatik.htm *(23.11.2016)*.

Zaimoğlu, Feridun (1995): *Kanak Sprak. 24 Mißtöne vom Rande der Gesellschaft*. Berlin: Rotbuch.

Stefan Kipf
Lateinunterricht im gesellschaftlichen Kontext – von der Zweitsprachförderung zur Sprachbildung

Die Frage, welche didaktischen Potenziale der Lateinunterricht für eine sprachlich heterogene Schülerschaft (am Gymnasium und auch darüber hinaus) bieten könnte, ist auf den ersten Blick ungewöhnlich, scheint manchem sogar unpassend. Trotz aller Modernisierungsbemühungen der letzten vierzig Jahre geht dem Lateinunterricht immer noch allzu oft der Ruf voraus, ein für die höheren Stände bestimmtes und zuvörderst ausleseorientiertes Fach zu sein. Macht man sich die Mühe, einen Blick in die modernen Unterrichtswerke zu werfen, kommen auch dem Skeptiker erste Zweifel am überkommenen Klischee: Die Lateinbücher entsprechen nicht der vorgefertigten Erwartung, die eigentlich nach einem unbekömmlichen grauen Mischmasch aus Grammatik, Krieg und überholter Methodik verlangt. Schnell setzt sich der gegenteilige Eindruck durch: Lateinbücher sind mittlerweile nicht weniger bunt als ihre neusprachlichen Pendants, graphisch wie inhaltlich. Nicht nur an der attraktiven äußeren Verpackung zeigt sich schnell, dass die Lehrbuchmacher ihre Lektionen gut gelernt haben: Schülerorientierung ist ohne Frage zur entscheidenden didaktischen Größe im Lateinunterricht geworden. Texte mit attraktiven Themen von der Antike bis zur Neuzeit stehen im Mittelpunkt, in denen Sprache und Inhalt konsequent miteinander verbunden werden. Die Methodenvielfalt ist enorm ausgeweitet; offene, handlungs- und projektorientierte Arbeitsformen gehören längst zum gewohnten Repertoire.

Gleichwohl kann man den Eindruck gewinnen, dass die Lehrbuchautoren und die lateinische Fachdidaktik nur ganz allmählich die bunte Schülerschaft in den Blick nehmen, die ihnen im Unterricht auch tatsächlich begegnet. In dem Maße, in dem sich auch die gymnasiale Schülerschaft in Richtung einer interkulturell zusammengesetzten Klientel mit unterschiedlichen Lernbiographien verändert, wird sich auch das Fach verändern müssen: Latein ist als drittstärkste Schulfremdsprache mit diesem Phänomen direkt konfrontiert und muss daher in der Lage sein, allen Schülerinnen und Schülern, ganz egal ob Erst- oder Zweitsprachlern, passgenaue Bildungsangebote zu machen.

1 Gängige Begründung des Lateinunterrichts

Diese Angebote bewegen sich in einem inhaltlichen Rahmen, der in knapper Form auf folgende Gesichtspunkte konzentriert werden kann: Der Lateinunterricht versteht sich als „Schlüsselfach der europäischen Tradition" (Fuhrmann 1976) und soll einen fundierten Zugang zur europäischen Kulturtradition erschließen, historisches Bewusstsein stärken und einen wichtigen Beitrag zur Förderung einer gemeinsamen europäischen Identität leisten. Dies wird konkretisiert in den Bereichen Literatur und Mythos, Geschichte und Politik, Philosophie, Religion und materielle Kultur. Ferner bieten die im Unterricht behandelten lateinischen Texte aus Antike, Mittelalter und Neuzeit Denkmodelle zur Reflexion über Grundfragen der menschlichen Existenz.

Darüber hinaus steht natürlich die Vermittlung sprachlicher Bildung im Mittelpunkt des Unterrichts: Das Lateinische soll einen spezifischen Beitrag zur Entwicklung sprachlicher Fähigkeiten leisten, und zwar als *Modell von Sprache*, um ein grundsätzliches Bewusstsein dafür zu schaffen, wie eine Sprache funktioniert. Da die meisten europäischen Sprachen einen hohen Anteil an lateinischen Ursprüngen aufweisen, bietet der Lateinunterricht ebenfalls gute Anknüpfungs- und Vertiefungspunkte zu den modernen Fremdsprachen und kann als Transferbasis zur Förderung einer reflexionsbasierten Mehrsprachigkeit beitragen. Andererseits fördert das Übersetzen lateinischer Texte die Entwicklung der konzeptionellen Schriftlichkeit im Deutschen, indem die Schülerinnen und Schüler lernen hinzusehen, geeignete Wörter und Ausdrücke zu suchen, sie kritisch zu prüfen, auszuwählen und kreativ anzuwenden (vgl. Kipf 2014b: 23).

2 Lateinunterricht als allgemeinbildendes Sprachfach

Will auch der Lateinunterricht für eine sprachlich heterogene Schülerschaft sinnvoll und wählbar sein, muss der Frage besondere Aufmerksamkeit geschenkt werden, wie das gerade skizzierte didaktische Profil erfolgreich weiterentwickelt werden kann. Dass das Fach als allgemeinbildendes Sprachfach mehr vermitteln muss als Spezialkenntnisse, um lateinische Texte angemessen dekodieren, rekodieren und interpretieren zu können, ist im fachdidaktischen Diskurs eine immer wieder gestellte Forderung. Hiermit ist jedoch behutsam umzugehen: Wie die Geschichte des Faches gezeigt hat, bekommen dem Lateinunterricht überzogene Bildungsansprüche nicht besonders gut, zumal sie fast immer auf eine Abwertung anderer Fächer hinauslaufen. Diese Form der Herablassung scheint jedoch seit einiger Zeit überwunden zu sein. So wurde vor fast zehn Jahren von einer Schweizer Arbeitsgruppe um den Didaktiker Theo Wirth ein wichtiger Impuls gesetzt, der für die hier zu diskutierende Fragestellung eine bemerkenswerte Wirkung entfaltet hat: Völlig zu Recht wurde nämlich gefordert, dass der Lateinunterricht mehr bieten müsse als bloßen Spracherwerb im Lateinischen. „Allgemeingültige Erkenntnisse über die Hintergründe von Sprache und Sprachen, Verständnis und Wissen von Sprache und Sprachen müssen ebenso Ziele und Inhalte des Sprachunterrichts sein" (Wirth, Seidl & Utzinger 2006: 12). Wirth legt in diesem Zusammenhang zu Recht großen Wert auf die interdisziplinäre Zusammenarbeit, und zwar mit dem Deutschunterricht und den modernen Fremdsprachen, um „Sprache grundsätzlich [zu] thematisieren". Darin sieht Wirth nichts anderes als eine logische Konsequenz der heutigen Gegebenheiten an den Gymnasien: Durch den Frühbeginn des Englisch- und (seltener) des Französischunterrichts sowie die migrationsbedingte Mehrsprachigkeit kommen die Schülerinnen und Schüler mit breit gestreuten sprachlichen Kenntnissen ans Gymnasium. „In dieser Ausrichtung", so Wirth,

> verwirklicht Lateinunterricht ein sprachliches *studium generale*: Offenheit nach allen Seiten, ‚Grenzüberschreitungen', welche die Ziele verwirklichen helfen, gehören von Anfang an dazu. Zentral ist die Zusammenarbeit mit den anderen Sprachfächern: Interdisziplinarität. Sie ist immer noch sehr unterentwickelt, das Fach Latein könnte die Initiative und einen beträchtlichen Teil der Verwirklichung im Unterricht übernehmen, [...] zugunsten des eigenen Faches und zugunsten der anderen Sprachfächer, in echter Zusammenarbeit (Wirth, Seidl & Utzinger 2006: 13).

In diesem Sinne wurden im Projekt „Englisch- und Lateinunterricht in Kooperation" (ELiK) in den letzten Jahren umfangreiche theoriebildende Publikationen (z. B. Doff & Kipf 2013; Siebel 2013) zur didaktischen und methodischen Verknüpfung des Englisch- und Lateinunterrichts vorgelegt. Wenn es also tatsächlich gelingt, im Lateinunterricht Sprache grundsätzlich zu thematisieren, indem z. B. metasprachliche Kompetenzen explizit vermittelt, aktiviert und angewendet werden, dann scheint es durchaus nicht völlig vermessen, den Lateinunterricht mit dem Romanisten und Tertiärsprachenforscher Müller-Lancé „als eine Art universelles Sprachenpropädeutikum" (Müller-Lancé 2001: 104) zu verstehen.

3 Latein als Brückensprache

Bieten schon die vielfältigen Anknüpfungsmöglichkeiten zu den modernen Fremdsprachen großes didaktisches Anregungspotenzial für die von Wirth geforderte Weiterentwicklung des Lateinunterrichts, gilt dies auch für den produktiven Umgang mit einer sprachlich und kulturell heterogenen Schülerschaft und der dafür zuständigen Bezugsdisziplin Deutsch als Zweitsprache (DaZ). Diese Kooperation fällt sogar besonders leicht, da in der Literatur zu Recht auf die vielfältigen Berührungspunkte zwischen Deutsch als Zweitsprache und der lateinischen Fachdidaktik hingewiesen wurde: In beiden Disziplinen gehören Begriffe wie Sprachreflexion, Metasprache und das Entdecken von Grammatik zur didaktischen Grundausstattung (Kipf 2014b: 25f.). Darüber hinaus finden sich weitere wichtige Berührungspunkte, so bei der auf Inhalte gestützten schriftlichen Textproduktion, der im DaZ-Unterricht besondere Aufmerksamkeit gewidmet wird. Im Lateinunterricht ist dies ganz ähnlich: Dort stellt die Übersetzung aus dem Lateinischen ins Deutsche eine bedeutende Form schriftlicher Textproduktion dar. Für beide Disziplinen ist das Prinzip der konzeptionellen Schriftlichkeit von größter Bedeutung. Im Lateinunterricht wurde beispielsweise beobachtet, dass auf der Grundlage genauer sprachlicher Analyse die Schülerinnen und Schüler dazu angehalten werden, bei der Rekodierung sprachliche Elemente zu verwenden, die sie sonst vermieden hätten. Deutliche Indizien weisen darauf hin, dass Latein auch gegen die weithin beschriebene Fossilierung wirksam werden kann (vgl. Kipf 2014b: 26). Auch im Übungsbereich finden sich Übereinstimmungen, etwa bei der Erstellung von Deklinationsparadigmata, Lückentexten oder Übungen zur Satzteilbestimmung. So bieten die von Leisen (2013) für einen sprachsensiblen Fachunterricht entwickelten Aufgaben ein nicht zu unterschätzendes Anregungspotenzial für den Lateinunterricht, wenn es etwa um die Einbindung von Wortgeländern, Fehlertexten oder Tandembögen geht (vgl. Kipf 2014a: 59ff.). Überdies wird in beiden Disziplinen die Entwicklung von Mehrsprachigkeit (zum Lateinunterricht vgl. Doff & Kipf 2014) als wertvolles Element der Sprachförderung angesehen, um durch Sprachvergleiche Sprachbewusstsein zu entwickeln (vgl. Kipf 2014b: 26ff.).

Diese vielfältigen Berührungspunkte erwiesen sich für die Lateindidaktik als ungemein anregend. So wurde seit 2008 von der altsprachlichen Fachdidaktik an der Humboldt-Universität im regen Austausch mit dem Arbeitsbereich Deutsch als Zweitsprache und dem Ernst-Abbe-Gymnasium in Berlin-Neukölln im Projekt „Pons Latinus"[1] ein didaktisches Konzept zur Zweitsprachförderung mit Latein als reflexionsbasierter[2] Brückensprache entwickelt und mit zahlreichen theoriebildenden Publikationen (z. B. Große 2014, 2015; Kipf 2014a, 2014b, 2014c) für den fachdidaktischen Diskurs erschlossen. In diesem Konzept werden drei Spra-

---

[1] „Pons Latinus – Latein als Brücke. Jugendliche nichtdeutscher Herkunftssprache lernen Latein".
[2] Das Attribut „reflexionsbasiert" bezieht sich auf die methodische Umsetzung im Unterricht und weist dem Lateinischen per se keine Ausnahmestellung gegenüber anderen Sprachen zu.

chen miteinander in Beziehung gesetzt (Erstsprache, Zweitsprache und Latein), die untereinander Gemeinsamkeiten und Unterschiede aufweisen. Latein hat dabei nicht die Funktion, „die wesentlichen Charakteristika von Erst- und Zweitsprache zu bündeln" (Kipf 2014b: 28), wie es etwa beim Französischen als sog. *panromanischer Brücke* der Fall ist. Hier spielt zur Erzeugung von Lernerleichterungen innerhalb der Romania die Nutzbarmachung der typologischen Verwandtschaft der Sprachen die entscheidende Rolle (vgl. Kipf 2014b: 27).

Neutrale Transferbase zwischen Zweit- und Herkunftssprache	Expliziter Sprachvergleich als Unterrichtsprinzip
	Prinzipien sprachsensiblen Lateinunterrichts
Modell distanzierter Sprachbetrachtung	Sprachliche Nähe und Alterität didaktisch fruchtbar

Abb. 1: Prinzipien sprachsensiblen Lateinunterrichts (eigene Darstellung)

Beim im Lateinunterricht angestrebten linguistischen Transfer kommt es hingegen darauf an,

> die zwischen den beteiligten Sprachen vorhandene sprachliche Nähe und Alterität so zu nutzen, dass die Zweitsprachkompetenz mit Hilfe der Reflexionsbrücke Latein als neutralem *tertium comparationis* gefördert wird. Erst durch Reflexion, und zwar durch expliziten Sprachvergleich mit Latein als Brücke, soll es zu einer bewusstseinsgesteuerten Sprachverwendung in der Zweitsprache kommen (Kipf 2014: 28).

Der Lateinunterricht wirkt somit

> wie eine neutrale Transferbase, die sowohl Äquivalenzen als auch Interferenzen zu den Vergleichssprachen aufweist, die durch bewusste Sprachreflexion die metasprachlichen Fertigkeiten der Lernenden aktivieren und erweitern können, worin folglich im Hinblick auf die DaZ-Förderung kein Schwachpunkt, sondern vielmehr ein sprachförderndes Potenzial zu sehen ist (Große 2015: 194).

So erhält der traditionell viel bemühte Topos des Lateinischen als „Modell distanzierter Sprachbetrachtung" eine neue und innovative Fokussierung. Auch dem in der altsprachlichen Fachdidaktik hinlänglich bekannten Sprachvergleich kommt eine neue Qualität zu, da er nunmehr ein wirklich zentrales methodisches Element bildet und explizit im Unterricht thematisiert werden muss (vgl. Kipf

2014b: 28f.). Auf dieser theoretischen Grundlage wurden vielfältige Aufgabentypen für die Unterrichtspraxis entwickelt bzw. vorhandene auf ihre Eignung für einen sprachsensiblen Lateinunterricht in der Sekundarstufe I geprüft (vgl. Kipf 2014: 59–93). Erste Überlegungen für einen sprachsensiblen Literaturunterricht der Sekundarstufe II liegen ebenfalls vor (vgl. Kipf 2014b: 93–106).

Insgesamt ist bei all diesen Überlegungen zu beachten, dass durch einen sprachsensiblen Lateinunterricht stets die lateinische Sprachkompetenz gefördert werden soll. Ziel der Unternehmung ist es nicht, lediglich deutsche Texte zu entlasten – vielmehr muss das Lateinische seine zentrale Rolle behalten. Zweitsprachkompetenz soll stets durch Kompetenz im Lateinischen gefördert werden und mit ihr einhergehen, ein Ziel, das im Rahmen der unten genannten Interventionsstudie bestätigt wurde. Insgesamt handelt es sich um ein Konzept, das von bereits im Lateinunterricht vorhandenen Charakteristika ausgeht, die jedoch in einen innovativen Zusammenhang gebracht werden und somit einen anders akzentuierten, eben dezidiert sprachsensiblen Lateinunterricht erzeugen.

Dieses Konzept wurde im Rahmen einer zweijährigen Interventionsstudie empirisch evaluiert (vgl. Große 2014, 2015). Grundlage bildet das von Große durchgeführte Dissertationsprojekt[3], das als „Hybrid explorativer Grundlagenforschung und explanativer Aktionsforschung im Rahmen einer Interventions- und Evaluationsstudie zu verstehen" (Große 2015: 196–197) ist und einen wichtigen Schritt bei der empirischen Fundierung altsprachlicher Fachdidaktik darstellt. In der leitenden These wurde davon ausgegangen, dass das Lateinische als reflexionsbasierte Brückensprache zwischen Erst- und Zweitsprache fungieren und so den Zweitspracherwerb fördern kann. Die Wirksamkeit des Konzepts für den Anfangsunterricht wurde in Bezug auf ausgewählte sprachliche Phänomene belegt: So zeigten die Lateinlernenden gegenüber der Kontrollgruppe signifikant höhere Lern- und Leistungszuwächse hinsichtlich ihrer globalen Sprachkompetenzen im Deutschen. Trotz vergleichbarer Ausgangswerte im Prätest wurden in den Folgetests zur deutschen Sprachkompetenz bei Lateinlernenden signifikant höhere Gesamtleistungen als bei den Lernenden ohne Latein festgestellt. Die Lateingruppen mit der Intervention erzielten hinsichtlich des Deutschen durchgängig höhere Lösungsquoten und hinsichtlich des Lateinischen durchgängig signifikant bessere Ergebnisse (vgl. Große 2015: 198–202).

Diese neu gewonnenen Erkenntnisse fanden Eingang in die Neukonzeptionierung des Berliner Rahmenlehrplans im Fach Latein und werden dort auch nachdrücklich hervorgehoben:

---

[3] Der Titel lautet „Pons Latinus: Modellierung und empirische Erprobung eines sprachsensiblen Lateinunterrichts".

Ein besonderes Anliegen des Faches Latein ist die Verbesserung der herkunfts- und zweitsprachlichen Kompetenz der Schülerinnen und Schüler und der Brückenschlag zu den anderen Fremdsprachen. Einen spezifischen Beitrag leistet der Lateinunterricht im Bereich der Sprachbildung vor allem durch die Betonung der konzeptionellen Schriftlichkeit, durch die gezielte Erweiterung des Repertoires an Redemitteln und allgemeinem Wortschatz sowie durch den Aufbau eines grundlegenden Fachwortbestandes. Der bewusste Umgang mit Sprache ist zentraler Bestandteil des Lateinunterrichts und erhöht die sprachliche Handlungskompetenz der Schülerinnen und Schüler [...]. Daher übernimmt Latein eine wichtige Rolle in der gezielten Sprachförderung von Schülerinnen und Schülern nicht deutscher Herkunftssprache bzw. mit Schwächen in der deutschen Sprachkompetenz. (SEnBJW 2015b: 3)

Auch im Bereich der Lehrerfortbildung spielt das Thema eine bedeutsame Rolle: So wurde das Konzept bei der Mentorenqualifizierung für das Berliner Praxissemester sowie einer Vielzahl von Tagungen[4] im In- und Ausland einem breiten Fachpublikum[5] bekannt gemacht. Mittlerweile ist das Thema Zweitsprachförderung im Lateinunterricht Bestandteil der fachdidaktischen Lehre, wenngleich an eine systematische Einbindung angesichts der Studienstruktur noch nicht zu denken war: Eine erste Einführung ist im fachdidaktischen Grundkurs im BA verankert; im Master of Education (MEd) erfolgte eine weitergehende Vertiefung bisher nur (in loser Folge) in einzelnen Lehrveranstaltungen[6]. Dies soll sich im neuen, seit dem WS 2015/16 gültigen MEd ändern, und zwar durch eine systematische Einbettung des Konzepts in die Lehre. So können die Studierenden im Modul „Grundlagen der Planung und Analyse von Lateinunterricht", in dem ein Leistungspunkt im Bereich von Sprachbildung realisiert werden muss, auf fundierter Basis die *Möglichkeiten der Implementierung sprachbildender und inklusiver Verfahren im Lateinunterricht* kennenlernen. Dieses Modul ist von zentraler Bedeutung und bereitet die Studierenden auf das Praxissemester vor. Ferner erscheint die curriculare Einbettung in das im Modul *Schulpraktikum im Fach Latein* (Humboldt-Universität 2015: 12f.) vorgesehene Seminar sinnvoll. Dort soll eine „Fokussierung auf didaktische Fragestellungen, die für den Sprach- und Literaturunterricht von zentraler Bedeutung sind (z. B. Binnendifferenzierung, Leistungsmessung, Wortschatzarbeit, Sprachbildung, Inklusion)" (HU 2015: 13) erfolgen.

---

4 Der Autor führte 2015 zwölf Veranstaltungen in Deutschland, Österreich und der Schweiz durch.
5 Bemerkenswert ist das publizistische Echo, wie man an Artikeln in der *Berliner Morgenpost* (18.7.2015), der *Neuen Zürcher Zeitung* (23.10.2015) und dem *Tagesspiegel* (17.11.2015) erkennen kann.
6 Z. B. SoSe 2010 „Lateinunterricht und Mehrsprachigkeit"; SoSe 2012 „Sprachförderung im Lateinunterricht"; SoSe 2014 „Sprachbildung im Lateinunterricht".

4 Wissenschaftliche Entwicklungsperspektive: Von der Zweitsprachförderung zur Sprachbildung

Die bisher auf Schülerinnen und Schüler nichtdeutscher Herkunftssprache fokussierten Ziele der DaZ-Förderung sind längst zu Zielen für alle Schülerinnen und Schüler geworden. Angesichts der damit verbundenen dynamischen Entwicklung von Deutsch als Zweitsprache hin zur Sprachbildung ergibt sich die Aufgabe, diese Weiterentwicklung auch für den sprachsensiblen Lateinunterricht nachzuvollziehen, um einer veränderten didaktischen Theoriebildung, der sich wandelnden unterrichtlichen Praxis und auch den Anforderungen des neuen Berliner Lehrkräftebildungsgesetzes[7] gerecht werden zu können. Das bisher auf die Zweitsprachförderung ausgerichtete Brückensprachenkonzept bedarf somit einer Ausweitung auf Aspekte allgemeiner Sprachbildung, wodurch bei allen Schülerinnen und Schülern (in allen Fächern) systematisch Sprachentwicklungsprozesse angeregt werden sollen. Dass dies auch für den Lateinunterricht ein virulentes Problem darstellt, konnte im Rahmen des Projekts „Pons Latinus" gezeigt werden: Mehrheitlich deutsch-muttersprachliche Latein-Schülerinnen und -Schüler einer Spandauer Sekundarschule zeigten in globalen Sprachstandserhebungen mitunter stärkere sprachliche Defizite im Deutschen als ihre zweitsprachlichen Latein-Altersgenossen an einem Neuköllner Gymnasium.[8]

5 Monitoring als essentieller Baustein auf dem Weg zur Sprachbildung

Eine für die Modellierung sprachbildenden Unterrichts besonders ertragreiche Grundlage bietet die sog. *Monitor-Hypothese* (vgl. Krashen & Terrel 1983): Unter dem sog. *Monitor* wird die Fähigkeit des Lerners verstanden, seine Sprachproduktion

---

[7] Das neue Berliner Gesetz zur Lehrkräftebildung vom 7. Februar 2014 fordert in Abschn. 1, § 1 (2): „Die Lehrkräftebildung vermittelt allen Lehrkräften fachwissenschaftliche, fachdidaktische und bildungswissenschaftliche Kompetenzen. [...] Den pädagogischen und didaktischen Basisqualifikationen in den Themenbereichen Sprachförderung mit Deutsch als Zweitsprache, Umgang mit Heterogenität und Inklusion sowie Grundlagen der Förderdiagnostik kommt dabei eine besondere Bedeutung zu." http://gesetze.berlin.de/jportal/?quelle=jlink&query=LehrBiG+BE+Eingangsformel&psml=bsbeprod.psml&max=true *(21.01.2016)*.
[8] Diese Daten aus der Dissertation von Maria Große sind noch unveröffentlicht.

aufgrund vorhandenen expliziten Regelwissens systematisch und zielorientiert zu überwachen. „Lernen bedient sich eines Monitors, der die Planung für die Äußerung bewusst macht und sie auf Richtigkeit und Angemessenheit hin überprüft" (Rösch 2011: 27). Hierbei spielen inter- und intralinguale Sprachvergleiche eine zentrale Rolle: Durch eine gezielte Thematisierung von sprachlichen Übereinstimmungen und Unterschieden lernen die Schülerinnen und Schüler, ihre individuelle Sprachproduktion aufmerksam wahrzunehmen und Fehler zu bemerken. Diese Aufmerksamkeit kann zur Restrukturierung der individuellen Hypothesengrammatik führen und so eine Verbindung zwischen implizitem und explizitem Lernen herstellen. Die von Ellis (1993) beschriebene *weak interface position* und die Ausführungen Schmidts (1990) zum *noticing the gap* beschreiben dieses Phänomen und führten insbesondere in der anglo-amerikanischen Tradition zu einem Ansatz, den Ellis (2002) als *Grammatical Consciousness-Raising* benannte. Im DaZ-Bereich fanden solche Überlegungen insbesondere bei Rösch und ihrem *Focus-on-Form*-Ansatz Niederschlag (vgl. Rotter 2015). Dabei wird es als notwendig erachtet, dass fehlerhafte Äußerungen der Lerner im Sinne eines *negative feedback* explizit thematisiert werden, um den inneren Monitor zu aktivieren und die Lerner auf diese Weise auf höhere Kompetenzniveaus zu bringen (vgl. Long 2014).

Diese Grundsätze stellen bei der Modellierung eines sprachbildend ausgerichteten Lateinunterrichts ein wichtiges theoretisches Gerüst dar, wobei schon bekannte Charakteristika des Faches in einen innovativen Kontext gestellt werden: So steht im Lateinunterricht traditionell die Anwendung und Reflexion explizit zur Verfügung gestellten und metasprachlich fundierten sprachlichen Regelwissens im Mittelpunkt. Dabei kommt auch dem schon ausführlich erwähnten Sprachvergleich zwischen dem Lateinischen, der Erst- und Zweitsprache eine produktive didaktische Bedeutung zu. Schließlich wird der Fehlerkorrektur aufgrund der komplexen sprachlichen Anforderungen bei der mikroskopischen Erschließung, Übersetzung und Interpretation lateinischer Texte eine hohe Relevanz zugemessen. Obwohl das Monitoring innerhalb der fachdidaktischen Diskussion bisher keine spürbare Rolle spielt und auch in den bisherigen Publikationen zum „Pons Latinus"-Projekt nur am Rande Erwähnung fand (vgl. Kipf 2014b: 11–12), dürfte der Lateinunterricht angesichts seiner spezifischen Eigenheiten besonders gut geeignet sein, Prinzipien des Monitoring in einem sprachbildenden Fachunterricht zu etablieren. Im Kern muss es daher darum gehen, den bisher für den Zweitspracherwerb optimierten Lateinunterricht auf Grundlage eines Modells, das Sprachaufmerksamkeit, sprachübergreifende Fehlerreflexion und Restrukturierung von Lernerhypothesen verbindet, in Hinblick auf Sprachbildung weiterzuentwickeln. Auf dieser Basis werden Materialien und Methoden für den Unterricht entwickelt und empirisch evaluiert. Hierfür bietet die aus dem Projekt „Pons Latinus" vorhandene Expertise eine exzellente Grundlage.

6 Perspektiven für die sprachbildende Praxis des Lateinunterrichts

Auch auf der Grundlage der neuen Rahmenplanvorgaben ergibt sich die Notwendigkeit, die unterrichtliche Praxis mit Blick auf die Sprachbildung weiterzuentwickeln. So muss nach dem neuen Berliner Rahmenlehrplan für die Klassenstufen 1–10 das sog. *Basiscurriculum Sprachbildung* in allen Fächern umgesetzt werden, um die angestrebte bildungssprachliche Handlungskompetenz erreichen zu können: „Sprachbildung ist [...] Teil von Bildung insgesamt und Aufgabe aller an Schule Beteiligten" (SenBJW 2015a: 4). Sprachbildung bezeichnet in diesem Zusammenhang „systematisch angeregte Sprachentwicklungsprozesse aller Schülerinnen und Schüler [...]. Sie erfolgt nicht beiläufig, sondern gezielt, indem die Lehrkraft geeignete Situationen aufgreift, sprachlich bildende Kontexte plant und gestaltet. Hierzu gehört auch die Vermittlung von Strategien, die das Hör- und Leseverstehen sowie das Erfassen von Texten unterstützen" (SenBJW 2015a: 12).

Im Hinblick auf die oben skizzierten Eigenschaften eines sprachsensiblen, zunächst noch auf die Zweitsprachförderung fokussierten Lateinunterrichts ergeben sich vielfältige Anknüpfungsmöglichkeiten an die vier Bereiche des unten aufgeführten Kompetenzmodells, nämlich *Interaktion, Rezeption, Produktion* und *Sprachbewusstheit*.

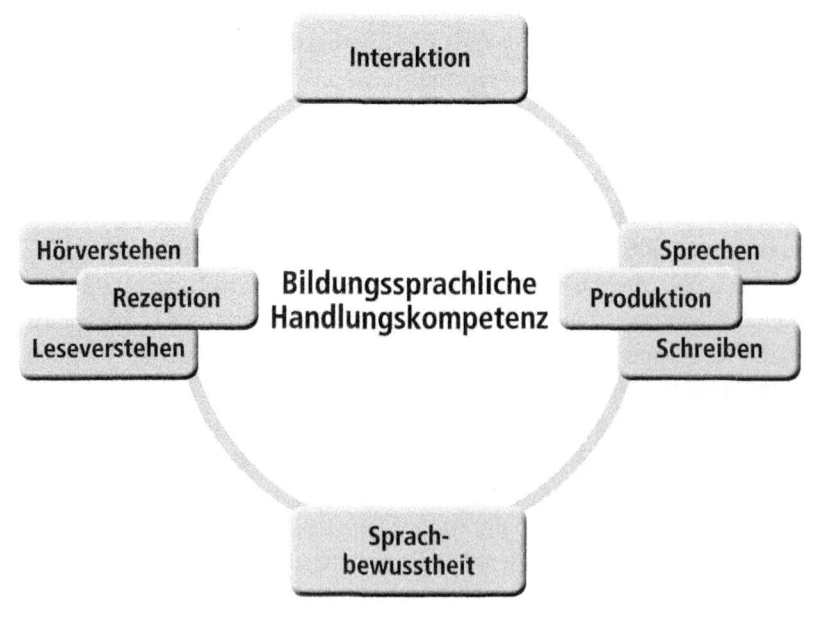

Abb. 2: Modell zur Bildungssprachlichen Handlungskompetenz (SenBJW 2015a: 5)

Im Bereich Interaktion liefert der Lateinunterricht wenige spezifische Beiträge, wenn sich bildungssprachliche Handlungskompetenz „durch aktive Teilnahme an Diskussionen" (SenBJW 2015a: 5) ausbilden soll. Aber schon im Bereich der Rezeption kann der Lateinunterricht aufgrund seiner didaktischen und methodischen Charakteristika einen wichtigen Beitrag zur Sprachbildung leisten, und zwar insbesondere beim Leseverstehen. Hierbei handelt es sich überwiegend um Informationsentnahme und -nutzung sowie um damit verbundene Lesetechniken und -strategien. Diese Form der Rezeption ist auch für den Lateinunterricht prägend. So kommt der Erschließung lateinischer Texte im Lateinunterricht eine zentrale Bedeutung zu, und zwar auf methodisch abgesicherter Grundlage (etwa durch den Einsatz transphrastischer Verfahren). Diese weisen z. T. große Übereinstimmungen mit Dekodierungsmethoden aus der DaZ-Didaktik auf, so z. B. beim *Textknacker* oder dem *REGULESE-Verfahren* (vgl. Kipf 2014: 99f.). Es ist davon auszugehen, dass ein entsprechend ausgerichteter Lateinunterricht, in dem Texterschließung explizit zum Unterrichtsthema wird, sprachbildende Potenziale entfalten kann. Auch im Bereich Produktion kann der Lateinunterricht einen spezifischen Beitrag zur Sprachbildung leisten: Wie oben bereits bemerkt, wirkt sich hier die prägende Rolle der konzeptionellen Schriftlichkeit bei der Übersetzung lateinischer Texte in Deutsche aus, was bekanntlich als eine Form schriftlich gestützter Textproduktion bewertet werden muss, wenn die Schülerinnen und Schüler bei der Rekodierung geeignete Wörter und Ausdrücke suchen, kritisch prüfen, auswählen und kreativ, d. h. zielsprachenorientiert anwenden. Es wird dabei zu prüfen sein, inwieweit dabei auch vorgegebene Operatoren bzw. Textmuster sinnvoll eingesetzt werden können. Im Bereich Sprachbewusstsein kann der Lateinunterricht seine besondere Stärke als Reflexionssprache zur Anwendung bringen. Wenn „Wörter und Formulierungen der Alltags-, Bildungs- und Fachsprache" (SenBJW 2015a: 10) differenziert werden sollen, kann der Lateinunterricht durch elaborierte grammatische Metasprache und eine bildungssprachlich determinierte Generierung deutscher Texte einen wichtigen Beitrag leisten. Das Ziel „Wortbildungsmuster nutzen" (SenBJW 2015a: 10) wird durch die analytisch-reflexive Form der Sprachbetrachtung nachhaltig gefördert. Auch der Aspekt „Mehrsprachigkeit nutzen" (SenBJW 2015a: 10) kann im Lateinunterricht problemlos umgesetzt werden, wie die fachdidaktische Forschung der letzten Jahre gezeigt hat (vgl. Doff & Kipf 2013). So gehört beispielsweise die Erklärung von Fremd- und Lehnwörtern lateinischen Ursprungs zum methodischen Grundbestand des Lateinunterrichts. Dass die Fähigkeit zum Monitoring positiven Einfluss darauf ausüben kann, diese anspruchsvollen Ziele auch tatsächlich zu erreichen, erscheint einleuchtend, ist jedoch noch eingehend fachdidaktisch zu fundieren.

7 Ein Ausblick auf die Praxis: Artikelverwendung im Lateinunterricht

In Berlin gibt es bereits erste Versuche, Sprachbildungsmodelle in den schulischen Alltag zu implementieren. Unter wissenschaftlicher Begleitung durch den Arbeitsbereich Didaktik der alten Sprachen an der Humboldt-Universität wird derzeit am Humboldt-Gymnasium Tegel auf der Grundlage des „Pons-Latinus"-Brückensprachenmodells das über die Zweitsprachförderung hinausgehende Konzept „LateinPLUS" (vgl. Kayser 2015: 4f.) erarbeitet, in dem die Fächer Deutsch und Latein eine sprachbildende Servicefunktion für alle anderen Fächer übernehmen. Wie ein sprachbildend ausgerichteter Unterricht aussehen könnte, soll durch ein Fallbeispiel skizziert werden.

Es handelt sich um eine Stunde, die in einer achten Klasse (3. Lernjahr Latein) dieses Berliner Gymnasiums durchgeführt wurde und in der eine dezidiert sprachbildende Zielsetzung verfolgt wurde, und zwar am Beispiel der im Deutschen komplexen Artikelverwendung. Dabei geht es nicht nur darum, einen lateinischen Text ins Deutsche zu Übungszwecken, etwa zur Vertiefung des Wortschatzes, zu übersetzen. Die unterrichtliche Arbeit ist vielmehr, wie man bereits an der Aufgabenstellung erkennen kann, explizit sprachreflektorisch ausgerichtet, wobei man sich die Alterität des Lateinischen, das keinen Artikel kennt, zu Nutze macht. Das eingesetzte Arbeitsblatt (s. Abb. 3) gibt dazu folgende Erläuterung:

> Das Lateinische kennt keine Artikel. Zur besonderen Betonung stehen ggf. Demonstrativ- oder Possessivpronomina [zur Verfügung]. Deshalb musst Du beim Übersetzen ins Deutsche überlegen, ob Du einen bestimmten, unbestimmten, keinen Artikel oder sogar ein Possessivpronomen nutzt, um die richtige Aussage im jeweiligen Zusammenhang deutlich zu machen.

Hier spielt die Fähigkeit zum Monitoring eine wichtige Rolle, die auch in der abschließenden konkreten Aufgabenstellung noch einmal explizit hervorgehoben wird: „Übersetze die Sätze und überlege bei den unterstrichenen Wörtern genau, wie Du am sinnvollsten mit einem bestimmten oder unbestimmten Artikel, einem Possessivpronomen oder mit gar keinem weiteren Wort übersetzt." Die Schülerinnen und Schüler müssen demnach Entscheidungen treffen, und zwar auf der Basis ihres verfügbaren Regelwissens im Lateinischen und Deutschen. Dabei müssen die grammatische Metasprache adäquat verwendet und der jeweilige situative Kontext berücksichtigt werden, der bereits aus der entsprechenden Lehrbuchlektion bekannt ist. Es ist deutlich, dass dem expliziten Sprachvergleich hierbei eine konstitutive Bedeutung zukommt. Erst durch den Vergleich werden

**Bestimmter oder unbestimmter Artikel, kein Artikel
– oder doch ein Possessivpronomen?**

Das Lateinische kennt keine Artikel. Zur besonderen Betonung stehen ggf. Demonstrativ- oder Possessivpronomina. Deshalb musst Du beim Übersetzen ins Deutsche überlegen, ob Du einen bestimmten oder unbestimmten, keinen Artikel oder sogar ein Possessivpronomen nutzt, um die richtige Aussage im jeweiligen Zusammenhang deutlich zu machen.

Übersetze die Sätze und überlege bei den unterstrichenen Wörtern genau, wie Du am sinnvollsten mit einem bestimmten oder unbestimmten Artikel, einem Prossessivpronomen oder mit gar keinem weiteren Wort übersetzt.

	Übersetzung bzw. mehrere mögliche Übersetzungen
Lucius Caesius Bassus servum ante villam stare videt.	
Etiam filiam videt.	
Subito viri accedunt quorum capita valata sunt.	
Tum seantor viros filiam abducere videt.	
Paulo post uxori virum filiam abduxisse narrat.	

Abb. 3: Arbeitsbogen zum Artikelgebrauch (Jens Augner, Humboldt-Gymnasium Berlin)

die Schülerinnen und Schüler zur Reflexion angeregt, um ein Bewusstsein für die jeweils typischen Eigenheiten beider Sprachen zu entwickeln. Das gesamte Verfahren ist schriftsprachlich abgesichert, da eine adäquate zielsprachenorientierte Übersetzung schriftlich dokumentiert werden muss.

Die Schülerinnen und Schüler beteiligten sich mit großem Engagement am Unterricht und setzten sich intensiv mit der disparaten Artikelverwendung auseinander, wie in einem Bericht der Berliner Tageszeitung *Der Tagesspiegel* vom 17.11.2015 anschaulich dokumentiert wurde:

> „Sum es est, sumus estis sunt": Jona hüpft vor den anderen Achtklässlern herum und skandiert die Konjugationsformen des Verbs „esse", also „sein". Seine Mitschüler sprechen mit, im Chor. So beginnt eine Lateinstunde am Humboldt-Gymnasium in Tegel – und so ähnlich hat man sich das ja auch vorgestellt: Pauken, auswendig lernen, herunterleiern von Deklinationen und Konjugationen einer komplizierten Sprache, die so gut wie kein Mensch mehr spricht. Doch der Eindruck täuscht. In dieser Unterrichtsstunde wird diskutiert, geknobelt, gescherzt und vor allem: viel über die deutsche Sprache nachgedacht. Die Schüler sind konzentriert bei der Sache. Gruppenarbeit. Im Lateinischen gibt es keine bestimmten oder unbestimmten Artikel. Geht es in dem Satz „Lucius Caesius Bassus servum videt" also um „den Sklaven", „einen Sklaven" oder vielleicht „seinen Sklaven", den Lucius Caesius Bassus sieht? Die Schüler beugen sich über ihre Arbeitsblätter und diskutieren, was wohl am besten passt und wie sie das herleiten können. Eigentlich geschieht in diesem Unterricht aber genau das, was nach dem Willen der Senatsbildungsverwaltung und gemäß dem neuen Rahmenlehrplan künftig in allen Fächern passieren soll: Es wird verstärkt auf die Sprachbildung geachtet – Genauigkeit beim Lesen, Textverständnis, Wortschatz, Ausdruck. (Vogt 2015: 14)[9]

8 Literatur

Doff, Sabine & Kipf, Stefan (Hrsg.) (2013): *English meets Latin. Unterricht entwickeln – Schulfremdsprachen vernetzen.* Bamberg: Buchner.

Ellis, Rod (1993): Second language acquisition and the structural syllabus. *TESOL Quarterly* 27: 91–113.

Ellis, Rod (2002): *Methodology in Language Teaching. An Anthology of Current Practice.* Cambridge: CUP.

Fuhrmann, Manfred (1976): Latein als Schlüsselfach der europäischen Tradition. In Fuhrmann, Manfred (Hrsg.): *Alte Sprachen in der Krise? Analysen und Programme.* Stuttgart: Ernst Klett, 68–82.

Große, Maria (2014): *Pons Latinus* – Modellierung eines sprachsensiblen Lateinunterrichts. *Info DaF* 41 (1): 70–89.

Große, Maria (2015): *Pons Latinus*: Latein als reflexionsbasierte Brückensprache im Rahmen eines sprachsensiblen Lateinunterrichts. In Ammann-Fernández, Eva Maria; Kropp, Amina & Müller-Lancé, Johannes (Hrsg.): *Herkunftsbedingte Mehrsprachigkeit im Unterricht der romanischen Sprachen.* Berlin: Frank & Timme, 185–206.

(HU 2015): Humboldt-Universität zu Berlin (Hrsg.) (2015): *Fachspezifische Studien- und Prüfungsordnung für das lehramtsbezogene Masterstudium im Fach Latein* (Schwerpunkt Gymnasium). Amtliches Mitteilungsblatt 66, 23 S.

---

[9] Der Autor hat die geschilderte Stunde selbst mitverfolgt; das wiedergegebene Zitat gibt den Verlauf der Stunde eindrucksvoll wieder.

Kayser, Jörg (Hrsg.) (2015): *Lernen am Humboldt-Gymnasium. Schulinformation 2015/2016* Berlin: Humboldt-Gymnasium, 4–5.

Kipf, Stefan (2014a): Altsprachlicher Unterricht im Wandel: Fachdidaktische Themenkonstitution als Innovationsmotor. In Lange, Harald & Sinning, Silke (Hrsg.): *Kommunikation und Verstehen.* Baltmannsweiler: Schneider Hohengehren, 43–64.

Kipf, Stefan (Hrsg.) (2014b): *Integration durch Sprache. Schüler nichtdeutscher Herkunft lernen Latein.* Bamberg: Buchner.

Kipf, Stefan (2014c): Lateinunterricht und Zweitsprachförderung: Neue Perspektiven für eine alte Sprache. *Zeitschrift für Interkulturellen Fremdsprachenunterricht* 19 (1): 138–147.

Krashen, Stephen D. & Terrel, Tracy D. (eds.) (1983): *The natural approach: Language acquisition in the classroom.* Hayward, CA: Alemany Press.

Leisen, Josef (2013): *Handbuch Sprachförderung im Fach. Sprachsensibler Fachunterricht in der Praxis.* 2. Bd. Stuttgart: Klett.

Long, Mike (2014): *Second Language Acquisition and Task-Based Language Teaching.* Oxford: Wiley.

Müller-Lancé, Johannes (2001): Thesen zur Zukunft des Lateinunterrichts. *Forum Classicum* 44 (1): 100–106.

Rösch, Heidi (2011): *Deutsch als Zweit- und Fremdsprache.* Berlin: Akademie Verlag.

Rotter, Daniela (2015): *Der Focus-on-Form-Ansatz in der Sprachförderung. Eine empirische Untersuchung der Lehrer-Lerner-Interaktion im DaZ-Grundschulkontext.* Münster, New York: Waxmann.

Schmidt, Richard (1990): The role of consciousness in second language learning. *Applied Linguistics* 11: 129–158.

(SenBJW 2015a): Senatsverwaltung für Bildung, Jugend und Wissenschaft (2015a): *Rahmenlehrplan für die Jahrgangsstufen 1–10, Teil B: Fachübergreifende Kompetenzentwicklung, Basiscurriculum Sprachbildung.* Berlin: SenBJW, 4–12. http://bildungsserver.berlin-brandenburg.de/fileadmin/bbb/unterricht/rahmenlehrplaene/Rahmenlehrplanprojekt/amtliche_Fassung/Teil_B_2015_11_10_WEB.pdf *(10.09.2016).*

(SenBJW 2015b): Senatsverwaltung für Bildung, Jugend und Wissenschaft (2015b): *Rahmenlehrplan für die Jahrgangsstufen 1–10, Teil C, Latein, Jahrgangsstufen 5–10.* Berlin: SenBJW. http://bildungsserver.berlin-brandenburg.de/fileadmin/bbb/unterricht/rahmenlehrplaene/Rahmenlehrplanprojekt/amtliche_Fassung/Teil_C_Latein_2015_11_10_WEB.pdf *(10.09.2016).*

Siebel, Katrin (2013): Englisch- und Lateinunterricht in Kooperation (ELiK). Ein interdisziplinäres fachdidaktisches Forschungsprojekt. In Schmitzer, Ulrich (Hrsg.): *Enzyklopädie der Philologie. Themen und Methoden der Klassischen Philologie heute.* Göttingen: Edition Ruprecht, 277–299.

Vogt, Sylvia: Latein – muss das sein? *Der Tagesspiegel,* 16.11.2015: 14.

Wirth, Theo; Seidl, Christian & Utzinger, Christian (2006): *Sprache und Allgemeinbildung. Neue und alte Wege für den alt- und modernsprachlichen Unterricht am Gymnasium.* Zürich: Lehrmittelverlag.

Alexander Lohse
Deutsch als Zweitsprache – (k)ein Fall für den Fremdsprachenunterricht?

Das Lernen fremder Sprachen im Kontext gesamtsprachlicher Erwerbsprozesse

Betrachtet man die Anzahl der Veröffentlichungen im Umfeld der Diskussion um Schülerinnen und Schüler mit Deutsch als Zweitsprache und die bildungssprachlichen Anforderungen von Fachunterricht, so lässt sich erfreulicherweise konstatieren, dass die Debatte inzwischen in den meisten Fächern angekommen ist. Auffällig ist aber, dass die Fremdsprachendidaktiken bisher lediglich Zaungäste in diesem Diskurs sind. Es gibt zwar einen umfangreichen Fundus an Literatur zum Thema Mehrsprachigkeit, insbesondere im Bereich der romanischen Sprachen, der aber zu großen Teilen innerhalb der eigenen Sprachenfamilie verharrt. Es gibt einen schon merklich kleineren Bereich, der sich mit prestigeärmeren Herkunftssprachen[1] auseinandersetzt, beispielsweise der aktuelle Band über herkunftsbedingte Mehrsprachigkeit im Unterricht der romanischen Sprachen (vgl. Fernandez Ammann, Kropp & Müller-Lancé 2015). Zur expliziten Auseinandersetzung mit den besonderen sprachlichen Herausforderungen des Tagesgeschäfts fremdsprachlichen Unterrichts für Schülerinnen und Schüler mit Deutsch als Zweitsprache bzw. der Schülerkohorte, die aufgrund anderer Erwerbskontexte nicht optimal auf die Anforderungen sprachlichen Handelns in den Schulen vorbereitet wird, gibt es im Vergleich zu den meisten anderen Schulfächern praktisch kein Angebot. Weder auf Konferenzen noch in einschlägigen Sammelbänden gibt es eine nennenswerte Anzahl an Beiträgen, die sich explizit mit dem Themenfeld DaZ/Sprachbildung und Fremdsprachenunterricht auseinandersetzen. In Handreichungen der Schulverwaltungen ist der Bereich Fremdsprachenunterricht unterrepräsentiert,[2] und auch vor Ort in den Schulen beschäftigen sich die Fremdsprachenbereiche meinem Eindruck nach wenig mit diesem Thema,

---

[1] Im Folgenden werden Herkunftssprachen als L1 bezeichnet.
[2] Beispielhaft dafür sind etwa die aktuellen Handreichungen der Senatsschulverwaltung zur Sprachbildung in Berlin (Reinisch 2014), die zwar einen Teil zu Wortschatzarbeit im Fremdsprachenunterricht aufweisen; dieser geht aber kaum über Vorschläge zur Einführung fremdsprachiger Vokabeln hinaus.

obwohl davon auszugehen ist, dass die Fremdsprachenlehrkräfte die meiste innerschulische Kompetenz bezüglich des Erwerbs von Sprachen aufweisen. Insofern ist dieser Aufsatz ein erster Versuch, die Anschlussfähigkeit der Sprachbildungsdebatte und der Diskussion um Schülerinnen und Schüler mit Deutsch als Zweitsprache an verwandte Themengebiete der Fremdsprachendidaktik zu umreißen. Gleichzeitig soll auch beleuchtet werden, warum die Ansatzpunkte für eine Förderung von Schülerinnen und Schülern mit Deutsch als Zweitsprache aufgrund der Besonderheiten des Fremdsprachenunterrichts in der Tat in einem anderen Bereich liegen als im restlichen Fächerkanon.

Getragen werden die Überlegungen von der Überzeugung, dass der Fremdsprachenunterricht Gewichtiges zur gesamtsprachlichen Entwicklung von Schülerinnen und Schülern beizutragen hat. Es gibt eine Vielzahl von Überschneidungen mit zum Teil jahrzehntealten Debatten innerhalb der Fremdsprachendidaktiken und Konzepten, die leicht variiert auch im Zentrum der Idee der durchgängigen Sprachbildung stehen. Diese Überschneidungen werde ich aufzeigen und darlegen, warum besonders Schülerinnen und Schüler mit Deutsch als Zweitsprache von einem Sprachunterricht profitieren könnten, der die Förderung von Sprachbewusstheit und Sprachlernkompetenz als eine Querschnittsaufgabe wahrnimmt, die Fächergrenzen überschreitet und die gesamtsprachliche Entwicklung der Lernenden stärker als bisher in den Fokus nimmt.

1 ‚Sprachbildung machen wir ja eh' – die besondere Rolle fremdsprachlichen Lernens

Wenn es etwas gibt, das die Debatte um die Förderung von Schülern mit Deutsch als Zweitsprache im letzten Jahrzehnt zu Tage gefördert hat, dann ist es folgende Erkenntnis: Schulen sind Orte, an denen neben fachlichen Lernprozessen sprachliche Erwerbsprozesse ablaufen, und diese (fach)sprachlichen Erwerbsprozesse spielen eine ganz entscheidende Rolle für den fachlichen Lernerfolg. Eine eigentlich banale Erkenntnis, aber eine, die erst den nötigen Reifegrad durch den zunehmenden Leidensdruck von Lehrkräften erhält, die in ihrer täglichen Arbeit auf immer mehr Lernende treffen, die für eine erfolgreiche Teilnahme am Fachunterricht zu geringe sprachliche Lernvoraussetzungen aufweisen. Schulischer Spracherwerb – insbesondere von Schülerinnen und Schülern mit Deutsch als Zweitsprache – steht deshalb im Zentrum eines sehr produktiven sprachdidaktischen Diskurses, der durch die Ausweitung des Zuständigkeitsbereiches unter dem weiter gefassten und etwas schillernden Begriff der *Sprachbildung* inzwischen auch zunehmend die Fachdidaktiken der Sachfächer beschäftigt.

Der Fremdsprachenunterricht unterscheidet sich in dieser Hinsicht allerdings grundlegend von anderen Fächergruppen. Sprachbildung ist hier keine Neuentdeckung, sondern von jeher explizites Lernziel, und das spätestens seit der kommunikativen Wende auch in einer kommunikativ-funktionalen Ausprägung.[3] Dies kann u. a. den Bildungsstandards für den mittleren Schulabschluss für die erste Fremdsprache entnommen werden, in denen das „Verfügen über die sprachlichen Mittel" im Mittelpunkt steht.

> Die Entwicklung der funktionalen kommunikativen Kompetenzen ist bezogen auf die geläufige und korrekte Verfügung über die sprachlichen Mittel in den Bereichen Aussprache und Intonation, Orthographie, Wortschatz, Grammatik. (KMK 2003: 9)

Der Bereich der Kommunikation, der beispielsweise im Geographieunterricht einen von sieben Kompetenzbereichen ausmacht (und nicht den wichtigsten), steht hier absolut im Zentrum und dominiert das Unterrichtsgeschehen bis hin zur Wahl der Unterrichtsinhalte weitestgehend.

Allerdings – und das ist der offensichtlichste Unterschied zum restlichen Fächerkanon – ist die Zielsprache des Fremdsprachenunterrichts eine andere, die Instruktionssprache weitestgehend auch, so dass die Notwendigkeit einer Förderung der Deutschkenntnisse der Schülerinnen und Schüler zunächst außerhalb des Zuständigkeitsbereichs von Fremdsprachenlehrkräften zu liegen scheint. Es gibt daher einen ganz eigenen, fremdsprachlichen Sprachbildungsbegriff,[4] der nur in Teilen anschlussfähig an den im Zentrum des Diskurses um Lernende mit Deutsch als Zweitsprache verwendeten, stark von schulischer Fachsprache bestimmten Begriff scheint. Und obwohl es eigentlich so aussieht, als wenn die Zweitspracherwerbsforschung und die Paralleldisziplin in den Fremdsprachendidaktiken – die Sprachlehrforschung – ein sich stark überschneidendes Forschungsgebiet haben,[5] hat sich die neuere Disziplin der Sprachlehr- und Sprachlernforschung deutlich abgegrenzt. Königs fasst diese Sonderstellung wie folgt zusammen:

> Die durch das unterrichtliche Lehren und Lernen von Fremdsprachen ausgelösten Vorgänge und Prozesse sind durch die Spezifik des Phänomens ‚Fremdsprachenunterricht' gekennzeichnet und sind in Entstehung und Wirkung mit fremdsprachlichen Aneignungs-

---

[3] Nicht umsonst erinnern einige Kompetenzmodelle zur Konkretisierung fachsprachlicher Handlungskompetenz stark an die Fertigkeitenorientierung im kommunikativen Fremdsprachenunterricht, beispielsweise im *Basiscurriculum Sprachbildung für Berlin* (LISUMB 2015).
[4] Überblickshaft dazu das von Adelheid Hu koordinierte Positionspapier der DGFF (Hu 2008) und Hallet (2011: 27–56).
[5] Beide Bereiche beziehen sich z. B. stark auf Selinkers *Interlanguage*-Hypothese und verfolgen ein Spracherwerbskonzept, das sich durch eine starke Lernerorientierung auszeichnet.

vorgängen, die außerhalb des Fremdsprachenunterrichts und losgelöst von ihm stattfinden, nur partiell vergleichbar (Königs 2015: 9)

Die starke Betonung der unterrichtlich bedingten Faktoren gegenüber universellen Theorien des Spracherwerbs – wie sie insbesondere die Anfangszeit der DaZ-Forschung dominierten – gilt nicht nur für den deutschen Bereich: Long spricht aus Perspektive der Second Language Acquisition von „SLA and the fundamental language teaching divide" (Long 2014: 16). Dies mag ein Grund für die bisherige Zurückhaltung der Fremdsprachendidaktiken sein, sich aktiv an der DaZ-Debatte zu beteiligen. Aber darüber hinaus ist die in weiten Teilen des Sprachbildungsdiskurses inhärente Grundidee vom Aufbau von Fachsprache und Bildungssprache als eine Art Werkzeug zum Erreichen fachlicher Lernziele für die Fächergruppe zu modifizieren, deren zentrale Lernziele eben prozedural-sprachlicher Natur sind. Im Fremdsprachenunterricht scheitert das fachliche Lernen nicht aus quasi-konzeptuellen Gründen an ungenügend reflektierten sprachlichen Herausforderungen. Denn der Aufbau von Sprachkompetenz steht im Zentrum des Fachs und die Lehrwerke geben eine (zumindest der Idee nach) an Lernbedürfnissen ausgerichtete sprachliche Progression vor, und das deutlich ausgeprägter noch als beispielsweise im muttersprachlichen Deutschunterricht. Daher ist der Anteil an Unterrichtsinhalten, die explizit Bildungssprache bzw. Fachsprache benötigen, gering.[6] Im Anfangsunterricht und bis in die Oberstufe hinein sind die Themen weitestgehend ausgerichtet an der Alltagswelt der Lernenden, um die Förderung der kommunikativen Kompetenz der Lernenden über die verschiedenen Fertigkeitsbereiche hinweg nicht an (sprachlich) zu komplexen Inhalten scheitern zu lassen. Sie sind zwar nicht beliebig – Themen aus dem Bereich der interkulturellen Kompetenz z. B. haben v. a. im Fremdsprachenunterricht ihren Platz[7] –, aber sie sind in der Hauptsache inhaltlicher Anlass für fremdsprachlichen Kompetenzerwerb und kommen daher mit einer inhaltlichen Komplexität aus, die auch mit allgemeinsprachlichen Mitteln bewältigt werden kann. Das genaue Verhältnis von Inhalten im Fremdspracherwerb und sprachlichem Kompetenzerwerb ist allerdings noch nicht gänzlich geklärt.

Man kann also zunächst feststellen: Es gibt sehr plausible Gründe dafür, dass der Sprachbildungsdiskurs bislang von der Fremdsprachendidaktik kaum aufgegriffen wurde, denn oberflächlich betrachtet wird nicht nur an unterschiedlichen Sprachen gearbeitet, sondern auch hinsichtlich der Register in einem zwar

---

6 Ausgenommen der Bereich des bilingualen Sachfachunterrichts (CLIL).
7 Und in diesem Bereich liegt auch ein bisheriger Schwerpunkt der Beschäftigung mit Lernenden anderer Herkunftssprachen, aber interkulturelle Kompetenz hat mit Sprachförderung zunächst nur mittelbar etwas zu tun.

benachbarten, aber dennoch unterschiedlichen Handlungsfeld. Trotzdem lohnt es sich an dieser Stelle, ein wenig um die Ecke zu denken, um darzulegen, welche Rolle die Fremdsprachen im großen Ganzen schulsprachlicher Spracherwerbsprozesse spielen (könnten). Einen ersten Hinweis können hier Ergebnisse von Schülern und Schülerinnen mit Deutsch als Zweitsprache in den Schulvergleichsstudien bieten, in denen teilweise auch der Bereich der Fremdsprachen in den Blick genommen wird.

2 ‚Hier fangen alle bei null an' – Fremdsprachenunterricht und vorgelernte Sprachen

Die Schülerschaft hat sich in den letzten Jahrzehnten natürlich auch im Fremdsprachenunterricht geändert. Mehrsprachige Klassenzimmer sind insbesondere in Ballungszentren die Norm, den schulischen Ansprüchen genügende homogene Deutschkenntnisse können aufgrund der unterschiedlichsten Einflussfaktoren auf den kindlichen Spracherwerb nicht mehr bei allen Lernenden vorausgesetzt werden. Die Diskussion um die aktive Rolle der Schule im Erwerb bildungssprachlicher Handlungsfähigkeit ihrer Schülerschaft macht auch vor dem Fremdsprachenunterricht nicht halt, allerdings in einer etwas anderen Ausprägung.

Denn aus der empirischen Bildungsforschung kamen für den Bereich der Fremdsprachen bezüglich der Situation von Schülerinnen und Schülern mit Deutsch als Zweitsprache zunächst gerne ins Feld geführte, oberflächlich beruhigende Nachrichten. Ist man es gewöhnt, in jeder Vergleichsstudie erheblich signifikante Leistungsunterschiede im Vergleich zu Schülerinnen und Schülern mit Deutsch als L1 zu sehen, ist dies in den Fremdsprachen nicht der Fall. Keßler & Paulick (2010) geben einen guten Überblick über einschlägige Studien, die zum Teil sogar Vorteile von mehrsprachigen Lernenden für das Erlernen von Fremdsprachen attestieren.

Auch die DESI-Studie attestiert ein gutes Abschneiden in der ersten Fremdsprache. Das DESI-Konsortium urteilt zusammenfassend:

> In den Englischleistungen liegen die Gruppen mit unterschiedlichem Sprachhintergrund sehr viel näher beieinander als in Deutsch. Der Leistungsvorsprung der Schülerinnen und Schüler mit deutscher Erstsprache gegenüber Schülerinnen und Schülern mit nicht-deutscher Erstsprache beträgt nur 41 Punkte, fällt also nicht halb so stark aus wie in Deutsch. (DESI-Konsortium 2008: 24)

Die Studie unterscheidet zwischen mehrsprachigen und nicht-deutschsprachigen Schülerinnen und Schülern, allerdings kann man die sehr heterogene

Gruppe der Lernenden mit Deutsch als Zweitsprache noch genauer untersuchen. Göbel, Rauch & Vieluf (2011) unternehmen einen ersten Differenzierungsversuch durch eine Reanalyse der DESI-Daten und kommen zumindest für Schülerinnen und Schüler mit türkischem/kurdischem Hintergrund zu einer etwas weniger positiven Beurteilung und erklären sich diese mit den schwachen Leseleistungen in der L1 und L2.

Eine aktuelle Studie von Maluch et al. (2015) kommt für Schülerinnen und Schüler mit türkischem und arabischem Hintergrund zu einem ähnlichen Ergebnis und schränkt die pauschale Aussage des generellen Vorteils von Mehrsprachigkeit für den Erwerb von weiteren Sprachen wie folgt ein:

> In conclusion, bilingualism may lead to advantages in additional language learning, yet several factors can affect this process, especially background characteristics and language proficiency. Failing to take these factors into account may be leading to biased conclusions in empirical studies and potentially masking possible advantages for immigrant bilingual groups. (Maluch et al. 2015: 77)

Neben der Bedeutung sozialer Hintergrundfaktoren machen die Autorinnen und Autoren der Studie einen besonders aussagekräftigen Prädiktor aus: „As the results show, a one-point increase in German language is associated with almost ten points on English achievement." (Maluch et al. 2015: 83)

Die Ergebnisse unterstreichen, dass neben den auch in dieser Studie beobachtbaren Vorteilen für mehrsprachige Schülerinnen und Schüler im Fremdsprachenerwerb das Beherrschen einer robusten L1 bzw. der dominanten Instruktionssprache Deutsch auch für den Kompetenzerwerb im Fremdsprachenunterricht eine Rolle spielt. Zu ähnlichen Ergebnissen bzgl. der gegenseitigen Bedingung von Deutsch und Latein kommt Große im Rahmen ihrer Interventionsstudie „Pons Latinus" (vgl. Große 2014, 2016). Die Ergebnisse sind interessant, da hier zum einen Klassen mit sukzessiv bilingualen Lernenden (überwiegend arabische oder türkische L1) im Untersuchungsfokus stehen, zum anderen auch die Leistungen im Fach Latein durch eine gezielte Förderung des Deutschen und den Einbezug von Herkunftssprachen gesteigert wurden (vgl. auch den Beitrag von Kipf in diesem Band). Insofern ist der Eindruck zwar nicht ganz falsch, dass es auf Seiten des Fremdsprachenunterrichts keinen hohen Handlungsdruck gibt, auf eine durch die sprachlich heterogenere Schülerschaft zum Problem gewordene Unterrichtssituation zu reagieren. Gleichzeitig scheinen aber Urteile hinsichtlich des pauschalen Vorteils von mehrsprachigen Schülerinnen und Schülern beim Erlernen weiterer Sprachen[8] und der

---

8 Von einer „vorhandenen metasprachlichen Reflexionsfähigkeit" geht beispielsweise Tracy in ihrem Aufsatz *Mehrsprachigkeit: Vom Störfall zum Glücksfall* aus (in Krifka 2014: 29).

sprachlichen Voraussetzungslosigkeit des vorgeblich für alle bei null beginnenden Fremdsprachenunterrichts zumindest nicht für alle Schülerinnen und Schüler mit einer anderen Herkunftssprache als Deutsch gleichermaßen zu gelten. Dazu kommt, dass die Erforschung zugewanderter sukzessiv bilingualer Kinder mit prestigeärmer L1 immer noch ein Forschungsdesiderat ist. Die herkunftssprachlichen Kenntnisse von Lernenden aus Einwandererfamilien sind bisher erst wenig erforscht. Im Falle von Bildungsinländern kann man aber sehr wahrscheinlich davon ausgehen, dass sie in ihrer Herkunftssprache in der Regel nicht alphabetisiert wurden und auf diese zudem überwiegend sukzessiv mehrsprachigen Kinder Ergebnisse aus der Erforschung von bilingualen Kindern aus Mittelschichtsfamilien nicht 1 : 1 übertragbar sind.[9]

Seit der kontrovers diskutierten Interdependenz-Hypothese von Cummins (1981) wird der Einfluss vorgelernter Sprachen auf den Erwerb weiterer Sprachen regelmäßig diskutiert, freilich ohne dass diese Annahme empirisch ausreichend belegt wäre. In Untersuchungen zum mentalen Lexikon Mehrsprachiger gibt es hingegen schon Beobachtungen aus Versuchen mit bildgebenden Darstellungsverfahren, die sprachübergreifende, parallele Aktivierungsmuster beim Sprechen einer nachgelernten Sprache nachweisen.[10] Die Reanalysen der Vergleichsstudien machen noch einmal deutlich, dass der Fremdsprachenunterricht und sein Bezug zu den ihn einrahmenden vor- und nachgelernten Sprachen – seien es nicht-deutsche Herkunftssprachen, das Deutsche, parallel gelernte Fremdsprachen oder wie im Fall des *content and language integrated learnings* (CLIL) die entsprechenden fachsprachlichen Anteile – durch die Debatte um die sprachlichen Leistungen von Schülerinnen und Schülern mit Deutsch als Zweitsprache eine weitere zu bedenkende Dimension erhält. Es gibt zwar seit dem Problematisieren des Primats der Einsprachigkeit unter anderem durch die weit rezipierten Publikationen von Butzkamm (1990, 2003, 2007) ein regelmäßig aufflammendes Interesse am Umgang mit vorgelernten Sprachen, und Butzkamms Begriff der *aufgeklärten Einsprachigkeit* ist inzwischen verbreitet, aber im Zentrum der Debatte steht eigentlich der gelegentliche Einbezug des Deutschen in den Unterricht. Königs (2015) fordert inzwischen in einem aktuellen Aufsatz ein stärkeres (funktionales) Einbeziehen der jeweiligen Herkunftssprache in den Fremdsprachenunterricht und schließt an die oben genannten Argumente an, wenn er feststellt:

---

[9] Erste interessante Einblicke bietet hier die länderübergreifende deutsch-türkische Studie zum Literalitätserwerb von Sürig et al. (2016).
[10] Lutjeharms (2004) stellt die neurolinguistischen Befunde zum mentalen Lexikon mehrsprachiger Lerner beim Erlernen von Fremdsprachen dar.

> Erfolgreiches Fremdsprachenlernen setzt eine fundierte muttersprachliche Kompetenz voraus, und dort, wo sie (noch) nicht gegeben ist, muss sie angestrebt werden, damit der fremdsprachliche Aneignungsvorgang einigermaßen erfolgreich angebahnt werden kann. Dieses Argument spielt [...] eine wichtige Rolle bei der Sprachförderung von Zweitsprachenlernern mit Migrationshintergrund" (Königs 2015: 6)

Königs nimmt inzwischen eine deutlich zugenommene Offenheit gegenüber dem Einbezug anderer Sprachen wahr, aber dass sich in den Lehrbüchern oder der eng von der Vorstrukturierung durch die Lehrwerke abhängigen Unterrichtsrealität eine nennenswerte Ausrichtung an einer Schülerschaft ohne robuste Deutschkenntnisse bzw. Kenntnisse in anderen Sprachen zeigen würde, dafür gibt es kaum Anzeichen. Selbst Sprachlehrkräfte in den sprachlich sehr heterogenen Integrationsklassen folgen teilweise noch immer dem inzwischen sprichwörtlichen monolingualen Habitus Gogolins, wie eine Studie von Grein (2010) zeigt.[11]

Und genau hier zeigt sich die erste Schnittstelle zum Sprachbildungsdiskurs und dem Nachdenken über die Rolle der deutschen Sprachkompetenz im Fachunterricht. Denn wenn Analysen wie die von Maluch et al. (2015) eine starke Korrelation zwischen den Leistungen im Fach Deutsch und denen in der ersten Fremdsprache nachweisen, dann besteht eine erste Aufgabe in der Überprüfung der Anforderungen des Fremdsprachenunterrichts daraufhin, an welcher Stelle und in welchem Maße Deutschkenntnisse implizit und explizit eine Rolle spielen für schulisches Fremdsprachenlernen. Im Rahmen dieser Arbeit kann das nicht geleistet werden, aber knapp gesprochen ist der Fremdsprachenunterricht bei aller Zielsprachenorientierung vor dem Hintergrund einer mehrheitlich monolingual deutschsprachigen Schülerschaft konzipiert worden und baut auf ein alterstypisch ausgebautes implizites Sprachwissen auf. Auch aktuell herrschen zweisprachig deutsch-fremdsprachige Wortlisten in den Lehrbüchern vor, das Deutsche ist eine immer verfügbare Referenzsprache im Hintergrund, und komplexe Formphänomene werden im Vergleich zu entsprechenden Strukturen im Deutschen erklärt. Über die Jahrzehnte hat sich bei Lehrkräften und Schulbuchverlagen ein Gespür dafür entwickelt, welche Lernerschwernisse es beim schulischen Erwerb von Fremdsprachen für Schüler mit deutscher Herkunftssprache gibt, beispielsweise Aspektmarkierungen am Verb oder das Nicht-Vorhandensein bestimmter Phoneme im Deutschen (französische Nasale, das englische ‚th'). Für

---

11 Die Untersuchung von Grein (2010) unter entsprechenden Sprachlehrkräften (N = 450) in sprachlich extrem heterogenen Gruppen kam zu dem Ergebnis, dass 86 % am Primat der Einsprachigkeit festhalten, nur 1,3 % präferierten ein zumindest teilweise sprachkontrastives Vorgehen. Dazu auch der aktuelle Sammelband *Challenging the monolingual mindset* von Hajek & Slaughter (2015).

Lernende mit anderen vorgelernten Sprachen muss sich dieses Professionswissen erst entwickeln. Und selbst ein strikt einsprachiger Fremdsprachenunterricht, den es in der Realität ja gar nicht gibt,[12] wäre ein voraussetzungsreicher sprachlicher Erwerbsprozess unter den durch das monolingual deutsche Schulsystem gesteckten Rahmenbedingungen. Dies kann eine Lerngelegenheit sein, wenn man die ‚Brückenfunktion' für den Erwerb anderer Sprachen im Sinne der gesamtsprachlichen Entwicklung der Schülerinnen und Schüler explizit nutzt. Aber es steht zu vermuten, dass insbesondere die, die über keine robuste L1 verfügen und deren Deutschkenntnisse nicht schulstufenadäquat ausgebaut sind, auch im Fremdsprachenunterricht an ihre sprachlichen Grenzen geraten. Gestützt wird dieser Verdacht beispielsweise von einem Schulprojekt zu *multilingual learning awareness* in Baden-Württemberg, das insbesondere in expliziten Sprachvergleichsphasen eine „Überforderung" bei den sprachlich „nicht leistungsstarken" Lernenden feststellt (Hildenbrand et al. 2012: 33). Einiges spricht also dafür, dass auch der Fremdsprachenunterricht von gesteigerten allgemeinsprachlichen Kompetenzen bzw. Kompetenzen in der Instruktionssprache Deutsch profitiert. Ein Fokus auf die gesamtsprachliche Entwicklung von Schülerinnen und Schülern, der nicht vor Sprachgrenzen endet, scheint daher ein lohnendes Konzept. Dafür muss jedoch, gedanklich aus dem DaZ-Diskurs kommend, ein wenig um die Ecke gedacht werden, wenn man das Sprachförderpotenzial des Fremdsprachenunterrichts einschätzen und organisch an bestehende Unterrichtskonzepte anbinden will.

3 Verknüpfung DaZ-didaktischer und fremdsprachendidaktischer Konzepte

Im Folgenden richtet sich der Blick auf Anknüpfungsmöglichkeiten an bestehende Unterrichtskonzepte. Jakisch (2014) hat in einer Interviewstudie die Einstellungen von Englischlehrkräften zu diesem Thema untersucht und kommt zu dem Ergebnis:

> Es scheint daher zentral, Englischlehrkräfte für den Einfluss der zuerst gelernten Fremdsprache auf weiteres Sprachenlernen zu sensibilisieren […] und zwar ohne ihnen dabei das Gefühl zu geben, ihr Fach würde für die Zwecke der Mehrsprachigkeitsdidaktik instrumentalisiert werden. (Jakisch 2014: 213)

---

[12] Laut der DESI-Studie sind 76 % der Schülerbeiträge in der Zielsprache produziert, allerdings nur zur Hälfte frei formuliert (vgl. DESI-Konsortium 2006: 47).

Eine aufgepfropfte Verordnung eines Einbezugs anderer Sprachen in den Unterricht oder gar eine kompensatorische Deutsch-Förderung im Fremdsprachenunterricht dürfte auf wenig Akzeptanz der Lehrenden stoßen. Nachfolgend möchte ich daher den Blick auf zwei Bereiche lenken, die sowohl in der DaZ-Forschung, in der Deutschdidaktik als auch im Fremdsprachenunterricht thematisiert werden und daher als geeignete Anknüpfungspunkte für eine sprachenübergreifende Förderung von Schülerinnen und Schülern mit Deutsch als Zweitsprache erscheinen: Mehrsprachigkeitsdidaktik und Sprachbewusstheit.

3.1 Mehrsprachigkeitsdidaktik und gesamtsprachliche schulische Erwerbsverläufe

Ein Bereich, der nicht nur innerhalb der Fremdsprachendidaktik spätestens seit Ende der 1990er Jahre zu einer großen Anzahl an Publikationen führte, bietet einen ersten Ansatzpunkt: die Mehrsprachigkeitsdidaktik. Der Begriff verschränkt gleichzeitig sprachenpolitische und sprachdidaktische Diskurse mit Elementen aus dem Bereich der interkulturellen Erziehung und Erkenntnissen aus der Spracherwerbsforschung, so dass er sich weder im Rahmen dieses Aufsatzes hinreichend umreißen lässt, noch scheinen die Forderungen der Mehrsprachigkeitsdidaktik bislang in der Klassenzimmer-Realität einen merkbaren Einfluss hinterlassen zu haben. Hu (2003) konstatiert in einer Unterrichtsbeobachtungsstudie diesbezüglich eine erhebliche Diskrepanz zwischen den fachdidaktischen Konzepten einerseits und dem Aufgreifen von Mehrsprachigkeit in Unterrichtssituationen andrerseits. Eine neuere Befragung von 297 Fremdsprachenlehrkräften an Gymnasien von Heyder & Schädlich kommt ebenfalls zu dem Ergebnis, dass Lehrkräfte „Herkunfts- und Umgebungssprachen ihrer Schüler nicht oder nur wenig thematisieren" (Heyder & Schädlich 2014: 194). Für den Bereich des Deutschunterrichts kommt Marx im selben Jahr nach einer Sichtung von Mehrsprachigkeitsansätzen in aktuellen Lehrwerken des Deutschunterrichts zu einem ähnlich ernüchternden Schluss:

> Die Tendenz, Mehrsprachigkeit in der Theorie zu loben, in der Praxisrealität jedoch zu vernachlässigen oder gar zu pathologisieren, führt nachweislich zu negativen Konsequenzen für die Entwicklung der Mehrheitssprache, der Herkunftssprache und des metalinguistischen Bewusstseins, für das Selbstvertrauen mehrsprachiger Kinder und Jugendlicher in ihrem erweiterten linguistischen Kapital und – noch bedeutender – für die gesellschaftliche Akzeptanz von anderen Sprachen und somit von Personen mit erweiterten sprachlichen Kompetenzen. Die offizielle Unterstützung der Mehrsprachigkeit durch KMK-Vorgaben erfährt keine Relevanz, wenn die Plurilingualität von aktuellen

Lehrmaterialien nicht ernst genommen wird, sondern weiterhin als nette Nebenspeise verstanden wird" (Marx 2014: 20)[13]

Die von Marx benannte Unterstützung der Mehrsprachigkeit seitens der KMK beschränkt sich allerdings auf eine einzige Nennung in den Bildungsstandards für die fortgeführte Fremdsprache und eine weitere Nennung innerhalb der Bildungsstandards der ersten Fremdsprache. Schüler sollen ihre Mehrsprachigkeit im Fremdsprachenunterricht „selbständig und reflektiert erweitern" (KMK 2012: 22), in der ersten Fremdsprache wird Mehrsprachigkeit in den Standards nicht im sprachlichen, sondern im interkulturellen Bereich angesiedelt und eher soziokulturell fokussiert (KMK 2003: 10). Insofern handeln Lehrkräfte durchaus pragmatisch, wenn sie eine so formulierte unverbindliche Förderung von Mehrsprachigkeit im Unterricht als Nebenspeise verstehen, denn eine curricular schwach verankerte mehrsprachige Kompetenz erscheint in der Vorbereitung der Schülerinnen und Schüler auf handfeste Bildungsabschlüsse nicht als zentrales unterrichtliches Handlungsfeld. Wird das große Ganze in den Fokus genommen, müssten die dynamischen Spracherwerbsverläufe als Folge einer zunehmend plurilokalen Lebensrealität in einem ersten Schritt stärker curricular abgebildet sein, um in der Unterrichtsrealität wirksam zu werden. Krumm postuliert die Notwendigkeit eines Übergangs von „additiver zu curricularer Mehrsprachigkeit" (2004), eine Idee, die zu Überlegungen über die Durchsetzung eines „Gesamtsprachencurriculums" und zu einem „Curriculum zur Wahrnehmung und Bewältigung sprachlicher Vielfalt im Unterricht" führt, das bereits in Krumms frühem Aufsatz erhobene Forderungen wie die Abschaffung der künstlich getrennten Einzelsprachen und eine Relativierung des angepeilten Ziels der *near-nativeness* unterfüttert.

Angesichts der Tatsache, dass die sprachliche Bildung von Schülerinnen und Schülern inzwischen zu einer zum Teil schon curricular abgebildeten Querschnittsaufgabe für alle Fächer geworden ist,[14] klingen Pläne, die gesamte Entwicklung der sprachlichen Kompetenzen unabhängig von Einzeldisziplinen oder Einzelsprachen auf die Agenda zu setzen, schon deutlich weniger utopisch. An dieser Stelle müssten die parallelen Entwicklungsstränge der Lehrplanentwicklung im Bereich der durchgängigen Sprachbildung, die die (bildungssprachli-

---

13 Auch an der HU Berlin gab es eine Reihe von Magisterarbeiten zum Thema Mehrsprachigkeit im Fremdsprachenunterricht, die aus der schulischen Realität in der Regel mit einem vergleichbaren „Nullbefund" zurückkehrten, vgl. z. B. Brüser & Wojatzke (2013) zum Türkischen als Brückensprache für den Französischunterricht, ebenso Osler (2008) mit einer knappen Einschätzung verfügbarer empirischer Daten.
14 Beispielsweise in den ab 2017 gültigen Rahmenlehrplänen für Berlin.

chen) Deutschkenntnisse fokussiert, und die weitgehenden Überlegungen der Positionen des fremdsprachlichen Gesamtsprachencurriculums eigentlich zusammengeführt werden, wenn Durchgängigkeit von Sprachbildung nicht nur monolingual, sondern interlingual gedacht werden soll.

3.2 Interkomprehension und Sprachlernkompetenz

Ein Forschungszweig der Fremdsprachendidaktik, der sich insbesondere innerhalb der romanischen Sprachenfamilie dem Aufspüren von solchen sprachübergreifenden interlingualen Transferbasen verschrieben hat, ist die Interkomprehensionsdidaktik, in Deutschland mit dem Namen Franz-Joseph Meißners verbunden (vgl. Meißner, Vázquez & Tesch 2011). Oleschko (2011) greift diesen Ansatz für den DaZ-Bereich auf. Unabhängig von der Einzelwortebene steht in diesem Ansatz ein ständiges Monitoring und Bewerten von Erschließungs- und Sprachlernstrategien im Mittelpunkt. Denn jenseits der in der Diskussion um Mehrsprachigkeit ebenfalls wieder aufkommenden Kontrastivitätshypothese[15] bedeutet der Versuch, den unkonkreten und nicht selten eher gesellschaftspolitisch hergeleiteten Mehrsprachigkeitsbegriff für die Schule greifbar zu machen, dass sich der Blick von der Vermittlung der Einzelsprache auf die umfassendere Frage richten muss, wie Schülerinnen und Schüler generell erfolgreich Sprachen lernen, unabhängig von der Zielsprache.[16] Daher liegen realistische Hoffnungen auf einer Förderung der Sprachlernbewusstheit. Hier kann sich der DaZ-Diskurs von den Fremdsprachendidaktiken inspirieren lassen, die sich schon länger mit den besonderen Bedingungen von Spracherwerb in schulischen Lern- und Leistungssituationen beschäftigen. Solche Überlegungen stehen seit Jahrzehnten implizit im Zentrum eines modernen, lernerorientierten Fremdsprachenunterrichts: Schon 1975 veröffentlichte Joan Rubin einen Aufsatz mit dem Titel *What the ‚Good Language Learner' Can Teach Us*, in dem Attribute wie Monitoring, Hypothesentesten, ressourcenorientierter Umgang mit Fehlern, ein funktionaler Grammatikansatz und der Vergleich von Sprachen genannt werden. Curricular niedergeschlagen haben sich diese Ansätze in den Sprachenfächern ebenfalls, und zwar unter den Schlagwörtern Sprachbewusstheit und Sprachlernkompetenz.

---

15 Leontiy (2013: 7) spricht von einer „Renaissance der Sprachkontrastierung".
16 Impulse u. a. hinsichtlich der Wechselwirkung zwischen fachlichem/sprachlichem Lernen könnten aus der CLIL-Didaktik kommen. Zydatiß (2013: 315) etwa spricht von „generalisierbaren sprachlich-diskursiven Kompetenzen", die über den bilingualen Sachfachunterricht hinaus Wirkung zeigen können.

3.3 Schulischer Spracherwerb und *language awareness*

Vorgelernte Sprachen spielen eine Rolle für den Erwerb weiterer Sprachen, das ist unstrittig. Ushakova verwendet in diesem Zusammenhang das fast poetische Bild eines Fensters: „[Learning a] second language is looking into the windows cut out by the first language" (Ushakova 1994: 155). Wenn die impliziten Sprachkenntnisse von Lernenden allerdings wenig robust sind, schauen diese anscheinend – um im Bild zu bleiben – nur durch kleine Schießscharten auf die neu zu erwerbende Sprache. Und auch wenn dies nur ein Vergleich ist, so versinnbildlicht er doch ganz die oben dargestellten Erkenntnisse, die aus vergleichenden Untersuchungen von Schülerinnen und Schülern mit sprachlichem Förderbedarf gewonnen werden. Aus diesem Blickwinkel heraus steht im Zentrum der Debatte über Sprachförderbedarf von Deutsch-als-Zweitsprache-Lernenden und herkunftsbedingte sprachliche Disparitäten die Frage, ob es eine Möglichkeit gibt, unterrichtlich auf diese für den schulischen Spracherwerb problematischen externen Rahmenbedingungen zu reagieren. Denn herkunftsbedingte sprachliche Kompetenzunterschiede sind bislang im Fachunterricht kaum mit vertretbarem zeitlichen Aufwand wettzumachen. Daher gilt es zu klären:
1. Wo und wie spielen solche sprachlichen Vorwissensbestände im Sprachunterricht eine Rolle (positiv wie negativ)?
2. Gibt es Möglichkeiten, innerhalb unterrichtlicher Erwerbsprozesse, unzureichende sprachliche Vorwissensbestände auszugleichen?

Die strikte Unterscheidung von unterrichtlichen und außerschulischen Spracherwerbsprozessen, die die fremdsprachige Sprachlehrforschung betont, weist auf einen bedeutenden Unterschied hin: Die Spracherwerbsforschung, auch der Teil, der sich mit *instructed language acquisition* beschäftigt, ist sich einig, dass Spracherwerb über extensiven Input in der Zielsprache gelingt. Beispielhaft dafür seien Ellis & Natsuko (2013: 24) zitiert: „[…] much L2 learning is incidental rather than intentional and this requires access to massive amounts of input".

Die kommunikative Wende in den Fremdsprachendidaktiken würdigt diese Erkenntnis im Nachhall der Krashen-Debatte (vgl. Brusch 2009: 67ff.) und führt zu Diskussionen über Lernarrangements wie beispielsweise das *task-based language teaching*, das auch für das Schaffen von sprachreichen Unterrichtsarrangements im Bereich Sprachbildung wertvolle Anregungen bieten könnte (vgl. Müller-Hartmann & Schocker-v. Ditfurth 2011). Allerdings sind drei bis vier Stunden pro Woche Unterricht in einem Klassenraum mit über 30 Lernenden kein Lernsetting, in dem der benötigte massive Sprach-Input bereitgestellt werden kann. Gleiches gilt auch für den Deutschunterricht und ebenso für externe Sprachförderangebote. Die Abkürzung über eine explizite Vermittlung von Bildungsregeln und die Vorgabe einer zum Teil recht steilen grammatischen Progression in den Lehrwerken ist daher eine zunächst nicht unplausible Alternative. Zudem räumt der Sprachunterricht traditionell Formen der expliziten Wissensvermittlung einen hohen Stellenwert ein. Keßler fasst dies wie folgt zusammen:

> Es ist eine verbreitete Lehr-Meinung, dass man als Lehrkraft nur gut genug erklären und üben müsse, dann würden die Lerner schon das lernen, was inhaltlich im Englischunterricht durchgenommen wird. (Keßler 2009: 93)

Dieser mit dem Begriff PPP (*present, practice, produce*) beschriebene und schon lange umstrittene Ansatz[17] ist auch heute noch mehr oder weniger explizit das Grundgerüst für viele Übungen in den gängigen Lehrwerken im Fremdsprachenunterricht. Es gibt zumindest Hinweise, dass gerade diese nicht an den Erwerbsreihenfolgen[18] der Lerner orientierte grammatische Progression den Spracherwerb behindern kann. Diehl et al. (2000) kommen in ihrer umfassenden Studie zu dem Ergebnis, dass „[...] schulischer Unterricht Fossilierungen geradezu verursachen kann, und zwar dann, wenn sich ein Schüler oder eine Schülerin vom Rhythmus der schulischen Grammatikprogression überrollt fühlt" (375). Es steht zu vermuten, dass gerade Schülerinnen und Schüler, die keine robuste Vergleichssprache zur Verfügung haben, in diesen expliziten Phasen noch schneller an ihre sprachlichen Grenzen kommen als solche Lernenden, die bestimmten Formphänomenen konzeptuell schon in anderen Sprachen begegnet sind.

Alternativkonzepte, die weniger „aufdringliche"[19] Formen der Bewusstmachung sprachlicher Formphänomene präferieren, beziehen sich oft auf das Konzept der *language awareness* und versuchen, sprachliche Formphänomene, aber auch Sprachlernstrategien in den Aufmerksamkeitsfokus des Lernenden zu bringen und reflektieren zu lassen, um so einen Transfer auf neue Sprachlernsituationen zu ermöglichen. In der englischsprachigen Spracherwerbsforschung firmiert dieser formfokussierende Ansatz unter dem Terminus GCR (*grammatical consciousnesss raising*) und wird beispielsweise von Rod Ellis (2002) vertreten.[20]

Im Bereich des Deutschen als Zweitsprache konkretisiert Jeuk einen solchen potenziell positiven metasprachlichen Transfergewinn wie folgt:

---

[17] Beispielhaft für Kritik an diesem laut Skeptikern lediglich sprachähnliches Verhalten produzierenden Ansatz Skeehan (1996).
[18] Auch bzgl. der Beschäftigung mit Erwerbsreihenfolgen gibt es inhaltliche Überschneidungen zwischen DaZ und dem Fremdsprachenunterricht.
[19] Dieser Begriff geht auf einen Aufsatz von Schifko (2008) zurück, in dem er das Kontinuum zwischen expliziter und weniger expliziter Formfokussierung umreißt.
[20] Vgl. zur Formfokussierung im Unterricht mit DaZ-Lernenden Rösch et al. (2012).

Eine stabile Erstsprache fördert und erleichtert den Aufbau einer Zweitsprache, die Fähigkeit zur sprachlichen Analyse wird verbessert, die sprachliche Kreativität gefördert und die verbale und nonverbale Intelligenz wird verbessert. (Jeuk 2008: 37)

Die fremdsprachliche Sprachlehrforschung beschäftigt sich in den Bereichen Lernerautonomie, Strategieforschung und Lernerberatung mit Annahmen, dass solche metakognitiven Anteile am Sprachenlernen (z. B. Hypothesentesten, fremdsprachliches Problemlöseverhalten, Vermutungen über strukturelle Zusammenhänge anstellen, das Modellieren eigener Lernprozesse) entscheidend für den sprachlichen Lernerfolg sind (vgl. Königs 2015: 13). Es ist daher kein Zufall, dass in beiden Bereichen der Begriff der *language awareness* regelmäßig fällt, wenn es darum geht, welche sprachlichen Kompetenzbereiche potenziell als förderlich für den sprachlichen Lernprozess angesehen werden können.

In der Deutschdidaktik hat das Konzept der *language awareness* eine lange Tradition (vgl. grundlegend Luchtenberg 1998). Luchtenberg bringt das Konzept mit dem Thema der Mehrsprachigkeit in Verbindung. Oomen-Welke (2008) vollzieht diesen Zusammenhang speziell für DaZ-Lernende in ihren Entwürfen zu einer „Didaktik der Sprachenvielfalt" nach. Für die Fremdsprachendidaktik legt Morkötter (2005) eine Studie zu *language awareness* und Mehrsprachigkeit vor. Sie spricht sich für ein an *language awareness* ausgerichtetes „ganzheitliches Konzept sprachlichen Lernens und Lehrens aus" (Morkötter 2005: 327), da sich selbst junge Lernende in ihrer Studie fähig zeigten, ihren Lernprozess und ihre interlingualen Wahrnehmungen zu reflektieren (und das in einer Fremdsprache), spricht sich aber auch dafür aus, die konkrete Machbarkeit für beteiligte Lehrende und Lernende nicht aus dem Auge zu verlieren. Gnutzmann (1995) thematisiert das Konzept in Hinblick auf Zielsetzungen des Grammatikunterrichts. Insofern bildet *language awareness* ein veritables Bindeglied zwischen Ansätzen aus der Förderung von Schülerinnen und Schülern mit Deutsch als Zweitsprache, dem Deutschunterricht und dem Fremdsprachenunterricht und kann als konzeptionelles Rückgrat einer sprach- und fächerübergreifenden Förderung gesamtsprachlicher Erwerbsprozesse dienen. Das Ziel besteht u. a. in der Förderung von Sprachlernkompetenz, um sprachliche Erwerbsprozesse optimieren und beschleunigen zu können.

Das Begriffsfeld *language awareness* entzieht sich im Rahmen dieser Arbeit einer genauen Definition, es bleibt (fast zwangsläufig) schemenhaft. Ein Großteil der diesbezüglichen Fachliteratur beschäftigt sich mit der Begriffsproblematik; Knapp (2013) konstatiert, dass das „sperrige Konzept" sich „gegen Übersetzungen in andere Sprachen [...], gegen eine Pluralform – und leider auch gegen eine theoretische Präzisierung und empirische Erfassung" sträube.[21] In Abgrenzung zu eher expliziten, beobachtbaren und abprüfbaren Varianten der Formfokussierung kann diese Vagheit zunächst eine konkrete Umsetzung erschweren. Einerseits unterscheidet sich ein solches Konzept vermutlich stark von den Überzeugungen von Lehrkräften, wie man Sprachen erwirbt. Andrerseits ist es ein hochkomplexes Unterfangen, Materialien bzw. Unterrichtsarrangements zu entwickeln, die tatsächlich Sprachbewusstheit oder eben Sprachlernbewusstheit fördern.[22] Bezeichnend ist etwa der Bericht von Müller-Hartmann & Schocker-v. Ditfurth (2011), die in einem größeren Projekt Sprachbewusstheit fördernde aufgabenorientierte englische Grammatikstunden konzipierten und deren Umsetzung im Unterricht durch mit diesem Ansatz vertraute Lehrkräfte videographierten. Im Ergebnis erinnern „[...] viele der Stunden [...] doch sehr an traditionelle Grammatikvermittlung und die Lernertexte ähnelten durch die gehäufte Verwendung der neuen Struktur kaum noch natürlicher Sprache" (Müller-Hartmann & Schocker-v. Ditfurth 2011: 109).

Dennoch gibt es bereits eine Reihe von evaluierten Materialien und Projekten, die es als Ziel sehen, Sprachbewusstheit und Mehrsprachigkeit zu verknüpfen, um die sprachlichen Wissensbestände der Schülerinnen und Schüler einerseits zu vernetzen und andrerseits exemplarisch sprachübergreifende Lern- und Erschließungsstrategien zu vermitteln. Das Thüringer Projekt „Mehrsprachigkeit in der Sek I" bietet umfangreiche Materialien zum Sprachvergleich. Den Projektzielen kann man entnehmen, welche Ziele ein an diesem Material orientierter Unterricht verfolgt. Lernende sollen erfahren, dass

> [...] es interlinguale Transferbasen gibt, deren Nutzung das Verstehen unterstützt, der Sprachvergleich – unter besonderer Beachtung der Suche nach Ähnlichem und Bekanntem und unter Einbeziehung der Mutter- und aller erlernten Fremdsprachen – das Verstehen weiterer Fremdsprachen erleichtern kann und zudem interessant ist, die Übertragung von Lerntechniken und -strategien für das Lernen verschiedener (moderner) Fremdsprachen möglich und hilfreich ist. (Behr 2008: 5)

Verbreitete Herkunftssprachen von Schülerinnen und Schülern mit Deutsch als Zweitsprache sind hier explizit mitgedacht. In Baden-Württemberg existiert ein Projekt, das eine auf Mehrsprachigkeit basierende Poolstunde ‚Mehrsprachigkeit für alle Fremdsprachen' an mehreren Schulen einführte. In dieser zusätzlichen Projektstunde, die in der 8. und 9. Klasse regulär unterrichtet wird,

---

21 Knapp (2013: 65). Ähnliches gilt etwa für den Begriff der *Sprachreflexion* im Deutschunterricht, hinter dem sich in der Praxis nicht selten eine eher explizite Spielart der Formfokussierung versteckt.
22 Berkemeier (2002) thematisiert diese Probleme und bietet Vorschläge für die Praxis.

wurden sprachübergreifende Sprachlernstrategien und Bewusstmachungsübungen angeboten. Positiv stimmt die Einschätzung der beteiligten Lehrkräfte, die resümieren:

> Wir konnten einen viel systematischeren Blick auf Sprachen ermöglichen, einen Einblick in weitere Sprachen aus den drei großen europäischen Sprachenfamilien vermitteln und im Bereich der Methoden Synergieeffekte erzeugen. (Hildenbrand 2012: 38)

Die Bewusstmachung von Sprachlernstrategien kann dazu beitragen, im Sprachunterricht neben der Einzelsprache auch das große Ganze schulischer Erwerbsprozesse in den Blick zu nehmen. Gleichzeitig bietet dieser Ansatz in Kombination mit dem Einbinden der sprachlichen Vielfalt im schulischen Kontext die Chance, Mehrsprachigkeit zu mehr als einer „positiv konnotierten Worthülse" (Königs 2004: 102) zu entwickeln. Mehrsprachigkeit als Ressource verstanden kann einen Anlass für ein funktionales, vom Lernenden ausgehendes Nachdenken über die Funktionsweisen und Regelhaftigkeit von Sprachen bieten.

4 Ausblick

Die sprachlichen Vorwissensbestände von Schülerinnen und Schülern mit Deutsch als Zweitsprache sind auch für die Fächer relevant, in denen der Erwerb anderer Sprachen im Mittelpunkt steht, das ist sicher deutlich geworden. Eindrücklich demonstriert dies eine der wenigen Studien zum fremdsprachlichen Lernen von Schülerinnen und Schülern mit Deutsch als Zweitsprache, die Portnaia (2007) mit russischsprachigen Englischlernenden in der Grundschule durchgeführt hat. Ihre Einschätzung schließt diesen Aufsatz treffend ab und wird daher etwas ausführlicher wiedergegeben:

> Die Situation des gleichzeitigen Sprachenlernens stellt Kinder vor Herausforderungen wie Sprachenwechsel und -trennung oder Umgang mit größerem Input. Die Sprachlernprozesse im weiten Sinne (Erwerb, Erhalt, Verlust einiger Sprachkompetenzen) und die Herausforderung der Sprachlernsituation werden mehr oder weniger bewusst wahrgenommen und emotional unterschiedlich erlebt. [...] Auffällig dabei ist, dass viele der von den Kindern thematisierten Erfahrungen, die ihre spezifische Sprachlernsituation ausmachen, außerhalb des Unterrichts gesammelt werden. Die individuellen Einstellungen, Fähigkeiten, Erfahrungen, Bedürfnisse, Ängste und Freuden der Schüler/innen bleiben deshalb dem Englischunterricht verborgen. Bietet dieser den Lernenden keinen Reflexionsraum und keine entsprechenden Lerngelegenheiten, so unterliegt er der Gefahr, die komplexe Sprachlernsituation dieser Lerngruppe zu eng zu sehen, das Potential brach liegen zu lassen und zur Entwicklung der gesamten Sprachlichkeit der Kinder wenig beizutragen. (Portnaia 2007: 119)

Der gesamten Sprachlichkeit dieser Schülerinnen und Schüler zumindest annähernd gerecht zu werden, das kann vom Potenzial her in besonderer Weise der Fremdsprachenunterricht leisten. Denn im Gegensatz zum restlichen Fächerkanon steht hier der Aufbau sprachlicher Kompetenzen im Zentrum des unterrichtlichen Handelns. Die Sprachbildungsdebatte rund um Lernende mit Deutsch als Zweitsprache und die sprachlichen Anforderungen schulischen Lernens ist thematisch mit Diskursen innerhalb der Fremdsprachendidaktik verwoben. Die Besonderheit des Fremdsprachenunterrichts und die Spezifik seines Beitrags werden nachfolgend abschließend zusammengefasst.

Angesichts der unterschiedlichen Zielsprache und des größtenteils alltagssprachlichen Registers im Fremdsprachenunterricht ist er bezüglich der zentralen Diskurse über Fachsprache/Bildungssprache und die Förderung der Instruktionssprache Deutsch tatsächlich kaum anschlussfähig. Dennoch legen Auswertungen von Schulvergleichsstudien nahe, dass die erworbenen Kompetenzen in vorgelernten Sprachen eine große Rolle für den fremdsprachlichen Kompetenzerwerb spielen. Der genaue Zusammenhang von vorgelernten Sprachen und allgemeiner Sprachkompetenz mit den konkreten sprachlichen Anforderungen des schulischen Fremdsprachenerwerbs sind noch ein Forschungsdesiderat. Die Erkenntnisse aus dem großen Fundus der Forschung zur Mehrsprachigkeitsdidaktik innerhalb der Fremdsprachen können – wenn der Diskurs sich noch stärker der lebensweltlichen Mehrsprachigkeit der Lernenden zuwendet als bisher – die Überlegungen zum Umgang mit der Sprachenvielfalt im mehrsprachigen Klassenzimmern befruchten und Überlegungen aus dem Bereich DaZ und interkultureller Pädagogik ergänzen. Während es in den allermeisten Unterrichtsfächern kaum eine Möglichkeit gibt, Herkunftssprachen organisch in bestehende Unterrichtskonzepte einzubinden, können diese im Fremdsprachenunterricht einen Mehrwert erzeugen. Ein Ansatz, der das Erlernen von Sprachen stärker expliziert und dies am Beispiel der jeweils zu erlernenden Fremdsprache exemplifiziert, könnte dazu beitragen, schulische Spracherwerbsprozesse für Schülerinnen und Schüler mit Deutsch als Zweitsprache zu optimieren. Die mit dem Interkomprehensionsansatz verknüpften Begriffe des Monitorings und der Sprachlernkompetenz könnten das Konzept der durchgängigen, Fächergrenzen überschreitenden Sprachbildung – auch im Sinne eines Gesamtsprachencurriculums – ergänzen.[23] Der Language-Awareness-Ansatz, der diskursübergreifend als

---

23 Auch curricular ist ein Gesamtsprachenansatz erwünscht. In Berlin beispielsweise wird in den neuen Rahmenlehrplänen nicht mehr zwischen den einzelnen Fremdsprachen unterschieden; in der Neufassung für 2017 wurde auch die Unterscheidung zwischen zweiter Fremdsprache und fortgeführter Fremdsprache aufgegeben.

vielversprechend erachtet wird, kann dazu dienen, den von Portnaia eingeforderten Reflexionsraum solchen Kindern zu bieten, die in einem monolingual ausgerichteten Schulsystem bislang kein passgenaues Angebot bekommen. Er bietet eine Möglichkeit, lebensweltliche Sprachenvielfalt in den Unterricht einzubringen. Sprachbewusstheit fördernde Sprachvergleiche, wie sie etwa das FÖRMIG-Projekt vorschlägt (vgl. LISUM 2011), haben idealerweise im Fremdsprachenunterricht ihren Platz. Es ist wünschenswert und sicher auch ertragreich, wenn sich die Diskurse zum Erwerb schulischer Fremdsprachen und schulischer Bildungs- und Fachsprache in Zukunft noch stärker gegenseitig bereichern könnten – Anknüpfungspunkte gibt es, wie vorab ausgeführt, reichlich.

7 Literatur

Behr, Ursula; Bohn, Petra; Riemann, Regina & Bettzieche, Uta (2005): *Sprachen entdecken – Sprachen vergleichen*. Kopiervorlagen zum sprachenübergreifenden Lernen; Deutsch, Englisch, Französisch, Russisch, Latein. Berlin: Cornelsen.

Berkemeier, Anne (2002): Sprachbewusstsein und Unterrichtswirklichkeit: Produktive Umsetzungsmöglichkeiten. *Deutschunterricht* 54 (3): 11–17.

Brüser, Babette & Wojatzke, Julia (2013): Das Türkische als „Brücke" zum Wortschatzerwerb im Französischen. Eine empirische Studie mit Berliner Schülerinnen und Schülern des Jahrgangs 10. *Fremdsprachen Lehren und Lernen* 42 (1): 121–130.

Brusch, Wilfried (2009): *Didaktik des Englischen*. Ein Kerncurriculum in zwölf Vorlesungen. Frankfurt a. M.: Schroedel.

Butzkamm, Wolfgang (2007*): Lust zum Lehren, Lust zum Lernen: Eine neue Methodik für den Fremdsprachenunterricht*. Tübingen, Basel: Francke.

Butzkamm, Wolfgang (1990): Die komplizierte Lösung ist die richtige: Aufgeklärte Einsprachigkeit. Rückblick und Ausblick. *Der fremdsprachliche Unterricht* 24 (104): 4–17.

Butzkamm, Wolfgang (2003): Die Muttersprache als Sprach-Mutter: ein Gegenentwurf zur herrschenden Theorie. *Französisch heute* 34 (2): 174–192.

Cummins, Jim (1981): The role of primary language development in promoting educational success for language minority students. In California State Department of Education (ed.): *Schooling and language minority students. A theoretical framework*. Los Angeles: Evaluation, Dissemination and Assessment Center of California State University, 3–49.

(DESI-Konsortium 2008): Klieme, Eckhard (Hrsg.) (2008): *Unterricht und Kompetenzerwerb in Deutsch und Englisch*. Ergebnisse der DESI-Studie. Weinheim: Beltz.

DESI-Konsortium (Hrsg.) (2006): *Unterricht und Kompetenzerwerb in Deutsch und Englisch*. Zentrale Befunde der Studie Deutsch-Englisch-Schülerleistungen-International (DESI). Frankfurt a. M.: DIPF.

Diehl, Erika; Christen, Helen; Leuenberger, Sandra; Pelvat, Isabelle & Studer, Thérèse (2000): *Grammatikunterricht, alles für die Katz? Untersuchungen zum Zweitsprachenerwerb Deutsch*. Tübingen: Niemeyer.

Ellis, Rod (2002): Grammar Teaching: Practice or Consciousness-raising? In Richards, Jack C. & Renandya, Willy A. (eds.): *Methodology in Language Teaching*. Cambridge: Cambridge University Press, 167–174.
Ellis, Rod & Shintani, Natsuko (2013): *Exploring Language Pedagogy through Second Language Acquisition Research*. London: Routledge.
Europäische Kommission (1995): *Lehren und Lernen. Auf dem Weg zur kognitiven Gesellschaft*. Weißbuch zur allgemeinen und beruflichen Bildung. Brüssel: EGKS-EG-EAG.
Fernandez Amman, Eva Maria; Kropp, Amina & Müller-Lancé, Johannes (Hrsg.) (2015): *Herkunftsbedingte Mehrsprachigkeit im Unterricht der romanischen Sprachen*. Berlin: Frank & Timme.
Gnutzmann, Claus (1995): Sprachbewusstsein („Language Awareness") und integrativer Grammatikunterricht. In Gnutzmann, Claus & Königs, Frank G. (Hrsg.): *Perspektiven des Grammatikunterrichts*. Tübingen: Narr, 267–283.
Göbel, Kerstin; Rauch, Dominique & Vieluf, Svenja (2011): Leistungsbedingungen und Leistungsergebnisse von Schülerinnen und Schülern türkischer, russischer und polnischer Herkunftssprachen. *Zeitschrift für Interkulturellen Fremdsprachenunterricht* 16 (2): 50–65.
Grein, Marion (2010): Konzeption und Auswertung einer Selbsterfahrung im Fremdsprachenunterricht – erste Vorschläge für einen neuen Typus der Sprachlernberatung. *Zeitschrift für Interkulturellen Fremdsprachenunterricht* 15 (1): 70–97.
Große, Maria (2014): Pons Latinus – Modellierung eines sprachsensiblen Lateinunterrichts. *Informationen Deutsch als Fremdsprache* 41 (1): 70–89.
Große, Maria (2016): *Pons Latinus – Modellierung und Erprobung eines sprachsensiblen Lateinunterrichts*. Dissertationsschrift. Berlin: Humboldt Universität zu Berlin (unveröff. Ms.).
Hajek, John & Slaughter, Yvette (2015): *Challenging the monolingual mindset*. Bristol: Multilingual Matters.
Hallet, Wolfgang (2011): *Lernen fördern: Englisch*. Kompetenzorientierter Unterricht in der Sekundarstufe I. Seelze: Klett Kallmeyer.
Heyder, Karoline & Schädlich, Birgit (2014): Mehrsprachigkeit und Mehrkulturalität – eine Umfrage unter Fremdsprachenlehrkräften in Niedersachsen. *Zeitschrift für Interkulturellen Fremdsprachenunterricht* 19 (1): 183–201.
Hildenbrand, Elke; Martin, Hannelore & Vences, Ursula (2012): *Mehr Sprache(n) durch Mehrsprachigkeit. Erfahrungen aus Lehrerbildung und Unterricht*. Berlin: Walter Frey.
Hu, Adelheid (Koord.) et al. (2008): *Kompetenzorientierung, Bildungsstandards und fremdsprachliches Lernen – Herausforderungen an die Fremdsprachenforschung*. Positionspapier von Vorstand und Beirat der DGFF Oktober 2008. Mitarbeit: Daniela Caspari, Andreas Grünewald, Adelheid Hu, Lutz Küster, Günter Nold, Helmut J. Vollmer & Wolfgang Zydatiß. http://www.dgff.de/fileadmin/user_upload/dokumente/Sonstiges/Kompetenzpapier_DGFF.pdf *(01.09.2016)*.
Hu, Adelheid (2003): *Schulischer Fremdsprachenunterricht und migrationsbedingte Mehrsprachigkeit*. Tübingen: Narr.
Hufeisen, Britta (2011): Gesamtsprachencurriculum: Überlegungen zu einem prototypischen Modell. In Baur, Rupprecht S. & Hufeisen, Britta (Hrsg.): *„Vieles ist sehr ähnlich." Individuelle und gesellschaftliche Mehrsprachigkeit als bildungspolitische Aufgabe*. Baltmannsweiler: Schneider Hohengehren, 265–282.

Jakisch, Jenny (2014): Lehrerperspektiven auf Englischunterricht und Mehrsprachigkeit. *Zeitschrift für Interkulturellen Fremdsprachenunterricht, Didaktik und Methodik im Bereich Deutsch als Fremdsprache* 19 (1): 202–215.

Jeuk, Stefan (2008): Die Bedeutung der Erstsprache beim Erlernen der Zweitsprache. In Colombo-Scheffold, Simona; Peter, Fenn; Jeuk, Stefan & Schäfer, Joachim (Hrsg.): *Ausländisch für Deutsche. Sprachen der Kinder – Sprachen im Klassenzimmer.* Freiburg i. Br.: Fillibach, 29–42.

Keßler, Jörg (2009): Englischdidaktik in Erklärungsnot? Implizites und explizites Wissen und die Rolle der Bewusstmachung im schulischen Englischerwerb. In Vogt, Rüdiger (Hrsg.): *Erklären. Gesprächsanalytische und fachdidaktische Perspektiven.* Tübingen: Stauffenburg, 93–107.

KMK (2003): Kultusministerkonferenz der Länder: *Bildungsstandards für die erste Fremdsprache (Englisch/Französisch) für den Mittleren Schulabschluss.* Beschluss v. 4.12.2003. http://www.kmk.org/fileadmin/veroeffentlichungen_beschluesse/2003/2003_12_04-BS-erste-Fremdsprache.pdf *(01.10.2016).*

KMK (2012): Kultusministerkonferenz der Länder: *Bildungsstandards für die fortgeführte Fremdsprache (Englisch/Französisch) für die Allgemeine Hochschulreife.* http://www.kmk.org/fileadmin/veroeffentlichungen_beschluesse/2012/2012_10_18-Bildungsstandards-Fortgef-FS-Abi.pdf *(01.10.2016).*

Knapp, Annelie (2013): Still aware of language awareness? *Fremdsprachen Lehren und Lernen* (42): 65–79.

Königs, Frank G. (2004): Mehrsprachigkeit: Von den Schwierigkeiten, einer guten Idee zum tatsächlichen Durchbruch zu verhelfen. In Bausch, Karl-Richard; Königs, Frank G. & Krumm, Hans- Jürgen (Hrsg.): *Mehrsprachigkeit im Fokus.* Tübingen: Narr, 96–104.

Königs, Frank G. (2015): Keine Angst vor der Muttersprache – vor den anderen Fremdsprachen aber auch nicht! Überlegungen zum Verhältnis von Einsprachigkeit und Zweisprachigkeit im Fremdsprachenunterricht. *Zeitschrift für Interkulturellen Fremdsprachenunterricht* 20 (2): 5–14.

Krifka, Manfred; Blaszczak, Joanna; Leßmöllmann, Annette; Meinunger, Andre; Stiebels, Barbara; Tracy, Rosemarie & Truckenbrodt, Hubert (Hrsg.) (2014): *Das mehrsprachige Klassenzimmer. Über die Muttersprachen der Mütter.* Berlin, Heidelberg: Springer.

Krumm, Hans-Jürgen (2004): Von der additiven zur curricularen Mehrsprachigkeit. In Bausch, Karl-Richard (Hrsg.): *Mehrsprachigkeit im Fokus.* Tübingen: Narr, 105–112.

Küster, Lutz (2011): Das Prinzip vernetzten und vernetzenden Lernens als fremdsprachendidaktische Herausforderung. In: Bausch, Karl-Richard; Burwitz-Melzer, Eva; Königs, Frank G. & Krumm, Hans-Jürgen: *Fremdsprachen lehren und lernen: Rück- und Ausblick.* Tübingen: Narr, 138–146.

Küster, Lutz & Krämer, Ulrich (Hrsg.) (2013): *Mythos Grammatik? Kompetenzorientierte Spracharbeit im Französischunterricht.* Stuttgart: Klett.

LISUM (2011): Landesinstitut für Lehrerbildung und Schulentwicklung: *Mehrsprachigkeit zur Entwicklung von Sprachbewusstsein – Sprachbewusstsein als Element der Sprachförderung.* http://li.hamburg.de/contentblob/4274138/data/pdf-mehrsprachigkeit-zur-entwicklung-von-sprachbewusstsein.pdf *(05.09.2016).*

LISUMB (2015): Landesinstitut für Schule und Medien Berlin-Brandenburg: *Teil B Fachübergreifende Kompetenzentwicklung: Basiscurriculum Sprachbildung.* http://bildungsserver.berlin-brandenburg.de/fileadmin/bbb/aus_und_fortbildung/fortbildung/modulare_qualifizierung/dokumente_materialien_formulare/MQ_Schulberater_OER_Lizenz_Basiscurriculum_Sprachbildung.ppt *(01.09.2016)*.

Leontiy, Halyna (2013): Renaissance der Sprachkontrastierung und ihr Nutzen für den DaZ/DaF-Unterricht. In Leontiy, Halyna (Hrsg.): *Multikulturelles Deutschland im Sprachvergleich: das Deutsche im Fokus der meist verbreiteten Migrantensprachen*. Münster: Lit, 7–22.

Long, Mike (2015): *Second language acquisition and Task-Based Language Teaching*. Oxford: Wiley-Blackwell.

Luchtenberg, Sigrid (1998): Möglichkeiten und Grenzen von Language Awareness zur Berücksichtigung von Mehrsprachigkeit im (Deutsch-)Unterricht. In Kuhs, Katharina & Steinig, Wolfgang (Hrsg.): *Pfade durch Babylon. Konzepte und Beispiele für den Umgang mit sprachlicher Vielfalt in Schule und Gesellschaft*. Freiburg i. Br.: Fillibach, 137–156.

Lutjeharms, Madeleine (2004): Der Zugriff auf das mentale Lexikon und der Wortschatzerwerb in der Fremdsprache. *Fremdsprachen Lehren und Lernen* (33): 10–26.

Maluch, Jessica T.; Kempert, Sebastian; Neumann, Marco & Stanat, Petra (2015): The effect of speaking a minority language at home on foreign language learning. *Learning and Instruction* (36): 76–85.

Marx, Nicole (2014): Häppchen oder Hauptgericht? Zeichen der Stagnation in der deutschen Mehrsprachigkeitsdidaktik. *Zeitschrift für Interkulturellen Fremdsprachenunterricht* 19 (1): 8–24.

Meißner, Franz-Joseph; Vázquez, Graciela & Tesch, Bernd (2011): Interkomprehension und Kompetenzförderung mit Blick auf die Konstruktion von Lehrwerken (nicht nur) für den Spanischunterricht. In Meißner, Franz-Joseph & Krämer, Ulrich (Hrsg.): *Spanischunterricht gestalten. Wege zu Mehrsprachigkeit und Mehrkulturalität*. Seelze: Kallmeyer, 81–122.

Morkötter, Steffi (2005): *Language Awareness und Mehrsprachigkeit. Eine Studie zu Sprachbewusstheit und Mehrsprachigkeit aus der Sicht von Fremdsprachlernern und Fremdsprachlehrern*. Frankfurt a. M.: Peter Lang.

Müller-Hartmann, Andreas & Schocker-v. Ditfurth, Marita (2011): *Teaching English. Task-Supported Language Learning*. Paderborn: Schöningh.

Oleschko, Sven (2011): *Interkomprehension am Beispiel der germanischen Sprachen*. http://www.uni-due.de/imperia/md/content/prodaz/interkomprehension20110412 *(01.10.2015)*.

Oomen-Welke, Ingelore (2008): Didaktik der Sprachenvielfalt. In Ahrenholz, Bernt & Oomen-Welke, Ingelore (Hrsg.): Deutsch als Zweitsprache. Baltmannsweiler: Schneider Hohengehren, 479–492.

Oomen-Welke, Ingelore (2013): Sprachvergleich und Sprachbewusstheit. In Oomen-Welke, Ingelore & Ahrenholz, Bernt (Hrsg.): Deutsch als Fremdsprache. Baltmannsweiler: Schneider Hohengehren, 85–97.

Osler, Leona Cecile (2008): Evaluation neuerer Studien zum Thema Mehrsprachigkeit. Eine kritische Untersuchung der 2006 erschienenen Studie Sprache und Integration. *Zeitschrift für Interkulturellen Fremdsprachenunterricht* 13: 1–10.

Portnaia, Natalia (2007): Deutsch-russischsprachige Kinder im Englischunterricht der Grundschule. In Decke-Cornille, Helene; Hu, Adelheid & Meyer, Meinert A. (Hrsg*.): Sprachen lernen und lehren. Die Perspektive der Bildungsgangforschung*. Leverkusen: Budrich, 103–121.

Reich, Hans H. & Krumm, Hans-Jürgen (2013): *Sprachbildung und Mehrsprachigkeit. Ein Curriculum zur Wahrnehmung und Bewältigung sprachlicher Vielfalt im Unterricht.* Münster: Waxmann.

Reinisch, Katrin (2014): *Wortschatzarbeit im Englischunterricht.* https://www.berlin.de/imperia/md/content/senbildung/foerderung/sprachfoerderung/daz_handreichung.pdf?start&ts=1444826617&file=daz_handreichung.pdf *(01.10.2015).*

Rösch, Heidi; Rotter, Daniela & Darsow, Annkathrin (2012): Focus on Form (FoF) und Focus on Meaning (FoM): Konzeption der sprachsystematischen und fachbezogenen Zweitsprachförderung im BeFo-Projekt. In Ahrenholz, Bernt & Knapp, Werner (Hrsg.): *Sprachstand erheben – Spracherwerb erforschen.* Stuttgart: Fillibach, 173–186.

Rubin, Joan (1975): „What the ‚Good Language Learner' Can Teach Us". *TESOL Quarterly 9:* 41–50.

Schifko, Manfred (2008): „... oder muss ich expliziter werden?" Formfokussierung als fremdsprachendidaktisches Konzept: Grundlagen und exemplarische Unterrichtstechniken. In *Fremdsprache Deutsch* (38): 36–45.

Siebert-Ott, Gesa (2001): *Zweisprachigkeit und Schulerfolg. Die Wirksamkeit von schulischen Modellen zur Förderung von Kindern aus zugewanderten Sprachminderheiten.* Ergebnisse der Schulforschung. Bönen: Kettler.

Skehan, Peter (1996): A framework for the implementation of task-based instruction. *Applied Linguistics* 17: 38–62.

Stanat, Petra; Becker, Michael; Baumert, Jürgen; Lüdtke, Oliver & Eckhardt, Andreas (2012): Improving second language skills of immigrant students: a field trial study evaluating the effects of a summer learning program. *Learning and Instruction* 22 (3): 159–170.

Stanat, Petra; Rauch, Dominique & Segeritz, Michael (2010): Schülerinnen und Schüler mit Migrationshintergrund. In Klieme, Eckhard et al. (Hrsg.): PISA 2009. Bilanz nach einem Jahrzehnt. Münster: Waxmann, 200–230.

Sürig, Inken; Şimşek, Yazgül; Schroeder, Christoph & Boneß, Anja (2016): *Literacy acquisition in school in the context of migration and multilingualism: a binational survey.* Amsterdam: Benjamins.

Ushakova, Tatyana N. (1994): Inner speech and second language acquisition: An experimental-theoretical approach. In Lantolf, James P. & Appel, Gabriela (eds.): *Vygotskian approaches to second language research.* Norwood, NJ: Ablex, 135–156.

Zydatiß, Wolfgang (2013): Generalisierbare sprachlich-diskursive Kompetenzen im bilingualen Unterricht (und darüber hinaus). In Breidbach, Stephan & Viebrock, Britta (eds*.): Content and Language Integrated Learning (CLIL) in Europe. Research Perspectives on Policy and Practice.* Frankfurt a. M.: Peter Lang.

Tanja Fohr
Sprache im Kunstunterricht: Lernmedium oder -ziel?

Die Allgegenwart der Bilder, sowohl der massenmedialen als auch der künstlerischen, erfordert die Kompetenz, mit Bildern umgehen zu können. Die Vermittlung von Bildkompetenz ist angesichts des wachsenden Einflusses von Bildern in Alltag, Schule und Beruf und der zunehmenden Zahl der Bilder durch immer neue Formen der Vervielfältigung und Verbreitung mehr denn je notwendig. Schulisch steht die Bildkompetenz im Zentrum des Lernens und Lehrens im Fach Kunst.

Sprache ist im Kunstunterricht Medium der Wissensvermittlung, z. B. zur Erklärung oder Beschreibung, aber auch Werkzeug, Mittel zum Ausdruck sowie Indikator von Denk- und Verstehensprozessen und insofern integraler Bestandteil der Bildkompetenz. In den Bildungsstandards und Kerncurricula für das Fach Kunst wird festgelegt, welche (Teil)-Kompetenzen, u. a. auch sprachliche Kompetenzen wie das Beschreiben, zu vermitteln sind. Zur konkreten Planung und Umsetzung helfen dabei die didaktisch-methodischen Vorgaben aus der Kunstpädagogik. Bislang gibt es jedoch keine Vorschläge für das notwendige systematische Sprachlernen im Kunstunterricht.

Ziel des Beitrags ist es daher, für die oft vernachlässigte Rolle der Sprache im Kunstunterricht zu sensibilisieren. Ein Praxisbeispiel aus der 5. Klasse einer Gesamtschule zeigt, wie Spracharbeit in Situationen des Kunstunterrichts möglich und notwendig ist; es zeigt aber auch, dass diese nicht allein durch sprachsensible Werkzeuge in Form von Zusatzmaterialien am Rande zeitökonomisch erledigt werden kann. Wenn Sprache im Kunstunterricht Lerngegenstand und integrales Ziel des Unterrichts ist, dann ist eine Integration von Spracharbeit in konkretem Bezug auf die Kompetenzen und Inhalte des Faches Kunst erforderlich.

1 Problemaufriss

Schülerinnen und Schülern soll ermöglicht werden, am Ende ihrer Schullaufbahn ein Mindestniveau der Kompetenzentwicklung zu erreichen, um nach ihrem Schulabschluss am beruflichen und gesellschaftlichen Leben teilhaben zu können. Die zur Teilhabe identifizierten Kompetenzen werden in den fachlichen und überfachlichen Bildungsstandards festgelegt. Sprachbildung spielt beim Erwerb der Kompetenzen eine Schlüsselrolle.

Wie die Kultusministerkonferenz (vgl. KMK 2010: 1) in ihren Richtlinien zur „Förderstrategie für leistungsschwächere Schülerinnen und Schüler" problematisiert, erreicht ein erheblicher Anteil der Lernerinnen und Lerner dieses Mindestniveau nicht. Gefordert wird daher, die gezielte Förderung von leistungsschwächeren Schülerinnen und Schülern zu einem Schwerpunkt gemeinsamer schulischer Aktivitäten zu machen. Dabei ist das „Erlernen der deutschen Sprache eine entscheidend wichtige Voraussetzung für die grundlegende Aneignung fachlicher Kompetenzen und für eine gesellschaftliche Teilhabe" (KMK 2010: 2). Somit ist die Sprachbildung und -förderung eine Querschnittsaufgabe, die sich auf das gesamte Schulprogramm bezieht, alle Fächer betrifft und von der alle Schülerinnen und Schüler profitieren können.

Davon ausgehend stellen sich die Fragen, welchen Anteil das Fach Kunst zur Sprachbildung beitragen kann, welche sprachlichen Kompetenzen zum Erwerb der fachlichen Kompetenzen notwendig sind und inwieweit Sprachförderung sich mit den Leitgedanken des Faches vereinbaren lässt.

Öffentliche Debatten im Anschluss an Schulleistungsstudien wie PISA und die Entwicklung der Bildungsstandards, Kerncurricula und Leitlinien erwecken den Eindruck, dass in der Gesamtheit des Fächerkanons die allgemeinbildenden Fächer im Zentrum der Diskussion stehen. Auch in Bezug auf das Thema der Sprachbildung und -förderung werden die Leistungsmöglichkeiten der musischen Fächer kaum ausgeführt, was auch damit zusammenhängen mag, dass im Kunstunterricht das Bild als Kommunikationsmedium eine zentrale Rolle einnimmt. Der Gegenstandsbezug von Bildern und ihre Nähe zum Referenzobjekt erleichtern, so wird angenommen, im Gegensatz zur Sprache das Dekodieren – das Verstehen ohne Worte. Die zunehmende Anzahl von visuellen Darstellungen insbesondere im schulischen Kontext, so in Schulbüchern, lassen den Eindruck aufkommen, dass das Erklären und Verstehen durch Bilder erleichtert wird. „Diese Tendenz hängt u. a. mit der Annahme zusammen, dass Bilder [...] vor allem auch dann im Lernprozess besser einzusetzen wären, wenn die Lernenden sprachliche Schwierigkeiten haben" (Beese et al. 2014: 123). Diese Auffassung von Bildern als vermeintlicher Hilfe ist vielleicht auch Grund dafür, dass der Erwerb der Bildkompetenz im Fach Kunst und die zentrale Rolle der Sprache in diesem Zusammenhang bislang eine untergeordnete Rolle bei der Diskussion rund um die integrierte Sprachbildung in den Fächern spielt.

Im Bildungsbericht 2012 der Kultusministerkonferenz (KMK) und des Bundesministeriums für Bildung und Forschung (BMBF) wird explizit auf die Notwendigkeit einer kulturellen, musischen und ästhetischen Bildung für den

Lebenslauf hingewiesen: „In einer Welt, deren soziale, politische und ökonomische Prozesse von einer Fülle ästhetischer Medien geprägt werden, wird kulturelle/musisch-ästhetische Bildung zu einer wichtigen Voraussetzung für autonome und kritische Teilhabe an Gesellschaft und Politik." (KMK 2012: 157)

Die kulturell-ästhetischen Erfahrungen im Kunstunterricht leisten einen Beitrag zur Persönlichkeitsentwicklung und bilden eine Grundlage für die weitere Teilhabe an verschiedensten kulturellen Aktivitäten im Erwachsenenalter. Gerade deshalb ist es notwendig, das Lernpotenzial des Kunstunterrichts zu erörtern und insbesondere in Bezug auf die Sprachbildung zu hinterfragen.

Im Folgenden werden Gegenstände, das Lehren und Lernen rund um das Bild und die Lernpotenziale des Kunstunterrichts, ausgehend von der Fachdiskussion in der Kunstpädagogik, erörtert, um im weiteren Verlauf auf die didaktischen Grundlagen der Unterrichtsgestaltung einzugehen.

Zur Illustration wird ein Beispiel zur konkreten Planung und Umsetzung des Kunstunterrichts in einer Klasse 5 einer Gesamtschule in Hessen[1] herangezogen, um aufzuzeigen, wie Fach- und Sprachkompetenzen kombiniert vermittelt werden können. Da in zahlreichen Ausführungen zur Sprachbildung im Fachunterricht, zum sprachaufmerksamen und sprachsensiblen Fachunterricht oder z. B. zum Scaffolding-Ansatz und anderen die Problemlage in Bezug auf Kinder und Jugendliche mit nichtdeutscher Erstsprache und die Grundlagen der fachintegrierten Sprachbildung erläutert werden (vgl. Ahrenholz 2010, Ahrenholz & Oomen-Welke 2010, Beese et al. 2014, Chlosta & Schäfer 2010, Fohr 2014, Röhner & Hövelbrinks 2013, Schmölzer-Eibinger et al. 2013), wird in diesem Beitrag nicht gesondert darauf eingegangen. Vielmehr wird anhand eines Unterrichtsbeispiels für den Kunstunterricht in der 5. Klasse aufgezeigt, inwieweit Sprachbildung im Kunstunterricht notwendig ist und wie sie bei der Erarbeitung der Bildkompetenz integriert werden kann.

---

[1] Die Unterrichtsstunde, die hier als Beispiel herangezogen wird, war Teil eines fast zweijährigen Aktionsforschungsprojektes an einer Gesamtschule in Kassel. Zwei Lerngruppen mit Fünftklässlern, die laut Ergebnissen von C-Tests nach Baur & Spettmann und Profilanalyse nach Grießhaber sprachlichen Förderbedarf haben und in ihren Familien meist zwei oder mehr Sprachen sprechen, wurden nach einer Voruntersuchung ein Jahr lang entsprechend der Vorgaben der BDK-Standards und der Curricula des Faches Kunst unterrichtet (vgl. Fohr 2014).

2 Kunstunterricht: Lehren und Lernen rund um das Bild

In einer Kultur, die in hohem Maße durch Bilder geprägt ist und in der Bilder zunehmend wichtiger werden, bedeutet eine zeitgemäße und zukunftsorientierte Bildung heute ein Lernen in und mit Bildern. Mit der weltweiten Expansion der digitalen Medien und deren bildgebenden Verfahren sind Bilder in unserem Alltag nahezu omnipräsent. Klinker & Niehoff (2015: 1) fordern daher in der Stellungnahme des Bunds Deutscher Kunsterzieher (BDK):

> Kinder und Jugendliche müssen dazu befähigt werden, Bilder und deren Zusammenhänge in alltäglichen und herausgehobenen kulturellen Zusammenhängen angemessen zu verstehen. Vor allem die Aufgabe des Kunstunterrichtes ist es, entsprechende Fähigkeiten und Fertigkeiten zu vermitteln! Nur im Kunstunterricht steht das Bild als Bild im Zentrum aller Lernprozesse.

Der Begriff *Bild* wird hier in einem erweiterten Sinne verwendet und bezeichnet alle gestalteten Objekte, Prozesse und Situationen: Bilder aus der Alltagskultur ebenso wie Kunstwerke aus den verschiedensten Bereichen wie Skulptur, Plastik, Malerei, Grafik, Fotografie, Film, Installation, Performance, aber auch innere Bilder, wie sie z. B. durch die „Konzept Art" hervorgerufen werden, und auch weitere Gestaltungsformen aus den Bereichen Design, Architektur und Theater. Zudem bezieht sich der erweiterte Bildbegriff, der vielen kunstpädagogischen Veröffentlichungen und curricularen Vorgaben zugrunde liegt, auf die Prozesse und Produkte des künstlerisch-ästhetischen Handelns (vgl. Schaper 2012: 36). Die Vermittlung des selbstbestimmten und reflektierten Umgangs mit und die Gestaltung von Bildern im Sinne des erweiterten Bildbegriffs sind Aufgaben des Kunstunterrichts.

Welche wesentlichen Kompetenzen beim kreativen und selbstbestimmten Umgang mit dem Bild erworben werden können, wird im Folgenden ausgehend von den Bildungsstandards und den Kernlehrplänen und Curricula des Landes Hessen erläutert. Ein besonderes Augenmerk gilt dabei der Sprache und ihrem Anteil bei der Vermittlung.

3 Lernpotenziale des Kunstunterrichts: Bildkompetenz(en) und Sprachbildung

Im Rahmen des Kunstunterrichts kann die Sensibilität für die Bilderwelt entfaltet, können die Imaginationskraft der Schülerinnen und Schüler und ihre Kreativität gefördert werden. Gerade das gestaltende Tun und die rezeptive Auseinandersetzung mit anderen Kulturwelten[2] in der Kunst können zur „Vermittlung von kultureller Identität in einer globalen Welt" führen (Bering et al. 2006: 32).

Im Kontext der Kunstpädagogik gibt es eine Fülle divergierender kunstpädagogischer Ansätze; Ursache für diese Heterogenität können die unterschiedlichen Bezugsfelder des Faches sein (vgl. Brenne 2008: 34), aber vor allen Dingen ist die zentrale Bezugsgröße, die Kunst, ein in hohem Maße unklarer und offener Begriff, der sich Festlegungen verweigert. Insofern ist das Kompositum *Kunstunterricht* eine Verbindung von Gegensätzlichkeiten, denn Unterricht ist ein geplanter Prozess in Richtung des angestrebten Lernziels, schöpferische Prozesse verlaufen jedoch häufig überhaupt nicht planvoll (vgl. Bering et al. 2006: 94). Trotz dieses inneren Widerspruchs und dem Wunsch, die Offenheit des künstlerischen Prozesses zu bewahren und als besonderes Merkmal des Kunstunterrichts hervorzuheben, wurde 2008 in den Bildungsstandards des Faches Kunst für den mittleren Schulabschluss des BDK (2008) festgelegt, was im Zentrum der Vermittlungspraxis des Faches Kunst stehen soll. Die aktuell geforderten didaktischen Strukturen, die scheinbar normierbar sein müssen, um Bildungsprozesse bestimmbar und damit messbar zu machen, unterscheiden sich von anarchischen Prozessen und Ereignissen, wie sie die Kunst verkörpert (vgl. Wetzel et al. 2010: 1).

Vergleichbar den bundesweit gültigen Bildungsstandards der KMK für die Kernfächer wird in den BDK-Standards beschrieben, welche länderübergreifenden Bildungsziele bis zum Abschluss eines Bildungsgangs erreicht werden können.[3] Ausgehend davon obliegt der einzelnen Schule eine weitere Konkretisierung der Kerncurricula; sie kann sich für die Entwicklung eines schulinternen Curriculums entscheiden. Solange kein Beschluss der Schule zu einem Schulcurriculum vorliegt, gelten die bisherigen Lehrpläne für die Bildungsgänge. In diesem Fall legt die Schule fest, wie die Inhalte des Rahmenplans oder der Lehrpläne mit den Kompetenzfestlegungen der Kerncurricula verknüpft werden (vgl. HKM 2015). Die in den Bildungsstandards formulierten lernzeitbezogenen Kompetenzerwartungen sind langfristig angelegt und beziehen sich für das Fach Kunst auf den mittleren Schul-

---

2 Unter *Kulturwelten* sind in diesem Zusammenhang die von Menschen hervorgebrachten und gestalteten Errungenschaften gemeint. Der Begriff *Kultur* steht in diesem Zusammenhang nicht für den Herrschaftsanspruch einer bestimmten Klasse oder Gesellschaft, die sich durch die Definition ihrer *Kulturwelt* von anderen Gesellschaften abgrenzen oder hervorheben möchte, sondern soll statt einem normativen vielmehr einem deskriptiven Verständnis verpflichtet sein und der zunächst wertfreien Auseinandersetzung mit dem Kulturgut verschiedenster Gesellschaften in verschiedenen Epochen dienen.
3 Bildungsstandards (KMK) sind als Regelstandards formuliert und in Kompetenzbereiche gegliedert. Für die Bundesländer beschreiben Kerncurricula (erläutert in diesem Zusammenhang am Beispiel des Bundeslandes Hessen, vgl. HKM 2010, 2011, 2015), welche Kompetenzen in den jeweiligen Schulstufen erworben werden sollen.

abschluss, also die Klassen 9 und 10. Die Kompetenzbereiche werden um die inhaltlichen Konzepte des Faches Kunst ergänzt, die sich dann konkret für die bestimmten Jahrgangsstufen und unter Berücksichtigung schulinterner Besonderheiten in den Lehrplänen widerspiegeln. Für das im Folgenden erläuterte Beispiel eines Kunstunterrichts in der Klasse 5 mit zweisprachig aufwachsenden Schülern an einer Gesamtschule in Kassel (Hessen) wurde nach Vorgabe der Schule für die Förderstufe (Klassen 5 und 6) der gymnasiale Lehrplan für die konkrete Gestaltung des Unterrichts zugrunde gelegt (vgl. Abschnitt 4 und 5 dieses Beitrags).

Eine Übersichtstabelle (Tab. 1) verdeutlicht die Vorgaben auf der Planungsebene des Kunstunterrichts, die entsprechend bei der Planung von konkreten Stunden zu berücksichtigen sind und im Folgenden hinsichtlich den Ausführungen zur Sprachbildung reflektiert werden.

Tab. 1: Curriculare Vorgaben für den Kunstunterricht

Planungsvorgaben für den Kunstunterricht	Art der Vorgaben: kompetenz- oder inhaltsorientiert	Aussagen zur Sprachbildung
Bundesweit: BDK-Standards (2008)	Kompetenzvorgaben für den mittleren Schulabschluss am Beispiel Operatoren (z. B. wahrnehmen, gestalten, beschreiben)	implizite Aussagen zur Sprachbildung integriert in die operationalisierbaren Vorgaben (z. B. beschreiben, benennen) Aber: nicht konkretisiert in Bezug auf die Jahrgangsstufen
Bundesländer am Beispiel Hessen: Kerncurriculum Kunst (2010) Institut für Qualitätssicherung (IQ): Leitfäden zum Umgang mit dem Kerncurriculum (2011)	Kompetenzvorgaben für die Jahrgangsstufen verbunden mit Inhaltsfeldern (z. B. Farbe)	explizite Forderung der integrierten Sprachbildung Aber: teils konkretisiert, jedoch nicht für die Sprachbildung in einer bestimmten Jahrgangsstufe
Schulen oder Schulverbände am Beispiel Hessen: Lehrpläne des Landes (2002) interne Schulcurricula	Verknüpfung der Kompetenzerwartungen mit konkreten thematisch-inhaltlichen Vorgaben nach Jahrgangsstufen	keine explizite Aufforderung zur Integration von Sprachbildung und Unterrichtsgegenständen individuelle Ausgestaltung Ausnahme: Oberstufe – Thema: Bildbeschreibung und -analyse (erste schriftliche Klausur in den Klassen 10 und 11)
Fachkollegium, Lehrkraft	Konkrete Unterrichtsplanung, ggf. Einsatz von Unterrichtsmaterial	individuelle Ausgestaltung je nach Ausbildung und Sensibilisierung für das Sprachlernen

Entsprechend der Reihenfolge der bei der Unterrichtsplanung zu berücksichtigenden Vorgaben werden zuerst die *Bildungsstandards* für das Fach Kunst am Beispiel der Teilkompetenz *Beschreiben* aus den Bereichen der Rezeption und Produktion erläutert.

Bildbezogene Lernprozesse werden im Kunstunterricht durch drei – sich gegenseitig durchdringende – fachspezifische Handlungsfelder getragen: Produktion, Rezeption und Reflexion. Auf der Grundlage des Gestaltens, Wahrnehmens, Analysierens und Deutens von Bildern sowie durch ihr Nachdenken über bildbezogene Prozesse und Zusammenhänge erwerben Schüler ihre *Bildkompetenzen* (vgl. Niehoff 2009: 23).

Kerngedanke des Konzepts der Bildungsstandards ist, dass keine Gegenstände und Inhalte vorgegeben werden, sondern Kompetenzen, die in Auseinandersetzung mit den verschiedenen Inhalten erworben werden sollen. Inwieweit die Handlungsfelder der Rezeption und Produktion mit sprachlichen Kompetenzen verbunden sind, kann man ausgehend von den im Rahmen der Standards verwendeten Operatoren wie: *wahrnehmen, differenzieren, benennen, beschreiben, dokumentieren, vergleichen, kommentieren, deuten, begründet vertreten, bewerten* und *präsentieren*, schlussfolgern.

Für den Bereich der Rezeption ist in den Bildungsstandards im Zusammenhang mit der sprachlichen Umsetzung zunächst global formuliert: „Schülerinnen und Schüler erkennen bildnerische Sachverhalte, Zusammenhänge, Wirkungen und stellen diese in angemessener Form sprachlich dar" (BDK 2008: 3). Für die Bereiche Wahrnehmen, Beschreiben, Analysieren und Empfinden sowie Deuten und Werten sind im Anschluss konkrete Kann-Beschreibungen vorgegeben. So wird beispielsweise im Teilbereich *Beschreiben* spezifiziert: Schülerinnen und Schüler können Bildelemente und Bildgegenstände sowie ihre Beziehungen zueinander in angemessener Form sprachlich benennen und schriftlich beschreiben sowie wesentliche, für die Wirkung relevante Darstellungsmittel bezeichnen. Zudem können sie Material-Form-Inhalts-Beziehungen formulieren, unterschiedliche Bildsorten und Bildmedien differenzieren, Bilder ihren Gattungen zuordnen und für mündliche und schriftliche Beschreibungen sinnvolle Gliederungsaspekte finden (vgl. BDK 2008: 4).

Die Erläuterungen zur Teilkompetenz *Beschreiben* legen nahe, dass beispielsweise zur Formulierung von konkreten Material-Form-Inhaltsbeziehungen ein ganz eigenes Repertoire an sprachlichen Mitteln erforderlich ist. So ist für die Beschreibung der farblichen Gestaltung das Wissen und die Fähigkeit, die Art und die Wirkungsmöglichkeiten der Farbe und des Farbauftrags (z. B. deckend oder lasierend, tropfend, wischend, schabend, mit groben oder feinen Strichen, rein, leuchtend, ungemischt, aufgehellt, abgedunkelt, unbunt) zu unterscheiden, erforderlich.

Diese kurze Darstellung der Teilkompetenz *Beschreiben* der Bildungsstandards des Faches Kunst macht deutlich, wie mündliche und schriftliche Kommunikation die Voraussetzung dafür bilden, sich über eigene und fremde Vorstellungen, Sachverhalte, Ideen, Deutungen und Vorgehensweisen im Kunstunterricht auszutauschen.

Das *Kerncurriculum* für das Fach Kunst für die Haupt- und Realschulen (HKM 2011) sowie für das Gymnasium (HKM 2010) stellt überfachliche Kompetenzen, die in allen Fächern vermittelt werden, voran. Diese Schlüsselkompetenzen, zu denen auch die Sprachkompetenz gehört, zu vermitteln, ist Aufgabe eines jeden Fachunterrichts. Das Hessische Kultusministerium (HKM) formuliert den Aufbau und die kontinuierliche Sicherung der Lese-, Schreib- und Kommunikationskompetenz als Basisaufgabe des Kunstunterrichts der Sekundarstufe I:

- *Lesekompetenz*: Die Lernenden lesen und rezipieren Texte bzw. Medien unterschiedlicher Formate und nutzen dabei Lesestrategien. Sie entnehmen aus mündlichen und schriftlichen Texten wesentliche Informationen und ziehen begründete Schlussfolgerungen. [...]
- *Schreibkompetenz*: Die Lernenden verfassen Texte in unterschiedlichen Formaten und formulieren diese adressaten- und anlassbezogen. Sie gestalten ihre Texte unter Berücksichtigung von Sprach- und Textnormen.
- *Kommunikationskompetenz*: Die Lernenden drücken sich in Kommunikationsprozessen verständlich aus und beteiligen sich konstruktiv an Gesprächen, sie reflektieren kommunikative Prozesse sowie die Eignung der eingesetzten Kommunikationsmittel.

(HKM 2010: 10)

Die Vermittlung der sprachlichen Kompetenzen soll in Verbindung mit dem künstlerischen Tun und der Entfaltung der eigenen Kreativität beim Durchlaufen von komplexen, ästhetisch-praktischen Prozessen von der Idee bis zur Realisation und Reflexion erfolgen (vgl. HKM 2010: 11). Ausgehend von diesen Ausführungen im Kerncurriculum ist der Fachunterricht Kunst gleichzeitig auch Sprachunterricht, der die Aufgabe hat, allen Lernenden fachbezogene Lese-, Schreib- und Kommunikationskompetenz zu vermitteln. Also geht es nicht um die Frage nach der Eignung des Kunstunterrichts für die sprachliche Förderung von Kindern und Jugendlichen, sondern vielmehr darum, in welchen Situationen im Kunstunterricht allen Lernenden, einsprachig, zwei- oder mehrsprachig, bildungsfern oder -nah, die Gelegenheit eröffnet werden kann, das Lesen, Schreiben und Kommunizieren rund um das Bild zu erlernen und inwieweit diese dabei ausgehend von ihren individuellen Voraussetzungen unterstützt werden können.

Ähnlich wie in den BDK-Standards (vgl. BDK 2008) werden im Kerncurriculum (vgl. HKM 2010) für das Fach Kunst die *Kompetenzbereiche* Sehen, Wahrnehmen, Erfahren, Planen, Gestalten und Handeln, Verstehen, Begreifen, Erklären vorangestellt und des Weiteren um die folgenden *Inhaltsfelder*: Bilder gestalten, ihnen reflektierend und erlebend begegnen und diese auf die Lebenswirklichkeit beziehen, ergänzt. Für das Ende der Förderstufe, also der 6. Klasse, sollen die Schülerinnen und Schüler demnach für sinnliche Erfahrungen Worte finden und in diesem Zusammenhang Eindrücke schildern, Gesehenes beschreiben und einzelne Fachbegriffe angemessen anwenden können (vgl. HKM 2010: 21f.).

Neben vielfältigen Umsetzungsmöglichkeiten der BDK-Vorgaben und Kerncurricula ist der Mangel an Fachpersonal an den Schulen vor Ort ein Grund für die Schwierigkeit, Planung und Durchführung von Kunstunterricht auf verallgemeinerbare Merkmale – insbesondere im Hinblick auf die Sprachbildung – festzulegen. Wie der Bildungsbericht 2012 aufzeigt, wird der Unterricht im Fach Kunst häufig von Lehrkräften ohne grundständige Ausbildung, im besten Fall von Lehrkräften mit einer Erweiterungsprüfung oder externen Künstlern und Künstlerinnen erteilt (vgl. Bildungsbericht 2012: 191f.). Zudem geben die BDK-Standards zwar Kompetenzen vor, die die Lernenden in den Prozessen und Produkten des Kunstunterrichts erwerben und zeigen können, es gibt aber keine Vorgaben zur Art und Weise der Leistungsmessung, vergleichbar den Kernfächern, wie diese Kompetenzen (unter anderem auch die sprachlichen) zu elizitieren und zu bewerten sind.[4]

Diese Situation ermöglicht Gestaltungsfreiheit, erlaubt aber auch Beliebigkeit in der Unterrichtsplanung und Durchführung. In Bezug auf die Fragestellung, wie Sprachbildung in den Kunstunterricht integriert werden kann, stellt sich das Problem, dass der Kunstunterricht in Bezug auf die konkrete Ausgestaltung nicht auf bestimmte Merkmale festgelegt werden kann. Auch wenn Hotz (2011) versucht, die Leistungsmöglichkeiten des Kunstunterrichts und die Frage nach DaZ-Fördermöglichkeiten für Schülerinnen und Schüler mit nichtdeutscher Muttersprache zu erörtern, verbleibt sie in ihrer Darstellung jedoch bei Annahmen, die z. B. in Bezug auf die im Kunstunterricht verwendeten Textsorten nicht analytisch oder empirisch belegt sind. Die Darstellung und Analyse von Hotz (2011) geht von der Funktionalisierung des Faches Kunst und seiner Möglichkeiten zu Sprachförderzwecken aus. Es geht unter anderem auch darum, Methoden aus dem Bereich der Bilderschließung auf den DaF- und DaZ-Unterricht zu übertragen und zu diskutieren, inwieweit sich diese zur Sprachförderung eignen (vgl. Hotz 2011: 215).

Im Folgenden wird die Planung einer konkreten Unterrichtssequenz in Bezug auf die Möglichkeiten und Notwendigkeiten der Sprachbildung dargestellt.

---

4 Erst in der Oberstufe, also ab der 10. oder 11. Klasse, werden im Fach Kunst in den meisten Bundesländern schriftliche Klausuren geschrieben. Schulintern können aber je nach Entscheidung der Fachkonferenzen schriftliche Leistungen schon in der Sekundarstufe I erhoben werden.

4 Sprachaufmerksamer Kunstunterricht konkret: Integrierte Vermittlung von Bild- und Sprachkompetenz(en)

Die nachfolgende Doppelstunde zum Thema *Der gedeckte Tisch: Unsere Festtafel gestalten* soll exemplarisch zeigen, wie ein integriertes Sprachenlernen im Fachunterricht erreicht werden kann. Die Stunde wurde im Rahmen einer Unterrichtsreihe an einer Gesamtschule in Kassel (Hessen) in zwei Lerngruppen der 5. Klasse mit zweisprachig aufwachsenden Schülerinnen und Schülern durchgeführt und evaluiert (vgl. Fohr 2014). Im Rahmen der Unterrichtseinheit (16 Doppelstunden) sollten die Schüler Kompetenzen zum Wahrnehmen, Beschreiben, Gestalten und Herstellen von Bildern erwerben (vgl. BDK 2008: 4) und beim gemeinsamen Gestalten und Präsentieren einer Festtafel mit Deckfarben anwenden.

Die dazu notwendigen Teilkompetenzen (1. Teileinheit) rund um die Ausdrucksqualitäten des farbigen Gestaltens mit Deckfarben, zum Beispiel das Mischen von Primärfarben zu Sekundär- und Tertiärfarben, der Einsatz von Farben zur Modulation von Bildgegenständen, der deckende und lasierende Farbauftrag oder die Beschreibung der Wirkung von Farbkompositionen, haben die Lerner und Lernerinnen durch die Arbeit im Werkstattunterricht während 8 Doppelstunden bereits selbstständig erprobt, geübt und diskutiert.

Nach der Präsentation der Stationenarbeit wurde durch eine Sammlung und Darstellung von verschiedenen Festen in einem gemeinsamen Festkalender in das Thema *Feste feiern* eingeleitet (2. Teileinheit). Ideen zur Gestaltung eines Festessens wurden ausgehend vom Vorwissen der Schülerinnen und Schüler und Fotos von ihren Lieblingsspeisen und Familienfesten ausgetauscht. Die Aufgabenstellung für die praktische Arbeit war: „Gestaltet mit der ganzen Gruppe eine Festtafel. Jede/r malt einen Teller mit Speisen und gemeinsam gestaltet ihr den Tisch und die Dekoration." Diese Aufgabe war auf 6–8 Doppelstunden angelegt und gliedert sich in folgende Schritte:

- gemeinsame Ideensammlung in einer Gruppe mit vier Schülern,
- Anfertigen von einer oder mehreren Bleistiftskizzen mit unterschiedlichen Tellerformen und verschieden angeordneten Speisen,
- Gestaltung des Tellers und der Speisen mit Deckfarben, wobei die Erkenntnisse aus dem Stationenlernen angewendet werden,
- Gestaltung von weiteren Gegenständen für den gedeckten Tisch,
- Ausschneiden, Arrangieren und Aufkleben der Teller und Gegenstände auf einem DIN A0 Malgrund sowie
- Präsentieren der Arbeiten im Schulhaus.

Die Aufzählung der Schritte, die zur Lösung der Aufgabe *Eine Festtafel gestalten* vollzogen werden, macht deutlich, welch komplexes Zusammenspiel von zahlreichen Teilkompetenzen erforderlich ist. Diese müssen allerdings in den Lerngruppen der 5. Klasse in der Regel noch erarbeitet werden, da die Fähigkeiten, die die Lernenden in der Grundschule erworben haben, oft voneinander abweichen und bestimmte Fähigkeiten, wie z. B. das genaue Ausschneiden entsprechend einer Vorgabe, nicht vorausgesetzt werden können und im Einzelfall zusätzliches Üben erfordern. Dazu kommt, dass der Einstieg und die differenzierte Erarbeitung der Teilkompetenzen, auch der sprachlichen, die Grundlage für das Verstehen der Arbeitsanweisungen und das selbstständige Arbeiten bildet.

Die nun als Beispiel herangezogene Doppelstunde zum Thema *Der gedeckte Tisch: Unsere Festtafel gestalten* (vgl. Verlaufsplanung in Abschnitt 5) zielt darauf, Teilkompetenzen rund um die Kompositionsprinzipien, die beim Bildaufbau angewendet werden, einzuführen und ihre Wirkung zu vermitteln. Für den Bereich der integrierten Sprachbildung bedeutet dies, dass die Schülerinnen und Schüler die Fachausdrücke zur Beschreibung einer Komposition im Rahmen der Bildrezeption verstehen und bei ihrer Bildgestaltung anwenden können, indem sie geplante und realisierte Gestaltungsvorhaben beschreiben können. Die Sprachkompetenz *Beschreiben* steht also in der Unterrichtsstunde im Vordergrund. Die sprachlichen Kompetenzen werden mit Hilfe der Technik des *Scaffolding* so vermittelt, dass sich die Schülerinnen und Schüler ausgehend von ihrem sprachlichen Können neuen Wortschatz selbstständig erschließen (vgl. Arbeitsblatt in Abb. 1 und 2). Beim *Scaffolding* handelt es sich um eine systematische sprachliche Unterstützung, bei der die Lernenden *Gerüste* in Form von Denkanstößen, Anleitungen und Hilfsmitteln zur selbstständigen Erschließung des neuen sprachlichen Materials erhalten (vgl. Gibbons 2002: 10). Ausgehend von ihren vorhandenen Kenntnissen und Fähigkeiten erarbeiten sich die Schülerinnen und Schüler die Bedeutung des Fachausdrucks *Komposition*, der im künstlerischen Kontext das Zusammenstellen und die Anordnung der bildnerischen Elemente bezeichnet. Die Vermutungen der Lernenden zur Bedeutung des Ausdrucks in der Kunst werden gesammelt und eine gemeinsame Definition wird mit den Schülerinnen und Schülern in der Phase der Erarbeitung oder Semantisierung (vgl. Abschnitt 5) erarbeitet. Praktische Experimente mit dem Bildmaterial (Abb. 1) dienen dazu, sich verschiedener kompositorischer Möglichkeiten bewusst zu werden und diese ausgehend vom Alltagswortschatz zu beschreiben (Abb. 2). Die Sprachbildung ist in dieser Unterrichtsstunde also eng mit dem Bild verzahnt, so dass die Bildgestaltung quasi im Kunstunterricht als ‚Gerüst' – oder auch Unterstützung – zur selbstständigen und erkundenden Bedeutungserschließung dient und umgekehrt die mündliche Beschreibung zur Wahrnehmung und Gestaltung von neuen und besonderen Kompositionen eingesetzt werden kann. Denn durch das Erproben und Beschreiben verschiedener Anordnungen sollen die Schülerinnen und Schüler für die Wirkung sensibilisiert werden, und sie sollen ihre Kenntnisse und Fähigkeiten beim Skizzieren und Malen ihrer Lieblingsspeisen anwenden. Die Besonderheit des Kunstunterrichts liegt im Fall der integrierten Spracharbeit gerade darin, dass die Wege und Produkte der kreativ-praktischen Arbeit helfen, beispielsweise Kompetenzen wie das Beschreiben von Sachverhalten, Gegenständen und Experimenten anwendungsorientiert zu erarbeiten und zu üben. Der Wechsel der Darstellungsebene vom Bild zur Sprache und umgekehrt erfolgt dabei entsprechend der fachlichen Anforderungen und wird funktional gekoppelt an relevante fachliche Kompetenzen und Inhalte vermittelt.

Zur Veranschaulichung zeigt das nachfolgende Material, wie die fachlichen und sprachlichen Kompetenzen miteinander verzahnt sind und integriert erworben werden (Abb. 1 und 2). Der Einsatz des Materials im Unterricht einer 5. Klasse wird im Folgenden mit der Verlaufsplanung erläutert. Vorweggenommen sei, dass es im Bereich der sprachlichen Fähigkeiten um die konkrete Beschreibung von Arrangements geht. Dabei werden die Kompositionsprinzipien *Ballung* (*geballt, dicht gedrängt*), *Streuung* (*im Bildraum verteilt*, *Überlappung* (*verdeckt, überlappen, sich überschneiden*) und *Gruppierung* (*in Gruppen zusammenstellen*) erarbeitet. Die Schülerinnen und Schüler lernen zudem die Wirkung ihrer Kompositionen durch treffende Adjektive wie *harmonisch, (un)ruhig, fern* oder *nah* zu beschreiben und ihre Kompositionen somit hinsichtlich ihrer Wirkung begründet zu deuten. So könnten beispielsweise Arrangements wie folgt beschrieben und beurteilt werden: *„Die Speisen sind gleichmäßig auf dem Teller verteilt. Das wirkt auf mich harmonisch oder ruhig."* oder *„Die Komposition mit den Speisen, die sich überlappen, gefällt mir. Denn das wirkt spannend."* oder in Form von Ratschlägen zur Überarbeitung *„Du solltest die Speisen gruppieren, denn das ist interessant."* oder *„Du könntest die Beilagen größer zeichnen. Sie könnten sich überdecken."*

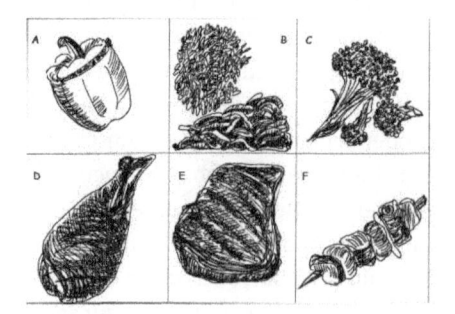

Abb. 1: Sechs Speisen zum Ausschneiden und Arrangieren auf dem Teller, kopierbar auf Folien für den Overheadprojektor für die Experimentierphase, Material für die Klasse 5 (Kopiervorlage verkleinert, Zeichnung Fohr 2011)

Komposition

Die Anordnung von Gegenständen auf einem Bild bezeichnet man als Komposition. Bei der Zusammenstellung achtet der Künstler oder die Künstlerin auf die Form und Farbe der Dinge und ihr Verhältnis zueinander.

Aufgabe:

1. Bezeichne die Speisen in den Kästchen A-F: der Lammspieß___, der Reis und die Nudeln ___, der Brokkoli ___, gefüllte Paprika ___, die Hähnchenkeule ___, das Grillsteak ___
2. Schneide die Speisen aus und ordne sie auf deinem Teller an.

   Probiere verschiedene Möglichkeiten aus.

   a) ... dicht drängen oder ballen – das heißt, dass viele Dinge dicht beieinander liegen
   b) ... gleichmäßig im Bildraum verteilen
   c) ... die Bildgegenstände verdecken, überdecken oder überlappen einander
   d) ... passend gruppieren - also zu Gruppen zusammenstellen

3. Wie wirken die verschiedenen Kompositionen auf dich? Was gefällt dir besonders gut? Warum?

Die Komposition wirkt ...	... ruhig, spannend, nah, fern, harmonisch, ...

Abb. 2: Arbeitsblatt zum Thema „Eine Festtafel gestalten: Komposition", Material für die Klasse 5; die Angaben zu den Lebensmitteln (Aufgabe 1) und Skizzen beziehen sich auf die von den Schülern und Schülerinnen in der vorigen Stunde gesammelten Festspeisen (Kopiervorlage verkleinert, erstellt von Fohr 2011)

Die folgende Verlaufsplanung für die Doppelstunde zeigt, wie eng verbunden das sprachliche und das fachliche Lernen sind: In allen Unterrichtsphasen ist der Erwerb der Gestaltungskompetenz mit der Fähigkeit verbunden, die Kompositionen und ihre Wirkung beschreiben zu lernen. Wenn den Bildungsstandards und Vorgaben der Curricula Rechnung getragen werden soll, ist Sprache hier also nicht nur Lernmedium, sondern auch explizites Lernziel.

5 Der gedeckte Tisch: Unsere Festtafel gestalten – Verlaufsplanung für eine Doppelstunde

Übergreifendes Lernziel der Unterrichtstunde zu den Kompositionsprinzipien ist, dass die Schülerinnen und Schüler (in Tab. 2 abgekürzt: Sch.) verschiedene Kompositionsformen bei der Gestaltung ihres Festessens anwenden und die

Anordnung und ihre Wirkung beschreiben können. Die Besonderheit im Kunstunterricht ist die Verbindung von Sprachlernen und praktischer Umsetzung. So können die Schülerinnen und Schüler die Beschreibung der Anordnung gemeinsam durch das Arrangieren der Speisen auf den Tellern erproben und sich auf die jeweilige Bedeutung einigen (Semantisierung). Die Bildexperimente dienen nicht nur der Veranschaulichung, sondern helfen auch, sich die neu erworbenen Ausdrücke zu erschließen und bei der Planung und Beschreibung der folgenden praktischen Arbeiten anzuwenden. In der nachfolgenden Verlaufsplanung werden die Phasen der Spracharbeit in der linken Spalte gekennzeichnet und in der rechten die Schritte des Scaffoldings konkretisiert, so dass die Verzahnung von fachlichen und sprachlichen Kompetenzen deutlich wird.

Tab. 2: Verlaufsplanung: „Unsere Festtafel gestalten"

Unterrichtsphasen	Lern- und Lehrprozesse: Ziele, Inhalte, Methoden
Einstieg (5 min)	1. Impuls: Bild eines leeren Tellers (Tafel oder z. B. auf Folie/Overheadprojektor (OHP))*
Thema vergegenwärtigen, Vorwissen aktivieren	Sch. nennen Thema und wiederholen Aufgabenstellung: Gestalten eines Tellers mit Speisen für eine Festtafel *Was könnte auf dem Teller liegen?* Ideen vergegenwärtigen, Sammeln und Beschreiben ihrer bisherigen Skizzen
Erarbeitung (20 min)	2. Impuls: drei Speisen werden auf dem Teller angeordnet (Abb. 2) (OHP) (Experiment/Unterrichtsgespräch)
SPRACHARBEIT Vorwissen aktivieren Vermutungen äußern	Präsentation: Anschrieb des Begriffs ‚Komposition' *Was bedeutet das Wort ‚Komposition' in diesem Zusammenhang?* (Tafel: Aussagen und Definition sichern) Vermutungen der Sch., Erarbeiten einer vorläufigen Definition ggf. Analogie zur Musik: Zusammenstellen, Schreiben eines musikalischen Werkes, Stücks – Zusammenstellen, Anordnen – kunstvolle Gestaltung – (bildungssprachlich: Arrangement)
SPRACHARBEIT Präsentation von neuem Bild- und Textmaterial, Semantisierung (Erklärungen zu neuen Wörtern und Ausdrücken)	Arbeitsblatt: Definition ‚Komposition' Sch. lesen die Definition und vergleichen diese mit ihren Vermutungen Sch. benennen anhand des Arbeitsblattes (Abb. 2; Aufgabe 1) weitere Speisen, ordnen diese den Zeichnungen zu und erhalten neue Gestaltungsideen für ihre späteren Arbeiten. 3. Impuls: Tafelanschrieb: *„drängen, ballen, verteilen, verdecken, gruppieren"* Sch. äußern Vermutungen zur Bedeutung der Begriffe, ggf. Erklärungshilfen – Punktbilder an Tafel zur Erklärung: Punkte geballt, verteilt, verdeckt und gruppiert

Tab. 2 (Fortsetzung)

Übung	Sch. schneiden aus und ordnen in Partnerarbeit die Speisen an (Abb. 1): Übung Arbeitsblatt (Abb. 2; Aufgabe 2, a–d)
SPRACHARBEIT Verbindung von Sprache und Handeln (10 min)	Ausprobieren verschiedener Kompositionsmöglichkeiten und Beschreibung
Ergebnispräsentation (10 min)	Sch. präsentieren ihre Lieblingskomposition und beschreiben die Anordnung und Wirkung Arbeitsblatt (Abb. 2; Aufgabe 3) z. B. *ruhig, spannend, …*
SPRACHARBEIT ergänzende Semantisierung	Ideen der Sch. zur Beschreibung der Wirkung und Beurteilung werden gesammelt.
Praxis 40 min	*Eine Festtafel gestalten: Fertige Skizzen deines Festessens mit dem Bleistift an. Probiere unterschiedliche Kompositionen aus.* Sch. überarbeiten Skizzen ihrer Speisen und des Tellers und fertigen ggf. neue Entwürfe an.
Ergebnispräsentation in Kleingruppen (5 min) SPRACHARBEIT	Sch. beraten sich gegenseitig und wenden dabei ihre Fähigkeiten an: *Welche Komposition gefällt deinem/r Partner/in und dir am besten? Warum? Wählt eine Skizze für eure Deckfarbenmalerei aus.* „Mir gefällt Bild XY, denn die Komposition ist spannend. Die …. überlappen/verdecken einander und … ", „Die Komposition ist harmonisch, weil …."

* Das Arrangieren der Speisen (s. Folien in Abb. 1) auf dem leeren Teller kann mit Hilfe des Overheadprojektors durchgeführt werden. Zwar ist es auch möglich, mit Hilfe einer Projektionskamera für ein Whiteboard (IWB) zu arbeiten, jedoch verfügen nicht alle Schulen über diese Technik und der Aufbau und auch das Experimentieren unter der IWB-Kamera erfordert Präzision und wegen der Kameraausrichtung ein bildnerisches Umdenken.

Die Doppelstunde wurde wie in Tab. 2 dargestellt erprobt. Es nahmen zwei Lerngruppen mit Schülerinnen und Schülern der 5. Klasse teil, die zweisprachig aufwachsen und nach den Ergebnissen von Sprachstandsdiagnosen erhöhten Förderbedarf aufwiesen (vgl. Fohr 2014: 15). Die Schülerinnen und Schüler erarbeiteten sich die Kompositionsprinzipien und ihre Wirkung durch die praktischen Experimente selbstständig und einigten sich sowohl mit ihren Partnern als auch im Plenum auf ihre Bedeutung. Bei der Beschreibung ihrer eigenen Skizzen wendeten die Lernenden die Begriffe in der praktischen Umsetzung an, indem sie unterschiedliche Prinzipien beim Skizzieren ausprobierten. In der Praxisphase wurden die Kompositionsprinzipien angewandt.

Die Planung und Umsetzung der Doppelstunde zum Thema *Der gedeckte Tisch: Unsere Festtafel gestalten* zeigt, dass die Kompetenzvermittlung im Kunstunterricht ausgehend von einer Analyse des Sachthemas, hier der Komposition, seiner fachlichen Herausforderungen und seiner Bedeutung für die Lerngruppe erfolgen sollte. Zur Förderung der Handlungs- und Kommunikationskompetenz(en) werden Aufgaben und Übungen formuliert, die zur selbstständigen Auseinandersetzungen mit Fachproblemen und unterschiedlichen Lösungswegen anregen (vgl. Wagner 2010: 5). Dabei ist Sprachkompetenz integraler Bestandteil der Fachkompetenz und sollte wie im Beispiel bewusst erarbeitet werden. Insofern reicht es nicht, allein Sprachhilfen oder Werkzeuge (vgl. Leisen 2010: 6) bereitzustellen, sondern die Erarbeitung fachsprachlicher Kompetenzen muss im Rahmen einer Präsentations- und Semantisierungsphase eingeplant werden, damit die Sprache zur Rezeption und Produktion der Bilder selbstständig erschlossen, geübt und angewendet werden kann. Ausgehend von der Sache, hier den Kompositionsprinzipien, und der Bedeutung des Lerngegenstands für die Situationen im Kunstunterricht und die Lebenswelt der Schülerinnen und Schüler, ist zu reflektieren, wieviel neues sprachliches Material präsentiert wird und inwieweit die genutzten Texte global oder selektiv, je nach Voraussetzung der Schülerinnen und Schüler, verstanden werden sollten, um daraus die für den weiteren Verlauf notwendigen Informationen zu entnehmen. Die Phase der Semantisierung dient der Bedeutungserschließung der fachsprachlichen Konzepte. Zwar kann die Lehrkraft die Bedeutungen im Plenum klären, was diese Phase verkürzt, es hat sich jedoch gezeigt, dass es nachhaltiger ist, wenn die Schülerinnen und Schüler sich, gelenkt durch mit der Praxis verbundene Arbeitsaufträge (Abb. 2, Aufgabe 1 und 2), neue Zusammenhänge und Bedeutungen selbstständig erschließen. Die vielfältige Erprobung dieses Konzeptes, in der Sprachlernen als integraler Bestandteil des Fachlernens im Kunstunterricht gesehen wird, hat gezeigt, dass die Grundvoraussetzung die Sachanalyse bildet. Zeigt beispielsweise die Analyse des Unterrichtsmaterials, dass die Textvorlagen und Arbeitsaufträge aus Lehr- und Arbeitsbüchern in Bezug auf die zu vermittelnden Bildkompetenzen und Sprachkompetenzen nicht zielführend sind, dann sollte auf eine Auseinandersetzung verzichtet werden. Zudem sollten die Arbeitsanweisungen analysiert werden, indem die Lehrkraft die konkret erwarteten Leistungen, auch die (fach-)sprachlichen, formuliert und ggf. die Aufträge entsprechend der Voraussetzungen der Lerngruppe und der zu erarbeitenden Zielkompetenzen modifiziert.

6 Fazit: Fachintegrierte Sprachbildung im Kunstunterricht

Zusammengefasst ist die Vermittlung von Bildkompetenz im Kunstunterricht gekennzeichnet durch die enge Verbindung von Sprache und Bild. Legt man zugrunde, dass Allgemein-, Bildungs- und Fachsprache[5] eine gemeinsame Schnittmenge haben und die in der Sprache vorhandenen Formen genutzt werden, um spezifische Fachtermini, Kollokationen und Eigenarten fachspezifischer Diskurse auszubilden (vgl. Rösch 2013: 22), dann ist es sinnvoll, bei der Vermittlung darauf zu achten, dass die Schülerinnen und Schüler ausgehend von ihnen bekannten Sachverhalten im Alltag lernen, sich fach(sprach)liche Zusammenhänge selbstständig zu erschließen. Dabei ist das Veranschaulichen durch das Bild und das Experimentieren mit Bildern ein Weg, der durchaus auch als Erschließungsmethode auf andere Fächer übertragbar sein sollte.

Zwar kann Kunst auch ohne die durch die Sprache nach außen getragenen Vorstellungsbilder rezipiert werden, aber will man im Kunstunterricht Bildkompetenz vermitteln, kommt das Wahrnehmen und Begreifen von Bildern und ihren Gestaltungsprinzipien sowie die Herstellung von Bildern nicht ohne verbale Kommunikation aus. Zum einen ist die Sprache im Unterricht das Lernmedium, um Arbeitsanweisungen zu verstehen und umzusetzen oder Erkenntnisse zu formulieren, zum anderen ist sie, wie auch bei der Analyse der BDK-Vorgaben und Kerncurricula beschrieben, ein wesentliches Vermittlungsziel. Es geht folglich nicht allein darum, Sprachhilfen zu gestalten (vgl. Leisen 2010: 6), sondern zum Erwerb der Bildkompetenz(en) fachliche und sprachliche Ziele zu formulieren und zusätzliche Schritte zur Präsentation und Erschließung der Sprache bei der Erarbeitung der Kompetenzen aus den Bereichen der Rezeption und Produktion einzuplanen.

Eine solche Vermittlungspraxis, die Fach- und Sprachlernen als genuin miteinander verbunden sieht, geht über den Ansatz der notwendigen Sprachförderung allein für leistungsschwächere Schülerinnen und Schüler (vgl. KMK 2010: 5) weit hinaus und genügt einem modernen, weit gefassten Inklusionsbegriff, wie er etwa von der Europäischen Kommission im Rahmen der Strategie Europa 2020 (vgl. Europäische Kommission 2010: 16) verwendet wird. Denn wie Haberzettl (2015: 49) in Bezug auf die KMK-Förderstrategie einwendet, liegen kaum belastbare Daten vor, „ob die bildungssprachlichen Fertigkeiten von ein und mehrsprachig aufwachsenden Kindern und Jugendlichen tatsächlich so weit auseinanderliegen [...]". Das Verstehen von Bildungs- und Fachsprache stellt für alle Schülerinnen und Schüler eine Herausforderung dar, insbesondere wenn es im (vor)schulischen Bereich und im familiären Umfeld wenig sprachlichen Input zur

---

5 Zum Beispiel Rösch (2013: 18–37) und Ahrenholz (2010: 1–16) erläutern ausführlich den Unterschied zwischen Allgemein-, Bildungs- und Fachsprache und berufen sich dabei sowohl auf Cummins' (2010) Unterscheidung der *Cognitive Academic Language Proficiency* (CALP) und der *Basic Interpersonal Communicative Skills* (BICS) als auch das Konzept der konzeptionellen Mündlichkeit und Schriftlichkeit im Sinne von Koch & Oesterreicher (1985).

Sensibilisierung für den Umgang mit verschiedenen Texten und für einen reflektierten Sprachgebrauch gab.

Die Frage, welchen Beitrag der Kunstunterricht zur Förderung der sprachlichen Kompetenzen von leistungsschwächeren Schülerinnen und Schülern leisten kann, bleibt hier jedoch bewusst unbeantwortet, denn der Kunstunterricht kann und sollte ebenso viel wie jeder andere Unterricht zur sprachlichen Bildung beitragen. Kunstunterricht sollte jedoch nicht zu Förderzwecken instrumentalisiert werden, wie es Hotz (2011: 209) nahelegt.

In einer zunehmend bilddominierten Kultur kommt dem Kunstunterricht eine besondere Bedeutung zu. Damit Schülerinnen und Schüler mit Bildern selbstbestimmt und reflektiert umgehen können, erkennen, wie sie gestaltet, manipuliert und ihr Inhalt dekodiert werden können, bedarf es spezieller Fertigkeiten und Fähigkeiten, wozu auch die Sprache als integraler Bestandteil gehört. Aufgabe der Kunstpädagogik ist es, Fachlehrerinnen und -lehrern die didaktischen und methodischen Fähigkeiten zu vermitteln, um den Spracherwerb von *allen* Schülern und Schülerinnen als integralen Bestandteil der Bildkompetenz(en) bewusst planen und vermitteln zu können.

7 Literatur

Ahrenholz, Bernt (Hrsg.) (2010): *Fachunterricht und Deutsch als Zweitsprache*. Tübingen: Narr Francke Attempo.

Ahrenholz, Bernt & Oomen-Welke, Ingelore (Hrsg.) (2010): *Deutsch als Zweitsprache*. Baltmannsweiler: Schneider Hohengehren.

Baur, Rupprecht S. & Spettmann, Melanie (2007): Screening – Diagnose – Förderung: der C-Test im Bereich DaZ. In Ahrenholz, Bernt (Hrsg.): *Deutsch als Zweitsprache. Voraussetzungen und Konzepte für die Förderung von Kindern und Jugendlichen mit Migrationshintergrund*. Freiburg i. Br.: Fillibach, 95–111.

(BDK 2008) Bund Deutscher Kunsterzieher (2008): Bildungsstandards im Fach Kunst für den mittleren Schulabschluss, verabschiedet von der Hauptversammlung des BDK Fachverbands für Kunstpädagogik im April 2008 in Erfurt. *BDK Mitteilungen* (3): 1–4. http://www.bdk-online.info/blog/data/2008/11/BildungsstandardsBDK.pdf *(16.10.2015)*.

Beese, Melanie; Benholz, Claudia; Chlosta, Christoph; Gürsoy, Erkan; Hinrichs, Beatrix; Niederhaus, Constanze & Oleschko, Sven (2014): *Sprachbildung in allen Fächern*. München: Klett Langenscheidt.

Bering, Kunibert; Heimann, Ulrich; Littke, Joachim: Niehoff, Rolf & Rooch, Alarich (2006): *Kunstdidaktik*. 2. überarb. u. erw. Aufl. Oberhausen: Athena.

Brenne, Andreas (2008): Bildungskrise Kunstpädagogik – Heterogenität als Chance einer subjektorientierten ästhetischen Bildung. In Billmayer, Franz (Hrsg.): *Angeboten: was die Kunstpädagogik leisten kann*. München: Kopaed, 32–42.

Chlosta, Christoph & Schäfer, Andrea (2010): Deutsch als Zweitsprache im Fachunterricht. In Ahrenholz, Bernt & Oomen-Welke, Ingelore (Hrsg.): *Deutsch als Zweitsprache*. Baltmannsweiler: Schneider Hohengehren, 280–297.

Europäische Kommission (2010): *EUROPA 2020: Eine Strategie für intelligentes, nachhaltiges und integratives Wachstum*. Brüssel. http://eur-lex.europa.eu/LexUriServ/LexUriServ.do?uri=COM:2010:2020:FIN:DE:PDF *(16.10.2015)*.

Fohr, Tanja (2014): Kunstunterricht: Sprachliche Anforderungen und Fördermöglichkeiten. In Michalak, Magdalena (Hrsg.): *Sprache als Lernmedium im Fachunterricht*. Baltmannsweiler: Schneider Hohengehren, 196–216.

Gibbons, Pauline (2002): *Scaffolding Language, Scaffolding Learning. Teaching Second Language Learners in the Mainstream Classroom*. Portsmouth, NH: Heinemann.

Grießhaber, Wilhelm (2007): Grammatik und Sprachstandsermittlung im Zweitspracherwerb. In Köpcke, Klaus-Michael & Ziegler, Arne (Hrsg.): *Grammatik in der Universität und Schule. Theorie, Empirie und Modellbildung*. Tübingen: Niemeyer, 185–198.

Haberzettl, Stefanie (2015): Schreibkompetenz bei Kindern mit DaF und DaM. In Klages, Hana & Pagonis, Guilio (Hrsg.): *Linguistisch fundierte Sprachförderung und Sprachdidaktik. Grundlagen, Konzepte, Desiderate*. Berlin u. a.: de Gruyter, 47–69.

(HKM 2002): Hessisches Kultusministerium (2002): *Lehrplan Kunst. Gymnasialer Bildungsgang. Jahrgangsstufen 5 bis 13*. Wiesbaden: HKM.

(HKM 2010): Hessisches Kultusministerium (2010): *Kerncurriculum Hessen. Bildungsstandards und Inhaltsfelder. Sekundarstufe I – Gymnasium. Kunst*. Wiesbaden: HKM. https://kultusministerium.hessen.de/sites/default/files/media/kerncurriculum_kunst_gymnasium.pdf *(18.09.2016)*.

(HKM 2011): Hessisches Kultusministerium (2011): *Kerncurriculum Hessen. Bildungsstandards und Inhaltsfelder. Sekundarstufe I – Realschule. Kunst*. Wiesbaden: HKM. https://kultusministerium.hessen.de/sites/default/files/media/kerncurriculum_kunst_realschule.pdf *(18.09.2016)*.

(HKM & IQ 2011): Hessisches Kultusministerium & Institut für Qualitätsentwicklung (IQ) (2011): *Leitfaden. Maßgebliche Orientierungstexte zum Kerncurriculum. Sekundarstufe I. Kunst*. Wiesbaden: IQ. https://kultusministerium.hessen.de/sites/default/files/media/leitfaden_kunst_sekundarstufe_i.pdf *(06.09.2016)*.

(HKM 2015): Hessisches Kultusministerium (2015): *Grundlagen für den Unterricht – Bildungsstandards, Kerncurricula und Lehrpläne*. https://kultusministerium.hessen.de/schule/bildungsstandards-kerncurricula-und-lehrplaene *(12.09.2016)*.

Hotz, Doris (2011): Deutsch als Zweitsprache im Kunstunterricht? – Herausforderung und Chancen. In Hoffmann, Ludger & Ekinci-Kocks, Yüksel (Hrsg.): *Sprachdidaktik in mehrsprachigen Lerngruppen*.: Baltmannsweiler: Schneider Hohengehren, 209–218.

Klinker, Martin & Niehoff, Rolf (2015): *Deshalb Kunstunterricht!* http://www.bdk-online.info/blog/data/2015/08/Deshalb-Kunstunterricht_Endfassung.pdf *(16.10.2015)*.

Koch, Peter & Oesterreicher, Wulf (1985): Sprache der Nähe – Sprache der Distanz. Mündlichkeit und Schriftlichkeit im Spannungsfeld von Sprachtheorie und Sprachgebrauch. *Romanistisches Jahrbuch* 36: 15–43.

(KMK 2010): Kultusministerkonferenz (2010): *Förderstrategie für leistungsschwächere Schülerinnen und Schüler*. http://www.kmk.org/fileadmin/Dateien/veroeffentlichungen_beschluesse/2010/2010_03_04-Foerderstrategie-Leistungsschwaechere.pdf *(19.01.2016)*.

(KMK & BMBF 2012): Kultusministerkonferenz & Bundesministerium für Bildung und Forschung (2012): *Bildungsbericht. H. Kulturelle / musisch-ästhetische Bildung im Lebenslauf.* http://www.bildungsbericht.de/daten2012/h_web2012.pdf *(16.10.2015).*

Leisen, Josef (2010): *Handbuch Sprachförderung im Fach. Sprachsensibler Fachunterricht in der Praxis.* Bonn: Varus.

Niehoff, Rolf (2010): *Bildorientierung und Kunstpädagogik.* http://www.kunstlinks.de/material/peez/2007-09-niehoff.pdf *(07.09.2016).*

Niehoff, Rolf (2009): Bildung – Bild(er) – Bildkompetenz(en): Zu einem wesentlichen Bildungsbeitrag des Kunstunterrichts. In Bering, Kunibert & Niehoff, Rolf: *BILDKOMPETENZ(en). Beiträge des Kunstunterrichts zur Bildung.* Oberhausen: Athena, 13–43.

Röhner, Charlotte & Hövelbrinks, Britta (Hrsg.) (2013): *Fachbezogene Sprachförderung in Deutsch als Zweitsprache. Theoretische Konzepte und empirische Befunde zum Erwerb bildungssprachlicher Kompetenzen.* Weinheim, Basel: Beltz Juventa.

Rösch, Heidi (2013): Integrative Sprachbildung im Bereich Deutsch als Zweitsprache (DaZ). In Röhner, Charlotte & Hövelbrinks, Britta (Hrsg.): *Fachbezogene Sprachförderung in Deutsch als Zweitsprache. Theoretische Konzepte und empirische Befunde zum Erwerb bildungssprachlicher Kompetenzen.* Weinheim, Basel: Beltz Juventa, 18–36.

Rymarczyk, Jutta (2013): Bildende Kunst. In Königs, Frank & Hallet, Wolfgang (Hrsg.): *Handbuch Bilingualer Unterricht. Content and Language Integrated Learning.* Seelze: Klett-Kallmeyer, 265–271.

Schaper, Florian (2012): *Bildkompetenz. Kunstvermittlung im Spannungsfeld analoger und digitaler Bilder.* Bielefeld: transcript.

Schmölzer-Eibinger, Sabine; Dorner, Magdalena; Langer, Elisabeth & Helten-Pacher, Maria-Rita (2013): *Sprachförderung im Fachunterricht in sprachlich heterogenen Klassen.* Stuttgart: Fillibach bei Klett.

Wagner, Ernst (2010): Aufgaben, Bildungsstandards, Kompetenzen. Versuch einer Klärung der Begriffsvielfalt. *Kunst und Unterricht* 341: 4–14.

Wetzel, Tanja; Fritzsche, Marc; Kolb Gila & Meyer, Torsten (2010): *Part_01: Wie viel Kunst braucht die Kunstpädagogik? Eine Veranstaltung der Kunsthochschule Kassel im Frankfurter Kunstverein am 26.11.2010.* https://aligblok.de/wp-content/uploads/2014/04/ReaderBuko12_Part011.pdf *(26.10.2015).*

Susanne Prediger
„Kapital multiplizirt durch Faktor halt, kann ich nicht besser erklären" – Gestufte Sprachschatzarbeit im verstehensorientierten Mathematikunterricht

„Im Anfang war das Wort" (Joh. 1.1)

Der Verweis auf den Beginn des Johannesevangeliums bietet einen oft genutzten Anlass, um zu betonen, dass Wortschatzarbeit für den Erwerb von Sprache absolut zentral ist (z. B. Michalak 2009). Steinhoff (2013) begründet die Relevanz auch aus einer funktionalen Perspektive, wenn er den *Wortschatz als zentrales Werkzeug für den Sprachgebrauch* beschreibt, der für alle sprachlichen Kompetenzbereiche (Lesen, Schreiben, Zuhören, Sprechen) eine wichtige Voraussetzung bildet.

Während Steinhoff für den derzeitigen Deutschunterricht anmahnt, dass Wortschatzarbeit zu wenig Aufmerksamkeit erhält, scheint sie umgekehrt für die Spracharbeit im *Fachunterricht* eine sehr herausgehobene Rolle zu spielen (z. B. in Ulrich 2013, Reblin 2013), auch wenn weitere Bereiche wie Grammatik, Lesestrategien oder Diskurskompetenz natürlich auch wichtig sind. Dieser Artikel widmet sich der Frage nach einer *an den Sprachnotwendigkeiten des Mathematikunterrichts ausgerichteten Wortschatzarbeit* und greift dabei etablierte Kenntnisse der Sprachdidaktik auf. Argumentiert wird, dass die derzeitige Praxis der Wortschatzarbeit im Fachunterricht in vielerlei Hinsicht erweiterungsbedürftig ist, damit sie das Fachlernen in konstruktiver Weise unterstützen kann. Der Erweiterungsbedarf betrifft folgende Bereiche:

- Ausweitung von isolierten Wörtern auch auf andere Sprachmittel wie Satzbausteine (Mehrwortausdrücke) und graphische Darstellungsmittel. Deswegen wird im Titel des Artikels ‚Sprachschatzarbeit' statt ‚Wortschatzarbeit' benutzt, denn das in der Sprachdidaktik eigentlich etablierte *breite* Verständnis von Wortschatz wird im Fachunterricht oft zu verkürzt rezipiert.
- Ausweitung von einer eng verstandenen, formalbezogenen Fachsprache auch auf andere fachbezogen zentrale Sprachmittel.
- Konzeptionelle Erweiterung im Hinblick auf sachangemessene gestufte Einführung des Wortschatzes für jedes Themengebiet.

Dabei wird auf verschiedene empirische Studien der Autorin rekurriert, die jeweils andernorts in ihrem Forschungsdesign etc. ausführlich erläutert sind. Sie dienen hier als Beispielgeber oder es werden Befunde zusammenfassend berichtet, ohne dass dieser Artikel den Anspruch eines Forschungsberichts erheben würde.

Die Wortschatzarbeit in Schulbüchern und praktisch umgesetztem Mathematikunterricht (aber auch in einigen Publikationen zum Thema) unterliegt derzeit meist typischen Beschränkungen. Diese werden im Abschnitt 1 am Beispiel der Zinsrechnung problematisiert und anschließend Vorschläge zu ihrer Überwindung gemacht. Im induktiven Aufbau dieses Artikels werden diese beispielbezogenen Überlegungen dann im Abschnitt 2 systematisiert.

1 Welcher Sprachschatz wird gebraucht? Überlegungen am Beispiel Zinsrechnung

1.1 Problematische Beschränkung auf formalbezogene Fachwörter

Das Schulbuch *Mathe live*, einer der Marktführer der nordrhein-westfälischen Gesamtschulen, definiert zu Beginn des Kapitels Zinsrechnung in Klasse 8 die relevanten formalbezogenen Sprachmittel und führt (auch mit hier nicht gezeigten Beispielen und Visualisierungen am Zahlenstrahl) die zentrale Formel der Zinsrechnung ein (vgl. Abb. 1 für beide Schulbuchauszüge).

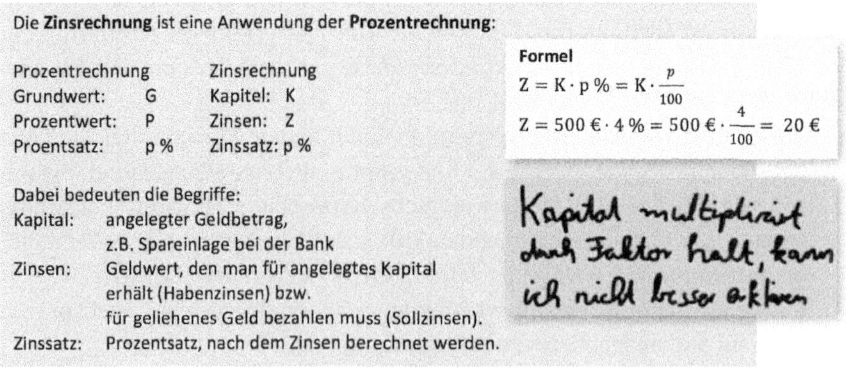

Die **Zinsrechnung** ist eine Anwendung der **Prozentrechnung**:

Prozentrechnung		Zinsrechnung	
Grundwert:	G	Kapital:	K
Prozentwert:	P	Zinsen:	Z
Proentsatz:	p %	Zinssatz:	p %

Formel
$$Z = K \cdot p\% = K \cdot \frac{p}{100}$$
$$Z = 500 \, € \cdot 4\% = 500 \, € \cdot \frac{4}{100} = 20 \, €$$

Dabei bedeuten die Begriffe:
Kapital: angelegter Geldbetrag,
z.B. Spareinlage bei der Bank
Zinsen: Geldwert, den man für angelegtes Kapital erhält (Habenzinsen) bzw. für geliehenes Geld bezahlen muss (Sollzinsen).
Zinssatz: Prozentsatz, nach dem Zinsen berechnet werden.

Kapital multipliziert durch Faktor halt, kann ich nicht besser erklären

Abb. 1: Formalbezogener Wortschatz und zentrale Formel der Zinsrechnung aus Schulbuch *Mathe live 8* (Böer, Emde & Kietzmann 2008: 40) mit Erläuterung des Achtklässlers Kevin zur Zinsformel

Mit einem solchen fachlichen und sprachlichen Lerninhalt gehen Lehrkräfte sehr unterschiedlich um:

Eine Gruppe kümmert sich gar nicht um die sprachlichen Lerninhalte und unterstellt, dass sie entweder bereits bekannt sind oder im Gebrauch automatisch erworben werden. Diese Unterstellung wird jedoch mit zunehmendem Anteil von Kindern und Jugendlichen aus bildungsfernen Familien und Familien anderer Herkunftssprachen immer problematischer, weil diese bei der Sprachschatzarbeit mehr Unterstützung brauchen (Apeltauer 2008).

Eine zweite Gruppe von Lehrkräften hat realisiert, dass Sprachschatzarbeit ihrer Aufmerksamkeit bedarf, und angefangen, das formalbezogene Vokabular gezielter zu thematisieren. In diesen Klassenzimmern hängen Wortspeicher an der Wand, in denen Worte wie Kapital, Zinsen, Zinssatz, Grundwert, Prozentwert, Prozentsatz aufgeführt sind, und es wird auf ihre konsequente Nutzung geachtet. Diese zweite Strategie der gezielten Thematisierung formalbezogener Fachwörter wird derzeit in vielen Materialien zur Sprachbildung im Mathematikunterricht der Sekundarstufe vorgeschlagen (z. B. Reblin 2013). Sie bietet zwar einen *ersten* Einstieg in die Spracharbeit, greift jedoch alleine deutlich zu kurz, wie das folgende Beispiel zeigt:

Beispiel 1: Kevin und die Zinsformel
Kevins schriftliche Erläuterung zur Zinsrechnung wurde einer Videoaufnahme einer 8. Gesamtschulklasse entnommen und für Abb. 1 reproduziert: „Kapital multipliziert durch Faktor halt, kann ich nicht besser erklären". Kevins Erläuterung ist typisch für den Sprachstand vieler Lernender im Mathematikunterricht: Er bemüht sich, die fachsprachlichen Erwartungen seiner Lehrerin zu erfüllen. Ihm gelingt die Nutzung der Fachwörter, wenn auch mit Rechtschreibfehlern. Bedenklich ist der Gebrauch der unpassenden Präposition *durch*, und vor allem, dass er für die *Bedeutung* dieser Formel keine Sprache findet.

Solche Schüleräußerungen erfordern verschiedene Maßnahmen, die im Folgenden erläutert werden sollen: sowohl die Ausweitung des Sprachschatzes auf Satzbausteine (Abschnitt 1.2), als auch auf bedeutungsbezogene Sprachmittel (Abschnitt 1.3). Erst danach ist eine Ausweitung auf weitere kontextbezogene Sprachmittel sinnvoll (Abschnitt 1.4).

1.2 Satzbausteine statt isolierte Wörter

Für eine Klasse 8, die den mittleren Schulabschluss anstrebt, ist das sprachliche Lernziel durchaus angemessen, dass alle Lernenden die Verben zu den Grundrechenarten *mitsamt den zugehörigen Präpositionen* nutzen können (die Recht-

schreibung ist auch wünschenswert, aber nicht in allen Lerngruppen von höchster Priorität):
- man addiert   3 zu/und   12 für 12 + 3
- man subtrahiert   3 von   12 für 12 − 3
- man multipliziert   3 mit/und   12 für 12 · 3
- man dividiert   12 durch   3 für 12 : 3

Aufgrund der wechselnden Präpositionen betont die Sprachdidaktik, dass auf Wortlisten nicht nur isolierte Verben, sondern auch solche *Satzbausteine* mitsamt den relevanten Präpositionen und Zahlenbeispielen aufgeführt werden sollen, denn nur so lernen Schülerinnen und Schüler die Verben im richtigen Zusammenhang zu nutzen. Dass dabei die Zahlen bei Addition und Multiplikation ohne Bedeutungsveränderung vertauscht werden können, aber bei Subtraktion und Division nicht, ist mathematisch begründbar (durch das Kommutativgesetz). Dass aber die Reihenfolge bei Subtraktion und Division unterschiedlich ist für 12–3 und 12 : 3, ist eine rein sprachliche Regel, die gezielt erworben werden muss, um sprachlich richtig zu formulieren (viele Lernende vertauschen die Zahlen beim Dividieren daher).

Jenseits dieser Grundschulinhalte sind in Klasse 8 für die Zinsrechnung außerdem weitere themenspezifische Satzbausteine wichtig, die die Fachwörter zueinander in tragfähige Beziehung setzen und als Kollokationen oft zusammen auftauchen:
- der Zinssatz als Anteil von dem Kapital
- den Zins gewähren
- die Zinsen zahlen
- Prozentsatz von einem Grundwert ergibt den Prozentwert
- ...

1.3 Bedeutungsbezogene Sprachmittel zum Nachdenken über Bedeutungen

Doch selbst mit der Ergänzung um Satzbausteine greift der ausschließliche Fokus auf formalbezogene Sprachmittel deutlich zu kurz. Denn welche Sprachmittel notwendig sind, muss von den Gebrauchssituationen aus gedacht werden, wie Steinhoff (2013) fordert. Zentrale Gebrauchssituationen in einem *verstehensorientierten* Mathematikunterricht (Prediger 2013b) sind vor allem durch folgende Aktivitäten bestimmt: Lernende sollen

(a) Rechenwege oder allgemeine Vorgehensweisen mündlich und schriftlich verbalisieren;
(b) konzeptuelles Verständnis für mathematische Konzepte, Zusammenhänge (z. B. in Formeln) und Vorgehensweisen aufbauen und ihre Bedeutungen mündlich und schriftlich erklären;
(c) die erarbeiteten Konzepte, Zusammenhänge und Vorgehensweisen in weiteren Sachzusammenhängen nutzen.

Zahlreiche Videoanalysen von Unterrichtsstunden im Mathematikunterricht im Rahmen verschiedener Dortmunder Projekte (Interpass, MuM, BiSS, alle unter Leitung von S. Prediger in Dortmund seit 2009) haben ergeben, dass die Gebrauchssituation (a) mit Abstand am besten von den meisten Lernenden bewältigt wird: Trotz einiger Defizite entwickeln die meisten Lernenden eine durchaus beachtliche Rechensprache, in der sie mit formalbezogenen Sprachmitteln ihre Rechenwege zu konkreten Rechenaufgaben verbalisieren können („man muss das K mit p durch 100 multiplizieren, dann erhält man Z"). Viel seltener sind jedoch Gelegenheiten für die zweite und dritte Erklärtätigkeit in den Gebrauchssituationen (b) und (c), wodurch diese gerade bei sprachlich schwachen Jugendlichen meist geringer entwickelt sind (z. B. Erath & Prediger 2014).

Fortsetzung von Beispiel 1: Kevin und die Zinsformel
Daher verwundert es auch nicht, dass Kevin aus Fallbeispiel 1 die Bedeutung der Zinsformel nicht erklären kann. Dazu fehlt ihm nicht nur die Diskurskompetenz zur Realisierung einer erklärenden Diskurseinheit (vgl. Erath & Prediger 2014), sondern auch schlicht der Sprachschatz für die Bedeutungen, der teilweise zur Bildungssprache, teilweise im engeren Sinne zur Fachsprache gehört. Eine solche Erklärung könnte zum Beispiel so lauten:

> Das Kapital ist ja das Guthaben, das ich zur Bank gebracht habe, das ist das Ganze. Die Zinsen sind die Gebühr, die ich von der Bank erhalte, weil ich ihr mein Geld geliehen habe. Dieser Teil wird in Prozent angegeben, das heißt als Anteil an dem Guthaben bestimmt, also zum Beispiel 4 % von 200 €. Die 4 % sind ja einfach der Anteil 4/100, und einen Anteil VON etwas erhalte ich durch Multiplizieren, dann erhalte ich den Teil. Das haben wir für Brüche schon gelernt: Teil als Anteil vom Ganzen ergibt sich durch ‚Anteil mal Ganzes'.

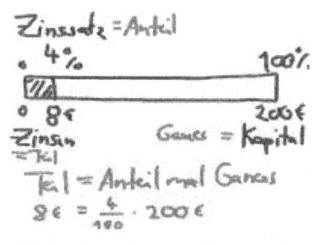

Abb. 2: Graphische Erklärung der Bedeutung der Zinsformel

Für die Erklärung von Bedeutungen werden also weitere Sprachmittel gebraucht, die wir die *bedeutungsbezogenen Sprachmittel* nennen (Wessel 2015, Pöhler & Prediger 2015) und in Abschnitt 2.2 genauer erklären, hier zum Beispiel:

- die Gebühr, die ich von der Bank erhalte, weil ich ihr mein Geld geliehen habe
- Teil von einem Ganzen
- Anteil an einem Ganzen
- es ergibt sich...
- Multiplizieren entspricht dem Anteil-Nehmen
- Prozentstreifen zur graphischen Darstellung

Sie umfassen nicht nur den Wortschatz im engeren Sinne, sondern auch graphische Darstellungsmittel und gewisse grammatische Elemente, so dass von Sprachschatz statt von Wortschatz gesprochen wird.

Der Schulbuch-Kasten in Abb. 1 bietet (im Gegensatz zu vielen Merkkästen anderer Schulbücher) sogar einige bedeutungsbezogene Sprachmittel für die Begriffe Kapital (z. B. angelegter Geldbetrag) und *Zinsen* an (wenn auch nicht zur Erklärung der Multiplikation als Anteil-Nehmen), ohne sie allerdings weiter zu nutzen. Solche bedeutungsbezogenen Sprachmittel für die Konzepte und ihre Zusammenhänge müssen jedoch in der Sprachschatzarbeit eine ebenso große Rolle spielen wie die formalbezogenen Sprachmittel, wo immer die alltagssprachlichen Ressourcen der Lernenden zur Verständigung über Bedeutungen nicht ausreichen (diese verschiedenen Stufen werden in Abschnitt 2.2 genauer definiert).

Wie die meisten Sprachmittel, die über die alltagssprachlichen Ressourcen hinausgehen, sind auch graphische Darstellungsmittel wie der Prozentstreifen für die Lernenden oft nicht unmittelbar verfügbar, sondern müssen erst erarbeitet werden, damit sie dann als Denk- und Verständigungsmittel genutzt werden können. Sie stellen nach den Untersuchungen des MuM-Projektes jedoch einen unabdingbaren Bestandteil der bedeutungsbezogenen Sprachmittel dar (Prediger & Wessel 2013, Pöhler & Prediger 2015). Dies zeigen auch die beiden folgenden Beispiele:

Beispiel 2: Elisa und die Ratenzahlung
In der weiteren Unterrichtseinheit zur Zinsrechnung geht es um Raten, die bei einer Kreditaufnahme zurückzuzahlen sind. Dass die Lernenden erhebliche (auch kontextbedingte) Schwierigkeiten haben, dieses Konzept zu verstehen, zeigt zum Beispiel Elisas Rechenweg zur dritten Raten-Aufgabe in Abb. 3. Sie kann darin den Raten wenig Sinn zuschreiben, obwohl sie im Unterricht bereits (ohne Bilder) eingeführt und diskutiert wurden. Die in der Aufgabe gegebenen Zahlen kombiniert sie nicht sachgerecht. Auch die Strukturierung nach „gegeben – gesucht" gelingt ihr nicht, und sie rechnet für die (in der Aufgabenstellung gegebene) Monatsrate ohne Irritation einen zweiten Wert aus.

Gestufte Sprachschatzarbeit im verstehensorientierten Mathematikunterricht — 235

Dritte Raten-Aufgabe:
In einem Prospekt steht: Neue Küchenmöbel für 2700 €. Anzahlung 20 % und dann 24 Monatsraten zu 105 €. Der Kunde fragt, was er dann insgesamt bezahlen muss, und welchen Jahreszinssatz er zahlt.

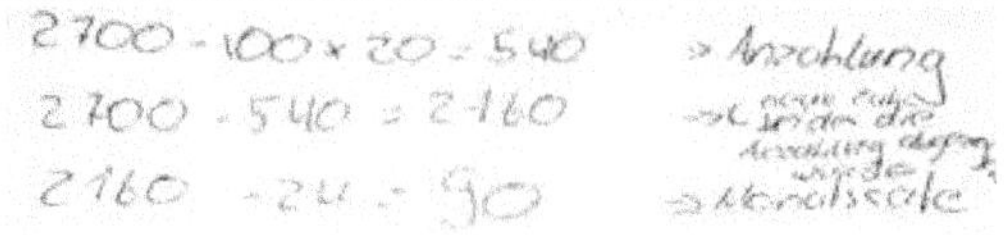

$2700 \cdot 100 \times 20 = 540$ → Anzahlung
$2700 - 540 = 2160$
$2160 : 24 = 90$ → Monatsrate

Abb. 3: Elisas falsche Lösung zur dritten Raten-Aufgabe (aus Nimmergut 2014, Geteiltzeichen nachgezeichnet)

Fünfte Raten-Aufgabe:
Herr Tugba möchte bei der Volksbank einen Kredit in Höhe von 1600 € aufnehmen.
Der Bankberater bietet einen Zinssatz in Höhe von 8,5 % bei 1 Jahr Laufzeit an. Welche monatliche Rate muss Herr Tugba zahlen?

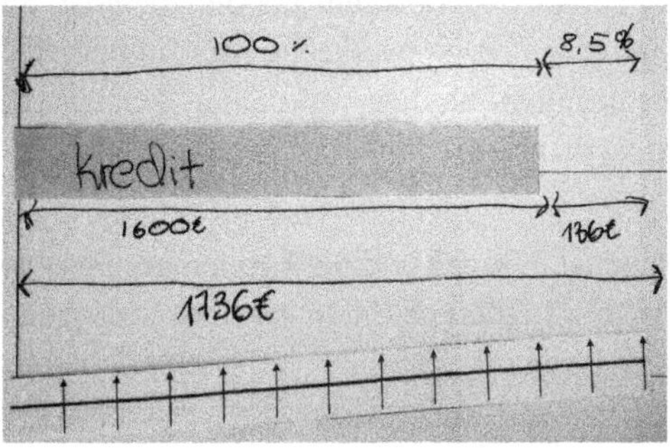

Erarbeitet euch schrittweise ein Bild, um zur Antwort zu kommen.

1. Legt einen blauen Streifen auf das Blatt und gebt ihm den Namen ‚Kredit'. Wie hoch ist der Kredit?

2. Legt einen gelben Streifen dazu und gebt ihm den Namen ‚Zinsen'. Wie hoch sind die Zinsen?

3. Wie hoch ist der Gesamtbetrag, den Herr Tugba nach 1 Jahr zurückgezahlt haben muss?

4. Herr Tugba muss eine monatliche Rate zahlen. Wie viele Raten sind das? Wie könnte man die Rate im Bild darstellen?

5. Wie kann man die Höhe der monatlichen Raten berechnen? Wie hoch sind sie?

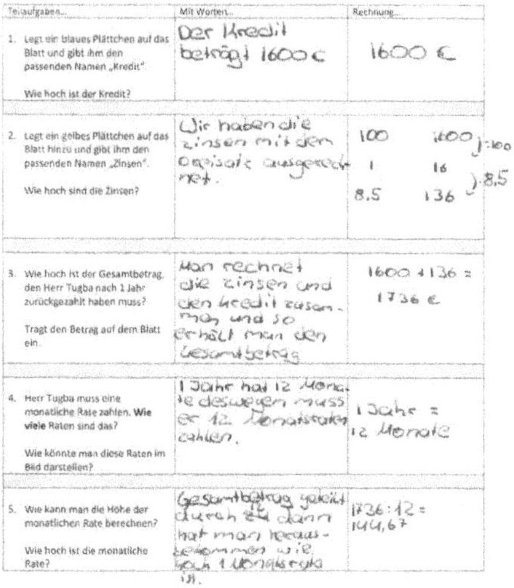

Abb. 4: Elisas graphisch und sprachlich gestützter, gelingender Lösungsweg zur fünften Raten-Aufgabe

Erst die Veranschaulichung der mathematischen und kontextuellen Zusammenhänge am Prozentstreifen klärt für Elisa (und andere Lernende), dass Raten nicht dasselbe sind wie Zinsen, sondern sich auf die zurückzuzahlende Summe von Schulden und Zinsen beziehen. In einer Masterarbeit (Nimmergut 2014) wurde daraufhin die in Abb. 4 abgedruckte Anleitung entwickelt, mit der diese Veranschaulichung des Prozentstreifens sukzessive eingeführt wird, um dann entlang von Leitfragen die Bedeutung der Raten und des Rechenweges zu ihrer Bestimmung zu erarbeiten. Elisas schriftliche Bearbeitung in Abb. 4 zur fünften Raten-Aufgabe zeigt, wie sehr ihr dieser Zugriff hilft, um die Zusammenhänge zu klären.

Während der Prozentstreifen und weitere bedeutungsbezogene Sprachmittel im Beispiel 2 vor allem für die *kognitive* Funktion von Sprache zentral waren (Sprache als Denkwerkzeug zum Durchdringen mathematischer und kontextueller Zusammenhänge, vgl. Maier & Schweiger 1999), zeigt das nächste Beispiel zusätzlich ihre *kommunikative* Bedeutung in Verständigungssituationen.

Beispiel 3: Janek und die Zusammenhänge bei der Formulierungsvariation
Da verschiedene Zusammenhänge zwischen mathematischen Konzepten auch in sehr ähnlicher sprachlicher Gestalt erscheinen, wird in einer 8. Gesamtschulklasse das Prinzip der Formulierungsvariation angewandt, mit dem Lernende durch Vergleich ähnlicher, aber bedeutungsverschiedener Formulierungen für sprachliche Feinheiten sensibilisiert werden können (vgl. Prediger 2015). Die Lehrerin der Klasse schreibt dazu drei Formulierungen an die Tafel (vgl. Abb. 5) und fragt die Lernenden, was jeweils der Zinssatz p %, was das Kapital K und was die Zinsen Z sind, um die Bedeutungen der Formulierungen zu klären. Nachdem die erste Formulierung schon geklärt ist, entwickelt sich an der zweiten Formulierung „3 % sind 600 €" folgendes Unterrichtsgespräch zwischen Bae und der Lehrerin (L):

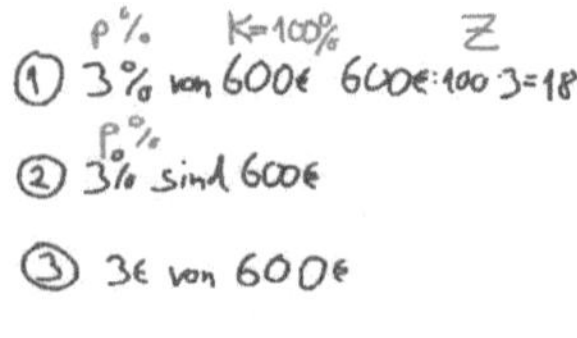

1 Bae: 600 € ist das Kapital, 3 % ist der Zinssatz.
2 L: Warte, ich trag das hier mal ein. Ich denke, da hat keiner etwas dagegen [*schreibt p % auf die Folie* über *Formulierung (2)*]. Das Prozentzeichen sagt mir ja, dass es der Zinssatz ist. Jetzt hat Bae was gesagt, womit ich nicht ganz einverstanden bin.

Abb. 5: Rekonstruktion der Folie zur Formulierungsvariation

3 L: [*zeigt auf die Formulierung (2)*] Denn da ist ein Unterschied, schaut euch mal bitte die Wörter an.
4 Bae: ,sind' und ,von'.
5 L: Genau. Ehm. Was könnte das denn hier sein?
6 Bae: Nur ein Teil vom Kapital.

7 L: Gut. Und ein Teil des Kapitals hat auch einen Namen. Guck bitte noch einmal oben in die erste Aufgabe, da sind drei Begriffe, welcher Begriff könnte das denn sein?
8 Bae: Zinsen.
[*Unruhe in der Klasse*]
...
11 L: Ok. Könntest du denn mal den Rechenweg beschreiben?
[*viele zögern, nur Latife und Janek melden sich*]
12 Janek: Ehm. 600 durch 3 mal 100 sind 20 000.
13 L: Das ging aber fix. Wie hast du das so schnell hingekriegt? Komm, mal etwas langsamer, die Rechenschritte.
14 Janek: 600 wegen dem Zinssatz, dann durch 3 wegen den Prozenten und dann halt das mal, weil 600 € das Volle sind, also.

Der Unterschied zwischen der ersten und der zweiten Formulierung (aus Abb. 5) ist für Bae zunächst nicht offensichtlich (in Zeile 1). Nachdem die Lehrerin ihn auf den Unterschied zwischen *sind* und *von* hingewiesen hat, formuliert er (in Zeile 6) richtig, dass 600 € nur ein „Teil vom Kapital" sind. Er benutzt also das tragfähige bedeutungsbezogene Sprachmittel „Teil vom Ganzen". Von dort führt ihn die Lehrkraft auch zum formalbezogenen Begriff *„Zinsen"*.

Während für Bae die Bedeutungskonstruktion also erfolgreich verlaufen ist, können viele andere in der Klasse diesem Gespräch nicht folgen. Dies zeigt die große Unruhe und das Zögern der anderen. Janek liefert zwar den richtigen Rechenweg, doch spätestens jetzt wäre eine graphische Darstellung hilfreich gewesen, damit mehr Lernende an dem Gespräch teilhaben können. Auch wäre dann vermutlich aufgefallen, dass Janeks Rechenweg zwar stimmt, aber seine Begründung (in Zeile 14) falsche Zusammenhänge knüpft.

Diese Episode ist typisch für viele Unterrichtsgespräche, die durch Videoaufnahmen in den Projekten Interpass und BiSS erfasst werden konnten: Viele Lehrkräfte legen inzwischen durchaus Wert auf angemessene Ausdrucksweisen ihrer Lernenden. Doch finden die Unterrichtsgespräche oft auf einem hohen bildungs- und fachsprachlichen Niveau statt, so dass nur ein Teil der Klasse folgen kann, sowohl aufgrund fehlender Konzentrationsfähigkeit als auch aufgrund fehlender Sprachmittel.

Die Aktivierung graphischer Darstellungsmittel kann in solchen Momenten helfen, die Gedanken einzelner (wie hier von Janek) für alle zugänglich zu machen (Prediger et al. 2015). Konkret könnte die Episode also zum Beispiel so weitergehen (fiktive Weiterführung):

15 L: Moment mal, da können wir, glaub ich, noch nicht alle folgen. Ich zeichne das mal auf [*zeichnet Skizze in Abb. 6 ohne 600 €*]. Wo gehört jetzt die 600 € hin, zur 3 % oder zu den 100 %?

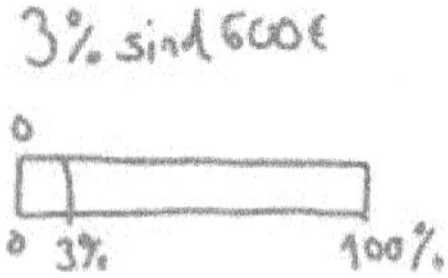

16 Latife: Dahin, weil ja nur Teil, nicht Ganze [*zeichnet in blau die 600 € ein*].

Abb. 6: Fiktives Tafelbild macht Ideen für alle zugänglich

17 L: Ja genau, denn 3 % SIND ja 600 €, und das ist der TEIL, den markiere ich hier vorne. Jetzt kann Janek nochmal seinen Rechenweg erklären.

18 Janek: Ok. 600 durch 3, dann bin ich bei 1 % hier vorne, dann mit 100 multiplizieren, dann bin ich beim ganzen Kapital, hier hinten.

19 L: Ja super, jetzt hast du es gut erklärt. Bei ‚3 % sind 600 €' sind die 600 € der Teil, also die Zinsen. Wenn man nun das Ganze bestimmen will, kann man runterrechnen auf 1 %, und dann hochrechnen auf das gesamte Kapital.

Das Bild des Prozentstreifens ermöglicht nicht nur mehr Schülerinnen und Schülern das Mitdenken, sondern auch das Mit*reden* über die komplexen Zusammenhänge mit zunächst einfacheren Mitteln: Gesten des Draufzeigens (Latife in Zeile 16) und sprachliches Draufzeigen durch deiktische Mittel wie in „hier vorne" (Janek in Zeile 18) können auch diejenigen aktivieren, die noch kein explizitsprachliches Repertoire haben. Diese Basis nutzt die Lehrkraft im nächsten Schritt (in Zeile 19), um für alle ein explizitsprachliches (bedeutungsbezogenes oder formalbezogenes) Vokabular anzubieten.

Die Relevanz explizitsprachlicher, bedeutungsbezogener Sprachmittel im Klassengespräch sollte in weiteren Studien systematischer untersucht werden. Doch zeigen die ersten empirischen Einblicke, dass das Klassengespräch für viele Lernende weit zugänglicher wird, wenn – ähnlich wie in diesem Beispiel – verbale und graphische Mittel angeboten werden, die eine Brücke zwischen den beschränkten alltagssprachlichen Ressourcen und den abstrakten Konzepten bzw. Vorgehensweisen schlagen können.

1.4 Weitere notwendige Sprachmittel für das Bewältigen von Sachzusammenhängen

Wenn Lernende die mathematischen Konzepte und ihre strukturellen Zusammenhänge verstanden haben, kommt eine weitere Herausforderung hinzu: Die Konzepte sollen in weiteren Sachzusammenhängen angewandt werden (Tätigkeit (c) der Auflistung aus Abschnitt 1.3). Diese Sachzusammenhänge treten den Lernenden in Textaufgaben oder in sachhaltigen authentischen Texten wie Bankprospekten oder Zeitungsartikeln entgegen und bergen dabei viele weitere sprachliche Herausforderungen.

Schon die kleine Zusammenstellung von Schulbuchaufgaben in Abb. 7 zeigt, dass in solchen sachhaltigen Texten zahlreiche weitere Sprachmittel verwendet werden, die über den bedeutungsbezogenen Denkwortschatz hinausgehen, zum Beispiel *Konto überziehen* und *Kapital anlegen*. Das Fachwort *Zinsen* dagegen wird wie in der Alltagssprache nicht mehr sauber vom Begriff *Zinssatz* abgetrennt. Bemerkenswert im Themengebiet Zinsrechnung sind die zahlreichen spezifischen Verben, die die Lernenden zumindest in ihren rezeptiven Wortschatz aufnehmen müssen: *Kredit aufnehmen* und *Kredit geben* sind zum Beispiel gegenläufige Prozesse, *Haus mit Hypothek belasten* ein komplexes Konstrukt.

Gleichwohl ist die Sprachschatzarbeit, die mit diesem Aufbauwortschatz verbunden ist, doch einfacher als die Etablierung des bedeutungs- und formalbezogenen Grundwortschatzes, denn die Bedeutungen der neuen Wörter und Satzbausteine müssen nicht erst mental konstruiert werden, sondern sind schlichter durch Verweise auf Synonyme im aufgebauten bedeutungs- oder formalbezogenen Wortschatz zu klären.

16 [▣] Klaus hat sein Motorrad mit einem Kredit finanziert, für den er 360 € Jahreszinsen bezahlen muss. Der Zinssatz ist 12 %. Wie hoch ist der Kredit?

17 [▣] Vincenzo erhält nach einem Jahr 7,20 € Zinsen auf dem Sparbuch gutgeschrieben. Das angelegte Geld wurde mit 2,5 % verzinst. Wie hoch war das Guthaben und wie viel Geld hat er nun auf dem Sparbuch?

18 [▣] Sandra hat von ihren Großeltern geerbt. Sie legt das Geld in Sparbriefen zu 5,6 % an und erhält nach einem Jahr 1050 € Zinsen.
a) Wie viel Geld hat sie geerbt?
b) Wie viel Geld hat sie nach einem Jahr?
c) [●] Löse b) mit dem Zinsfaktor.

▣ Florians Eltern haben ihr Haus mit drei Hypotheken belastet. Die angegebenen Zinssätze haben sie mit ihrer Bank vereinbart.
I. 90 000 € zu einem Zinssatz von 5,5 %
II. 80 000 € zu einem Zinssatz von 4,8 %
III. 60 000 € zu einem Zinssatz von 5,9 %
a) Berechne die Zinsen der einzelnen Hypotheken nach Ablauf eines Jahres.
b) Wie viel Zinsen müssen sie insgesamt pro Jahr bezahlen?

▣ Für die Überziehung eines Girokontos verlangt die Sparkasse einen Zinssatz von 13,25 % p.a. Berechne die Zinsen für die Zeit von 17 Tagen und einen Kredit von 4657 €.

Abb. 7: Textaufgaben mit vielfältigen kontextbezogenen Ausdrücken zur Zinsrechnung aus *Mathe live 8* (Böer, Emde & Kietzmann 2008: 42) und *Zahlen und Größen 8* (Aits et al. 2000: 133 und 140)

2 Spezifizierung und Sequenzierung des notwendigen themenbezogenen Sprachschatzes für einen verstehensorientierten Mathematikunterricht

Die Beispiele aus der Zinsrechnung in Abschnitt 1 bestätigen die hohe Relevanz, die der Sprachschatzarbeit zugesprochen wird (Bohn 2000, Ulrich 2013, Steinhoff 2013). Im Mathematikunterricht ist dabei jedoch nicht nur auf formalbezogene Fachwörter zu achten, denen viele Mathematiklehrkräfte seit Jahren große Aufmerksamkeit schenken, sondern auch auf weitere, bedeutungsbezogene Sprachmittel, die teilweise dem bildungssprachlichen Register zuzuordnen sind. Das bildungssprachliche Register wird in vielen sozial privilegierten Familien bereits erworben, viele sozial benachteiligte Lernende aus bildungsfernen oder mehrsprachigen Familien dagegen müssen hierzu systematischere Lerngelegenheiten in der Schule erhalten (Apeltauer 2008). Ulrich begründet die Bedeutung der Sprachschatzarbeit für das fachliche Lernen so:

> Ohne einen quantitativ und qualitativ ausreichenden Wortschatz kann man weder präzise denken – Konzeptbildung und Wortschatzerwerb beeinflussen sich gegenseitig, sind voneinander abhängig – noch zu einem ausreichenden Hör- und Leseverstehen gelangen, schon gar nicht sich differenziert ausdrücken. (Ulrich 2013: 308)

Für eine systematische, themenbezogene Sprachschatzarbeit muss daher für jedes Fach und jedes fachliche Thema überlegt werden, welche Sprachmittel gebraucht werden (in unserem Forschungszugang nennen wir dies *Spezifizierung* der Sprachmittel, vgl. Prediger et al. 2012) und in welcher Reihenfolge sie eingeführt werden (die *Sequenzierung* der Sprachmittel, vgl. Gibbons 2002).

2.1 Unterscheidungen der Sprachdidaktik: produktiver, rezeptiver, potenzieller Wortschatz in Alltags-, Bildungs- und Fachsprache

In der Sprachdidaktik wird gemeinhin unterschieden zwischen dem *produktiven* und dem *rezeptiven Wortschatz*, denn Kinder und Jugendliche verstehen und erkennen (rezeptiv) deutlich mehr Ausdrücke, als sie selbst aktiv nutzen (produktiv) (Bohn 2000, Beese et al. 2014: 60). Nach Bohn (2000: 9) nutzen Kinder zum Schulanfang aktiv bis zu 6.000 Wörter, verstehen aber rezeptiv schon bis zu 14.000 Wörter. Der produktive Wortschatz von Erwachsenen wird zwischen 6.000 und 20.000 Wörter geschätzt, der rezeptive mit 40.000 bis 100.000 Wörtern (Bohn

2000: 9; Steinhoff 2013: 13). Es ist also durchaus normal, dass Menschen Ausdrücke, die sie kennenlernen, nicht unmittelbar in ihre eigenen Sprachproduktionen integrieren:

> Neu erlernte Lexeme werden zunächst immer in den rezeptiven Wortschatz überführt, der bei allen Menschen und in allen Lebensaltern viel umfangreicher ist als der produktive. (Ulrich 2013: 308f.)

Die deutsche Sprache umfasst jedoch weit mehr Wörter: Im Duden-Universalwörterbuch stehen 150.000, in Grimms Wörterbuch 500.000; die verschiedenen Fachsprachen zusammen umfassen mehrere Millionen Ausdrücke (Steinhoff 2013: 13). Daher muss auch ein dritter Bereich des Wortschatzes in den Blick genommen werden, nämlich der *potenzielle* Wortschatz:

> Der potenzielle Wortschatz kann als der Wortschatz bezeichnet werden, den sich der Sprecher durch Wortverwandtschaften erschließen kann. Das Verstehen des potenziellen Wortschatzes wird durch Analogien unter Hinzuziehung der Wortbildungsregeln oder durch Internationalismen vereinfacht. (Beese et al. 2014: 169)

Durch Wortbildungsregeln erschließbar sind dabei zum Beispiel einige (wenn auch nicht alle) zusammengesetzte Wörter (wie *Mittel/senkrechte*, *Zuschauer-/schnitt*), Adjektivderivate oder Substantivierungen (wie *Gleichung lösen – lösbar – Lösbarkeit einer Gleichung*), die jeweils im Mathematikunterricht eine große Rolle spielen, wie eine korpuslinguistische Analyse von Schulbuchkapiteln zur Prozent- und Zinsrechnung gezeigt hat (Niederhaus, Pöhler & Prediger 2015). Mit dem potenziellen Wortschatz wird daher kein fest umrissener Wortschatz eines Individuums bezeichnet, sondern „die Kompetenz, die Bedeutung unbekannter Wörter zu erschließen" (Beese et al. 2014: 61).

Unterschieden wird oft auch zwischen dem Wortschatz aus dem *alltagssprachlichen*, *bildungssprachlichen* und *fachsprachlichen Register* (z. B. Gogolin 2009 u. v. a.). Doch erweist sich für die Planung systematischer Wortschatzarbeit im Mathematikunterricht der Sekundarstufe I die Unterscheidung in Fach- und Bildungssprache als nur begrenzt hilfreich, gerade wenn Fachsprache auf formalbezogene Begriffe verkürzt wird. Zudem ist für viele Ausdrücke schwer zu entscheiden, ob sie zur engeren mathematischen Fachsprache oder zur Bildungssprache gehören, z. B. *Kapital aufnehmen, Teil eines Ganzen, pro Jahr*. Diese Ausdrücke betreffen nämlich gerade die Bereiche der schulmathematischen Fachsprache, die auch im bildungssprachlichen Inventar anderer Fachgebiete relevant sind.

Wichtig ist jedoch die bildungssoziologische Dimension der Diskussion um Bildungssprache, denn sie rückt gerade die Sprachmittel ins Blickfeld, die Lehrkräfte oft implizit als Lernvoraussetzung betrachten, d. h. als vorhandene

Ressource der Lernenden. Dies trifft jedoch nur für einige Lernende aus sozial privilegierten Familien zu, während sie für andere Lernende zum Lerngegenstand gemacht werden müssen (vgl. Beispiel 3 in Abschnitt 1.3 und Gogolin 2009).

2.2 Unterscheidungen für verstehensorientierten Mathematikunterricht: Bedeutungs-, formal- und kontextbezogener Wortschatz

Für einen verstehensorientierten Mathematikunterricht, bei dem der Aufbau und die flexible Nutzung von mathematischen Konzepten in inner- und außermathematisch reichhaltigen Zusammenhängen im Mittelpunkt steht, hat sich die Unterscheidung in *vier Stufen eines gestuften Sprachschatzes* bewährt, die in dieser Reihenfolge sequenziert erarbeitet werden sollten (vgl. Abb. 8 aus Pöhler & Prediger 2015):

- eigensprachliche Ressourcen der Lernenden
- bedeutungsbezogener Denkwortschatz
- formalbezogener Wortschatz
- kontextbezogener Lesewortschatz

Abb. 8: Gestufter Sprachschatz

Diese Stufung von den vorunterrichtlichen zu den formalbezogenen Sprachmitteln ist kompatibel mit der üblichen Sequenzierung im Sinne eines Makro-Scaffoldings (Gibbons 2002, für Mathematik bereits Pimm 1987), jedoch mit expliziterem Fokus auf der Bedeutungskonstruktion. Sie ist außerdem ergänzt um die nachträgliche Ausweitung auf den kontextbezogenen Lesewortschatz, der oft dem gleichen Register wie der bedeutungsbezogene Denkwortschatz zuzuordnen ist, aber andere Funktionen im Lernprozess innehat. Zur Konkretisierung sind in Tabelle 1 die verschiedenen Sprachmittel aus Abschnitt 1 zur Zinsrechnung – ohne Anspruch auf Vollständigkeit – noch einmal im Zusammenhang der vier Stufen dargestellt.

Tab. 1: Gestufter Sprachschatz für das Beispiel Zinsrechnung (Beispiele aus Abschnitt 1)

Eigensprachliche Ressourcen der Lernenden	– Geld, das ich zur Bank bringe – die ganze Summe – was die mir dafür geben als Gebühr – die Kosten – …
Bedeutungsbezogener Denkwortschatz	– *Prozentstreifen als graphische Darstellung* – die Gebühr, die ich von der Bank erhalte, weil ich ihr mein Geld geliehen habe – Teil von einem Ganzen, Anteil an einem Ganzen – es ergibt sich… – Multiplizieren entspricht dem Anteil nehmen – Geld, das in kleinen Etappen zurückgezahlt werden muss
Formalbezogener Wortschatz	– $K \cdot p = Z$ – $K_n = K_{n-1} \cdot p + K_{n-1}$ – der Zinssatz als Anteil von dem Kapital – Prozentsatz von einem Grundwert ergibt den Prozentwert – monatliche Rate ergibt sich… – …
Kontextbezogener Lesewortschatz	– den Zins gewähren – die Zinsen zahlen – zur Verfügung haben – Sparguthaben anlegen – einen Kredit aufnehmen, geben, auslösen – Finanzierungsangebot – Konto überziehen, Überziehungszinsen – Soll, Schulden – …

Die vier Stufen des gestuften Sprachschatzes lassen sich wie folgt erklären:
– Die *eigensprachlichen, vorunterrichtlichen Ressourcen der Lernenden* gibt es nur im Plural, denn sie sind für alle Lernenden unterschiedlich. So werden diejenigen Sprachmittel aus dem produktiven individuellen Wortschatz bezeichnet, mit dem sich die Lernenden jeweils einem Inhalt annähern können. Sie umfassen alltagssprachliche Mittel, in höheren Jahrgängen auch bedeutungs- und formalbezogene Sprachmittel, die aus dem vorangegangenen Unterricht der Lernenden in ihren produktiven Wortschatz übergegangen sind, und zwar in allen den Lernenden verfügbaren Sprachen. Für das Design von mathematikbezogenen Lernumgebungen zum Aufbau konzeptuellen Verständnisses ist es demnach wichtig, einen geeigneten lernendennahen Kontext und Aktivitäten zu finden, aus dem Lernende für die Annäherung an die Konzepte (inner- und außermathematische) Vorerfahrungen einbringen können und in denen sie mathematisch und sprachlich reichhaltig aktiviert werden (vgl. Lengnink, Prediger & Weber 2011 für die Aktivierung inhaltlicher Vorstellungen). Sie dienen auch der unterrichtsintegrierten Diagnose, welche Ressourcen tatsächlich akti-

viert werden. Durch diese Kontextaktivitäten aktivieren die Schülerinnen und Schüler erste Sprachmittel aus ihrem je individuellen Repertoire selbstständig und ohne Vorgabe durch Lehrkraft oder Lernmaterial. Mehrsprachigen Lernenden kann dabei auch Raum für die Nutzung ihrer Familiensprachen gegeben werden.

- Der *bedeutungsbezogene Denkwortschatz* umfasst all diejenigen Wörter, Satzbausteine und graphischen Darstellungen, die erforderlich sind, um den abstrakten Konzepten, Zusammenhängen und Vorgehensweisen eine tragfähige inhaltliche Bedeutung verleihen und darüber kommunizieren zu können (Wessel 2015). Sie dienen dem Verbalisieren und Veranschaulichen von inhaltlichen Vorstellungen und strukturellen Zusammenhängen. Der bedeutungsbezogene Denkwortschatz wird oft dem bildungssprachlichen Repertoire zugeordnet.
- Der *formalbezogene Wortschatz* umfasst all diejenigen Wörter, Satzbausteine und abstrakten (graphischen und symbolischen) Darstellungen aus dem technischen Register, die später für eine weitgehend kontextfreie Verständigung über mathematische Konzepte, Zusammenhänge und Vorgehensweisen wichtig sind. Gerade die numerische und algebraische Symbolsprache stellt dabei weitgreifende Anforderungen an die Lernenden, die nur durch sehr sorgfältige Bedeutungskonstruktionen zu bewältigen sind. Da mathematische Konzepte abstrakter und oft relationaler Natur sind, bedarf der Prozess der Bedeutungskonstruktion auch für Wörter und Satzbausteine einer spezifischen didaktischen Aufmerksamkeit (Prediger 2013b). Bedeutungs- und formalbezogener Wortschatz gehören beide in den Kern einer *wohl verstandenen Fachsprache der Schulmathematik* (vgl. Abb. 8).
- Der *kontextbezogene Lesewortschatz* umfasst all diejenigen Wörter und Satzbausteine, die (aufbauend auf den vorhergehenden Stufen) außerdem erforderlich sind, wenn die erworbenen Konzepte, Zusammenhänge und Vorgehensweisen in weiteren Sachzusammenhängen genutzt werden müssen, z. B. beim Lesen von mathematikhaltigen Zeitungsartikeln. Ihre Bedeutungen müssen nicht erst in längeren Prozessen konstruiert werden, sondern lassen sich meist durch Wortverwandtschaften oder den Verweis auf Synonyme im bedeutungsbezogenen Wortschatz klären, gleichwohl stellen sie weiteren Lernstoff dar, wenn auch für den rezeptiven oder potenziellen Wortschatz, nicht zwangsläufig für den aktiven. Sie entstammen meist dem bildungssprachlichen Register, zählen aber nicht im engeren Sinne zur Fachsprache der Schulmathematik.

Diese vier Stufen beziehen sich auf die Gebrauchssituationen beim Aufbau konzeptuellen Verständnisses; für andere Gebrauchssituationen könnten andere Sprachmittel hinzukommen, zum Beispiel zum Strukturieren einer Stellungnahme o. ä.

Diese Spezifizierung und Sequenzierung der vier Bereiche in einen gestuften Sprachschatz ist zu verstehen als eine *themenspezifische* Realisierung der Forderung von Steinhoff (2013), „einen ‚kommunikativen Grund- und Aufbauwortschatz' zu modellieren, der es ermögliche, den Wortschatz im Kontext relevanter und aufeinander aufbauender Kommunikationsformate zu lehren und zu lernen" (Steinhoff 2013: 17). Die Sequenzierung folgt keinem einfachen, nach Häufigkeit strukturierten Schwierigkeitsmodell für Wortschatz, das Steinhoff (2013: 16) zu Recht kritisiert. Zugrunde liegt stattdessen ein mathematikdidaktisch wohl konsolidiertes Modell des gestuften Konzepterwerbs ausgehend von vorunterrichtlichen Ressourcen der Lernenden hin zu den abstrakten Konzepten und dann ihren vielfältigen Anwendungen (Freudenthal 1983), das von Wessel (2015) sowie von Pöhler & Prediger (2015) systematisch mit der Sprachschatzarbeit verknüpft wurde. Die in Abschnitt 1.3 aufgezählten Tätigkeiten (a) bis (c) entsprechen dabei den Gebrauchssituationen und Kommunikationsformaten, die gemäß der Forderung von Steinhoff „*Schlüsselstellen* des jeweiligen Erwerbsprozesses" (2013: 18) adressieren.

Weitere, themenübergreifende Sprachmittel zur Realisierung bestimmter Diskursaktivitäten oder Textsorten (Argumentation, Stellungnahme, Verfahrenserläuterung, ...) müssen zur Ausweitung dieses themenbezogenen Modells weiter beforscht werden.

2.3 Spezifizierung und Sequenzierung der Sprachmittel entlang der vier Bereiche

Will man für einen neuen mathematischen Lerngegenstand also die notwendigen Sprachmittel entlang der eingeführten vier Bereiche spezifizieren, muss man sich folgende Fragen stellen (die geänderte Reihenfolge macht die Spezifizierung einfacher):
- *Mathematischer Lerngegenstand:* Welche Konzepte, Zusammenhänge oder Vorgehensweisen sollen erarbeitet werden?
- *Formalbezogener Wortschatz:* Welche Wörter, Satzbausteine und abstrakten (symbolischen und graphischen) Darstellungen sind notwendig, um sich fachsprachlich angemessen über die abstrakten Konzepte, Zusammenhänge und Vorgehensweisen zu verständigen? Welche davon sollen die Lernenden in ihren produktiven Wortschatz übernehmen, für welche reicht der rezeptive? Welche sind ganz verzichtbar?
- *Bedeutungsbezogener Denkwortschatz:* Welche Satzbausteine und graphischen Darstellungen sind nötig, um die Bedeutung der Konzepte, Zusammenhänge und Vorgehensweisen zu erklären? Welche davon sollen die Ler-

nenden in den produktiven Wortschatz übernehmen, für welche reicht der rezeptive?
- *Eigensprachliche Ressourcen*: In welchem Kontext, mit welchen Problemstellungen können Lernende reichhaltige eigene inhaltliche und sprachliche Vorerfahrungen aktivieren? Mit welchen Sprachmitteln ist dabei zu rechnen, wo gibt es voraussichtlich Lücken?
- *Kontextbezogener Lesewortschatz:* In welchen weiteren Kontexten werden die erarbeiteten Konzepte, Zusammenhänge und Vorgehensweisen noch angewandt, und welche Sprachmittel werden dabei benötigt? Welche sind im potenziellen Wortschatz durch Wortverwandtschaften zu erschließen, welche müssen explizit in den rezeptiven Wortschatz aufgenommen werden?

Diese Fragen sind nur begrenzt rein theoretisch zu beantworten, sondern bedürfen auch der Empirie bzw. der sorgfältigen Beobachtung im Unterricht. Die Frage nach dem Lesewortschatz ist z. B. durch korpuslinguistische Studien zu klären, in denen Leseanforderungen in Texten systematisch inventarisiert werden bzgl. der notwendigen Sprachmittel (wie exemplarisch für die Prozent- und Zinsrechnung in Niederhaus, Pöhler & Prediger 2015). Die anderen Fragen adressieren auch mündliche Sprache, daher bewähren sich Designexperimente mit einer genauen qualitativen, videogestützten Analyse von gezielt gestalteten Lehr-Lernprozessen, an die sich komparative Inventarisierungen von mündlich genutzten und schriftlich angebotenen Sprachmitteln anschließen. Beispiele für dieses *empirisch gestützte Vorgehen zur Spezifizierung notwendiger Sprachmittel* für jeweils einige der vier Stufen liefern die Studien zu Brüchen (Wessel 2015), Prozenten (Pöhler & Prediger 2015) und Funktionen (Zindel 2013, Prediger 2013a).

3 Fazit und Ausblick auf Aktivitäten der Sprachschatzarbeit im Unterricht

Um eine gestufte Sprachschatzarbeit für die eigene Unterrichtsplanung oder das eigene Design von Lernarrangements zu erleichtern, werden wichtige Planungsfragen in Tabelle 2 zusammengestellt. Die Tabelle enthält zur leichteren Erfassbarkeit auch die Fortsetzung des einfachen Beispiels Subtrahieren aus Abschnitt 1.2, das jenseits der angesprochenen formalbezogenen Satzbausteine auf die weiteren Stufen fortgesetzt wird. Die Planungsfragen betreffen neben dem „Was?" (bzgl. der Spezifizierung und Sequenzierung des Sprachschatzes) auch das „Wie?" (bzgl. ihrer unterrichtlichen Thematisierung), das im Anschluss kurz erläutert wird.

Tab. 2: Matrix zur Planung von gestufter Sprachschatzarbeit in einer Unterrichtsreihe

Stufe der Sprachschatzarbeit (mit Beispiel zum Subtrahieren)	Fragen bei der Planung des Unterrichts	
Eigensprachliche Ressourcen der Lernenden (z.B. „das wird weniger")	Was?	– Über welche Sprachmittel verfügen welche Lernenden in der Klasse vermutlich bereits? – Bei wem gibt es voraussichtlich welche Lücken?
●●●●●●●	Wie?	– In welchem Kontext, mit welchen Problemstellungen können Lernende reichhaltige eigene inhaltliche und sprachliche Vorerfahrungen aktivieren? – Wie ist die Lernsituation didaktisch und methodisch zu gestalten, damit Lernende ihre eigensprachlichen Ressourcen auch explizieren?
Bedeutungsbezogener Denkwortschatz (z.B. „die 7 wird um 5 weniger, dann sind es 2", „nimmt man von 7 nun 5 weg, dann bleiben 2 übrig")	Was?	– Welche bedeutungsbezogenen Sprachmittel (Satzbausteine und graphische Darstellungen) sind nötig, um die Bedeutung der Konzepte, Zusammenhänge und Vorgehensweisen zu erklären? – Welche bedeutungsbezogenen Sprachmittel sollen die Lernenden in den produktiven Wortschatz übernehmen, für welche reicht der rezeptive?
	Wie?	– Welche bedeutungsbezogenen Sprachmittel (Satzbausteine und graphische Darstellungen) können aus der Klasse gesammelt werden, welche muss die Lehrkraft einführen? – In welchem lebensweltlichen Kontext (bzw. Kontexten) können die bedeutungsbezogenen Sprachmittel am besten verstanden und ausgedrückt werden? – Wie können die bedeutungsbezogenen Sprachmittel mit den eigensprachlichen Ressourcen vernetzt werden? – Durch welche Aktivitäten können die bedeutungsbezogenen Sprachmittel gesichert und eingeübt werden, damit Lernende sie in der Sprachproduktion reaktivieren?
Formalbezogener Wortschatz (z.B. „$7-5 = 2$", „man subtrahiert 5 von 7")	Was?	– Welche formalbezogenen Sprachmittel (Wörter, Satzbausteine und abstrakte symbolische und graphische Darstellungen) sind notwendig, um fachsprachlich angemessen die abstrakten Konzepte, Zusammenhänge und Vorgehensweisen auszudrücken? – Welche formalbezogenen Sprachmittel sollen die Lernenden in den produktiven Wortschatz übernehmen, für welche reicht der rezeptive? Welche sind ganz verzichtbar?
	Wie?	– Wie können die formalbezogenen Sprachmittel (Wörter, Satzbausteine und abstrakte symbolische und graphische Darstellungen) mit den aktivierten eigensprachlichen Ressourcen und dem bereits etablierten bedeutungsbezogenen Denkwortschatz vernetzt werden? – Wie können die formalbezogenen Sprachmittel gesichert und eingeübt werden, damit Lernende sie in der Sprachproduktion reaktivieren?

Tab. 2: (Fortsetzung)

Kontextbezogener Lesewortschatz (z.B. „7 wird ermäßigt um 5", „7 wird reduziert um 5")	Was?	– In welchen weiteren Kontexten werden die erarbeiteten Konzepte, Zusammenhänge und Vorgehensweisen noch angewandt, und welche Sprachmittel werden dabei benötigt? – Welche kontextbezogenen Sprachmittel sind im potenziellen Wortschatz durch Wortverwandtschaften zu erschließen, welche müssen explizit in den rezeptiven Wortschatz aufgenommen werden?
	Wie?	– Wie kann das Erschließen des potenziellen Wortschatzes angeregt / unterstützt werden? – Wie werden die Sprachmittel des kontextbezogenen Lesewortschatzes mit den bedeutungsbezogenen und formalbezogenen vernetzt? – Wie können sie gesichert und ihre Bedeutungserschließung eingeübt werden?

Die Tabelle zeigt zusammenfassend, dass das „Was?", also die Frage der Spezifizierung und geeigneten Sequenzierung des Sprachschatzes, stark von den Eigenheiten des Faches Mathematik und seiner *spezifischen* Natur der Inhalte geprägt ist, nämlich abstrakten, teils relationalen Konzepten und Zusammenhängen, deren Bedeutungserschließung zum Aufbau konzeptuellen Verständnisses zentral ist (vgl. Prediger 2013b).

Dagegen ist die Frage des „Wie?", also die Frage nach der Vermittlung und geeigneten Aneignungsaktivitäten für Sprachschatz, einfacher aus anderen Fächern übertragbar (z. B. Michalak 2009, Steinhoff 2013, Ulrich 2013). So schlägt etwa Kühn für fremdes Vokabular drei zentrale Aktivitäten in seinem „wortschatzdidaktischen Dreischritt" (Kühn 2000, zitiert nach Steinhoff 2013) vor:
– Bedeutungen klären in der Sprachrezeption
– Vernetzen in der Sprachreflexion
– Reaktivieren in der Sprachproduktion

Diese Basisaktivitäten sind aufgrund ihres strukturellen Aufbaus für die vier Stufen des gestuften Sprachschatzes unterschiedlich zu gewichten und zu ordnen, insbesondere bzgl. der Arbeitsteilung zwischen Lehrkraft und Lernenden:
– Für die *eigensprachlichen Ressourcen* ist vor allem das *Reaktivieren* durch die Lernenden von Bedeutung, sie werden außerdem später durch die Lehrkraft *vernetzt* mit dem bedeutungs- und formalbezogenen Wortschatz.
– Den *bedeutungsbezogenen Wortschatz* muss oft die Lehrkraft durch gezielte Sprachangebote *einführen* (insbesondere wenn das eingeführte Schulbuch zu wenig Fokus auf konzeptuelles Verständnis legt) oder aus der gesamten Klasse zusammentragen. Die Bedeutungen werden dann durch die Lernen-

den aktiv durch Verankerung in Bildern, Situationen oder den eigensprachlichen Ressourcen *geklärt* und *vernetzt*. Das *Reaktivieren* durch die Lernenden wird durch wiederholte Erklaufträge initiiert.
- Für den *formalbezogenen Wortschatz* bietet meist das Schulbuch systematische Anlässe zum *Einführen* durch die Lehrkraft. Das *Bedeutungen klären* erfolgt durch gezieltes Vernetzen mit den bedeutungsbezogenen und eigensprachlichen Mitteln, bei dem die Lernenden einen aktiven Anteil behalten müssen. Diese Vernetzung ist daher ohne die vorhergehenden Stufen kaum möglich. Zum *Reaktivieren* der formalbezogenen Sprachmittel ist das konsequente, wiederholte *Einfordern* durch die Lehrkraft notwendig, sonst verbleibt der formalbezogene Wortschatz nur im rezeptiven Wortschatz.
- Der *kontextbezogene Lesewortschatz* tritt den Lernenden in Texten entgegen, hier reicht ein kurzes *Vernetzen*, weil die Konzepte bereits gebildet sind und daher nur Synonyme zu finden sind. Zudem wird die Aufnahme in den produktiven Wortschatz in der Regel nicht erwartet.

Weitere Entwicklungsforschungsstudien werden notwendig sein, um die Aktivitäten zu konkretisieren und in ihren Wirkungen für die individuelle Sprachschatz-Entwicklung zu beforschen.

Dank
Die Beispiele stammen aus Videodaten des BiSS-Schulverbunds „Koordiniertes fachliches und sprachliches Lernen in der Sekundarstufe I: Verbund Lesen, Schreiben, Sprechen im Mathematikunterricht der Klassen 7/8" unter der Leitung von Susanne Prediger und Uli Brauner, in dem fünf Gesamtschulen aus dem Dortmunder Raum gemeinsam an Sprachbildung arbeiten. BiSS ist die bundesweite Initiative „Bildung durch Sprache und Schrift", die vom Bund und den Ländern finanziert wird. Ich danke allen Lehrkräften, Forschenden und Lernenden, die zu ihrer Generierung beigetragen haben. Außerdem danke ich herzlich den Leserinnen und Lesern der Entwurfsfassung für ihr kritisch-konstruktives Feedback.

4 Literatur

Nahezu alle Publikationen der Autorin sind – zuweilen nach einer halbjährlichen Sperrfrist – online abrufbar unter http://www.mathematik.uni-dortmund.de/~prediger/publikationen.htm.

Aits, Ursula; Heske, Henning & Koullen, Reinhold (Hrsg.) (2000): *Zahlen und Größen 8.* Gesamtschule Nordrhein-Westfalen. Berlin: Cornelsen.
Apeltauer, Ernst (2008): Wortschatzentwicklung und Wortschatzarbeit. In Ahrenholz, Bernt & Oomen-Welke, Ingelore (Hrsg.): *Deutsch als Zweitsprache*. Baltmannsweiler: Schneider Hohengehren, 239–253.

Beese, Melanie; Benholz, Claudia; Chlosta, Christoph; Gürsoy, Erkan; Hinrichs, Beatrix; Niederhaus, Constanze & Oleschko, Sven (2014): *Sprachbildung in allen Fächern*. München: Langenscheidt Klett.

Bohn, Rainer (2000): *Probleme der Wortschatzarbeit*. Berlin: Langenscheidt.

Böer, Heinz; Emde, Christel & Kietzmann, Udo (2008): *Mathe live 8*. Stuttgart: Klett.

Erath, Kirstin & Prediger, Susanne (2014): Mathematical practices as under-determined learning goals: the case of explaining diagrams in different classroom microcultures. In Oesterle, Susan; Liljedahl, Peter; Nicol, Cynthia & Allan, Darien (eds.): *Proceedings of the Joint Meeting 3–17 of PME 38 and PME-NA 36*. Vancouver: PME, 3.17–3.24.

Freudenthal, Hans (1983): *Didactical Phenomenology of mathematical structures*. Dordrecht: Kluwer.

Gibbons, Pauline (2002): *Scaffolding Language, Scaffolding Learning. Teaching Second Language Learners in the Mainstream Classroom*. Portsmouth, NH: Heinemann.

Gogolin, Ingrid (2009): „Bildungssprache" – The Importance of Teaching Language in Every School Subject. In Tajmel, Tanja (ed.): *Science education unlimited. Approaches to equal opportunities in learning science*. Münster, New York: Waxmann, 91–102.

Kühn, Peter (2000): Kaleidoskop der Wortschatzdidaktik und -methodik. In Kühn, Peter (Hrsg.): *Wortschatzarbeit in der Diskussion*. Hildesheim u. a.: Olms, 5–28.

Lengnink, Katja; Prediger, Susanne & Weber, Christof (2011): Lernende abholen, wo sie stehen – Individuelle Vorstellungen aktivieren und nutzen. *Praxis der Mathematik in der Schule* 53 (40): 2–7.

Maier, Hermann & Schweiger, Fritz (1999): *Mathematik und Sprache*. Wien: Öbv & hpt.

Michalak, Magdalena (2009): Am Anfang war das Wort. Wortschatzarbeit in mehrsprachigen Klassen. *Grundschulmagazin* (04): 23–28.

Niederhaus, Constanze; Pöhler, Birte & Prediger, Susanne (2015): Relevante Sprachmittel für mathematische Textaufgaben – Korpuslinguistische Annäherung am Beispiel Prozentrechnung. In Tschirner, Erwin; Bärenfänger, Olaf & Möhring, Jupp (Hrsg.): *Kompetenzprofile Deutsch als fremde Bildungssprache*. Stauffenburg: Tübingen, 123–148.

Nimmergut, Robert (2014): *Förderung sprachlicher und vorstellungsbezogener Entwicklung in der Zinsrechnung*. Wie entwickeln sich die Vorstellungen und die sprachlichen Ausdrucksweisen durch Rückgriff auf Prozentstreifen? Masterarbeit (Betreuung S. Prediger), TU Dortmund.

Pimm, David (1987): *Speaking mathematically – Communication in mathematics classrooms*. London: Routledge.

Pöhler, Birte & Prediger, Susanne (2015): Intertwining lexical and conceptual learning trajectories – A design research study on dual macro-scaffolding towards percentages. *Eurasia Journal of Mathematics, Science & Technology Education* 11 (6): 1697–1722.

Prediger, Susanne (2013a): Sprachmittel für mathematische Verstehensprozesse – Einblicke in Probleme, Vorgehensweisen und Ergebnisse von Entwicklungsforschungsstudien. In Pallack, Andreas (Hrsg.): *Impulse für eine zeitgemäße Mathematiklehrer-Ausbildung*. MNU-Dokumentation der 16. Fachleitertagung Mathematik. Neuss: Seeberger, 26–36.

Prediger, Susanne (2013b): Darstellungen, Register und mentale Konstruktion von Bedeutungen und Beziehungen – Mathematikspezifische sprachliche Herausforderungen identifizieren und überwinden. In Becker-Mrotzek, Michael; Schramm, Karen; Thürmann, Eike & Vollmer, Helmut Johannes (Hrsg.): *Sprache im Fach – Sprachlichkeit und fachliches Lernen*. Münster, New York: Waxmann, 167–183.

Prediger, Susanne (2015): Wortfelder und Formulierungsvariation – Intelligente Spracharbeit ohne Erziehung zur Oberflächlichkeit. *Lernchancen* 18 (104): 10–14.
Prediger, Susanne & Wessel, Lena (2013): Fostering German language learners' constructions of meanings for fractions – Design and effects of a language- and mathematics-integrated intervention. *Mathematics Education Research Journal* 25 (3): 435–456.
Prediger, Susanne; Link, Michael; Hinz, Renate; Hußmann, Stephan; Thiele, Jörg & Ralle, Bernd (2012): Lehr-Lernprozesse initiieren und erforschen – Fachdidaktische Entwicklungsforschung im Dortmunder Modell. *Mathematischer und Naturwissenschaftlicher Unterricht* 65 (8): 452–457.
Prediger, Susanne; Quasthoff, Uta; Vogler, Anna-Marietha & Heller, Vivien (2015): How to determine what teachers should learn? Five steps for content specification of professional development programs, exemplified by „moves supporting participation in classroom discussions". *Journal für Mathematik-Didaktik* 36 (2): 233–257.
Reblin, Mike (2013): Wortschatzarbeit im Mathematikunterricht. In: Senatsverwaltung für Bildung, Jugend und Wissenschaft (Hrsg.): *Sprachsensibler Fachunterricht. Handreichung zur Wortschatzarbeit in den Jahrgangsstufen 5–10 unter besonderer Berücksichtigung der Fachsprache.* Ludwigsfelde: Landesinstitut für Schule und Medien Berlin-Brandenburg, 213–235. http://bildungsserver.berlin-brandenburg.de/fileadmin/bbb/unterricht/unterrichtsentwicklung/Durchgaengige_Sprachbildung/Publikationen_sprachbildung/sprachsensibler_fachunterricht/7_Sprachsensibler_Fachunterricht-Mathematik.pdf *(27.01.2016).*
Steinhoff, Torsten (2013): Wortschatz – Werkzeuge des Sprachgebrauchs. In Gailberger, Steffen & Wietzke, Frauke (Hrsg.): *Handbuch Kompetenzorientierter Deutschunterricht.* Weinheim, Basel: Beltz, 12–29.
Ulrich, Winfried (2013): Wissenschaftliche Grundlagen der Wortschatzarbeit im Fachunterricht. In: Senatsverwaltung für Bildung, Jugend und Wissenschaft (Hrsg.): *Sprachsensibler Fachunterricht. Handreichung zur Wortschatzarbeit in den Jahrgangsstufen 5–10 unter besonderer Berücksichtigung der Fachsprache.* Ludwigsfelde: Landesinstitut für Schule und Medien Berlin-Brandenburg, 305–330. http://bildungsserver.berlin-brandenburg.de/fileadmin/bbb/unterricht/unterrichtsentwicklung/Durchgaengige_Sprachbildung/Publikationen_sprachbildung/sprachsensibler_fachunterricht/7_Sprachsensibler_Fachunterricht-Mathematik.pdf *(27.01.2016).*
Wessel, Lena (2015): *Fach- und sprachintegrierte Förderung durch Darstellungsvernetzung und Scaffolding. Ein Entwicklungsforschungsprojekt zum Anteilbegriff.* Heidelberg: Springer Spektrum.
Zindel, Carina (2013): *Funktionale Abhängigkeiten in Textaufgaben erkennen und nutzen. Diagnose und Förderung.* Masterarbeit (Betreuung S. Prediger), TU Dortmund.

Tanja Tajmel
Die Bedeutung von ‚Alltagssprache' – eine physikdidaktische Betrachtung

1 Einleitende Überlegungen

Das *Volumen* ist ein mathematisch-naturwissenschaftliches Konzept, an das Schülerinnen und Schüler in der Grundschule herangeführt werden. Im Allgemeinen haben zehnjährige Schülerinnen und Schüler im Mathematikunterricht bereits gelernt, wie das Volumen von einfachen geometrischen Körpern berechnet werden kann. In der Physik wird *Volumen* als ‚Ausdehnung eines Körpers' oder als ‚Raum, den ein Körper einnimmt' definiert. In der Mathematik wird von *Volumen* als ‚Rauminhalt eines Körpers' gesprochen. Das Volumen wird mit dem Großbuchstaben V symbolisiert und in den Maßeinheiten Liter, Milliliter oder Kubikmeter, Kubikmillimeter u. ä. angegeben.

Als eine dreizehnjährige Schülerin schriftlich befragt wurde, ob sie den Begriff *Volumen* schon einmal gehört habe und wisse, was Volumen bedeute, schrieb sie:

> „Volumen ist das wenn die haare so gepuscht werden." (Tajmel 2017)

Die Antwort dieser Schülerin möchte ich zum Anlass nehmen, um die Bedeutung jener Sprachvarietät, die im physikdidaktischen Diskurs, in den naturwissenschaftlichen Lehrplänen und in den Bildungsstandards gemeinhin als *Alltagssprache* bezeichnet wird, für den naturwissenschaftlichen Unterricht und für das Lernen von Physik aus sowohl sprach- als auch fachdidaktischer Perspektive zu beleuchten und in den Kontext zur Aneignung bildungs- und fachsprachlicher Fähigkeiten zu setzen. Ich werde der Frage nachgehen, welches Verständnis von *Alltagssprache* in Hinblick auf das spezifische Bildungsziel sinnvoll sein könnte und welche sowohl fachdidaktischen als auch sprachdidaktischen Maßnahmen zur Erreichung dieses Ziels sich aus der Äußerung der Schülerin ableiten lassen.

Festzustellen ist, dass im aktuellen Diskurs zu sprachlicher Bildung *Alltagssprache* weit weniger thematisiert wird als *Bildungssprache*. Dies ist aufgrund der Verwobenheit des Diskurses mit Fragen zu Schulleistungen und Bildungserfolg nicht verwunderlich. Während es zu Bildungssprache unterschiedliche Klärungsansätze gibt (u. a. Gogolin 2009; Feilke 2012; Riebling 2013; Gantefort 2013; Petersen & Tajmel 2015; Tajmel 2013) und in der Verwendung des Begriffs *Bildungs-*

sprache gewissermaßen eine ‚wissenschaftssprachliche' Bewusstheit auch im Bereich der Naturwissenschaften festgestellt werden kann, taucht der Begriff *Alltagssprache* vergleichsweise ohne Ruf nach weiterem Klärungsbedarf auf. Zumindest im naturwissenschaftlichen Diskurs scheint es so, als ob jeder wüsste, was Alltagssprache ist und *Alltagssprache* daher nicht weiter bestimmt werden muss. Im Kontext migrationsbedingter Mehrsprachigkeit ist die Frage eines adäquaten Verständnisses von Alltagssprache alles andere als trivial. Welche sowohl fach- als auch sprachdidaktische Bedeutung sich daraus für den naturwissenschaftlichen Unterricht ergibt, soll im Folgenden dargestellt werden.

Zunächst soll eine begriffliche Klärung versucht und *Alltagssprache* im Kontrast zum Register *Bildungssprache* heuristisch gefasst werden (2). Daran anschließend werden blitzlichtartig unterschiedliche Bereiche rund um den Physikunterricht vorgestellt, in welchen Alltagssprache implizit oder explizit thematisiert und als bedeutungsvoll erachtet wird (3). Zu diesen Bereichen zählen die physikdidaktische Forschung (3.1), naturwissenschaftliche Bildungsstandards und Curricula (3.2) sowie (3.3) Unterrichtsmaterialien. Daran anknüpfend soll die eingangs zitierte Antwort der Schülerin aus unterschiedlichen didaktischen Perspektiven betrachtet werden (4), um daraus einen Vorschlag für eine Differenzierung unterschiedlicher didaktischer Handlungsfelder abzuleiten (5).

2 Das Register Alltagssprache

Eine Orientierung am Begriff des *Registers* in der Charakterisierung der Alltagssprache ermöglicht eine Kontrastierung zur Bildungssprache, für die der Registerbegriff verbreitet Verwendung findet. Bezugnehmend auf Linda Rieblings Heuristik der Bildungssprache (Riebling 2013) soll Alltagssprache als ein sprachliches Register dargestellt werden. Register sind situativ determiniert und die Variation von Registern ist Ausdruck der Orientierung an unterschiedlichen Situationsanforderungen (Halliday 1978). Ein Register ist durch spezifische lexikalische und morphosyntaktische Merkmale gekennzeichnet, wodurch es möglich wird, in bestimmten Situationen zu kommunizieren und Bedeutung zu erzeugen. Drei Kategorien, die als *field*, *mode* und *tenor* bezeichnet werden, beschreiben ein Register näher. Die Kategorie *field* bezeichnet den Redegegenstand, den Inhalt, das Thema, den Texttyp, das Genre, „das Sach-, Fach- und Arbeitsgebiet, in dem sprachlich gehandelt wird, über das sprachlich verhandelt wird" (Hess-Lüttich 1998: 210). Die Kategorie *mode* unterscheidet nach dieser Konzeption zwischen mündlicher und schriftlicher Sprache. Die mediale Realisierung *mündlich/schrift-*

lich ist dabei von untergeordneter Bedeutung. Die Kategorie *tenor* beschreibt jenes Verhältnis, das die Kommunikationspartner zueinander einnehmen.

Wesentlich für die Kategorisierung als Alltagssprache, Fachsprache oder Bildungssprache ist der inhaltliche Bezugsbereich der Kommunikation, das Bezugsfeld oder *field*. Löffler klassifiziert den Bezugsbereichs Alltag als „eine Ungerichtetheit, unspezifisch in Bezug auf Thema, Gegenstand und Personenkonstellation oder Intention, eine Art unmarkierte Null. Oder Normallage" (Löffler 2010: 96).

Zum Bezugsbereich Alltag gehören die Alltagssemantik und das Alltagswissen. Sie beziehen sich auf die Lebenswelt des Alltags. In der englischsprachigen Literatur wird Alltagswissen als *commonsense knowledge* bezeichnet (vgl. Bernstein 1999; Halliday 1993). *Commonsense knowledge* beruht auf Ereignissen, wird unbewusst erworben, weist keine klaren Grenzen oder Definitionen auf und ist nicht prüfbar.

Das wesentliche Bestimmungsmerkmal des Alltagswissens ist nach Bernstein die kontextabhängige *segmentäre* Organisation (Bernstein 1999: 161). Die Charakterisierung von Alltagssprache als segmentär organisiertem Erfahrungswissen ermöglicht die Abgrenzung zu den nicht-segmentär organisierten Bereichen der Fach- und Bildungssprache. Diese Bereiche umfassen ein Wissen mit einem hohen Vernetzungsgrad, welches abstrakte und virtuelle Objekte behandelt, „that are needed to explain how the things behave" (Bernstein 1996: 172). Dieses Wissen ist überprüfbar und wird bewusst erworben. Im Gegensatz zum Bildungs- und Fachwissen kann das Alltagswissen zudem charakterisiert werden als unbestimmt, unlimitiert, unsystematisch, auf Personen, Tätigkeiten und Ereignisse fokussiert, unbewusst und nicht prüfbar (vgl. Riebling 2013: 116).

Der Modus der Alltagssprache ist mündlichkeitsnah, jener der Bildungssprache ist schriftlichkeitsnah. Dies ergibt sich durch die raumzeitliche Nähe, durch die Vertrautheit der Partner, durch Spontaneität und Situationsverschränkung. Die alltägliche Lebenswelt ist im Vergleich zu einem fachlichen Themenbereich stärker personenorientiert und durch soziale Rollen vorstrukturiert. Der Tenor der Alltagssprache ist dementsprechend durch „Vertrautheit der Kommunikationspartner" und durch „Nähe" gekennzeichnet.

In Kontrastierung zur Bildungssprache können zusammenfassend daher die folgenden Aspekte der Alltagssprache hervorgehoben werden (vgl. Tajmel 2017):
- Alltagssprache ist ein Register, in dem ein horizontaler Diskurs entfaltet wird.
- Der horizontale Diskurs ist segmentär und auf die alltägliche Lebenswelt bezogen (und nicht auf eine spezifische Form des Wissens).
- Alltagssprache rekurriert auf Wissen, das allen eigen ist und unbewusst erworben wird.

– Alltagssprache ist eine Sprache der Nähe[1], sie orientiert sich sowohl konzeptionell als auch medial an der Mündlichkeit. Der Tenor der Alltagssprache ist durch Nähe geprägt.

In Bezug auf die Antwort der Schülerin „Volumen ist das wenn die haare so gepuscht werden" kann also festgestellt werden, dass ihre Antwort sich aufgrund des Bezugs zu Haaren auf die alltägliche Lebenswelt und nicht auf eine spezifische Form des Wissens bezieht. Aus funktional-linguistischer Perspektive[2] entspricht der Text der Schülerin zum Volumen eher einem mündlichen als einem schriftlichen Registergebrauch. Merkmale hierfür sind Formulierungen wie „ist das wenn ..." mit Verb, deiktische Mittel wie *so* im Gegensatz zu Nominalstil bzw. zu prädikativen Definitionsformen (,Volumen ist der Rauminhalt', ,Volumen ist die Ausdehnung'). Der Text kann somit als alltagssprachlicher Ausdruck gesehen werden.

3 Alltagssprache und Physikunterricht

3.1 Der physikdidaktische Diskurs zu Alltagssprache

Sowohl aus funktional-pragmatischer als auch aus naturwissenschaftsdidaktischer Perspektive wird bekräftigt, dass die Alltagssprache die Basis und Bezugsgröße für andere Bereiche darstellt. So meint etwa Ehlich, dass ohne die Basis der Alltagssprache im Allgemeinen eine wissenschaftliche Verständigung nicht möglich sei (Ehlich 1999: 10). Wagenschein sieht in der „Muttersprache"[3] die Basis für die Entwicklung der Fachsprache. Er modelliert die fachsprachliche Entwicklung als einen notwendigen Ablöseprozess von der Muttersprache:

---

[1] Dass der Begriff der *Nähe* über die physische Nähe in sprachlichen Interaktionen hinausgehen kann, zeigen die Kommunikationsformen in neuen Medien.
[2] im Sinne von Hallidays *functional grammar*.
[3] Wagenschein verwendet in seinen Schriften nahezu ausschließlich den Terminus *Muttersprache*. In didaktischen Arbeiten zu Sprache, die auf Wagenschein rekurrieren, werden für Wagenscheins Terminus *Muttersprache* als Synonyme *Alltagssprache* oder *Umgangssprache* verwendet, dies jedoch zumeist unthematisiert und ohne weitere sprachtheoretische Begründung. Schiewe (1994), einer der wenigen, der die Terminologie Wagenscheins thematisiert, begründet die Verwendung des Terminus *Alltagssprache* als Synonym für *Muttersprache* in der Sekundärliteratur zu Wagenschein mit der Dichotomie von *Alltags-* und *Fachsprache*, welche nach Schiewe Wagenscheins Dichotomie von *Mutter-* und *Fachsprache* entspricht.

> Physikunterricht hat zu lehren, *wie Physik und damit ihre Sprache entsteht*; *wie* die Muttersprache sich, *gemäß* der Enge des physikalischen Aspektes, zurückziehen *muß*. (Wagenschein 1978: 328)
>
> [Muttersprache] führt zur Fachsprache, sie beschränkt *sich* auf sie *hin*. Sie entläßt sie mit ihrem Segen [...]. (Wagenschein 1988: 137)

Die Fachsprache stellt für Wagenschein damit das sprachliche Ziel des Physikunterrichts dar.

Im Gegensatz zu Wagenschein sieht Muckenfuß ein wesentliches Ziel des Physikunterrichts gerade darin, fachliche Inhalte in Alltagssprache ausdrücken zu können.

> Wenn man eine wesentliche Aufgabe des Physikunterrichts darin sieht, Physik in lebenspraktischen Zusammenhängen kommunizierbar zu machen, dann bildet die Fähigkeit, Physikalisches alltagssprachlich ausdrücken zu können, das Unterrichts*ziel*. Kommunikative Kompetenz auf der Ebene der Alltagssprache steht dann *am Ende* des Lernprozesses und ist kein *Durchgangsstadium*. (Muckenfuß 1995: 249)

Die Begrenztheit der physikalischen Fachsprache verdeutlicht Muckenfuß an folgendem Beispiel:

> Was beschreibt die Realität zutreffender, der Satz *Die Suppe ist lauwarm!* Oder *Die Suppe hat eine Temperatur von 32,5°C!*? (Muckenfuß 1995: 247)

Die Bedeutung der Alltagssprache sieht Muckenfuß nicht nur in ihrer Funktion als Grundlage für den Physikunterricht, sondern gleichermaßen auch als dessen Ziel. Für den Unterricht und das Lernen von Physik erachtet Muckenfuß es als unerlässlich, dass die Kommunizierbarkeit von Physik gewährleistet bleibt.

Dass Fachsprache ein Register darstellt, welches erst im und durch den Physikunterricht erworben wird, scheint Konsens zu sein. Im physikdidaktischen Diskurs ist von unterschiedlichen Sprachebenen die Rede, von welchen die Alltags- und die Fachsprache zwei Ebenen darstellen (Leisen 1998; Rincke 2007; Lemke 1990; Fischer 1998). Nach Rincke ist es ein Ziel des Fachunterrichts, den Wechsel zwischen diesen Ebenen zu bewältigen. Als problematisch erachtet er, „wenn den Schülerinnen und Schülern die Zugehörigkeit einer Formulierung zu einer sprachlichen Ebene nicht transparent gemacht wird" (Rincke 2010: 4).

Während Fachsprache ein relativ ausführlich beschriebenes Register darstellt, gibt es kaum ähnlich explizite Deskriptionen der Alltagssprache, so dass sich häufig nur über Indizien erschließen lässt, was im Kontext von Fachunterricht als alltagssprachlich gesehen wird. Auch innerhalb des von Kulgemeyer & Schecker (2009) entwickelten Kompetenzmodells zur Kommunikationskompetenz finden sich nur vage und implizite Hinweis zum physikdidaktischen Verständnis von Alltagssprache. So sollen beispielsweise in der Musteraufgabe zum

Test der Fähigkeit, Alltagssprache und Fachsprache unterscheiden zu können, die folgenden drei Sätze entweder als Alltagssprache oder als Fachsprache identifiziert werden (Kulgemeyer & Schecker 2009: 142):

- Um den Energieverbrauch zu verringern, muss jeder für sich Anstrengungen unternehmen.
- Körper gleicher Masse können mehr Energie speichern, wenn sie eine höhere Wärmekapazität haben.
- Energie bleibt erhalten, sie kann nur von einer Energieform in die andere umgewandelt werden.

Kontextualisiert werden diese drei Aussagen mit einem „Physiker", der entweder „mit seinen Fachkollegen [...] Fachsprache" oder „mit seiner Familie Alltagssprache" spricht. Der erste Satz entspricht laut der von den Autoren verfassten Musterlösung der Alltagssprache. Es ist zu vermuten, dass der Unterschied von Alltagssprache gegenüber der Fachsprache insbesondere in der persönlichen Bezugnahme bzw. im Fehlen von Aussagen zu fachlichen Gesetzmäßigkeiten gesehen wird. Eine genauere linguistische Betrachtung der drei Sätze zeigt, dass auch die als alltagssprachlich indizierte Textvariante fachsprachliche Merkmale bzw. Merkmale der konzeptionellen Schriftlichkeit trägt (Nominalisierung: *Verbrauch, Anstrengung*; bildungssprachliche Funktionsverbgefüge und Kollokationen: *Anstrengungen unternehmen, Energieverbrauch verringern*; unpersönliche passivische Form: *Um ... zu*), so dass dieser Text nach soziolinguistischen Kriterien eher nicht als allgemein alltagssprachlich einzuordnen ist. Fraglich ist auch, ob ein Physiker *mit* Fachkollegen tatsächlich anders *spricht* und wenn ja, in welcher Hinsicht anders? Da das *miteinander* Sprechen in jedem Fall eine konzeptionell mündliche Komponente beinhaltet (Dialoghaftigkeit), sind die beiden als Fachsprache ausgewiesenen Texte nicht als fachliche Gespräche einzuordnen, sondern als hochgradig konzeptionell schriftliche, monologhafte Texte in unpersönlichem Stil und im Tempus des ‚zeitlosen' Präsens. Keiner dieser drei Sätze entspricht also im linguistischen Sinne der Alltagssprache und keiner dieser drei Sätze trägt explizite Merkmale eines Gesprächs.

Dieses Beispiel illustriert einerseits die Bemühungen, Beispiele für Alltagssprache im naturwissenschaftlichen Kontext zu konstruieren, um entsprechende Kompetenzen modellieren zu können, andererseits illustriert das Beispiel auch eine gewisse bestehende Unklarheit in Bezug auf die Unterscheidung von Alltags- und Fachsprache, so dass eine linguistisch fundierte sprachdidaktische Orientierung am zitierten Kompetenzmodell nur schwer möglich ist. Dies ist insbesondere bedeutsam, als die Anknüpfung an Alltagskontexte und Alltagssprache aus naturwissenschaftlich fachdidaktischer Perspektive als äußerst relevant erachtet und entsprechend gefordert wird.

3.2 Alltagssprache in Bildungsstandards und Lehrplänen

Die Bedeutung von Alltagssprache und Fachsprache findet sowohl in den von der Kultusministerkonferenz 2004 verabschiedeten Bildungsstandards (KMK 2005) als auch in aktuell gültigen Lehrplänen für den Physikunterricht (SenBJS 2006; NRW 2011) Erwähnung und wird insbesondere für den Erwerb von Kommunikationskompetenz als wesentlich erachtet. Die folgenden Zitate aus den Bildungsstandards sowie aus ausgewählten Lehrplänen illustrieren dies.

KMK Bildungsstandards

> Zur Kommunikation sind eine angemessene Sprech- und Schreibfähigkeit in der Alltags- und der Fachsprache, das Beherrschen der Regeln der Diskussion und moderne Methoden und Techniken der Präsentation erforderlich. (KMK 2005: 10)

Unter den Standards für den Kompetenzbereich Kommunikation („Informationen sach- und fachbezogen erschließen und austauschen") findet sich folgende anzustrebende Kompetenz:

> Die Schülerinnen und Schüler [...]
> K2 unterscheiden zwischen alltagssprachlicher und fachsprachlicher Beschreibung von Phänomenen (KMK 2005: 12)

Rahmenlehrplan Physik, Sek. 1, Berlin

> In ihrer Lebenswelt begegnen den Schülerinnen und Schülern Phänomene, die sie sich und anderen aufgrund ihrer Biologie-, Chemie- und Physikkenntnisse unter Nutzung der Fachsprache erklären können. In der anzustrebenden Auseinandersetzung erkennen sie die Zusammenhänge, suchen Informationen und werten diese aus. Dazu ist es notwendig, dass sie die entsprechende Fachsprache verstehen, korrekt anwenden und gegebenenfalls in die Alltagssprache umsetzen. (SenBJS 2006: 11)
> Die Schülerinnen und Schüler [...]
> - beobachten naturwissenschaftliche Phänomene und beschreiben sie mithilfe der Alltags- und Fachsprache. (SenBJS 2006: 13)
> Die Schülerinnen und Schüler [...]
> - unterscheiden zwischen alltagssprachlicher und fachsprachlicher Beschreibung von physikalischen Phänomenen. (SenBJS 2006: 21)

Die Fähigkeit zur Unterscheidung der Alltagssprache von der Fachsprache wird also als Ziel des Physikunterrichts angeführt, Schülerinnen und Schüler sollen naturwissenschaftliche Phänomene sowohl in Alltags- als auch in Fachsprache ausdrücken und bei Bedarf adressatengerecht die eine in die andere übersetzen können.

3.3 Alltagssprache im Schulbuch

Naturwissenschaftliche Schulbuchtexte beinhalten zumeist Textteile, die eine Anknüpfung an den Alltag der Schülerinnen und Schüler herstellen sollen. Damit soll an die Lebenswelt der Schülerinnen und Schüler angeschlossen und das Interesse an der weiterführenden Erarbeitung eines fachlich abstrakteren Konzeptes geweckt werden. Im physikdidaktischen Diskurs werden Alltagskonzepte häufig als falsche Konzepte im Gegensatz zu den richtigen Fachkonzepten diskutiert. Rincke etwa führt den Ausdruck *Kraft haben* als Beispiel für Alltagssprache an und sieht die Formulierung *Gewichtskraft eines Körpers* als Ausdruck von Alltagsverständnis, da ein Körper alleine keine Kraft *hat*, sondern zwischen zwei Körpern eine Kraft *wirkt* bzw. ein Körper auf einen anderen Körper eine Kraft *ausübt*. Er problematisiert die Verwendung solcher Formulierungen in Schulbüchern, sieht darin einen „unbekümmerten Umgang" mit Sprache, „was zeigt, wie der Fachtext unmerklich auf die Ebene der Alltagssprache und damit des Alltagsverständnisses zurückkehrt, das er doch eigentlich kontrastieren sollte" (Rincke 2010: 5).

Zu fragen ist auch hier nach dem vorrangigen Unterscheidungsmerkmal von Alltags- und Fachsprache. Ist Alltagssprache vorrangig dadurch gekennzeichnet, dass sie fachlich falsch ist? Und wenn ja: Welche Alltagssprache und welche Alltage gelten dann als geeignet und als adäquate Übersetzungen des Fachlichen? Für die Naturwissenschaftsdidaktik (und vermutlich auch für andere Fachdidaktiken) scheint es somit dringend notwendig zu klären, welches Verständnis von Alltagssprache – und auch von Fachsprache – besteht.

4 Volumen ist ...

Wie ist vor dem Hintergrund des sehr unklaren Verhältnisses von Alltagssprache und Fachsprache die Antwort der Schülerin „Volumen ist das wenn die haare so gepuscht werden" einzuordnen? Im Folgenden soll zunächst danach gefragt werden, inwieweit diese Antwort jenem gängigen Alltagskontext von *Volumen* entspricht, wie er beispielsweise in Schulbüchern dargestellt wird.

Die Entscheidung, welche Kontexte als einleitende Beispiele für Alltag und damit als Alltagsanknüpfung als passend erachtet werden, obliegt im Wesentlichen den Schulbuchautoren, Didaktikern und Lehrerinnen und Lehrern, also Vertretern einer bestimmten Fachkultur. Dass *Haare* oder *Frisuren* nicht unbedingt zu jenen Alltagsanknüpfungen zählen, die üblicherweise für den Begriff *Volumen* vorgeschlagen werden, zeigt ein Beispiel aus einem Schulbuch. Zur

Illustration sei ein kurzer Text aus einem Physikschulbuch zitiert, in welchem auf die physikalische Definition des Begriffs *Volumen* hingeleitet wird:

> Dir sind schon oft Angaben begegnet, die sich auf das Volumen von Körpern beziehen. Auf der Wasserrechnung deiner Eltern steht: Verbrauch 75m³ [hier wird auf ein Bild 3 verwiesen, welches das Foto einer Wasserrechnung zeigt, T. T.]. An der Tankstelle zeigt die Zapfsäule 50l an. Du kaufst im Supermarkt 250ml Duschgel. Du kennst den Begriff „Volumen" bereits aus dem Mathematikunterricht. (*Physik plus*, Klassen 7/8, Liebers et al. 2000: 87)

Danach folgt die Definition:

> Das Volumen gibt an, wie groß der Raum ist, den ein Körper einnimmt.

Im ersten Teil des Textes wird der Leser bzw. die Leserin persönlich angesprochen („Dir sind ...", „Du kennst ...", „deine Eltern ...", „Du kaufst ..."). Diese dialoghaften, persönlichen, der konzeptionellen Mündlichkeit entsprechenden Merkmale sollen den Text ansprechender machen und eine gewisse ‚Nähe' herstellen. Im Kontrast dazu ist die Definition zum Begriff *Volumen* objektiv, unpersönlich, zeitlos (Präsens) und distanziert gehalten. Es wird also im ersten Textteil versucht, eine sprachliche Form zu verwenden, die den Schülerinnen und Schülern näher ist. Man könnte sagen, dass mit diesen Passagen an die Alltagssprache angeknüpft werden soll. Auch die gewählten Kontexte weisen auf Alltag hin: Wasserverbrauch der Familie, Zapfsäule und Duschgel. Sie wurden als vermeintliche Alltagskontexte gewählt.

Dass eine wirkliche Anknüpfung des Alltagskontextes an den Fachkontext auf Textebene nicht stattfindet, zeigt eine genauere Betrachtung des Textes. Der Einleitungssatz „Dir sind oft schon Angaben begegnet, die sich auf das Volumen von Körpern beziehen" und die danach folgenden Beispiele stehen nebeneinander, ohne dass die Beispiele direkt mit dem Einleitungssatz in Verbindung gebracht werden, wie etwa: *Das Volumen des Duschgels beträgt 250ml*. Mittel der Textkohäsion, welche den Zusammenhang herstellen könnten, fehlen. Auch der Begriff *Körper* wird nicht in Beziehung gesetzt mit den alltäglichen Beispielen und bleibt somit unaufgelöst. Da angenommen werden kann, dass das alltägliche Verständnis von *Körper* sich vom fachlichen Verständnis von *Körper* unterscheidet und somit weder das Duschgel noch die Wassermenge oder die Tankfüllung allgemein als *Körper* in Betracht gezogen werden, erscheint ein selbständiger Transfer der Schülerinnen und Schüler zumindest nicht sehr wahrscheinlich. An der verwendeten Lexik ist zu erkennen, dass zwischen den fachsprachlichen und den alltagssprachlichen Textteilen keine Beziehung hergestellt wird. Der Einleitungssatz ist hier separat zu betrachten, denn im Einleitungssatz werden im Prinzip dieselben Fachwörter verwendet wie in der Definition: *Angaben* (*angeben*),

Volumen und *Körper*. Diese Wörter kommen im alltagsbezogenen Textteil nicht vor, er bleibt also bezuglos zum Einleitungssatz und zur Definition. Auch auf inhaltlicher Ebene (Wasserrechnung, Tankfüllung) dürfte die Anknüpfung an den Alltag nur bei wenigen Schülerinnen und Schülern gelingen. Demgegenüber dürfte die Anknüpfung an den Alltagskontext *Haare* erfolgversprechender sein.[4] Für die didaktische Praxis stellt sich die Frage, auf welche Weise an jenem Verständnis der Schülerin, nämlich Volumen als Eigenschaft der Haare, angeknüpft werden kann und welche unterschiedlichen didaktischen Handlungsfelder sich daraus ableiten lassen.

5 Differenzierung der didaktischen Handlungsfelder

Die Antwort der Schülerin lässt unter Berücksichtigung der oben angestellten Überlegungen unterschiedliche didaktische Handlungsfelder erkennen, die sich – insbesondere in Hinblick auf den Erwerb bildungssprachlicher Muster – nicht nur durch die Dichotomie Alltag – Fach fassen lassen (vgl. Tajmel 2017).

- Dass das Volumen im Kontext mit Haaren genannt wird und daran anknüpfend zum Verständnis des Volumens eines Körpers hingeführt werden soll, eröffnet ein *physikdidaktisches Handlungsfeld*. Die Herausforderung besteht darin, eine Frisur als Körper begreifbar zu machen und das alltägliche situationsbezogene Verständnis in ein abstrakteres fachliches Verständnis zu überführen.
- Dass mit dem fachlichen Konzept von Volumen auch eine fachliche Ausdrucksweise verbunden ist, eröffnet ein *fachsprachdidaktisches Handlungsfeld*, welches eng mit dem physikdidaktischen Handlungsfeld verknüpft ist. Die Herausforderung besteht in der Vermittlung einer fachlichen Sprech- und Schreibweise über Volumen.
- Dass die Antwort der Schülerin eher konzeptionell mündlich als konzeptionell schriftlich ist, eröffnet aber auch ein *bildungssprachdidaktisches Handlungsfeld*, welches primär nicht fachspezifisch ist. Hier stellt sich die Herausforderung, eine bildungssprachlich adäquate Version für den Ausdruck „Volumen ist das wenn die haare so gepuscht werden" zu finden.

---

[4] 20 % der 55 befragten Schülerinnen und Schüler kontextualisierten Volumen mit Haaren, 15 % mit Musik und 0 % mit Wasserverbrauch oder Tankfüllung (Tajmel 2017).

Die Aufgabe, die sich aus physikdidaktischer Perspektive stellt, ist jene, an das Vorwissen bzw. an die Vorerfahrung der Schüler und Schülerinnen anzuknüpfen, also vom Alltagskonzept zum Fachkonzept zu gelangen. Im konkreten Beispiel bedeutet dies, das Konzept von *Volumen* von jenem von der Schülerin genannten Kontext (Haare, Frisur) in den fachlichen Kontext (Körper, Rauminhalt) zu überführen. Eine fachsprachliche Antwort auf die Frage, was *Volumen* sei, ist jene Definition, die im Schulbuchtext angeführt ist:

> Das Volumen gibt an, wie groß der Raum ist, den ein Körper einnimmt. (Liebers et al. 2000: 87)

Varianten dieser Definition lauten: ‚Volumen ist der Raum, den ein Körper einnimmt' oder ‚Volumen ist die Ausdehnung eines Körpers'. Es wird deutlich, dass die Definition von *Volumen* nicht ohne das Konzept des *Körpers* auskommt. *Körper* ist ein Begriff, der im Alltag breite Verwendung findet, zumeist in Bezug auf den menschlichen Körper (Körperpflege, Körpergröße etc.), aber auch als *Heizkörper*, *Himmelskörper* oder *Leuchtkörper*. In der Antwort der Schülerin sind – physikalisch betrachtet – die Haare bzw. die ‚Frisur' dieser Körper, der Platz braucht bzw. – fachsprachlich ausgedrückt – Raum einnimmt. Die physikdidaktische Herausforderung besteht darin, plausibel zu machen, dass eine Frisur, ein Stein oder ein beliebiges Ding als *Körper* verallgemeinert werden kann.

Für die Anknüpfung an die Alltagssprache der Schülerin ist primär relevant, wo überall im Alltag von Schülerinnen und Schülern das Wort *Volumen* Verwendung findet, wobei nicht vordergründig nach fachkonzeptkonformen Entsprechungen der Verwendung des Begriffs *Volumen* gesucht werden soll. So findet sich *Volumen* zwar auf Shampooflaschen, allerdings nicht im Sinne einer Inhaltsangabe in Milliliter (etwa ‚Das Volumen des Shampoos beträgt 250ml'), sondern explizit im Zusammenhang mit dem Ergebnis, welches die Verwendung des Shampoos verspricht, nämlich eine Vergrößerung des Volumens der Haare (‚mehr Volumen' u. ä.). Es ist daher zu erwarten, dass die Schülerinnen und Schüler das Volumen, selbst wenn Sie an Shampoo denken, eher im Zusammenhang mit den Haaren als im Zusammenhang mit der physikalischen Volumenangabe in Milliliter sehen.

Das Lehnwort *puschen* (oder *pushen*) kann als alltagssprachlicher und fachunspezifischer Ausdruck betrachtet werden. Es gibt ‚Push-Up'-Shampoos und ‚Push-Up'-Büstenhalter, und es wird davon gesprochen, dass ein bestimmtes Shampoo nicht „so richtig gepusht" hat. Es ist somit plausibel, dass in der Alltagssprache der Schülerinnen und Schüler *Volumen* im Zusammenhang mit ‚puschen' genannt wird. Aus bildungssprachdidaktischer Perspektive ist zu überlegen, welche bildungssprachlichere Variante für das alltagssprachliche Verb *pushen* angeboten werden könnte. Möglichkeiten wären etwa *toupieren* oder *aufbauschen*.

Aus fachsprachlicher Perspektive interessiert die Verwendung des Begriffs *Volumen* im fachlichen Kontext sowohl inhaltlich als auch sprachlich. Dazu zählt auch, dass Definitionen ein Prädikativ beinhalten. *Volumen ist ...* Das Prädikativ kann durch eine Hypotaxe im Zusammenhang mit dem Verb *bedeuten* ersetzt werden: *Volumen bedeutet, wieviel Raum ein Körper einnimmt.* Zu den fachsprachlichen Wendungen im Zusammenhang mit Volumen zählen außerdem: *Das Volumen beträgt ... ml. Der Körper hat ein Volumen von ... ml. Das Volumen ist groß/ klein/gering* (im Gegensatz zu *hoch/niedrig*. Die *Temperatur* hingegen ist *hoch/ niedrig/gering*). Diese Wendungen und das ihnen eigene Vokabular stellen gewissermaßen das fachsprachliche Lernziel dar, auf das hingeführt werden soll (Tajmel et al. 2009).

Rückbezogen auf die Heuristik der Alltagssprache als Register stellt die fachdidaktische Vorgehensweise, um vom Begriff der *Frisur* zum allgemeinen Begriff des *Körpers* zu gelangen, eine Modifikation im Bereich *field* dar. Dies ist jener Bereich, in welchem Fachbegriffe eingeführt und in Verbindung zum Alltags- und Weltwissen gesetzt werden. Die Änderungen im Bereich *mode* erfordern sprachdidaktische Vorgehensweisen. Dass *Platz brauchen* auch als *Raum einnehmen* ausgedrückt werden kann, zählt zum fachsprachlichen bzw. bildungssprachlichen Handlungsfeld, ebenso die Verwendung des Verbs *bedeutet* anstelle von „ist das wenn ..." oder des Verbs *toupieren* anstelle von *pushen*.

Mit diesen und ähnlichen Überlegungen können einerseits bildungssprachliche Lernziele sowohl allgemein als auch fachthemenbezogen identifiziert werden, andererseits wird deutlich, dass die Anknüpfung an Alltagssprache eine differenzierte Betrachtung sprachlicher und konzeptueller Aspekte sowie eine entsprechende Sprachbewusstheit seitens der Fachdidaktiker und der Lehrer erfordert.

6 Fazit

Zusammenfassend kann gesagt werden, dass der Alltagssprache und ihrer Thematisierung aus unterschiedlichen Perspektiven eine hohe physikdidaktische Relevanz beigemessen werden kann. Im Kontext fachunterrichtlicher Sprachbildung ist zu klären, wo und in welcher Art im Unterricht auf Alltagssprache in bewusster oder unbewusster Weise Bezug genommen wird und wo Alltagssprache und die Bezugnahme auf ‚passende' Alltagsmomente somit als potenzielle Selektionsmechanismen wirksam werden können. Dementsprechend notwendig sind eine fach- und themenbezogene Klärung der Dimension von Alltagssprache bzw. dem, was fachdidaktisch unter *Alltagssprache* verstanden wird. *Bildungssprache* ist unabhängig von Schülern beschreibbar, Alltagssprache nicht. Verallgemeinerungen gestalten sich schwieriger und bergen das Potenzial von Selektion und Exklusion durch die Konstruktion von ‚normalen' Alltagen und ‚normaler' deutscher Alltagssprache im mathematisch-naturwissenschaftlichen Unterricht. Die Bedeutung dieser Klärung für die Gestaltung nicht-selektiver Lerngelegenheiten dürfte jedoch erheblich sein. So relevant es ist, sich über das Unterrichtsziel Bildungssprache im Klaren zu sein, so relevant ist es, die Alltagssprache als Unterrichtsausgangslage gleichermaßen in den Blick zu nehmen.

7 Literatur

Bernstein, Basil (1999): Vertical and Horizontal Discourse: an essay. *British Journal of Sociology of Education* 20 (2): 157–173.

Ehlich, Konrad (1999): Alltägliche Wissenschaftssprache. *Info DaF* 26 (1): 3–24.

Feilke, Helmuth (2012): Bildungssprachliche Kompetenzen – fördern und entwickeln. *Praxis Deutsch* 233: 4–13.

Fischer, Hans Ernst (1998) Scientific Literacy und Physiklernen. *Zeitschrift für Didaktik der Naturwissenschaften* 4 (2): 41–52.

Gantefort, Christoph (2013) ‚Bildungssprache' – Merkmale und Fähigkeiten im sprachtheoretischen Kontext. In Gogolin, Ingrid; Lange, Imke; Michel, Ute & Reich, Hans H. (Hrsg.): *Herausforderung Bildungssprache – und wie man sie meistert*. Münster, New York: Waxmann, 71–105.

Gogolin, Ingrid (2009): „Bildungssprache" – The Importance of Teaching Language in Every School Subject. In Tajmel, Tanja & Starl, Klaus (eds.): *Science Education Unlimited. Approaches to Equal Opportunities in Learning Science*. Münster, New York: Waxmann, 91–110.

Halliday, Michael A. K. (1978): *Language as Social Semiotic: The Social Interpretation of Language and Meaning*. London: Edward Arnold.

Halliday, Michael A. K. (1993): Towards a Language-Based Theory of Learning. *Linguistics and Education* 5: 93–116.

Hess-Lüttich, Ernest W. B. (1998): Fachsprachen als Register. In Hoffmann, Lothar; Kalverkämper, Hartwig & Wiegand, Herbert Ernst (eds.): *Fachsprachen. Ein internationales Handbuch*. Berlin, New York: de Gruyter, 208–218.

Kulgemeyer, Christoph & Schecker, Horst (2009): Kommunikationskompetenz in der Physik: Zur Entwicklung eines domänenspezifischen Kommunikationsbegriffs. *Zeitschrift für Didaktik der Naturwissenschaften* 15: 131–153.

(KMK 2005): Ständige Konferenz der Kultusminister der Länder in der Bundesrepublik Deutschland (2005): Bildungsstandards im Fach Physik für den Mittleren Schulabschluss (Jahrgangsstufe 10). Beschluss vom 16.12.2004. In Sekretariat der Ständigen Konferenz der Kultusminister der Länder in der Bundesrepublik Deutschland (Hrsg.): *Beschlüsse der Kultusministerkonferenz*. München, Neuwied: Luchterhand Wolters Kluwer.

Leisen, Josef (1998): Sprache(n) im Physikunterricht. *Praxis der Naturwissenschaft – Physik* 47 (2): 2–4.
Lemke, Jay (1990): *Talking Science: Language, Learning, and Values*. Norwood, NJ: Ablex.
Liebers, Klaus; Mikelskis, Helmut; Otto, Rolf; Schön, Lutz-Helmut & Wilke, Hans-Joachim (2000): *Physik plus. Gymnasium Klassen 7 und 8*. Berlin: Volk und Wissen.
Löffler, Heinrich (2010): *Germanistische Soziolinguistik*. 4. Aufl. Berlin: Erich Schmidt.
Muckenfuß, Heinz (1995): *Lernen im sinnstiftenden Kontext. Entwurf einer zeitgemäßen Didaktik des Physikunterrichts*. Berlin: Cornelsen.
(NRW 2011) Landesinstitut, Nordrhein-Westfalen (2011): *Kernlehrplan für die Gesamtschule – Sekundarstufe I in Nordrhein-Westfalen. Naturwissenschaften: Biologie, Chemie, Physik*. Bildungsportal des Landes Nordrhein-Westfalen. http://www.schulentwicklung.nrw.de/lehrplaene/upload/klp_SI/GE/NW/KLP_GE_NW.pdf *(30.11.2016)*.
Ortner, Hanspeter (2009): Rhetorisch-stilistische Eigenschaften der Bildungssprache. In Fix, Ulla; Gardt, Andreas & Knape, Joachim (Hrsg.): *Rhetorik und Stilistik. Ein internationales Handbuch. Teilband 2*. Berlin, New York: Mouton de Gruyter, 2227–2240.
Petersen, Inger & Tajmel, Tanja (2015): Bildungssprache als Lernmedium und Lernziel des Fachunterrichts. In Leiprecht, Rudolf & Steinbach, Anja (Hrsg.): *Schule in der Migrationsgesellschaft*. Band 2: Sprache – Rassismus – Professionalität. Schwalbach i. Ts.: Wochenschau-Verlag, 84–111.
Reich, Hans H. (2008): *Materialien zum Workshop „Bildungssprache"*. Unveröffentlichtes Schulungsmaterial für die FörMig-Weiterqualifizierung „Berater(in) für sprachliche Bildung, Deutsch als Zweitsprache". Hamburg: Universität Hamburg.
Riebling, Linda (2013): Die Heuristik der Bildungssprache. In Gogolin, Ingrid; Lange, Imke; Michel, Ute & Reich, Hans H. (Hrsg.): *Herausforderung Bildungssprache – und wie man sie meistert*. Münster, New York: Waxmann, 106–153.
Rincke, Karsten (2007): *Sprachentwicklung und Fachlernen im Mechanikunterricht*. Sprache und Kommunikation bei der Einführung in den Kraftbegriff. Kassel: Universität Kassel.
Rincke, Karsten (2010): Alltagssprache, Fachsprache und ihre besondere Bedeutung für das Lernen. *Zeitschrift für Didaktik der Naturwissenschaften* (16): 235–260.
Schiewe, Jürgen (1994): Sprache des Verstehens – Sprache des Verstandenen. Martin Wagenscheins Stufenmodell zur Vermittlung der Fachsprache im Physikunterricht. In Akademie der Wissenschaften (Hrsg.): *Linguistik der Wissenschaftssprache*. Berlin: de Gruyter, 281–299.
(SenBJS 2006): Senatsverwaltung für Bildung, Jugend und Sport Berlin (2006): *Rahmenlehrplan für die Sekundarstufe I, Jahrgangsstufe 7–10, Physik*. Berlin. SenBJS:
Tajmel, Tanja (2013): Bildungssprache im Fach Physik. In Gogolin, Ingrid; Lange, Imke; Michel, Ute & Reich, Hans H. (Hrsg.): *Herausforderung Bildungssprache – und wie man sie meistert*. Münster, New York: Waxmann, 239–256.
Tajmel, Tanja; Neuwirth, Johannes; Holtschke, Jörg; Rösch, Heidi & Schön, Lutz-Helmut (2009): Schwimmen–Sinken. Sprachförderung im Physikunterricht. Unterrichtsmodule für Klassenstufe 5–8 (Floating–Sinking. Teaching Content and Language. Teachingmodules for Grade 5–8) (CD-ROM). In Tajmel, Tanja & Starl, Klaus (eds.): *Science Education Unlimited. Approaches to Equal Opportunities in Learning Science*. Münster, New York: Waxmann.
Tajmel, Tanja (2017): *Naturwissenschaftliche Bildung in der Migrationsgesellschaft*. Grundzüge einer Reflexiven Physikdidaktik und kritisch-sprachbewussten Praxis. Dissertation. Wiesbaden: Springer VS.

Wagenschein, Martin (1978): Die Sprache im Physikunterricht. In Bleichroth, Wolfgang (Hrsg.): *Didaktische Probleme der Physik*. Darmstadt: Wissenschaftliche Buchgesellschaft, 313–336.
Wagenschein, Martin (1988): *Naturphänomene sehen und verstehen*. Stuttgart: Klett.

Stefan Jeuk
Schriftspracherwerb im Anfangsunterricht in vielsprachigen Klassen

1 Einleitung

In der Deutschdidaktik gibt es seit Längerem Überlegungen, die besonderen Fähigkeiten und Bedürfnisse mehrsprachiger[1] Kinder im Unterricht stärker zu berücksichtigen. In den KMK-Standards und den Bildungsplänen der Länder ist in den grundlegenden Überlegungen die Rede davon, dass mehrsprachige Kinder zum Teil über „andere Erfahrungen und Kompetenzen als einsprachige Kinder" (KMK 2004: 6) verfügen. Dies solle der Deutschunterricht für die interkulturelle Erziehung aller Kinder nutzen. In den Kompetenzen und Inhalten schlägt sich dies jedoch eher sporadisch nieder. In den KMK-Standards (2004) sind keine zentralen Lernfelder für mehrsprachige Kinder erwähnt, denn es wird selbstverständlich eine einsprachige Norm zu Grunde gelegt. Ebenso wenig werden Kompetenzen und Inhalte angesprochen, die sich durch die vielsprachige Klasse ergeben.

In der Praxis geht es vor allem darum, mehrsprachigen Kindern ein Zusatzangebot („Sprachförderung" im Bereich „Deutsch als Zweitsprache") zu machen. Dies ist zunächst sinnvoll und notwendig. Überlegungen, den Deutschunterricht auf die heterogene Klasse mit einsprachigen und mehrsprachigen Kindern auszurichten, sind hingegen eher selten. Weitergehende Konzeptionen werden von Seiten der „Deutsch als Zweitsprache"-Didaktik unterbreitet (z. B. Schader 2003, Oomen-Welke 2008, Jeuk 2013, Kalkavan 2015) und in der mehrsprachigen Grundschule nur teilweise umgesetzt, möglicherweise auch, weil einige Vorschläge eben nicht durch die Bildungsstandards und Bildungspläne abgedeckt sind bzw. sich bisher kaum in Schulbüchern niedergeschlagen haben.

In diesem Beitrag soll die Frage, wie sich der Deutschunterricht in der Grundschule auf die vielsprachige Situation einstellen kann, am Beispiel des Anfangsunterrichts erörtert werden. Eine weitere Eingrenzung findet in Bezug

---

[1] Sowohl theoretisch als auch praktisch wäre zu bestimmen, ob und inwieweit die Kinder zwei- oder mehrsprachig sind. Da hier nicht der Ort für diese gleichwohl wichtige Erörterung ist, wird pauschal von mehrsprachigen Kindern gesprochen.

auf den Orthographieerwerb statt. Im Rahmen dieses Beitrags kann das Thema auch mit den genannten Eingrenzungen nur in Teilaspekten dargelegt werden. Zunächst wird die Situation in der vielsprachigen Klasse erläutert. Da in einigen aktuellen Konzeptionen zum Orthographieerwerb bei mehrsprachigen Kindern und Jugendlichen davon ausgegangen wird, dass Normabweichungen im Deutschen vor dem Hintergrund des Kontrasts zur Struktur der Erstsprache interpretiert werden müssten, wird dieser Ansatz im Folgenden kurz vorgestellt. Im nächsten Abschnitt wird gezeigt, dass diese Annahme auf der Grundlage aktueller Forschungen zumindest deutlich relativiert werden muss: Entscheidend ist, welches Wissen und welche Erfahrungen die mehrsprachigen Kinder konkret in den Anfangsunterricht mitbringen, z. B. muss unterschieden werden, ob und inwieweit die Kinder in der Erstsprache alphabetisiert sind oder werden.

In der aktuellen Diskussion um das geeignete didaktische Modell für den Orthographieerwerb im Anfangsunterricht stehen sich u. a. zwei Grundauffassungen gegenüber: Vertreterinnen bzw. Vertreter eines silbenbasierten Ansatzes betonen, dass ein normorientierter Zugang von Anfang an wichtig sei. Auf der Grundlage schriftlinguistischer Überlegungen wird postuliert, dass insbesondere mehrsprachige Kinder von einem normbezogenen silbenbasierten Ansatz profitieren. Vertreter und Vertreterinnen von sogenannten Spracherfahrungsansätzen gehen hingegen davon aus, dass freie bzw. offene Schreibanlässe zentrale Bestandteile des Anfangsunterrichts sein müssten. Auf der Grundlage der aktuellen Diskussion und den Studien zum Orthographieerwerb werden die beiden Ansätze in Grundzügen gegenübergestellt. In einem nächsten Schritt werden didaktische Konsequenzen diskutiert; der Beitrag schließt mit Folgerungen für den Schriftspracherwerb in mehrsprachigen Lerngruppen im Anfangsunterricht.

2 Die heterogene Grundschulklasse

Bis in die 1960er Jahre wurde von einer „muttersprachlichen" Deutschdidaktik ausgegangen. Hier ging es im Anfangsunterricht darum, Kindern, die mit Kompetenzen in der Herkunfts-, Familien- und Umgebungssprache Deutsch in die Schule kamen, Lesen und Schreiben beizubringen. Seit den 60er Jahren kamen mehrsprachige Kinder hinzu, bei denen teilweise von anderen Lernvoraussetzungen ausgegangen werden muss, zudem ist für sie die Unterrichtssprache gleichzeitig die noch zu lernende Sprache.

Nach dem Mikrozensus 2011 haben 1/3 aller Schüler in Deutschland einen Migrationshintergrund,[2] der Anteil der mehrsprachigen Kinder in einer Klasse beträgt bis zu 100 %. Viele der Kinder sind in Deutschland geboren und haben eine Kindertageseinrichtung besucht. Einige verfügen in der L2 über gut ausgebaute Kompetenzen in der mündlichen Alltagskommunikation (häufig als BICS im Sinne von Cummins 2000 interpretiert). Bei einigen Kindern sind die Kompetenzen in der L2 so gut ausgebaut, dass sie ohne Weiteres einem Unterricht folgen können, der auf einsprachige Kinder ausgerichtet ist, sie erreichen einen höheren Schulabschluss (vgl. Chlosta & Ostermann 2008). Andere Kinder haben, z. B. aufgrund ihrer lebensweltlichen Lage, Schwierigkeiten in der Alltagskommunikation in der L2 Deutsch. Bei wieder anderen werden Sprachschwierigkeiten erst evident, wenn es um den Erwerb *schrift*sprachlicher Kompetenzen geht (häufig als CALP im Sinne Cummins 2000 interpretiert). Hinzu kommen Kinder, die im Laufe der Schulzeit einwandern und die über schulische Schrifterfahrung in ihrer Erstsprache verfügen, unter Umständen kennen sie andere Schriftsysteme (kyrillisch, arabisch, chinesisch etc., vgl. Schulte-Bunert 2012).

Die Lehrkraft muss innerhalb der auf die einsprachigen Kinder ausgerichteten Vorgaben der Bildungsstandards (vgl. Dirim & Döll 2010) nicht wenigen Kindern mehr oder weniger zusätzlich zum Deutschunterricht die deutsche Sprache vermitteln. So kann man auch von einer eigenständigen Deutsch als Zweitsprachen (DaZ)-Didaktik vor allem in Bezug auf Vorbereitungsklassen, DaZ-Lernklassen oder Sprachfördergruppen sprechen. In der Regelklasse ist die DaZ-Didaktik eher eine Ergänzung der Deutschdidaktik. Anzustreben wäre eine Deutschdidaktik, die diese Trennung nicht mehr vollzieht, sondern die Vielsprachigkeit der Lerngruppe als Chance für den Deutschunterricht nutzt (vgl. Belke 2012, Oomen-Welke 2008, Schader 2003).

Schulische Angebote für mehrsprachige Schülerinnen und Schüler sind derzeit tendenziell kompensatorisch und in Form additiver Fördermaßnahmen angelegt (z. B. Sprachfördergruppen). Seit Ende der 1980er Jahre wurden die Ressourcen hierfür drastisch gekürzt, man hatte die Hoffnung, dass die längere Aufenthaltsdauer eingewanderter Familien mittelfristig von selbst zu erhöhten Sprachkompetenzen führen würde. Diese Hoffnung war aus zwei Gründen problematisch: Zum einen ist Deutschland ein Einwanderungsland und es kommen insbesondere seit dem Jahr 2015 wieder vermehrt mehrsprachige Schülerinnen und Schüler ohne Deutschkenntnisse unterschiedlichen Alters an unsere Schulen. Zum anderen zeigt

---

2 Nach der zu Grunde gelegten Definition bedeutet dies, dass sie entweder einen ausländischen Pass haben, nicht in Deutschland geboren sind oder in der Familie eine andere Sprache als Deutsch gesprochen wird. In der Regel wachsen diese Kinder mehrsprachig auf (s. Fußnote 1).

sich in verschiedenen aktuellen Studien, dass auch unter guten Bedingungen der Erwerb einer zweiten Sprache der Zeit und der Unterstützung bedarf und selbst dann, wenn die Kinder mit guten sprachlichen Kompetenzen in die Grundschule kommen, eine weitere Unterstützung häufig notwendig ist (vgl. Jeuk 2013: 66ff.).

Auch die mehrsprachigen Kinder, bei denen wir Schwierigkeiten oder Erwerbsverzögerungen in der L2 wahrnehmen, haben Kompetenzen in der L1 und somit in Bezug auf die Mehrsprachigkeit. Bialystok (1999) geht davon aus, dass die Notwendigkeit, zwei Sprachsysteme zu lernen, zu einer Sprachdifferenzbewusstheit führt, welche die Lerner in die Lage versetzt, ihre Sprachwahl den kommunikativen Bedingungen anzupassen. Insbesondere die Fähigkeit, die Aufmerksamkeit auf bestimmte (sprachliche) Wissensaspekte zu richten, ist bei mehrsprachigen Kindern zwischen 3 und 6 Jahren höher als bei einsprachigen Kindern. So kann z. B. schon bei vier- bis fünfjährigen mehrsprachigen Kindern gezeigt werden, dass sie zur Dekontextualisierung in der Lage sind, indem sie auf ähnlich klingende Wörter mit je unterschiedlichen Bedeutungen in unterschiedlichen Sprachen verweisen. Solche Fähigkeiten werden bei einsprachigen Kindern erst im Kontext des Schriftspracherwerbs beobachtet (vgl. Jeuk 2007).

> Wenn Lernende ihr Wahrnehmen, Wissen und Denken im Rahmen von Welterfahrung und sozialer Interaktion aktiv konstruieren, dann sind sie alle zwingend different in ihrer je individuellen kultur-, schicht-, sprach-, geschlechts-... lebenswelt-spezifischen Geschichte und Identität. Eine solche theoretische Standortbestimmung hat unmittelbar praktische Konsequenzen für die Beteiligung der Zweitsprachler am Deutschunterricht. Sie sind nicht mehr die Sondergruppe, die für die Schule und die Lehrperson ein besonderes Problem darstellt. [...] Sie bringen für die gesamte Klasse die Chance, mehr divergente Vorstellungen gemeinsam zu bearbeiten, Perspektiven auszutauschen und Standpunkte einzunehmen. (Oomen-Welke 2008: 481)

3 Kontrastive Vermutungen

Wenn im Folgenden Studien zum Orthographieerwerb ins Zentrum der Betrachtung gestellt werden, so geschieht dies zum einen aus Gründen der Eingrenzung, zum anderen kann an diesem Beispiel die Diskussion um besondere Bedürfnisse einerseits und Kompetenzen mehrsprachiger Kinder andererseits exemplarisch dargestellt werden. Selbstverständlich ist der Erwerb der Orthographie eingebunden in den Erwerb der Schreibkompetenz.

Eine Reihe von aktuellen sprachdidaktischen Ansätzen zum Schriftspracherwerb bei mehrsprachigen Kindern kommt zu der Auffassung, dass Kinder anderer Erstsprachen Schwierigkeiten beim Umgang mit der deutschen Orthographie haben, die auf der Grundlage des Sprachkontrasts zu interpretieren sind (Belke 2012, Bredel, Fuhrhop & Noack 2011, Bredel 2012, Dahmen 2012, Röber-Siekmeyer

2006, Röber 2012). Röber (2012: 41) geht davon aus, dass insbesondere bei Lehrgängen, die auf dem Buchstabenlernen und damit einer segmentalen Analyse der phonologischen Struktur der gesprochenen Sprache beruhen, mehrsprachige Kinder benachteiligt sind. Kinder mit Erstsprachen, deren phonologisches System vom Deutschen abweicht, können die für die Schrift des Deutschen relevanten Segmentierungen nicht ohne Weiteres vornehmen. Unter Bezug auf Trubetzkoy (1938/1958) wird angenommen, dass Lerner einer fremden (sic!) Sprache nur die phonologischen Segmente wahrnehmen können, die auch in ihrer Muttersprache vorhanden sind.

Nach Trubetzkoy (1938/1958: 47) ist das phonologische System einer Sprache „gleichsam ein Sieb, durch welches alles Gesprochene durchgelassen wird. Haften bleiben nur jene lautlichen Merkmale, die für die Individualität der Phoneme relevant sind […]." Das System der „Siebe" ist jedoch in jeder Sprache anders strukturiert. Beim Lernen einer Fremdsprache wird unwillkürlich bei der Analyse des phonologischen Systems das System der Siebe der L1 angewendet. Es entstehen Fehler und Normabweichungen an den Stellen, an denen das System der L1-Siebe nicht auf die L2 anwendbar ist. „Die Laute der fremden Sprache erhalten eine unrichtige phonologische Interpretation, weil man sie durch das ‚phonologische Sieb' seiner eigenen Muttersprache durchlässt" (Trubetzkoy 1938/1958: 48). Allerdings beziehen sich die Beispiele Trubetzkoys auf einen Akzent in der Artikulation der L2 bei Fremdsprachenlernern und nicht auf die Orthographie und ebenso wenig auf Zweitspracherwerb in Migrationskontexten.

Auch Bredel, Fuhrhop & Noack (2011) erachten einen solchen kontrastiven Ansatz als zentral für die Lernschwierigkeiten im Bereich der Orthographie bei Kindern, die Deutsch als Zweitsprache erwerben. Unter Bezug auf Cummins (1980) wird festgestellt, dass mehrsprachige Kinder Kompetenzen im Bereich der *„Basic Interpersonal Communicative Skills"* relativ leicht erwerben. Kommen jedoch schriftsprachliche Aufgaben hinzu (*„Cognitive Academic Language Proficiency"*), stoßen mehrsprachige Kinder an ihre Grenzen. Als Beispiel wird ein Junge mit Türkisch als L1 genannt, der mit wenig Spracherfahrung in der Zweitsprache Deutsch an die Grundschule kommt. Die mangelnde phonematische Differenzierungsfähigkeit vor dem Hintergrund seiner Mehrsprachigkeit führt zum Einbau sogenannter Sprossvokale in seine spontanschriftlichen Äußerungen (*Fulukzoeuk*).

> […] ein Grund für Mehmets Anfangsschwierigkeiten in der Schule sind vermutlich sprachstrukturelle Unterschiede zwischen den beiden Sprachen, die dazu führen können, dass das Deutsche, insbesondere die Beziehung zwischen gesprochener und geschriebener Sprache, nicht richtig beurteilt wird. Fremd- und Zweitsprachenlerner/innen neigen nämlich dazu, Strukturen, die ihnen aus der Muttersprache bekannt sind, auf die neue Sprache zu übertragen. Das Resultat sind häufig so genannte Interferenzfehler […]. (Bredel, Fuhrhop & Noack 2011: 190)

Da der traditionelle Anfangsunterricht einseitig auf Spracherfahrungen von einsprachigen Kindern aufbaue, könnten Unterschiede und Gemeinsamkeiten zwischen Sprachen nicht thematisiert werden. Folglich könne der Rückgriff mehrsprachiger Kinder auf ihre Erfahrungen in der Erstsprache auch nicht positiv für den Schrifterwerb in der L2 genutzt werden. Bredel, Fuhrhop & Noack (2011: 198ff.) sehen deshalb, ebenso wie Röber (2012), als wichtigste Kompetenz von Lehrkräften, die mehrsprachigen Kindern die Schrift der deutschen Sprache beibringen, dass sie über die typologischen Unterschiede der beteiligten Sprachen Bescheid wissen, um Fehlschreibungen analysieren und den Kindern entsprechende Hilfen anbieten zu können. Die aufgezählten Beispiele beziehen sich allerdings in aller Regel auf phonologische und intonatorische Unterschiede und nicht etwa schriftlinguistische. Bredel (2012: 140) geht noch einen Schritt weiter und postuliert, dass nur eine silbenanalytische Modellierung der Orthographie als System didaktisch so aufbereitet werden könne, dass diese von Kindern durch sprachanalytische und metasprachreflexive Praxis angeeignet werden kann (vgl. Bredel 2012: 140).

4 Studien zum Orthographieerwerb in der Zweitsprache

Die Beobachtungen Trubetzkoys beziehen sich auf den Fremdspracherwerb. Dem steht die Beobachtung gegenüber, dass mehrsprachige Kinder, sofern sie eine Kindertageseinrichtung besucht haben, die Artikulation der L2 bis zur Einschulung relativ problemlos erwerben (vgl. Landua, Maier-Lohmann & Reich 2008: 173). Dennoch könnte es sein, dass trotz einer akzentfreien Aussprache die für den Schriftspracherwerb notwendige phonologische Wahrnehmungs- und Diskriminierungsfähigkeit in der L2 nicht vollständig ausgebildet ist. Im Folgenden werden empirische Studien vorgestellt, die der Frage der Ursache von Normabweichungen im Bereich der Orthographie bei mehrsprachigen Lernern und den damit verbundenen Lernstrategien nachgehen.

Bereits 1987 untersucht Thomé Rechtschreibleistungen im Deutschen von 61 Schülerinnen und Schülern der 9. Klasse mit Türkisch als L1 und 28 Schülerinnen und Schülern mit Deutsch als L1. Fehler, die nur von den Lernern mit Türkisch als L1 produziert werden, werden als Interferenzfehler eingeordnet. Im Rahmen einer vergleichenden Analyse kommt Thomé zu dem Schluss, dass nur 5 % der Fehler vor dem Hintergrund von Interferenzen interpretiert werden können. Die mehrsprachigen Schülerinnen und Schüler machen zwar mehr Fehler in der Orthographie als einsprachig deutsche Lerner, die Fehler unterscheiden sich qualitativ jedoch nicht. Die wichtigsten Fehlerbereiche sind Groß- und Kleinschreibung, Getrennt- und Zusammenschreibung, die Auslassung eines Konsonanten sowie die Schärfungsschreibung. Die Vermutung, dass Lerner mit Türkisch als L1 die Vokalphoneme des Deutschen, die es im Türkischen nicht gibt, nicht als Phoneme identifizieren können, kann nicht bestätigt werden. Die Schwierigkeiten der Lerner mit Türkisch als Erstsprache sind somit mit denen der deutschen Schülerinnen und Schüler zu vergleichen (Thomé 1987: 98f.). Auch Fix (2002) kommt bei der Analyse von Texten von Schülerinnen und Schülern der 8. Klasse zu dem Ergebnis, dass sich orthographische Kompetenzen mehrsprachiger Jugendlicher in den meisten Fehlerkategorien *nicht* von denen der einsprachig deutschen Mitschülerinnen und Mitschüler unterscheiden. Eine Ausnahme stellen grammatisch bedingte Rechtschreibfehler wie die Groß- und Kleinschreibung dar – mehrsprachige Jugendliche machen zwar strukturell keine anderen Fehler als einsprachige, sie machen aber mehr Fehler in diesem Bereich. Dies wird als Hinweis auf Schwierigkeiten beim Erwerb der Grammatik gesehen.

Grießhaber (2004) analysiert Schreibungen (freie Texte sowie Prüfwörter) von 189 Kindern der 1. Klasse, 75 % der Kinder sind mehrsprachig. Die mehrsprachigen Kinder machen insgesamt etwas mehr Fehler als die einsprachigen, interferenzbedingte Fehler werden jedoch kaum beobachtet. Eine wesentliche Bedingung scheint zu sein, ob und in welchem Maße die Kinder in der Erstsprache *alphabetisiert* werden. Ist dies der Fall, werden etwas *mehr* kontrastive Fehler beobachtet. Art und Ausmaß der Fehler aller Kinder hängt stark vom jeweiligen Umfeld und vom Unterricht ab; es gibt signifikante Unterschiede zwischen einzelnen Schulen. Grießhaber (2004: 84) kommt zu dem Fazit: „Erwartungsgemäß spielen direkte Einflüsse erstsprachiger Schriftsprachkonventionen eine im Einzelfall wahrnehmbare aber generell vernachlässigbare Größe."

Aktuell gibt es mehrere Untersuchungen zum Orthographie- und Schriftspracherwerb bei mehrsprachigen Kindern (vgl. Grießhaber & Kalkavan 2012). Becker (2012) stellt in einer Langzeituntersuchung (acht Kinder mit Türkisch als L1, neun Kinder mit Deutsch, Klasse 1 bis 4) fest, dass die mehrsprachigen Kinder über die ganze Zeit schlechtere Leistungen in der deutschen Rechtschreibung zeigen. In der Hamburger Schreibprobe (May 2005) erreichen die Kinder mit Türkisch als L1 im Schnitt einen Prozentrang von 40, die Kinder mit Deutsch als L1 einen Prozentrang von 60. Damit sind die einsprachig deutschen Kinder zwar signifikant besser, die türkischen zeigen jedoch ebenso durchschnittliche Leistungen.[3]

---

3 Ein Prozentrang von 40 entspricht einem T-Wert von 47,5, ein Prozentrang von 60 entspricht einem T-Wert von 52,5. Bei einem Mittelwert von 50 und einer Standardabweichung von 10 ist die Differenz von 5 T-Wertpunkten um den Mittelwert als gering einzustufen.

Kalkavan (2012) analysiert Schreibungen von Kindern der 3. und 5. Klasse mit Türkisch als L1, die in *Deutsch alphabetisiert* sind und nun *Türkisch Schreiben und Lesen* lernen. In Bezug auf die Großschreibung, die Verwechslung von <s> / <z>, die Schreibung des Phonems /ə/, fehlende Diakritika, die Verwechslung von <v>, <w> und <f> sowie die Doppelkonsonantenschreibung nach Regeln des Deutschen zeigen sich zu Beginn viele, später jedoch deutlich weniger Interferenzen. Diese Interferenzen sind schriftstrukturell bedingt. Sie zeigen sich nicht durchgehend, ein und derselbe Schüler greift unter Umständen im selben Text mehr oder weniger auf Regelungen des Deutschen zurück. Im Verlauf werden subjektive Regelhypothesen modifiziert und immer adäquater an die orthographischen Normen der türkischen Orthographie angepasst. Übergeneralisierungsfehler treten auf, allerdings nur vorübergehend.

Auch Selmani (2012) untersucht den Schriftspracherwerb mehrsprachiger Kinder in der L1 (hier Albanisch), die *zuvor* in der Zweitsprache Deutsch alphabetisiert wurden. Eine Besonderheit ist hier, dass das Albanisch im muttersprachlichen Unterricht stark von der Sprache der Kinder bzw. deren regionaler Variante (mazedonisches Albanisch) abweicht. Die Kinder erhalten seit der 3. Klasse je 2 Stunden muttersprachlichen Unterricht, die Alphabetisierung in der L1 erfolgt also zu einem Zeitpunkt, an dem schon wesentliche Strukturen der Orthographie der L2 Deutsch als erworben gelten können. Orthographiefehler im Albanischen gehen hier, im Unterschied zu den Ergebnissen von Kalkavan (2012), nicht auf eine Strukturvarianz zwischen L1 und L2 zurück. Auch umgekehrt zeigt sich kaum ein Einfluss albanischer Schreibungen auf die deutsche Orthographie. Fehlschreibungen im Albanischen gehen viel stärker auf Abweichungen der von den Kindern gesprochenen regionalen Variante (im Westen Mazedoniens gesprochenes Albanisch) vom geschriebenen Standard zurück!

Jeuk (2012) erfasst Schreibproben von 10 mehrsprachigen Kindern der 1. Klasse in der L2 Deutsch über ein Schuljahr, insgesamt werden 8 Schreibanlässe von November bis Juni analysiert. Die Kinder bekommen keinen Herkunftssprachenunterricht und werden nicht in der L1 alphabetisiert. Er kommt zu dem Ergebnis, dass die Zahl der Normabweichungen, die als Interferenzfehler interpretiert werden können, mit 4,7 % sehr gering ist. Deutlich wird auch, dass nur bei wenigen Normabweichungen (wie dem Einfügen des Sprossvokals oder bei der Ersetzung von Graphemen) eine Interpretation als Interferenz eindeutig ist. In anderen Fällen könnten auch Strategien wirksam werden, die nicht im Rückgriff auf die L1 bestehen. Schreibt ein Kind z. B. *Siff* statt *Schiff*, *könnte* es sich um eine Interferenz handeln, da im Türkischen das Phonem /ʃ/ mit dem Graphem <ş> verschriftet wird. Andererseits verfahren auch einsprachige Kinder oder Kinder anderer Erstsprachen so, denn die Kinder müssen erst lernen, dass es Phoneme gibt, die nicht als Monographem verschriftet werden. Zudem können die Fälle von Interferenzen als sinnvolle Strategien interpretiert werden, indem das Kind auf ein Graphem der L1 zurückgreift, wenn ihm keines in der L2 zur Verfügung steht. Jeuk (2012) kommt zu dem Schluss, dass die Analyse von Normabweichungen vor dem Hintergrund vieler Faktoren erfolgen muss, dass aber die Wahrscheinlichkeit, dass eine Normabweichung auf der Grundlage der Gesetzmäßigkeiten des deutschen orthographischen Systems erfolgt (und nicht auf der Grundlage des Kontrasts der Sprachen), sehr hoch ist. Wichtig ist zu erwähnen, dass in dieser Studie alle Kinder in Deutschland geboren wurden und einen Kindergarten besucht hatten. Man kann also davon ausgehen, dass sie über ein weitgehend gefestigtes phonologisches System in der L2 verfügen.

Fasst man die Ergebnisse zusammen, entsteht der Eindruck, dass mehrsprachige Kinder, die in *beiden* Sprachen alphabetisiert werden, häufiger auf orthographische Muster der einen Schrift zurückgreifen, wenn sie vor Schwierigkeiten in der anderen Schrift stehen. Es kann davon ausgegangen werden, dass sie über die hierzu notwendige Sprachbewusstheit verfügen. Dies würde bedeuten, dass bei einer koordinierten zweisprachigen Alphabetisierung Interferenzfehler häufiger auftreten müssten. Wie die sich widersprechenden Ergebnisse von Kalkavan (2012) und Selmani (2012) zeigen, müssen jedoch eine Reihe weiterer Faktoren bei der Analyse berücksichtigt werden. Die Ergebnisse von Kalkavan (2012) zeigen darüber hinaus, dass mit ansteigenden Kompetenzen in beiden Schriftsystemen die Zahl der kontrastiv bedingten Schreibungen zurückgeht. Zu einem vergleichbaren Ergebnis kommt Richter (2008) bei Schülerinnen und Schülern der Deutsch-Italienischen Schule in Wolfsburg, die in beiden Sprachen koordiniert alphabetisiert werden.

> Es bestätigte sich der erwartete Befund, dass die für den Beginn des Zweitspracherwerbs charakteristischen Übertragungsleistungen von einem Sprachsystem auf das andere in den Schreibungen der italienischen Wolfsburger Schüler kaum vorkommen. (Richter 2008: 348)

Die oben genannten Befunde zeigen darüber hinaus, dass die Annahme, dass Lernschwierigkeiten beim Schriftspracherwerb mehrsprachiger Kinder vor allem im Hinblick auf sprachliche Kontraste zu erwarten sind, *nicht* bestätigt werden kann. Bei Kindern, die *nicht* in der L1 alphabetisiert werden und die über ausreichende Erfahrung in der *gesprochenen* L2 verfügen, lassen sich Interferenzen so gut wie gar nicht beobachten. Bei Kindern, die in zwei Sprachen alphabetisiert werden oder die z. B. als Seiteneinsteiger bereits in ihrer L1 lesen und schreiben können, sind eher Interferenzfehler zu erwarten. Diese gehen jedoch auf *schriftstrukturelle* Kontraste und nicht auf phonologische Kontraste, wie z. B. Röber (2012) dies annimmt, zurück. Zudem scheinen kontrastive Fehler eher ein Anfangsphänomen zu sein.

Entscheidend bleibt die Einsicht, dass beim Erwerb einer zweiten (Schrift-)Sprache neben der Artikulation in der L2 auch die phonologische Bewusstheit angeeignet werden muss, mit der das zu lernende Schriftsystem beurteilt wird. Um Schwierigkeiten bei der Artikulation, der phonematischen Differenzierung und den Schreibungen in der L2 analysieren zu können, müssen neben dem Sprachkontrast auf verschiedenen linguistischen Beschreibungsebenen eine Reihe weiterer Faktoren wie das Alter des Lerners, die Erfahrung in der L2, die Lern- und Lebenssituation sowie weitere individuelle Variablen berücksichtigt werden.

5 Schriftspracherwerb im Anfangsunterricht

In jüngerer Zeit gab es eine bildungspolitische Debatte um die didaktische Modellierung des Schriftspracherwerbs im Anfangsunterricht. Nach einer polemischen Darstellung im Spiegel im Juni 2013 wurde in einigen Landtagen allen Ernstes über ein Verbot der Methode „Lesen durch Schreiben" (Reichen 1982) diskutiert. Ein Hintergrund war die Annahme, dass insbesondere mehrsprachige Kinder von diesem Zugang benachteiligt werden.

Nachdem der Methodenstreit der 1960er und 1970er Jahre dazu geführt hatte, dass in den meisten Fibeln eine analytisch-synthetische Konzeption umgesetzt wurde, wurde Anfang der 1980er Jahre mit Ansätzen, die die Eigentätigkeit und die Spracherfahrung der Kinder ins Zentrum stellen, erneut ein Paradigmenwechsel angestrebt. Hier ist insbesondere der durch Reichen (1982, 2001) eingebrachte Ansatz „Lesen durch Schreiben" zu nennen. Reichen kritisiert am sogenannten Fibeltrott, dass eine sukzessive Einführung von Buchstaben den unterschiedlichen Lernvoraussetzungen und Spracherfahrungen der Kinder nicht entgegenkomme. Ein besserer Zugang seien die eigenen Schreibungen der Kinder, u. a. mit Hilfe einer sogenannten Buchstabentabelle.

Im Mittelpunkt des Ansatzes steht die Begegnung der Kinder mit Schrift. Sie sollen ein Angebot zum selbstständigen Handeln, Operieren, Abstrahieren und kognitiven Lernen bekommen. Bei der Arbeit mit der Buchstabentabelle[4] zerlegen die Kinder Wörter in ihre lautlichen Bestandteile und weisen auf Grund der bildlichen Darstellung ein Graphem zu, das sie verschriften können. Erwachsene sollen in diesen Prozess nur wenig eingreifen und die Rechtschreibung zunächst

---

4 Es handelt sich um Anlauttabellen auf der Basis der repräsentierten Grapheme. In der Folge entstanden verschiedene Tabellen, teilweise wurden auch Lauttabellen mit Basis- und Orthographemen entwickelt.

nicht oder nur dann, wenn das Kind dazu bereit ist, korrigieren. Schreiben wird von Beginn an als sinnhafter Prozess eingeführt, Analyse und Synthese werden praktisch als Begleitprodukt erworben. Im Zentrum steht das Schreiben als kommunikative und kognitive Tätigkeit und weniger im Hinblick auf orthographische Korrektheit, die Schreibmotivation soll nicht durch zu rigide Korrekturen eingeengt werden. Sind die Kinder in der Lage, so zu schreiben, dass sie ihre Schreibversuche auch selbst lesen können, werden sie, u. a. über differenzierte Leseangebote, zunehmend mit der orthographischen Norm konfrontiert, die nun auch Gegenstand des Unterrichts wird. Mit diesem Ansatz verbunden ist eine veränderte Fehlerauffassung, bei der Fehler als Teil des Lernprozesses und somit als Fenster zum Denken des Kindes aufgefasst werden.

Die auf der Spracherfahrung der Kinder beruhenden Ansätze blieben nicht unkritisiert. Röber-Siekmeyer (1996) wendet ein, dass es keine Lauttreue gäbe, denn die Koartikulation lässt kein Ausgliedern einzelner Phoneme aus Wörtern zu. Die Silbe hingegen stelle für die Kinder eine gut segmentierbare Einheit dar. So stellt z. B. die graphische Repräsentation der Vokale gerade mehrsprachige Kinder vor ein besonderes Problem, denn die meisten Sprachen unterscheiden keine gespannten und ungespannten Vokalphoneme. Deshalb müssen Silben prosodisch und visuell bewusst gemacht werden, denn die Silbenstruktur ist orthographisch repräsentiert. Kinder, deren Erstsprachen einen anderen Phonembestand als das Deutsche haben, können so an der Schreibung der Wörter erkennen, wie diese zu artikulieren sind. So erhalten sie die Möglichkeit, sich der spezifischen Strukturen der L2 bewusst zu werden und gleichzeitig kontrastiv für die Abweichungen des Deutschen von ihrer L1 phonologische Wahrnehmungsmuster zu entwickeln (Röber-Siekmeyer 2006).

In der Folge entstanden eine Reihe von silbenbasierten Ansätzen (z. B. Bredel, Fuhrhop & Noack 2011, Mrowka-Nienstedt, Kuhn & Handt 2014, Röber 2012). Diese Ansätze unterscheiden sich allerdings hinsichtlich ihrer linguistischen Fundierung. Röber (2012) entwickelt ein Modell, in dem das trochäische Grundmuster der Silbe im Zentrum steht. Im Rahmen eines Häusermodells wird auch die morphologische Struktur des Wortes sichtbar. Der Ansatz geht von einer Autonomie der Schriftstruktur gegenüber der Lautstruktur aus. Das Häusermodell kann am Beispiel der Reduktionssilbe erläutert werden: Die Reduktionssilbe weist im Kern stets den Vokalbuchstaben <e> auf. Dieser verweist nicht auf ein Phonem, sondern ist ein visueller Marker für das Vorliegen einer Silbe, deren Existenz von den Kindern erst erschlossen werden muss (*Esel*). An dem Garagen-Häusermodell, in dem die Silbenstruktur durch verschiedene Räume visualisiert wird, kann entdeckt werden, dass bestimmte Räume immer besetzt sein müssen, so z. B. der vokalische Kern der Silbe, auch wenn man diesen nicht hört. Insbesondere für mehrsprachige Kinder soll dies den Vorteil bieten, dass die (lautlichen) Eigenschaften der deutschen Wörter nicht bekannt sein müssen, um sie zu schreiben oder zu lesen.

> Vielmehr können die Kinder die Strukturen des Deutschen der Schrift selbst entnehmen und diese Erkenntnisse für den Aus- und Aufbau nicht nur einer zielsprachennahen Orthographie, sondern zugleich einer zielsprachennahen phonologischen und morphologischen Repräsentation deutscher Wörter nutzen. (Bredel 2012: 137)

Ausgehend von der hier nur kurz zitierten Diskussion gibt es Studien, in denen die Wirksamkeit didaktischer Ansätze im Anfangsunterricht überprüft wird. Weinhold (2006) findet in einer Längsschnittstudie Unterschiede bei drei Gruppen von Kindern, die nach Fibeln, nach dem Konzept von Reichen oder nach der silbenanalytischen Methode nach Röber-Siekmeyer unterrichtet wurden. Am Ende der vierten Klasse zeigen die Kinder, die nach Fibeln unterrichtet wurden, die wenigsten Schwierigkeiten beim Schreiben und Lesen. Kinder, die nach der Reichen-Methode unterrichtet worden waren, verwendeten vor allem Wörter, die an der alphabetischen Strategie orientiert sind. Kinder, die nach der silbenanalytischen Methode unterrichtet wurden, hatten hingegen bei silbenbasierten Schreibungen weniger Fehler. Die einzelnen Konzepte betonen also verschiedene Aspekte, und dies zeigt sich in den Fertigkeiten der Kinder. Allerdings wurde nicht untersucht, wie andere Kompetenzen, z. B. das Verfassen von Texten, ausgebaut waren.

Schründer-Lenzen & Mücke (2005) vergleichen den Erfolg verschiedener Ansätze in heterogenen Klassen in Berlin. Dabei wurde ein eher traditioneller Fibelansatz mit Lesen durch Schreiben und einem Methoden-Mischverfahren verglichen. Die Ergebnisse sind nicht eindeutig und es muss betont werden, dass die Reduktion auf die Methode den vielfältigen Einflussfaktoren nicht gerecht wird. Als besonders dringlich erweisen sich Faktoren, die in der Studie durch Unterrichtsbeobachtungen und Interviews erhoben wurden. Hierzu gehören u. a. die Entwicklung von Vorlesekultur und Kommunikation über Texte, die Bewusstmachung sprachsystematischer Strukturen der Zielsprache im Sinne einer auf sprachliche Progression des Zweitspracherwerbs ausgerichteten Vermittlung von Syntax und Morphologie, die Wortschatzarbeit auch am Strukturwortschatz, eine Feedbackkultur, die Selbstwert und Selbstwirksamkeit des Kindes unterstützt, die Einbeziehung musikalisch-rhythmischer Elemente wie Verse, Reime und Lieder sowie die Vernetzung von sprachlichem und fachlichem Lernen.

6 Didaktische Folgerungen

Es ist unbestritten, dass mehrsprachige Schülerinnen und Schüler mit besonderen Bedürfnissen und mit besonderen Kompetenzen in die Schule kommen. Diese unterscheiden sich allerdings, u. a. je nachdem, wie lange die Kinder schon Deutsch lernen, ob und inwieweit sie Schrifterfahrung in ihrer L1 haben und ob sie parallel in der L1 alphabetisiert werden. Wie einsprachig deutsche Kinder müssen sie die schriftliche Varietät der Sprache wie eine weitere Sprache erwerben, um sie zur Lösung komplexer Aufgaben und zum Erwerb fachspezifischer Kompetenzen zu nutzen. Dies gilt auch, wenn sie die notwendigen Kompetenzen im Mündlichen noch nicht erworben haben.

Die in Abschnitt 4 zitierten Untersuchungen legen nahe, dass in Bezug auf den Erwerb der Orthographie ein wie auch immer gearteter phonologischer Filter der L1 bei Kindern, die mindestens 3 Jahre lang eine Kita in Deutschland besucht haben, von untergeordneter Bedeutung ist. Ein kontrastiver Ansatz (der gesprochenen Sprachen) zur Analyse ihrer Schreibstrategien führt in die falsche Richtung. Offenbar hat der Besuch der Kita dazu geführt, dass die Kinder die phonologischen Muster der Zweitsprache Deutsch so angeeignet haben, dass das „phonologische Sieb" der L1 nicht mehr wirksam ist. Die Betonung des kontrastiven Ansatzes bei einigen Autorinnen und Autoren verwundert, denn dieser Ansatz ist schon seit Längerem im Fachdiskurs zu Gunsten eines mehrfaktoriellen Analysemodells der Lernersprachen widerlegt (vgl. Ahrenholz 2008).

Bei der Aneignung der Zweitsprache müssen eine Reihe anderer Faktoren, wie der Stand der Aneignung der Zweitsprache, die Kontaktzeit, die familiäre Schrifterfahrung usw., berücksichtigt werden. Es gibt einige Hinweise, dass im Bereich der phonologischen Bewusstheit mehrsprachige Kinder Vorteile gegenüber einsprachigen Kindern haben, die es im Unterricht zu nutzen gälte. Kinder, die zuvor oder parallel in ihrer L1 alphabetisiert werden, können in Bezug auf schriftstrukturelle Aspekte zunächst aus zwei Sprachen schöpfen, was sich möglicherweise auf einer oberflächlichen Ebene in einem vermehrten Auftreten von Interferenzen zeigt. Damit stehen ihnen mehr Möglichkeiten zur Verfügung als einsprachigen Lernern. Es gilt, diese insgesamt seltenen Interferenzen unter dem Aspekt der Lernervarietät als sinnvolle Strategien anzusehen und im Kontext eines Unterrichts, der den bewussten Umgang mit Sprache fördert, didaktisch zu nutzen (vgl. Bredel 2012).

Mehrsprachige Kinder, die *nicht* in mehreren Sprachen alphabetisiert werden, stoßen in Bezug auf den Erwerb der Schrift also zunächst auf *dieselben* Schwierigkeiten wie einsprachige Kinder. Verschiedene Untersuchungen legen nahe, dass in Bezug auf den Erwerb morphologischer und syntaktischer Strukturen mehrsprachige Kinder jedoch der Unterstützung bedürfen, auch wenn sie in

Deutschland geboren und in eine Kita gegangen sind (vgl. Ahrenholz 2008). Für bestimmte sprachliche Mittel, die gerade im Schriftlichen von hoher Bedeutung sind, fehlen ihnen häufig die Grundlagen (vgl. Jeuk 2013). Zu nennen ist hier u. a. die Morphologie nominaler Gruppen. In mündlichen Äußerungen erhalten die Kinder meist keine negative Evidenz, in schriftlichen Texten sind korrekte nominale Bezüge grundlegend. Somit geht der Erwerb der Schrift mit der Erweiterung sprachlicher Kompetenzen um spezifische Strukturen einher.

Ein wichtiger Zusammenhang besteht darin, dass Vertreterinnen bzw. Vertreter der Silbenansätze dem sprachlichen Kontrast in der Sprache beim Schrifterwerb mehrsprachiger Kinder eine zu hohe Bedeutung beimessen. Kontraste in der *gesprochenen* Sprache werden als Argument für eine Begründung schriftstrukturell basierter Ansätze herangezogen. Wenn aber Interferenzfehler gerade bei Kindern auftreten, die in der L1 alphabetisiert sind oder in zwei Sprachen alphabetisiert werden, liegt die Vermutung nahe, dass orthographische Interferenzen mit Kontrasten in der *Schriftstruktur* zu begründen sind.

Gleichzeitig wenden sich Bredel (2012) und Röber (2012) mit großer Vehemenz gegen Spracherfahrungsansätze, insbesondere gegen „Lesen durch Schreiben". In der Kritik steht vor allem das Freie Schreiben von Anfang an. Es wird befürchtet, dass die Kinder lernen, auch mit fehlerhaften Schreibungen ihre kommunikativen Bedürfnisse zu befriedigen und dann nicht mehr motiviert sind, die korrekte Orthographie zu erwerben. Bisher konnte jedoch nicht empirisch belegt werden, dass methodische Ansätze, die eigene Schreibversuche der Kinder ins Zentrum stellen, grundsätzlich zu schlechteren Ergebnissen führen. Bei der Fokussierung auf die orthographische Korrektheit von Anfang an besteht andererseits die Gefahr, die kommunikative Funktion der Schrift zu vernachlässigen. Wie Jeuk (2012) anhand der Schreibproben von Kindern der ersten Klasse zeigen kann, sind auch mehrsprachige Kinder durchaus dazu in der Lage, ihre eigenen Schreibungen zunehmend im Sinne einer korrekten Orthographie zu gestalten, wenn sie im Unterricht entsprechend unterstützt werden.

Das „freie Schreiben" muss selbstverständlich durch systematische, die Schriftstruktur thematisierende Methoden unterstützt werden. So kann der Gefahr, die in einer einseitigen Auslegung des Ansatzes von Reichen liegt, nämlich dass die Kinder in alphabetischen Schreibungen verharren und zu wenig Hinweise auf schriftstrukturelle Elemente und Regelungen bekommen, vorgebeugt werden. Auch die Thematisierung von Silbenstrukturen, z. B. im Hinblick auf die Reduktionssilbe, kann in diesem Kontext erfolgen. So kann die Aufmerksamkeit auch auf grammatische Strukturen gelegt werden. An dieser Stelle kann auch eine in den Unterricht integrierte Sprachförderung anknüpfen, in der einerseits die Möglichkeit zur imitierenden Wiederholung und damit zum Einüben von Redemitteln und Sprachmustern gegeben wird, andererseits sprachliche Kompetenzen gezielt unterstützt werden. Auch eine Thematisierung des Kontrasts zu anderen Sprachen hat hier ihre Verortung. Die Mehrsprachigkeit und die Sprachen der Kinder sollten ins Zentrum des Deutschunterrichts rücken, nicht zuletzt auch für die Ausbildung eines Sprachbewusstseins bei allen Kindern. Oomen-Welke (2008) hat hierzu höchst praktikable Vorschläge vorgelegt.

7 Literatur

Ahrenholz, Bernt (2008): Zweitspracherwerbsforschung. In Ahrenholz, Bernt & Oomen-Welke, Ingelore (Hrsg.): *Deutsch als Zweitsprache*. Baltmannsweiler: Schneider Hohengehren, 64–80.

Becker, Tabea (2012): Der Zusammenhang sprachlicher und orthographischer Fähigkeiten bei deutsch-türkischen Grundschülern. In Ahrenholz, Bernt & Knapp, Werner (Hrsg.): *Sprachstand erheben – Sprachstand erforschen*. Freiburg i. Br.: Fillibach bei Klett, 113–130.

Belke, Gerlind (2012): *Mehr Sprache(n) für alle. Sprachunterricht in einer vielsprachigen Gesellschaft*. Baltmannsweiler: Schneider Hohengehren.

Bialystok, Ellen (1999): Cognitive Complexity and Attentional Control in the Bilingual Mind. *Child Development* 70 (3): 636–644.

Bredel, Ursula; Fuhrhop, Nanna & Noack, Christina (2011): *Wie Kinder lesen und schreiben lernen*. Tübingen: Franke.

Bredel, Ursula (2012): (Verdeckte) Probleme beim Orthographieerwerb des Deutschen im mehrsprachigen Klassenzimmer. In Grießhaber, Wilhelm & Kalkavan, Zeynep (Hrsg.): *Orthographie- und Schriftspracherwerb bei mehrsprachigen Kindern*. Freiburg i. Br.: Fillibach, 125–142.

Chlosta, Christoph & Ostermann, Torsten (2008): Grunddaten zur Mehrsprachigkeit im deutschen Bildungssystem. In Ahrenholz, Bernt & Oomen-Welke, Ingelore (Hrsg.): *Deutsch als Zweitsprache*. Baltmannsweiler: Schneider Hohengehren, 17–30.

Cummins, Jim (2000): *Language, Power and Pedagogy*. Clevedon: Multilingual Matters.

Cummins, Jim (1980): The construct of language proficiency in bilingual education. In Altis, James E. (ed.): *Current Issues in Bilingual Education*. Washington: Georgetown University Press, 81–103.

Dahmen, Silvia (2012): Orthografiefehler bei DaZ-Lernern – Ursachen, Diagnostik und Training. In Michalak, Magdalena & Kuchenreuther, Michaela (Hrsg.): *Grundlagen der Sprachdidaktik Deutsch als Zweitsprache*. Baltmannsweiler: Schneider Hohengehren, 143–162.

Dirim, Inci & Döll, Marion (2010): Mehrsprachigkeit und Deutsch als Zweitsprache in den Bildungsstandards für das Fach Deutsch. *Didaktik Deutsch* 29 (1): 5–14.

Fix, Martin (2002): „Die Recht Schreibung ferbesern" – Zur orthographischen Kompetenz in der Zweitsprache Deutsch. *Didaktik Deutsch* 12 (1): 39–55.

Grießhaber, Wilhelm (2004): Einblicke in zweitsprachliche Schriftspracherwerbsprozesse. *Osnabrücker Beiträge zur Sprachtheorie* (OBST) 67: 69–92.

Grießhaber, Wilhelm & Kalkavan, Zeynep (2012) (Hrsg.): *Orthographie- und Schriftspracherwerb bei mehrsprachigen Kindern*. Freiburg i. Br.: Fillibach.

Jeuk, Stefan (2007): Sprachbewusstheit bei mehrsprachigen Kindern im Vorschulalter. In Siebert-Ott, Gesa & Hug, Michael (Hrsg.): *Sprachbewusstheit und Mehrsprachigkeit.* Baltmannsweiler: Schneider Hohengehren, 64–78.

Jeuk, Stefan (2013): *Deutsch als Zweitsprache in der Schule.* 2. Aufl. Stuttgart: Kohlhammer.

Jeuk, Stefan (2012): Orthographieerwerb mehrsprachiger Kinder in der ersten Klasse. In Grießhaber, Wilhelm & Kalkavan, Zeynep (Hrsg.): *Orthographie- und Schriftspracherwerb bei mehrsprachigen Kindern.* Freiburg i. Br.: Fillibach, 105–124.

Kalkavan, Zeynep (2015) (Hrsg.): *Deutsch als Zweitsprache – Didaktik für die Grundschule.* Berlin: Cornelsen.

Kalkavan, Zeynep (2012): Orthographische Markierungen des Deutschen in türkischsprachigen Lernertexten. In Grießhaber, Wilhelm & Kalkavan, Zeynep (Hrsg.): *Orthographie- und Schriftspracherwerb bei mehrsprachigen Kindern.* Freiburg i. Br.: Fillibach, 57–80.

KMK (2004): Ständige Konferenz der Kultusminister der Länder (2004): *Bildungsstandards im Fach Deutsch für den Primarbereich.* München: Wolters Kluver.

Landua, Sabine; Maier-Lohmann, Christa & Reich, Hans H. (2008): Deutsch als Zweitsprache. In Ehlich, Konrad; Bredel, Ursula & Reich, Hans H. (Hrsg.): *Referenzrahmen zur altersspezifischen Sprachaneignung – Forschungsgrundlagen.* Berlin: BMBF, 171–202.

May, Peter (2005): *Hamburger Schreibprobe.* Hamburg: vpm.

Mikrozensus (2011): *Zensusdatenbank.* https://ergebnisse.zensus2011.de/ *(30.01.2014).*

Mrowka-Nienstedt, Kerstin; Kuhn, Klaus & Handt, Rosemarie (2014): *ABC der Tiere 1 – Lesen in Silben.* Offenburg: Mildenberger.

Oomen-Welke, Ingelore (2008): Didaktik der Sprachenvielfalt. In Ahrenholz, Bernt & Oomen-Welke, Ingelore (Hrsg.): *Deutsch als Zweitsprache.* Baltmannsweiler: Schneider Hohengehren, 479–492.

Reichen, Jürgen (1982): *Lesen durch Schreiben.* Hamburg: Heinevetter.

Reichen, Jürgen (2001): *Hannah hat Kino im Kopf.* Hamburg: Heinevetter.

Richter, Antje (2008): *Orthographische Kompetenz in Deutsch unter den Bedingungen der Zweisprachigkeit.* Dresden: Technische Universität.

Röber-Siekmeyer, Christa (1996): *Die Schriftsprache entdecken.* Rechtschreiben im offenen Unterricht. Weinheim: Beltz.

Röber-Siekmayer, Christa (2006): Die Entwicklung orthographischer Fähigkeiten im mehrsprachigen Kontext. In Bredel, Ursula; Günther, Hartmut; Klotz, Peter; Ossner, Jakob & Siebert-Ott, Gesa (Hrsg.): *Didaktik der deutschen Sprache.* Band 1. Paderborn: Schöningh, 392–404.

Röber, Christa (2012): Die Orthographie als Lehrmeister im Spracherwerb – Zur didaktischen Bedeutung des Orthographieerwerbs im DaZ-Unterricht für die Aneignung sprachlicher Strukturen. *Deutsch als Zweitsprache* (2): 34–49.

Schader, Basil (2003): *Sprachenvielfalt als Chance.* Zürich: Orell Füssli.

Schründer-Lenzen, Agi & Mücke, Stephan (2005): Mit oder ohne Fibel – was ist der Königsweg für die multilinguale Klasse? In Bartnitzky, Horst & Speck-Hamdan, Angelika (Hrsg.): *Deutsch als Zweitsprache lernen.* Frankfurt a. M.: Grundschulverband, 210–222.

Schulte-Bunert, Ellen (2012): Schriftspracherwerb in der Zweitsprache Deutsch. In: Michalak, Magdalena & Kuchenreuther, Michaela (Hrsg.): *Grundlagen der Sprachdidaktik Deutsch als Zweitsprache.* Baltmannsweiler: Schneider Hohengehren, 118–142.

Selmani, Lirim (2012): Schreibprozesse albanischsprachiger Kinder. In: Grießhaber, Wilhelm & Kalkavan, Zeynep (Hrsg.): *Orthographie- und Schriftspracherwerb bei mehrsprachigen Kindern.* Freiburg i. Br.: Fillibach, 81–101.

Thomé, Günther (1987): *Rechtschreibfehler türkischer und deutscher Schüler.* Heidelberg: Groos.
Trubetzkoy, Nikolai S. (1958, Original 1938): *Grundzüge der Phonologie.* Göttingen: Vandenhoeck & Ruprecht.
Weinhold, Swantje (2006): *Schriftspracherwerb empirisch. Konzepte, Diagnostik, Entwicklung.* Baltmannsweiler: Schneider Hohengehren.

Udo Ohm
Literater Sprachausbau als konstitutives Moment fachlichen Lernens und beruflichen Handelns im Übergang Schule-Beruf

1 Einleitung: Warum es hier nicht (nur) um Schreibkompetenz geht

Das Klagen über mangelnde Schreibkompetenz bei Auszubildenden ist nicht neu. Vielfach ist dabei eine Fokussierung auf skribale Fähigkeiten oder zumindest auf die formale Seite des Schreibens zu beobachten. Nicht nur in der Berufsschule, sondern auch im Betrieb wird bemängelt, dass Auszubildende über nur geringe skribale Kompetenzen verfügen („Ich bin schon froh, wenn die ihren Namen schreiben können."). Da erscheint es beinahe folgerichtig, dass sich Lehrkräfte und Ausbilder beim Schreiben in einem häufig rein formalen Sinne auf die mangelhafte Rechtschreibung und die Interpunktion fokussieren (vgl. Efing 2006). Dem Ergebnis einer Befragung von Handwerksmeistern zufolge „[steht] Rechtschreibung [...] für Schreiben überhaupt" (Knapp, Pfaff & Werner 2008: 199). Mit der Fokussierung auf die skribalen Fähigkeiten wird Schreiben auf die materielle bzw. mediale Ebene reduziert (zu *skribal* im Unterschied zu *oral* Maas 2006: 2149f.). Dabei rückt in den Hintergrund, dass jenseits skribaler Fähigkeiten mit dem Schreiben konzeptionelle Anforderungen verbunden sind und dass der jeweilige Gebrauch schriftsprachlicher Mittel spezifische Funktionen erfüllt.

Im vorliegenden Beitrag wird die Auffassung vertreten, dass die von Berufsschülern und Auszubildenden im Übergang Schule-Beruf erwartete fachliche Entwicklung untrennbar mit einer sich weiter ausdifferenzierenden sprachlichen Entwicklung verbunden ist, die im Folgenden anhand des für die Soziokulturelle Theorie zentralen Begriffs der Internalisierung umrissen wird (2). In der Fluchtlinie dieser Entwicklung steht der literate Sprachausbau, der in einer ersten Annäherung als Fähigkeit zum symbolischen Gebrauch von Sprache zur Erschließung kognitiver Räume, d. h. von (fachlichen) Wissens- und Denkstrukturen, definiert werden soll (3). Dabei wird ein Raster syntaktischer Ausbauformen vorgestellt, das bei der Analyse von zwei Schreibproben von Schülerinnen aus dem Übergang Schule-Beruf zum Einsatz kommt (4). Es wird aufgezeigt, dass der jeweilige Stand des literaten Sprachausbaus im engen Zusammenhang mit der fachlichen Handlungskompetenz der Lernenden steht. Der Beitrag schließt mit einer Diskussion der Ergebnisse mit Blick auf Besonderheiten der literaten Entwicklung unter den Bedingungen von Zwei- bzw. Mehrsprachigkeit (5).

2 Sprachliche Entwicklung als Internalisierung

Unter Berufung auf die Soziokulturelle Theorie der Sprachentwicklung gehe ich im vorliegenden Beitrag davon aus, dass Sprachlernen wie jedes Lernen als Reorganisation des Wechselverhältnisses zwischen dem lernenden Individuum und seiner Umwelt zu verstehen ist (Ohm 2015). In sozialer Interaktion eignet sich das lernende Individuum kulturelle Artefakte (gesprochene und geschriebene Sprache, andere Symbolsysteme, Begriffe und Theorien etc.) an, die sodann eine psychologische Funktion übernehmen (vgl. Lantolf & Thorne 2007: 207) und dem Individuum eine sich zunehmend ausdifferenzierende Kontrolle über seine angeborene physische und mentale Ausstattung ermöglichen. Eine Darstellung des Prozesses der Internalisierung muss somit berücksichtigen, dass die Funktionen kultureller und damit auch sprachlicher Artefakte zum einen auf der intermentalen (2.1) und zum anderen auf der intramentalen (2.2) Ebene in Erscheinung treten.[1]

2.1 Die intermentale Ebene: Aneignung von Strukturzuweisungen in sozialer Interaktion

Die Fähigkeit des Menschen zum Erwerb von Sprache ist in seiner biologischen Ausstattung angelegt. Diese von allen Spracherwerbstheorien angenommene physiologische Voraussetzung für Spracherwerb muss um das häufig übersehene, für den Erwerbsprozess aber grundlegende angeborene Bedürfnis ergänzt werden, „diese Ausstattung zu nutzen" (Maas 2008: 277). Das von Maas in

---

1 Vgl. hierzu das von Vygotskij (1992: 236) mit Bezug auf die kindliche Entwicklung formulierte „genetische Grundgesetz der kulturellen Entwicklung": „Jede Funktion tritt in der kulturellen Entwicklung des Kindes zweimal, nämlich auf zwei Ebenen, in Erscheinung – zunächst auf der gesellschaftlichen, dann auf der psychischen Ebene (also zunächst zwischenmenschlich als interpsychische, dann innerhalb des Kindes als intrapsychische Kategorie)."

diesem Sinne als „Vitalität"[2] bezeichnete angeborene Betätigungsbedürfnis ist grundlegend für das im Beitrag vertretene Konzept der Sprachentwicklung: Sprachliche Entwicklung besteht in der Ausdifferenzierung der in der biologischen Ausstattung angelegten Fähigkeit zum Erwerb und Gebrauch von Sprache und findet in dem Maße statt, wie diese Ausstattung genutzt wird. Die Nutzung der biologischen Ausstattung erfolgt dabei zunächst unstrukturiert und überschießend. So sind die frühen kleinkindlichen Äußerungen ursprünglich lediglich Produkte des Bedürfnisses, den Stimmapparat zu betätigen, weshalb zwischen der motorischen Aktivität und der damit verbundenen Erschließung der Potenziale des Artikulationsapparats und der Aneignung sprachlicher Formen unterschieden werden muss (Maas 2008: 277f.). „Kommunikativ" – so Butzkamm & Butzkamm (2008: 68) – würden die absichtslosen, spielerischen Lautungen des Kindes erst dadurch, dass Eltern so täten, „als ob ihnen ihr Kind damit etwas sagen wollte".

Das seinem Betätigungsbedürfnis nachgehende Individuum ist somit auf „Strukturierungshilfe" aus seiner Umgebung angewiesen. Maas (2008: 278) zufolge werden beispielsweise die reduplizierenden Silbenfolgen *mama* und *papa* für das „silbenplappernde" Kleinkind zu sprachlichen Formen, wenn die Eltern sich von ihnen angesprochen fühlen und entsprechend auf sie reagieren. Der Aneignungsprozess bestehe darin, dass das Kind das, was es körperlich produziert, unter kognitive Kontrolle bringt. Dies geschehe „durch die Verinnerlichung der Reaktionsweisen der Anderen, also der Übernahme der zunächst sozial gegebenen Kontrolle der eigenen Aktivitäten", wobei von den körperlichen Produktionen „Muster abgezogen [werden], nach denen sich solche Aktivitäten reproduzieren lassen". Dieses Grundmuster der Internalisierung lässt sich auch für komplexere sprachliche Strukturen ansetzen. So tritt bei einem Kind etwa ab dem neunten Monat die Fähigkeit hervor, die Aufmerksamkeit von Bezugspersonen auf Gegenstände und Ereignisse der Umgebung zu lenken (*Ball, da*). Bezugspersonen interpretieren diese zunächst holistischen frühkindlichen Äußerungen und kontrollieren das sprachliche Verhalten, indem sie differenzierende Strukturzuweisungen vornehmen (*Du willst den Ball haben?*). Dadurch ist es dem Kind

---

2 Hier muss selbstkritisch angemerkt werden, dass ein wie auch immer gearteter Vitalismus die Gefahr des traditionellen Kompromisses nach sich zieht, bei dem die unbelebte Natur mechanistisch erklärt, dem organischen Leben aber eine besondere Lebenskraft zugerechnet wird. Whitehead (1925/1967: 79) hat darauf hingewiesen, dass dieser Kompromiss unbefriedigend ist und auf einem verengten Organismusbegriff basiert. Diese Problematik ist m.E. von grundlegender Bedeutung für den hier vertretenen Ansatz der Zweitspracherwerbs- bzw. Sprachentwicklungsforschung. Eine eingehende Auseinandersetzung muss aber einer zukünftigen Veröffentlichung vorbehalten bleiben.

möglich, die zugewiesenen Strukturen mit Blick auf ihre kontrollierende Funktion bzw. Bedeutung zu internalisieren und mit ihnen die nachfolgenden Interaktionen mit seiner Umgebung präziser und differenzierter zu steuern (*Ball haben, will haben*).

Um das zweite Lebensjahr herum beginnen Kinder sprachliche Strukturen zu internalisieren, mit denen sie auf Dinge und Ereignisse Bezug nehmen können, die räumlich oder zeitlich aktuell nicht erreichbar sind (*Mama! Ich will morgen auf den Spielplatz.*). Mit der kognitiven Kontrolle über sprachliche Ressourcen wie Temporal- und Lokaladverbialien erwerben Kinder demnach die Fähigkeit, den Kommunikationsraum über die unmittelbare Situation hinaus zu erweitern. Neben der Autonomie der Äußerungssituation gegenüber entwickelt sich durch die zunehmende Kontrolle über sprachliche Ressourcen aber auch die Autonomie anderen Personen gegenüber. So ermöglicht der Erwerb von Personalpronomen in Verbindung mit modalisierenden sprachlichen Mitteln die Artikulation von Bedürfnissen, Wünschen, Ansprüchen etc. (*Ich will ...*; *„Darf ich ...?*; *Du sollst aber ...*). Die Leistung von Sprache lässt sich somit nicht auf ihre kommunikative Funktion in der Situation unmittelbaren Handelns reduzieren. Sprache erlaubt es auch, „die Bedingungen des Handelns zu repräsentieren und damit das explizit zu machen, was im Handeln sonst implizit vorausgesetzt wird" (Maas 2008: 269). Bereits einfache Formulierungen von Wünschen und Ansprüchen können in dieser Hinsicht komplexe Repräsentationen der Bedingungen von Handlungen enthalten. Beispiel: „Wenn ich gleich nach der Schule meine Hausaufgaben mache, darf ich mit Dieter Playstation spielen. Ja, Mama?". Das Kind formuliert eine Bedingung (*Wenn ich gleich nach der Schule ...*), deren Erfüllung es aus seiner Sicht zulassen würde (Modalverb *dürfen*), dass ihm die von ihm gewünschte, in der Zukunft liegende Handlung zugestanden wird. Die Äußerungen des Kindes beziehen sich nicht auf Handeln, das unmittelbar in der Situation abläuft und das kommunikativ artikuliert wird (*Ich bin mit den Hausaufgaben fertig. Ich gehe jetzt zu Dieter.*). Vielmehr findet das statt, was Maas (2008: 267) „kognitive Artikulation" nennt: Das Kind nutzt formale Strukturen von Sprache zur Repräsentation eines Sachverhalts, der dadurch kognitiv verfügbar gemacht wird und damit Gegenstand von Reflexion und Argumentation werden kann. In diesem Kontext muss das Schreiben, genauer gesagt: die Nutzung von Schriftsprache gesehen werden. „[D]ie Schrift [ermöglicht] eine weitere Stufe der kognitiven Entfaltung, über die Grundfunktion der Symbolisierung hinaus" (Maas 2008: 330). Hierauf werde ich in 3.2 zurückkommen.

2.2 Die intramentale Ebene: Emergenz von Form-Bedeutungsassoziationen im lernersprachlichen System

Um zu klären, wie sprachliche Strukturen im Prozess der Internalisierung im lernersprachlichen System „in Erscheinung treten", bedarf es einer kognitiven Modellierung.[3] Besonders gut anschlussfähig an den oben umrissenen Ansatz der Strukturzuweisungen scheint die von Nick C. Ellis entwickelte Associative-Cognitive-CREED-Theory (ACCT) zu sein. Hier wird angenommen, dass Spracherwerb durch allgemeine Gesetze des Lernens, die sowohl assoziativen[4] als auch kognitiven Charakter haben, gesteuert wird (Ellis 2007: 77). Als grundlegende Einheiten sprachlicher Repräsentation betrachtet Ellis sog. *constructions* (2007: 78). Hierbei handelt es sich um in einer Sprachgemeinschaft[5] (*speech community*) konventionalisierte Form-Bedeutungsverbindungen (*mappings*), die als Sprachwissen im Geist (*mind*) des Lerners verankert (*entrenched*) sind. Sie sind in dem Sinne symbolisch, als die sie definierenden sprachlichen Formen jeweils mit bestimmten Bedeutungen bzw. Funktionen verbunden sind. Ausgehend von gebrauchsbasierten Ansätzen der Sprachentwicklung (vgl. etwa Tomasello 2003) vertritt ACCT die Annahme, dass solche *constructions* oder Form-Bedeutungsverbindungen durch Beteiligung an Kommunikation erworben werden. Die kreative sprachliche Kompetenz des lernenden Individuums emergiert laut Ellis durch die Kombination des assoziativen mit dem kognitiven Charakter des Spracherwerbs, d. h. auf folgender Grundlage: „the memories of all of the utterances encountered in communicative situations, and the induction of regularities in those utterances based on frequency" (Ellis 2007: 78).

---

3 Soziokulturelle Ansätze haben die Bearbeitung dieser Frage bisher vernachlässigt. Zuweilen wird argumentiert, dass die Genese des Gebrauchs sprachlicher Mittel und das dabei beobachtbare Thematisch-Werden sprachlicher Funktionen der im Gang befindliche Sprachlernprozess sei (z.B. Swain, Kinnear & Steinman 2011: 41). Ich halte den damit verbundenen Perspektivwechsel auf die intermentale Ebene für wichtig, sehe aber gleichzeitig die Gefahr, dass nun die intramentale Ebene zu kurz kommt.
4 Die Wechselwirkung zwischen intermentaler und intramentaler Ebene der Internalisierung hatte bereits Vygotskij in den Blick genommen, indem er ausgehend von Pavlovs Konzept des bedingten Reflexes die Theorie entwickelte, dass Zeichen vom Menschen künstlich geschaffene Reize sind, die als „Mittel der psychischen Kommunikation [...] dazu bestimmt sind, auf das Verhalten einzuwirken und neue bedingte Verbindungen im Gehirn des Menschen herzustellen" (1992: 140).
5 M. E. müsste hier eigentlich mit „Gemeinschaft gemeinsamer sprachlicher Praxis" übersetzt werden. Dieser Begriff erscheint mir aber zu sperrig.

Der assoziative Charakter des Lernens zeigt sich demnach darin, dass die für menschliche Kognition relevanten Umgebungen grundlegend probabilistisch sind. So kann die Lautfolge ['ha:bn̩] je nach Äußerungssituation sehr unterschiedliche Funktionen haben (z. B. als Vollverb Verfügung über ein Objekt anzeigen: „Ja, du willst den Ball haben"; als Hilfsverb bei der Konstruktion des Tempus Perfekt und bei der Artikulation der Perspektive der Rückschau auf ein Ereignis: „Ja, das ist der Ball, den Oma und Opa dir geschenkt haben"; Weinrich 2003: 127f., 223). Der Gebrauch in einer kommunikativen Situation legt jedoch eine Funktion fest und bietet als Strukturzuweisung eine Form-Bedeutungs-Abbildung an. Dadurch, dass Lernende an einer Reihe weiterer Situationen beteiligt sind, in denen die Lautfolge ['ha:bn̩] in ähnlichen Funktionen gebraucht wird, wird das Wahrnehmungssystem darauf „getunt" (z. B. Ellis 2007: 78), den je spezifischen Gebrauch in den jeweiligen Situationen und sprachlichen Kontexten als wahrscheinlich zu erwarten. Für den Gegenstand des literaten Sprachausbaus ist dabei wesentlich, dass auch produktive Muster und komplexe Regeln erworben werden können. Hier zeigt sich der kognitive Charakter des Sprachlernens: Anknüpfend an gebrauchsbasierte Theorien des Spracherwerbs geht ACCT davon aus, dass der Erwerb produktiver Muster (z. B. Guten + [Tageszeit] → *Guten Morgen, Guten Tag, Guten Abend*) und anderer Regularitäten (z. B. dass ein finiter Satz bestimmte Konstituenten verlangt, aber auch, dass diese Konstituenten propositional ausgebaut werden können: „Karin sieht das Auto." → „Karin sieht, dass Paul im Auto sitzt.") exemplarbasiert erfolgt, wobei diese Generalisierungen durch frequenzbasierte Abstraktion von ähnlichen Konstruktionen erschlossen werden (*Karin glaubt/hofft/befürchtet, dass Paul im Auto sitzt* → [Mensch] *glaubt/hofft/befürchtet, dass* [Mensch] *im Auto sitzt* etc.).

3 Literater Sprachausbau im Übergang Schule-Beruf

In den folgenden Abschnitten wird das Spektrum sprachlicher Anforderungen in Ausbildung und Beruf umrissen und mit den von Maas (2008: 329–388; 2010) eingeführten Begriffen *orat* und *literat* beschrieben (3.1). Anschließend wird der Satz als Fluchtpunkt des literaten Sprachausbaus behandelt (3.2) und ein Ausschnitt aus einem Skalierungsvorschlag für den literaten Ausbau von Sätzen aus Maas (2010) für die Analyse der Schreibproben im nachfolgenden Kapitel vorgestellt (3.3).

3.1 Sprachgebrauch in Ausbildung und Beruf: orate vs. literate Strukturen

Orate Strukturen werden i. d. R. zu kommunikativen Zwecken eingesetzt. Der Sprachgebrauch ist an Kontexte unmittelbaren Handelns gebunden und vollzieht sich in Orientierung auf einen konkreten Anderen, dessen Reaktionen in die Planung und Durchführung von Handlungen und begleitenden sprachlichen Äußerungen einbezogen werden. Die Kommunikation findet normalerweise im Medium gesprochener Sprache statt und ist daher meist flüchtig. Ein typisches Beispiel ist das handlungsbegleitende Sprechen eines Mitarbeiters, der einen Kollegen in die Bedienung einer Maschine einweist. Dabei lenkt der Einweiser die Aufmerksamkeit des Einzuweisenden auf Bedienungselemente und Werkstücke, die bei den jeweiligen Arbeitsschritten bedient bzw. bestückt oder entnommen werden müssen. Der Einzuweisende wiederum kann seinerseits die gemeinsame Aufmerksamkeit auf Phasen des Arbeitsablaufs, auf Bedienelemente und Werkstücke lenken, um Nicht-Verstehen zu signalisieren, Verständnis zu sichern etc. Dinge und Ereignisse werden hier also gesehen, wie sie sich aus der Perspektive der jeweiligen Interaktionspartner darstellen.

Literate Strukturen werden für darstellende Zwecke verwendet. Der Sprachgebrauch ist nicht an einen Kontext unmittelbaren Handelns gebunden, sondern in allgemeiner Weise auf Sachverhalte und Fachwissen bezogen und dabei auf einen generalisierten Anderen abgestellt, der keine konkret wahrnehmbaren Eigenschaften hat. Literate Sprachverwendung erfolgt typischerweise medial schriftlich (Fachbücher, Gerätebeschreibungen, Sicherheitsbestimmungen, Geschäftsbriefe etc.), nicht selten kommen im beruflichen Alltag aber auch an Schriftsprache orientierte mündliche Formen der Sprachverwendung bzw. Kombinationen von medial mündlichem und schriftlichem Sprachgebrauch vor (z. B. Präsentationen mit Handout bzw. Powerpoint in Dienstbesprechung). Literate Strukturen erlauben Informationsverdichtung und ermöglichen dadurch die Beschreibung und Erklärung komplexer Zusammenhänge sowie die Durchführung von Planungsaktivitäten.

3.2 Sprachausbau: Der Satz als Fluchtpunkt literater Entwicklung

Kennzeichnend für den literaten Sprachgebrauch ist die Beherrschung von Strukturen zweiter Ordnung, die der Kontrolle sprachlicher Strukturmuster dienen und keine referentielle Funktion haben. Dies wird u. a. über Funktionswörter, die gewissermaßen „das formale Gerüst einer grammatisch artikulierten Äußerung bilden"

(Maas 2008: 299), im Deutschen aber häufig auch über Variationen in der Wort- und Satzgliedstellung geleistet. Die Beherrschung solcher Strukturen bildet die entscheidende Schwelle für die effektive Erschließung der Potenziale von Sprache und ist Voraussetzung für die Nutzung von Sprache für kognitiv komplexe Aufgaben. Mit Bühler – auf den auch Maas sich beruft – kann man sagen, dass sich die Entwicklung vom oraten zum literaten Sprachgebrauch als „der Übergang vom wesentlich empraktischen Sprechen zu weitgehend synsemantisch selbständigen (selbstversorgten) Sprachprodukten" darstellt (Bühler 1934/1999: 367). Als Fluchtpunkt der literaten Entwicklung kann daher die Fähigkeit zur Kontrolle satzförmiger Sprachprodukte betrachtet werden, da diese im Sinne grammatischer Finitheit als Basiseinheit eines selbstversorgten Sprachprodukts gelten können.

Blickt man auf die weiter oben angeführten Beispiele zur Sprachaneignung zurück, so wird allerdings deutlich, dass Finitheit, wenn man sie etwa im Sinne der Hörmannschen Sinnkonstanz versteht (Hörmann 1978: 179–212), nicht nur eine morphologisch-syntaktische, sondern auch eine semantisch-pragmatische Dimension hat. Äußerungen von Kleinkindern mögen grammatisch infinit sein, für das Kind sind sie semantisch finit, d. h. pragmatisch vollständig. Einwortäußerungen sind daher keine Ellipsen, sondern vollständige Äußerungen, denen in einer sozialen Situation durch die Interpretation – zunächst von den Bezugspersonen – Sinn unterstellt und zugeschrieben wird. Wie in Abschnitt 2 umrissen, besteht der Sprachlernprozess darin, dass sich das sprachlernende Kind die von den Bezugspersonen in Reaktion auf seine Äußerungen vorgenommenen und die Situation kontrollierenden Strukturzuweisungen (*da* ← *Du willst den Ball haben*) aneignet. Dies ist Voraussetzung dafür, dass in seinem lernersprachlichen System Strukturmuster emergieren, die es ihm erlauben, seinerseits das Symbolfeld in nachfolgenden Äußerungssituationen differenzierter zu artikulieren. Mit der damit einhergehenden Erweiterung seiner Fähigkeit zur Kontrolle solcher Äußerungssituationen erschließt es sich zugleich weitere Räume autonomen Verhaltens (*Ball haben → Auto haben, Stock haben, Eis haben ... (X) haben*).

Mit der Internalisierung der für den literaten Sprachausbau konstitutiven satzförmigen Strukturmuster werden die soeben angedeuteten Potenziale von Sprache maximal verfügbar:

> In der [...] Fluchtlinie der Sprachentwicklung ist der literate Ausbau der Ressourcen nichts anderes als die Weiterführung der vitalen Ausübung der biologischen Potentiale, als Erschließen von weiteren Räumen autonomen Verhaltens: Literate Strukturen machen Äußerungen maximal unabhängig von fremdbestimmter (bzw. kontextabhängiger) Deutung. (Maas 2008: 332)

Dabei kommt dem Satz als Basiseinheit eines selbstversorgten Sprachprodukts im Laufe der schulischen und beruflichen Bildung im Sinne eines Fluchtpunkts der literaten Entwicklung eine auch fachlich immer bedeutendere Rolle zu. Zentrale Merkmale des literaten Ausbaus in das formelle Sprachregister sind z. B.:

(i) Situationsentbindung: Da verallgemeinernd auf berufliche Handlungssituationen Bezug genommen wird, müssen die Rahmenbedingungen von Prozessen und Handlungen sprachlich expliziert werden (Ohm 2014: 15f.). Hierzu werden vorzugsweise Adverbialien verwendet (z. B.: „Werden Handschuhe über längere Zeit und *bei unterschiedlichen Tätigkeiten* getragen, so werden diese *nach jeder Tätigkeit* ebenso desinfiziert, wie *bei der hygienischen Händedesinfektion* beschrieben.").

(ii) Informationsverdichtung: Insbesondere durch den Gebrauch erweiterter Partizipialattribute (Ohm, Kuhn & Funk 2007: 49–51) können mehrere Propositionen (Aussagen), für die im informellen, handlungsbegleitenden Sprachgebrauch i. d. R. jeweils separate Äußerungen verwendet würden, in einen Satz integriert werden (Äußerungen: *die Stoßionisation ruft einen Stromfluss hervor – der steigt rasch an – wir müssen ihn begrenzen*. Satz im Fachbuch: *Der durch die Stoßionisation hervorgerufene rasch ansteigende Stromfluss muss begrenzt werden*.).

3.3 Literater Ausbau von Sätzen: Ein Skalierungsvorschlag

Für die Analyse von Schreibproben in Abschnitt 4 wird nun ein Ausschnitt aus einem Skalierungsvorschlag für den literaten Ausbau syntaktischer Strukturen von Maas (2010: 78–91) vorgestellt. Dabei wird angenommen, dass die sprachliche Komplexität und damit der Aufwand für die kognitive Verarbeitung auf der vierstufigen Skala des syntaktischen Ausbaus zunehmen. Grundlegend ist der Begriff des *Nexus*, der die Integration syntaktischer Strukturen mit Blick auf das von einem Prädikat aufgespannte Feld von Abhängigkeiten bezeichnet, und der Begriff der *Junktion*, der die deskriptive Anreicherung im Sinne einer Informationsverdichtung bezeichnet. Der Nexus kann durch syntaktische Elemente ausgebaut werden, die vom Prädikat abhängig sind. Maas spricht hier von „propositionalen Ausbauformen" oder „Adjunkten". Typische Beispiele sind die o. g. Adverbialien: *Paul trinkt eine Cola.* (Basisstruktur des Nexus) → *Jeden Mittag/In der Mensa trinkt Paul eine Cola.* (Ausbau durch Temporal- bzw. Lokaladverbiale). Wenn die Elemente des Nexusfeldes selbst propositional ausgebaut werden, entstehen komplexe Propositionen oder Satzgefüge: *Der Mann gefällt Karin.* (Basisstruktur) → *Karin gefällt, dass Paul ihr die Tür aufhält.* (Ausbau des Subjekts); *Karin sieht das Auto.* → *Karin glaubt, dass Paul im Auto sitzt.* (Ausbau des Objekts). Die Annahme ist, dass der Ausbau eines Elements des Nexusfeldes eine literatere Struktur als der Ausbau des Nexus durch ein Adjunkt ist.

Deskriptive Anreicherung durch Junktionen bezeichnen Ausbauformen, die keine Abhängigkeiten vom Prädikat aufweisen (Maas 2010: 86) und literater sind als die eben dargestellten Ausbauformen des Nexus. Hierunter fallen alle Formen der Koordination (*Paul geht ins Kino und Eva auch.*), aber auch der Gebrauch lokaler Verweiselemente (*Sie bekamen Beispieltexte und übten damit das Passiv.*). In beiden Fällen wird durch die Integration von Propositionen eine Informationsverdichtung erreicht. Eine weitere Steigerung des literaten Ausbaus wird durch die Einführung sekundärer Prädikationen erreicht, die keine oder lediglich eine schwache Abhängigkeit vom Prädikat kennzeichnet. Vollkommen unabhängig vom Prädikat sind hier sekundäre Prädikationen, die als Attribut fungieren. Sie bauen eine nominale Konstituente aus (*Der belesene Paul liest ein Buch.* → primäre Prädikation: *Paul liest ein Buch.*; sekundäre Prädikation: *Paul ist belesen.*) und können selbst propositional ausgebaut werden (*Paul liest das von Eva empfohlene Buch.* bzw. *Paul liest das Buch, das Eva empfohlen hat.* → primäre Prädikation: *Paul liest das Buch.*; sekundäre Prädikation: *Das Buch hat Eva empfohlen.*).

4 Literater Sprachausbau am Beispiel von Schreibproben

Bei der folgenden Analyse des literaten Sprachausbaus von Schreibproben zweier Schülerinnen aus dem Übergang Schule-Beruf wird der Fokus auf die Repräsentation grammatischer Strukturen mit den Mitteln von Orthographie und Interpunktion, die Integration und Anreicherung syntaktischer Elemente im Satz und Aspekte des damit verbundenen lexikalisch-semantischen Ausbaus gelegt. Zunächst werden die Probanden vorgestellt und die Aufgabenstellung wird umrissen (4.1). Anschließend werden Textausschnitte einer Teilaufgabe der Aufgabenstellung analysiert und kontrastiert, die auf eine berichtende Textsorte abzielte (4.2). Da eine detaillierte kontrastive Analyse dieser Schreibproben im Sinne des in 3.3 vorgestellten Skalierungsvorschlags für den vorliegenden Beitrag zu umfangreich wäre, werden zunächst nur die wesentlichen Aspekte zusammenfassend gegenübergestellt. Anschließend wird aus beiden Schreibproben jeweils der Ausschnitt einer detaillierten kontrastiven Analyse unterzogen, mit dem die Probanden die morgendliche Besprechung als zentrales Ereignis im Tagesablauf der Produktionsschule artikulieren. Damit soll exemplarisch und vertiefend der konstitutive Zusammenhang zwischen der Beherrschung literater Strukturmuster und der Fähigkeit, Sachverhalte für einen Leser kognitiv verfügbar zu machen, aufgezeigt werden.

4.1 Probanden und Schreibaufgabe

Die Probandinnen Reyda und Nalisa gingen zum Zeitpunkt der Datenerhebung in eine Produktionsschule, die u. a. Jugendliche mit besonderem Förder- oder Hilfebedarf, noch nicht ausbildungsreife Jugendliche und Schulabbrecher aufnimmt. Jugendliche können an der Produktionsschule u. a. ihren Hauptschulabschluss machen, was auch die beiden Probandinnen beabsichtigten. Zentrales Merkmal einer Produktionsschule ist, dass Lernprozesse i. d. R. im Kontext von Produktionsprozessen stattfinden und unter annähernd realen betrieblichen Bedingungen ablaufen. Den Schülerinnen wurde eine Schreibaufgabe vorgelegt, in der sie aufgefordert wurden, in einem Brief an das Schulamt darzulegen, dass und warum sie in der Produktionsschule bleiben wollten. Um die Schreibaufgabe zu erleichtern, wurde sie in fünf Teilaufgaben zerlegt. Eine dieser Teilaufgaben forderte die Schülerinnen und Schüler zu einer exemplarischen Darstellung eines Arbeitstags auf und lautete wie folgt: „Berichte von einem typischen oder einem besonderen Arbeitstag mit all dem, was du an diesem Tag gemacht hast."

4.2 Kontrastive Analyse von zwei Schreibproben

(1) [i] ein Abeitstag was ich so alles gemacht
(2) hat [ii] es war Freita [iii] wir saßen all in treff
(3) raum wo all produktiunschüler, Azubi,
(4) und wir Prakdikinten, und die betruer/ni
(5) [iv] wir besprechen alle war wir machen
(6) [v] jeder krist auflate [vi] und freitgs Früstücken
(7) wir [vii] dann geht eine odr 2 Person einkaufen
(8) zum ~~früht frühs~~-früstuck [viii] danch
(9) früstücken wir zusamen gemeinsam
(10) [ix] und dan macht jeder seine aufgabe
(11) [x] ich hab am freitag Maht gelernt und
(12) hab ich für Herr <Nachname> kopiert
(13) [xi] danach hab ich eingangrechnung
(14) oder Ausgangsrechnung gemacht
(15) [xii] Posteingan habei ich auch gemacht
Schreibprobe 1: Reyda

Die Berichte der beiden Probandinnen zeigen bezüglich des Sprachausbaus deutliche Unterschiede. Da Reyda weder Interpunktion noch satzinitiale Anfangsmajuskeln verwendet, fehlt in ihrem Text (Schreibprobe 1) vollständig die Repräsentation der Satzstruktur. Diese muss vom Leser beim Lesen im Prozess der Dekodierung rekonstruiert werden. Die dabei hervortretenden syntaktischen Einheiten (mit römischen Ziffern nummeriert) enthalten in der Mehrzahl eine Information bzw. Proposition. Eine fehlende Repräsentation der Satzstruktur in Verbindung mit der Aneinanderreihung von einzelnen Propositionen deutet darauf hin, dass die Textproduktion sich noch stark an mündlichen Darstellungsformen orientiert, die nicht auf einer Abfolge von Sätzen, sondern von Äußerungen basieren. Reydas Bericht kann daher als eine Übergangsform betrachtet werden, die eher auf einer Verschriftung mündlicher Darstellungselemente als auf einer satzförmigen Textproduktion basiert. Das wird durch die Analyse des literaten Ausbaus der Sätze bestätigt: Literate Ausbauformen sind entweder nur rudimentär vorhanden (i. d. R. einfache adverbiale Adjunkte: *zum früstuck, am Freitag, freitgs, in treff raum*), werden nur unvollständig umgesetzt (Attribution mit einem Relativsatz in [iii] bricht ab; [xii] wird nicht in Koordination von [xi] integriert) oder sind lexikalisch-semantisch als orat einzustufen (propositionaler Ausbau von „alle" [= ‚gemeinsam'?] in [iv]).

(1) [i] Mein Tag an der Produktionsschule sieht
(2) so aus; [ii] Morgens ist Besprechung mit allen Schülern, Azubis,
(3) Praktikanten und den Lernbegleitungen. [iii] Danach gehen
(4) wir; das heißt eine Freundin und ich in unser Büro,
(5) [iv] wir bekommen Aufgaben und arbeiten und lernen
(6) damit.

Schreibprobe 1: Nalisa

In Nalisas Text (Schreibprobe 2) sind die Sätze durch Interpunktion bzw. satzinitiale Anfangsmajuskeln ausreichend repräsentiert, obwohl auch Fehler vorkommen. Auf lexikalisch-semantischer Ebene ist der Text von Nalisa deutlich literater als der von Reyda. Nur an einer Stelle kommt eine auffallend orate Sprachstruktur vor (*sieht so aus* statt *sieht folgendermaßen aus*). Im Unterschied zu Reyda, der dies trotz des Gebrauchs von Temporaladverbialien nicht gelingt, strukturiert Nalisa ihren Bericht, indem sie ihm eine temporale Darstellungsordnung (Gebrauch der Temporaladverbien *morgens, danach*) gibt und dabei durchgängig das Tempus Präsens verwendet. Besonders hervorzuheben ist, dass sich in Nalisas Text nicht nur einfache, den Nexus (den „nackten Satz") erweiternde propositionale Ausbauformen in Form von adverbialen Adjunkten, sondern auch solche Formen nachweisen lassen, mit deren Hilfe durch die Integration von Propositionen eine Informationsverdichtung erreicht wird. Dabei handelt es sich um zwei Koordinationen (*das heißt* [iii], *damit* [vi]) und eine Attribution (*mit allen X* [ii]).

Nach diesem überblicksartigen Vergleich soll mit der folgenden kontrastiven Analyse von zwei Ausschnitten aus den Schreibproben exemplarisch dargestellt werden, dass die deutlichen Unterschiede im literaten Ausbau der beiden Berichte als Unterschiede in der Fähigkeit zur Kontrolle der Rekonstruktion von Sachverhalten durch einen generalisierten Anderen (hier: durch einen Leser) zu verstehen sind. Für die Analyse wurden diejenigen Textabschnitte ausgewählt, mit denen die Schülerinnen auf die zu Beginn eines Arbeitstages in der Produktionsschule regelmäßig stattfindende Besprechung aller Lernenden mit den Lernbegleitern und Betreuern eingehen. Die Aufgabe bestand für beide Schülerinnen an der fraglichen Stelle kurz gesagt darin, dieses Ereignis als regelmäßigen Einstieg in einen Arbeitstag zeitlich zu verorten und seine institutionalisierte Funktion für die Gestaltung der täglichen Arbeitsabläufe und Lernaufgaben zu bestimmen.

Reyda benötigt für die Darstellung dieses Ereignisses drei satzförmige Informationseinheiten ([ii]-[iv]), die teilweise morphosyntaktisch unvollständig bzw. ambig sind. Mit [ii] situiert sie das Ereignis zeitlich, wobei allerdings erst im Verlauf des Berichts eindeutig klar wird, dass es sich um den Freitagvormittag handelt. In [iii] charakterisiert sie das Ereignis. Dies tut sie, indem sie den Ort benennt, an dem eine größere Zahl von Akteuren (*all*) zusammenkommt (*treff raum*), und darauf eingeht, was die Akteure tun. Das Verb *sitzen* ist dabei wenig spezifisch und erhält erst im Zusammenhang mit der Ortsbezeichnung *in treff raum* die intendierte Bedeutung, dass sich *alle* zu einer formalisierten Zusammenkunft versammeln. Bis zu diesem Punkt ist noch nicht klar, auf wen das Personalpronomen *wir* sich bezieht, d. h. wer die Akteure sind, die sich dort treffen. Diese Informationslücke wird mit der missglückten Attribution mit einem unvollständigen Relativsatz nachgeliefert. Erst in [iv] geht Reyda auf die Funktion des Treffens ein. Auch diese Aufgabe bewältigt sie, indem sie darstellt, was die Akteure tun (*wir besprechen ... war wir machen*).

Nalisa wählt für die entsprechende Darstellung einen Kopulasatz mit Prädikats-Adverb (vgl. Weinrich 2003: 119) und der Nominalisierung des Verbs *besprechen* als Subjekt ([ii]: *Morgens ist Besprechung*). Das Subjekt reichert sie deskriptiv an, indem sie es attributiert (*Besprechung mit allen Schülern, Azubis, Praktikanten und den Lernbegleitungen*) und dadurch eine sekundäre Prädikation integriert (*An der Besprechung sind alle Schüler ... beteiligt*). Damit integriert sie die drei Propositionen, für die Reyda drei einzelne, aufeinanderfolgende Konstrukte benötigte, in einen syntaktisch voll ausgebauten Satz.

Zwar lassen sich auch bei Reyda trotz des völligen Fehlens von Interpunktion und Majuskelgebrauch am Satzanfang syntaktisch finite Konstrukte rekonstruieren, aber diese Konstrukte werden nicht vollständig durch das Symbolfeld artikuliert (vgl. Maas 2010: 92) und sind daher keine „selbstversorgten Sprachprodukte" (Bühler). Es bleibt dem Leser überlassen, Artikulationslücken von Propositionen nachträglich zu schließen und die einzelnen Propositionen in ein semantisch finites, d. h. in ein in Übereinstimmung mit einem durch die übergeordnete Kommunikationssituation vorgegebenen Erwartungshorizont (berichtende Darstellung im Rahmen eines amtlichen Verfahrens) interpretierbares Szenario (vergangenes Ereignis), zu integrieren. Bei Nalisas Kopulasatz kann man hingegen von einem auch semantisch finiten Sprachprodukt sprechen: Mit Blick auf den durch die Kommunikationssituation aufgespannten Erwartungshorizont und die Funktion des Satzes im Darstellungsgang ihres Textes benennt sie ausreichend präzise den Zeitpunkt des Ereignisses (*morgens*), dessen Funktion (*Besprechung*) und die beteiligten Akteure (*mit allen Schülern* ...). Das gelingt ihr auch deshalb angemessener als Reyda, weil sie eine abstraktere, sachlich-informierende, auf die Logik des Tagesablaufs fokussierende Darstellung wählt und damit die grundlegenden Erwartungen an eine berichtende Textsorte erfüllt (z. B. Fix 2008: 97f.). Das lässt sich sehr gut an dem Gebrauch sprachlicher Mittel zur Charakterisierung der morgendlichen Zusammenkunft aufzeigen: Während Reyda für die Charakterisierung zwei Verben (*sitzen, besprechen*) sowie eine umgangssprachliche Benennung des Objekts, auf das sich die Tätigkeit richtet (*was wir machen*), in Verbindung mit der Bezeichnung des Versammlungsortes (*treff raum*) benötigt, charakterisiert Nalisa die Zusammenkunft, indem sie sie mit dem Fachwort *Besprechung* bezeichnet. Mit Blick auf den in der Aufgabenstellung genannten Leser (Mitarbeiter des Schulamts) ist dieser Gebrauch der Substantivierung adressatengerecht, weil er den bezeichneten Vorgang vergegenständlicht und zeitlich begrenzt (vgl. Eisenberg 2000: 268) und daher geeignet ist, das Konzept einer institutionalisierten Zusammenkunft von Akteuren aufzurufen.

5 Literater Sprachausbau unter Bedingungen von Mehrsprachigkeit

Vor dem Hintergrund der Überlegungen zum literaten Sprachausbau und zum Sprachaneignungsprozess auf der Basis von Strukturzuweisungen soll abschließend der Frage nachgegangen werden, was mögliche Spezifika der Entwicklung des Deutschen als Zweitsprache unter Bedingungen von Mehrsprachigkeit sein könnten. Im zweiten Kapitel wurde argumentiert, dass Sprachentwicklung in der Ausdifferenzierung der in der biologischen Ausstattung des menschlichen Organismus angelegten Fähigkeit zum Spracherwerb besteht. Im Rahmen dieser Ausdifferenzierung internalisiert der heranwachsende Mensch Form-Funktionsverbindungen, die ihm von seiner Umgebung – anfangs von Bezugspersonen, bald schon von weiteren Interaktionspartnern und im Laufe der Zeit, spätestens aber mit Schulbeginn, zunehmend auch von medial vermittelten generalisierten Anderen – zugewiesen werden. Über assoziative und kognitive Prozesse erschließt er dabei sprachliche Strukturen, die in seinem lernersprachlichen System emergieren und die er in Folge zur sprachlichen Kontrolle des eigenen Verhaltens und des Verhaltens anderer in kommunikativen und kognitiven Räumen einzusetzen in der Lage ist. Sprachentwicklung meint damit zunächst nicht die Entwicklung von Fähigkeiten in einer einzelnen Sprache, sondern die Aneignung und Ausdifferenzierung der sprachlichen Fähigkeiten eines Individuums insgesamt. Die Ausdifferenzierung sprachlicher Fähigkeiten kann sowohl einsprachig als auch mehrsprachig erfolgen. In beiden Fällen geht sie mit der Erschließung von Räumen sozialen Handelns einher, erfordert aber im ersten Fall lediglich eine Registerdifferenzierung in der Erstsprache, während im zweiten Fall die Ausdifferenzierung über die Aneignung mehrerer Sprachen und über häufig unterschiedlich ausgeprägte Registerdifferenzierungen in diesen Sprachen erfolgt. Dies ist auch bei Reyda der Fall. Die Schülerin ist türkischer Herkunft, aber in Deutschland geboren. In einem im Rahmen der Untersuchung eingesetzten Fragebogen macht sie folgende Angaben zur Verwendung des Türkischen und des Deutschen außerhalb der Schule: Mit ihrer Mutter und ihren Großeltern mütterlicherseits spricht sie Türkisch; mit ihrem Vater und ihren Großeltern väterlicherseits sowohl Türkisch als auch Deutsch; mit ihren besten Freunden sowohl Türkisch als auch Deutsch, wobei Türkisch häufiger zur Anwendung kommt; sie liest eine Jugendzeitschrift und Tierbücher auf Deutsch.

Der literate Sprachausbau baut auf dieser sich zunächst im Wesentlichen als orater Sprachausbau vollziehenden Sprachentwicklung auf. Die Frage ist nun, wie sich die Ausgangsposition von Kindern und Jugendlichen mit Zweitsprache Deutsch von der mit Erstsprache Deutsch vor dem Hintergrund des hier angerissenen soziokulturellen Modells der Sprachentwicklung unterscheidet. Zunächst muss festgehalten werden, dass die Angaben, die Reyda im Fragebogen zur Sprachverwendung macht, darauf hindeuten, dass die Schülerin nicht erst nach Abschluss der erstsprachlichen Entwicklung im Türkischen mit Deutsch in Kontakt gekommen ist. Man kann zumindest von einem frühen Erwerb der Zweitsprache, möglicherweise sogar von einem doppelten Erstspracherwerb im Türkischen und Deutschen ausgehen. Mit Blick auf den im vorliegenden Beitrag thematisierten literaten Sprachausbau stellt sich die Frage, ob Reyda in ihrer sprachbiographischen Entwicklung ausreichend Strukturzuweisungen im Deutschen erhalten hat, die ihr die Aneignung einer lernersprachlichen Basis für das „Booten" (vgl. z. B. Maas 2008: 263f.) literater Strukturen ermöglichen. Der Gebrauch der adverbialen Adjunkte und die in ihrem Text zumindest ansatzweise vorhandenen weiteren Ausbauformen legen dies zunächst nahe. Hier besteht jedoch die Gefahr, den Sprachausbau auf die Formseite zu verengen. Mit dem hier vertretenen soziokulturellen Ansatz der Sprachentwicklung wird hingegen hervorgehoben, dass sprachliche Strukturen immer in Verbindung mit Funktionen angeeignet werden (Internalisierung) und dass mit ihrer Artikulation diese Funktionen kontrolliert werden (Externalisierung). Hierzu ist Reyda aber offensichtlich nicht in der Lage: Wie oben diskutiert, gelingt es ihr nicht, adverbiale Adjunkte zur Etablierung einer für einen Bericht akzeptablen temporalen Darstellungsordnung zu nutzen. Darüber hinausgehende Ausbauformen werden von ihr nicht bzw. nicht adäquat eingesetzt: Es gelingt ihr nicht, die vielen Einzelpropositionen ihres Textes durch den Einsatz koordinierender und lokal verweisender sprachlicher Mittel stärker zu integrieren, und der attributive Ausbau nominaler Konstituenten mit sekundären Propositionen scheint gänzlich jenseits ihrer Fähigkeiten zu liegen. Stattdessen wendet sie ansatzweise sprachliche Formen an, die gemeinhin als anspruchsvoll und komplex gelten, die sich aber als wenig funktional erweisen (z. B. der misslungene Relativsatz in [iii]).

Vor dem Hintergrund des oben umrissenen sprachbiographischen Profils der Schülerin ist davon auszugehen, dass Reyda zwar früh mit Deutsch in Kontakt gekommen ist, Deutsch womöglich gar als eine zweite Erstsprache gelten kann, dass sie aber bis in den Übergang Schule-Beruf hinein nicht oder nicht hinreichend Gelegenheit hatte, sich den literaten Gebrauch des Deutschen anzueignen. Da sie noch nicht einmal in der Lage ist, die Satzstruktur ihres Textes zu kodieren, kann darüber hinaus angenommen werden, dass dies auch für das Türkische gilt. Reyda gehört damit zu der von Maas (2015: 20) beschriebenen großen Gruppe der Migranten der zweiten Generation, die nur im informellen, vom oraten Sprachgebrauch bestimmten Register zuhause ist. Das formelle Register, das von der literaten Artikulation von Sprache bestimmt wird, sei für diese Kinder und Jugendlichen „gewissermaßen abgeriegelt". Bei ihnen seien sowohl Erst- und Zweitsprache im informellen Register gut ausgebaut (vgl. Reydas Angaben zur Sprachverwendung), untereinander spielten sie ihre Zwei- und Mehrsprachigkeit auch im Codeswitchen aus, aber die Schwelle zum formellen Register, d. h. zur literaten Artikulation, sei für viele unüberwindlich.

Damit sind zwei wesentliche Aspekte der schriftsprachlichen Entwicklung angesprochen. Schriftlichkeit wird normalerweise in der Schule angeeignet und diese Aneignung ist auf die im vorliegenden Beitrag thematisierten literaten Strukturen orientiert, „die in der gelernten jeweiligen gesprochenen Sprache fundierbar sind" (Maas 2006: 2148). Aber Kinder kommen hinsichtlich der Fundierung dieser Aneignung bereits mit sehr unterschiedlichen Voraussetzungen in die Schule, denn der Sprachausbau in die literate Artikulation ist mit einer Dezentrierung des sprachlichen Handelns verbunden. Statt auf einen konkreten Anderen stellt die literate Artikulation auf einen generalisierten Anderen ab, „der keine interpretativen Prämissen mit einem Schreiber teilt außer den formalen Prämissen des Rückgriffs auf die fundierenden sprachlichen (Wissens-)Strukturen" (Maas 2006: 2148). Dies setzt eine kategoriale Haltung zur Schriftlichkeit voraus, „das heißt ein[en] analytische[n] Zugang, in dem die Annäherung an die Schriftsprache als eine Ausbauform der mündlichen Sprache möglich ist" (Schroeder 2007: 8). Im Sinne der Soziokulturellen Theorie ist Schriftlichkeit ein Artefakt, das angeeignet werden muss, um überhaupt einen Zugang zur literaten

Artikulation, d. h. zu Strukturen zweiter Ordnung, die der Kontrolle sprachlicher Strukturmuster dienen, zu erhalten. Auch die Aneignung der Funktion von Schriftsprache erfolgt durch Strukturzuweisungen, die mit der Verinnerlichung der Reaktionsweisen der Anderen einhergehen. Sie ist nicht unbedingt an eine bestimmte Sprache gebunden. Eine kategoriale Haltung zur Schriftlichkeit können Kinder sowohl in ihrer Erstsprache als auch in der Zweitsprache Deutsch durch direkte (z. B. beim Vorlesen) oder indirekte Beteiligung, etwa durch Beobachtung von Bezugspersonen (z. B. Eltern oder ältere Geschwister, die lesen oder schreiben), entwickeln. Erfahren Kinder die Relevanz von Schriftsprachlichkeit bzw. literaten Sprachgebrauchs nicht bereits vor der Schule, werden sie es dort schwer haben, die auf sie zukommenden schriftkulturellen Anforderungen zu meistern (vgl. hierzu auch Schleppegrell 2004: Kap. 2). Da das deutsche Schulsystem die kategoriale Haltung zur Schriftlichkeit bei seinen Schülerinnen und Schülern voraussetzt (vgl. Maas 2014: 138, Fn 17), überrascht es nicht, dass Schülerinnen wie Reyda während ihrer gesamten Schulzeit keinen Zugang zur literaten Artikulation finden und bei ihnen daher noch im Übergang Schule-Beruf grundlegende Probleme im Bereich der sog. Schreibkompetenz diagnostiziert werden.

6 Literatur

Bühler, Karl (1934/1999): *Sprachtheorie. Die Darstellungsfunktion der Sprache*. 3. Aufl. Stuttgart: Lucius und Lucius.

Butzkamm, Wolfgang & Butzkamm, Jürgen (2008): *Wie Kinder sprechen lernen. Kindliche Entwicklung und die Sprachlichkeit des Menschen*. 3., überarb. Aufl. Tübingen: Francke.

Efing, Christian (2006): „Viele sind nicht in der Lage, diese schwarzen Symbole da lebendig zu machen." – Befunde empirischer Erhebungen zur Sprachkompetenz hessischer Berufsschüler. In Efing, Christian & Janich, Nina (Hrsg.): *Förderung der berufsbezogenen Sprachkompetenz: Befunde und Perspektiven*. Paderborn: EUSL, 33–68.

Eisenberg, Peter (2000): *Grundriß der deutschen Grammatik*. Band 1: Das Wort. Stuttgart, Weimar: Metzler.

Ellis, Nick (2007): The Associative-Cognitive CREED. In Van Patten, Bill & Williams, Jessica (eds.): *Theories in Second Language Acquisition. An Introduction*. New York u. a.: Routledge, 77–95.

Fix, Martin (2008): *Texte schreiben. Schreibprozesse im Deutschunterricht*. 2. Aufl. Paderborn: Schöningh.

Hörmann, Hans (1978): *Meinen und Verstehen. Grundzüge einer psychologischen Semantik*. Frankfurt a. M.: Suhrkamp.

Knapp, Werner; Pfaff, Harald & Werner, Sybille (2008): Kompetenzen im Lesen und Schreiben von Hauptschülerinnen und Hauptschülern für die Ausbildung – eine Befragung von Handwerksmeistern. In Schlemmer, Elisabeth & Gerstberger, Herbert (Hrsg.): *Ausbil-*

dungsfähigkeit im Spannungsfeld zwischen Wissenschaft, Politik und Praxis. Wiesbaden: VS Verlag für Sozialwissenschaften, 191–205.

Lantolf, James P. & Thorne, Steven L. (2007): Sociocultural Theory and Second Language Learning. In VanPatten, Bill & Williams, Jessica (eds.): *Theories in Second Language Acquisition. An Introduction.* Mahwah, NJ: Lawrence Erlbaum, 201–224.

Maas, Utz (2008). *Sprache und Sprachen in der Migrationsgesellschaft.* Göttingen: V&R unipress mit Universitätsverlag Osnabrück.

Maas, Utz (2006): Der Übergang von Oralität zu Skribalität in soziolinguistischer Perspektive. In Ammon, Ulrich; Dittmar, Norbert; Mattheier, Klaus J. & Trudgill, Peter (Hrsg.): *Soziolinguistik. Ein internationales Handbuch.* 2., vollst. neu bearb. u. erw. Aufl. Berlin, New York: de Gruyter, Bd. 3/3: 2147–2170.

Maas, Utz (2010): Literat und orat. Grundbegriffe der Analyse geschriebener und gesprochener Sprache. *Grazer Linguistische Studien* (GLS) 73: 21–150.

Maas, Utz (2014): Sprachausbau unter Migrationsbedingungen. In Pott, Andreas; Bouras-Ostmann, Khatima; Hajji, Rahim & Moket, Soraya (Hrsg.): *Jenseits von Rif und Ruhr. 50 Jahre marokkanische Migration nach Deutschland.* Wiesbaden: Springer VS.

Maas, Utz (2015): Sprachausbau in der Zweitsprache. In Köpcke, Klaus-Michael & Ziegler, Arne (Hrsg.): *Deutsche Grammatik in Kontakt: Deutsch als Zweitsprache in Schule und Unterricht.* Berlin: de Gruyter, 1–23.

Ohm, Udo (2014): Ohne sprachliche Qualifizierung keine berufliche Qualifizierung. Zum konstitutiven Verhältnis zwischen der Aneignung von Fachwissen bzw. beruflicher Handlungskompetenz und Sprachentwicklung. *Deutsch als Zweitsprache* (1): 7–19.

Ohm, Udo (2015): Die Sprache der Anderen. *Magazin Sprache. Standpunkte zum Lernen und Lehren von Deutsch als Fremdsprache.* https://www.goethe.de/de/spr/mag/20495703.html *(14.01.2016).*

Ohm, Udo; Kuhn, Christina & Funk, Hermann (2007): *Sprachtraining für Fachunterricht und Beruf. Fachtexte knacken – mit Fachsprache arbeiten.* Münster u. a.: Waxmann.

Schleppegrell, Mary J. (2004): *The Language of Schooling. A Functional Linguistics Perspective.* Mahwah, NJ: Lawrence Erlbaum.

Schroeder, Christoph (2007): Integration und Sprache. *Aus Politik und Zeitgeschichte* (22/23): 6–12.

Swain, Merrill; Kinnear, Penny & Steinman, Linda (2011): *Sociocultural Theory in Second Language Education. An Introduction through Narratives.* Bristol: Multilingual Matters.

Tomasello, Michael (2003): *Constructing a Language. A Usage-Based Theory of Language Acquisition.* Cambridge: Harvard University Press.

Vygotskij, Lev Semënovič (1992): *Geschichte der höheren psychischen Funktionen.* Münster, Hamburg: Lit.

Weinrich, Harald (2003): *Textgrammatik der deutschen Sprache.* 2. rev. Aufl. Hildesheim: Georg Olms.

Whitehead, Alfred North (1925/1967): *Science and the Modern World. Lowell Lectures, 1925.* New York: The Free Press.

Register

academic literacy 33, 42, 47
ACCT, Associative-Cognitive-CREED-Theory (Ellis) 291
ästhetische Bildung 210f.
Alltagssprache, alltagssprachlich vii, 3, 5, 8, 10, 14, 16, 21f., 34, 37ff., 41, 43, 80, 137, 161, 202, 234, 238f., 241, 243, 253–267
Alltägliche Wissenschaftssprache (Ehlich) vi, 3, 5, 10, 37, 61
Alphabetisierung 276f.
Anfangsunterricht viii, 174, 188, 269–285
Argumentieren, Argumentation 7, 34, 119
Attribut, -ion/Attribuierung, attributiv 10, 13–15, 138f., 298f., 302
– Partizipialattribut 4, 14, 295f.
Bedeutung (meaning) 17, 19, 35, 37, 39f., 40, 44, 59, 87, 105, 128, 144, 155, 158, 160, 219, 222–224, 231–239, 240, 244f., 247f., 254, 272, 290, 291f., 299
– (er-)klären 224, 233, 248f.
– Bedeutungsaushandlung, Bedeutungen aushandeln 105, 158
– bedeutungsbezogen 231, 232–239, 242–245, 247–249
– Bedeutungserschließung, Bedeutungen erschließen 144, 219, 224, 241, 248
– Bedeutungskonstruktion, Bedeutungen konstruieren 237, 242, 244
Begründen, Begründung, begründet 38, 72, 103, 119, 127, 160, 215f., 220, 237
Beschreiben, Beschreibung, beschreibend 7, 34, 39, 46, 72, 100, 112, 114, 119, 143, 160, 209, 214–223, 237, 259, 293
– Bildbeschreibung 214
BICS, basic interpersonal communicative skills (Cummins) 3, 6, 37, 71, 128, 225, 271, 273
Bildwahrnehmen, Bilder wahrnehmen 215–219, 225
Bildungssprache, bildungssprachlich vf., 3, 5, 6f., 8, 10–22, 33–49, 53–56, 58, 60f., 71–73, 79, 82, 89f., 101, 127f., 178f., 185, 188f., 195, 202, 222, 225, 233, 240–242, 244, 253–255, 258, 262–265,
Bildungsstandards vii, 153f., 187, 195, 209f., 212f., 215f., 221, 253f., 259, 269, 271
– für das Fach Kunst 213, 215f.
Bilingualer Sachfachunterricht 188, 196
Bilingualer Unterricht 36, 42, 196
Biologie (-unterricht/Fach) 2, 4, 7, 10–15, 17, 19–21, 43, 114, 259
Brückensprache vii, 171–176, 180, 195
CALP, cognitive academic language proficiency (Cummins) 3, 6, 37, 71f., 128, 225, 271, 273
Chemie (-unterricht/Fach) 2, 103, 112f., 259
classroom language 3, 8
CLIL, content and language integrated learning 33–49, 188, 191, 196
Definieren, Definition 74, 100, 219, 222, 256, 261–264
Dekontextualisierung, dekontextualisiert 34, 272
Denkwortschatz 239, 242–245, 247
Deutsch als Zweitsprache, DaZ v, viif., 2, 5, 14, 16f., 69–97, 99–125, 126, 128, 142, 153, 172, 176, 185–207, 269, 271, 273; siehe auch *Zweitsprache (Deutsch)*
– DaZ-Förderung 173, 176, 169–183, 186, 199; siehe auch *Zweitsprachförderung*
Deutschdidaktik 128, 194, 199, 269–271
Deutschunterricht vif., 113, 117, 143, 153–155, 171, 188, 194, 197, 199f., 229, 269, 271f., 283
Diskurs, diskursiv 7, 34, 37, 40, 43f., 46f., 76, 78, 196, 225, 233, 245
– Diskursfunktion 7, 10f.
– Diskurskompetenz 229, 233
Durchgängigkeit, durchgängige sprachliche Bildung 6, 33, 47, 127f., 186, 195f., 202
Englisch (-unterricht/Fach) 44, 107, 134, 171, 189, 198, 201,
empirisch vf., 1–31, 42f., 47, 51f., 63, 77, 80f., 87, 100, 103, 112, 115, 120, 157, 174, 177, 189, 191, 195, 200, 217, 230, 238, 246, 274, 282,
Erklären, Erklärung 34, 112, 209, 293

Erstsprache 70–72, 75, 102, 106, 155, 173, 189, 199, 211, 270–276, 279, 301–303
– Erstspracherwerb 12, 14, 19, 21, 38, 151,
– Erstsprach(en)unterricht 155, 156
Fach, fachbezogen, fachlich v–viif, 1–31, 33–49, 69–97, 99–125, 128, 153, 157, 162, 169, 171, 174–178, 180, 182, 185–187, 190, 192f., 195, 201f., 209–211, 213–217, 220, 222, 224f., 229, 240, 248f., 254–265, 287f., 295
Fachdidaktik, fachdidaktisch v–viii, 47, 72, 76f., 120, 169–179, 186, 194, 253f., 258, 260, 264f.
(fach-)integrierte Sprachbildung v–viii, 210f., 214, 217f.–220, 224–226, 282,
Fachlernen, fachliches Lernen, Lernen im Fach v–viii, 5, 33, 47, 108–117, 186, 188, 196, 221, 225, 229, 240, 249, 280, 287–304
fachspezifisch 4, 12, 14, 117, 215, 225, 262, 281
Fachsprache/n, fachsprachlich vi, 3–8, 10, 12–14, 127, 144, 179, 186–188, 191, 202f., 224f., 229, 231, 233, 237–241, 244f., 247, 253, 255–259, 261, 263f.
fach-/fächerübergreifend, überfachlich 7, 34, 69, 74–76, 117, 199, 210, 216
Fachunterricht, fachunterrichtsbezogen, fachunterrichtlich v–viii, 1–31, 33–49, 69–97, 99–125, 153, 155, 162, 172, 177, 185f., 188, 192, 197, 211, 216, 218, 229, 257, 264,
– sprachsensibler 69–97, 172, 211
Fachwort, Fachbegriff, -ausdruck, -terminus 12, 13, 130, 175, 217, 219, 225, 230–232, 239f., 261, 264, 300
Fachvokabular vii
Fibel 278, 280
formalbezogen 229–267
Fremdsprachenunterricht vii, 82, 87, 158, 185–207
FörMig 71, 82, 128, 203
Formfokussierung, focus on form 87, 120, 177, 198, 200
Funktionale Linguistik (= Functional Systemic Linguistics: Halliday) 33–49
Gemeinsprache 3, 5, 8

Generisches Schreiben vi, 43, 45–47
Genre vii, 43, 45–47
Grammatische Metapher (Halliday) 37, 43f.
Grundschule 7, 15–17, 40, 45, 73, 127, 140f., 153, 159f., 201, 219, 253, 269, 272f.
Gymnasium 16, 73, 169, 171f., 176, 180–182, 216
Hamburg-Bamberger BiSpra-Liste 7, 15
Hamburger Schreibprobe 275
Hamburger Verständlichkeitskonzept 129, 132,
Herkunftssprache/n 1, 19, 61, 172, 175f., 185, 188, 190–192, 194, 200, 231, 276
Heterogenität 5, 70, 75, 79, 176, 213,
Inklusion, inklusiv 51, 63f., 175f., 225
Integriertes Sach-Sprachlernen 33–49
Interferenzen, Interferenzfehler 173, 273–277, 281f.
Kapital (kulturelles, sprachliches) (im Anschluss an Bourdieu) 34f., 47, 55f., 62, 194
Kerncurriculum 214, 216
kognitiv vi, 34, 35, 44, 47, 54, 65, 77, 99, 100f., 106f., 110, 115f., 129, 135, 236, 278f., 287, 289–292, 294–296, 300
– metakognitiv 99, 103, 110, 112, 115f., 199,
Kompetenz/en vi, vii, 1, 5, 10, 22, 38, 74, 76, 80, 90, 100, 117f., 121, 174, 186–188, 190, 192f., 209f., 212–226, 241, 257–259, 269–273, 280f.,
– bildungssprachliche vi, 6, 34–38, 46–48, 90, 101, 265
– interaktive, interaktionsbezogene vi, 69–97
– (lehr-)professionelle vi, 73f., 76, 78, 85, 87, 91, 274
– mehrsprachige 5, 195
– narrative 47
– sprachliche, Sprach(lern)kompetenz/en vi, vii, 1, 5f., 9, 16, 38, 69–72, 75–77, 79, 84f., 89–91, 100, 102–104, 106, 114, 116, 117, 120, 129, 145, 163, 171, 173–175, 186, 188, 192, 194f., 196–199, 201–203, 210f., 215f., 218–222, 224, 271f., 275, 282, 291,
– Bildkompetenz/en vii, 209–212, 215, 224–226

- Diskurskompetenz 229, 233
- Handlungskompetenz viii, 175, 178f., 187, 288
- Kompetenzbereich vi, 70, 75-77, 153f., 187, 199, 213f., 216, 229, 259
- Kompetenzmodell vi, 70, 75, 77, 79f., 89, 178, 187, 257f.,
- Lesekompetenz, Kompetenzbereich Lesen vi, 1, 74, 99, 216
- Schreibkompetenz, schriftsprachliche Kompetenzen 99-104, 106f., 117, 216, 271f., 277, 287, 303

Komposition, Kompositum/a (Grammatik) 13, 128, 130, 142-144

Komposition (bildnerische Gestaltung) 218-224

Kompositionseffekt 57-59

Konnektor/en 5, 10, 18-20

Kontexteffekt 57

kontextbezogen 231, 242-249

Kontrast, -ierung, kontrastiv 40, 192, 196, 254f., 270, 272-283, 296-300

Kontrastivhypothese 196

konzeptionelle Mündlichkeit, konzeptionell mündlich (Koch & Oesterreicher) 5, 6, 19, 225, 256, 258, 261, 262

konzeptionelle Schriftlichkeit, konzeptionell schriftlich (Koch & Oesterreicher) 3, 6, 9, 10, 18, 19, 71, 101, 109, 110, 118, 170, 172, 175, 179, 225, 258, 262

Kulturell-kognitives Werkzeug (Vygotsky) 35f.

Kulturelles Kapital (Bourdieu) 34f., 47, 55f., 62,

Kunstunterricht vii, 209-228

language awareness vii, 165, 197-202

language of schooling 3, 8

Latein (Unterricht/Fach) vii, 169-183, 190

Lehreraus-/-weiterbildung 7, 69, 73-75, 89

Lehrplan, -entwicklung 195, 213f., 253, 259
- Kernlehrplan 212
- Rahmenlehrplan 101, 174, 178, 182, 195, 202, 259

Lernervarietät 281

Lernmilieu 51-68

Lesedidaktik 76

Lesen vi, 38, 104, 110, 116, 129, 131, 132, 141, 143, 153-157, 182, 216, 222, 229, 244, 249, 270, 276, 278ff.-283

Lesen durch Schreiben (Reichen) 278-283

Literater Sprachausbau viii, 287-305

Literaturdidaktik, -didaktisch vif., 130, 154-157

Literaturunterricht vii, 151-168, 174f.

Mathematik (Unterricht/Fach), mathematisch vii, 6f., 9, 76, 78, 99, 114, 133, 232f., 236, 238, 241-245, 253, 265
- Mathematikunterricht vii, 76, 118, 229-251, 253, 261

medial 2, 10, 19, 21, 109, 110, 254, 287, 293, 300
- mündlich 10, 19, 254, 256
- schriftlich 2, 10, 19, 254, 293

Mehrsprachigkeit v, vii, 56, 61f., 70, 75-77, 79, 151f., 161f., 165, 170-172, 175, 179, 185, 190, 193-196, 199-202, 254, 272f., 283, 288, 300-303
- Mehrsprachigkeitsdidaktik 151, 155, 162, 193f., 202

Metapher, Metaphorik, metaphorisch 15, 43, 44, 128, 130, 142, 154f., 163
- grammatische (Halliday) 37, 43f.

Migrationsgesellschaft, migrationsgesellschaftlich 152, 157, 159, 160, 162

Monitor, Monitoren, Monitoring 84, 115, 176f., 179f., 196, 202
- Monitor-Hypothese (Krashen) 176

Mündlichkeit 5, 6, 10, 19, 79, 225, 256, 258, 261
- konzeptionelle, konzeptionell mündlich (Koch & Oesterreicher) 5, 6, 19, 225, 256, 258, 261, 262

Narratives Denken (Bruner) 41

narrative Kompetenz 47

Naturwissenschaft/en (Unterricht/Fach), naturwissenschaftlich 3, 42, 46f., 69, 73, 99, 112f., 119, 253f., 258f., 260, 265

Naturwissenschaftsdidaktik, -didaktisch 256, 258, 260

Nominalisierung 4, 37, 42, 43-45, 128, 258, 299

Nominalstil 256

Orthographieerwerb viii, 270, 272, 274-278

Operatoren vii, 179, 214f.

Partizipialattribut 4, 14, 295f.

Planungsvorgaben für den Kunstunterricht 214

Phonem 192, 273, 275f., 279
- phonematische Differenzierung 273, 278
Phonologisches System 273, 277
Physik (Unterricht/Fach) 2, 103, 113f., 253–267
- Physikdidaktik, -didaktisch vii, 119, 253–267
Präposition 143f., 160, 231f.
- Präpositionalphrase 155, 159
Primarstufe, Primarbereich vi, viii, 2, 16, 37, 39–41, 115, 132, 153
Produktion, produktiv vi, 19f., 34, 45, 55, 74, 100, 104–106, 111, 113, 119, 156, 160, 165, 177–179, 186, 215, 224f., 240f., 243, 245–249, 289, 292
- Sprachproduktion/en 17f., 22, 84, 135, 176f., 241, 247f.
- Textproduktion vi, 47, 100f., 113, 172, 179, 298
Rahmenlehrplan 101, 174, 178, 182, 195, 202, 259
Rechnen (Unterricht) 160, 235, 238
- Grundrechenarten 231
- Rechenweg, Rechenwege erläutern 233f., 236, 237f.
Reflexion, reflexiv 72, 108, 115f., 120, 152, 156, 159, 163, 166, 170, 173, 177, 179, 181, 215f., 290
- Sprachreflexion vii, 154, 161, 172, 200, 248
Register vf., 3, 7–10, 43, 55, 71, 82, 127, 141f., 144, 188, 202, 240–242, 244, 254–257, 264, 295, 301f.
Rezeption, rezeptiv 20, 34, 74, 100, 119, 135, 161, 165, 178f., 212, 215, 219, 224f., 239–241, 244–249
Sachfach 35, 43, 128, 186, 188, 196
Sachlernen 35f.
Sachtext vi, 41, 129–149
Satzbausteine 229, 231f., 239, 244–247
Scaffolding 42, 45, 74, 79, 88, 90f., 118, 211, 219, 222, 242
Schreiben vi, 99–125, 19, 34, 46, 99–125, 153f., 159, 162f., 216, 222, 229, 249, 270, 276, 278–280, 282, 287, 290, 303
- Freies 282
- Generisches vi, 43, 45–47
- Schreibdidaktik 114, 117f., 120

Schriftlichkeit 3, 9f., 34, 46f., 71, 79, 101, 109, 110, 118, 170, 172, 175, 179, 225, 258, 262, 302f.
- konzeptionelle, konzeptionell schriftlich (Koch & Oesterreicher) 3, 6, 9, 10, 18, 19, 34, 46f., 71, 101, 109, 110, 118, 170, 172, 175, 179, 225, 258, 262
Schriftspracherwerb viii, 39, 269–285
Schriftsystem/e 271, 277, 278
Schulsprache 3, 8, 34, 71
Segmentierung 273
Sekundarstufe, Sekundarschulbereich vi, 2, 14, 21, 37, 40f., 46f., 78, 102, 115, 140, 153, 174, 176, 216–218, 231, 241, 249
Semantisch kongruente bzw. inkongruente sprachliche Realisierung 37–45
Silbenanalytische Methode (nach Röber-Siekmeyer) 274, 280
Sprachbewusstheit 178, 186, 194, 196, 200, 203, 264, 277
Sprachbewusstsein 153, 172, 179, 283
Sprachbildung/sprachliche Bildung v, 51–68, 69–97, 99, 112, 117, 119, 127f., 169–183, 185–188, 192, 195–197, 202, 210–212, 214, 217, 219, 224, 231, 249, 264
- durchgängige 6, 33, 47, 127f., 186, 195f., 202
- (fach-)integrierte v, 210, 211, 214, 219, 224–226
Sprachdidaktik 119, 129f., 145, 154, 229, 232, 240
- Fremdsprachdidaktik 153, 158f.
- Zweitsprachdidaktik 151, 159
sprach(en)übergreifend 34, 177, 191, 196, 200f.
Sprachförderung, sprachliche Förderung v, 1, 7, 21, 48, 69–97, 101, 114, 172, 175f., 186–188, 190, 192, 199, 210, 216f., 225f., 269, 282
- Zweitsprachförderung/DaZ-Förderung 173, 176, 169–183, 186
Sprachreflexion vii, 154, 161, 172, 200, 248
Sprachschatz 145, 230f., 233f., 240, 242f., 245f., 248f.; siehe auch *Wortschatz*
- Sprachschatzarbeit 229–251; siehe auch *Wortschatzarbeit*
sprachsensibel vii, 1, 7, 22, 40, 47, 69–97, 114, 172–174, 176, 178, 209, 211

Sprachvergleich 155, 166, 172f., 177, 180, 193, 200, 203
Sprossvokal 273, 276
Stil, stilistisch 3, 5, 14, 71, 107, 119, 129, 130, 258
- Funktionalstil, funktionaler Stil, funktionalstilistisch 3, 47
- Nominalstil 256
Substantivierung 18, 241, 300
Terminologie 4, 10, 156
Textsorte, textsortenbezogen 4f., 34, 72, 115, 117–119, 132, 135, 154, 217, 245, 296, 300
Transfer 7, 117, 158, 173, 198, 261
- Transferbasis 170, 173, 196, 200
typologisch 173, 274
Übersetzen 163, 170, 180, 259
Unterrichtskommunikation vi, 2f., 10, 16, 20, 69, 71f., 80f., 83, 89–91
Verb 15–18, 41f., 44, 80, 85, 133, 161, 182
- Partikelverb 10, 15–17
- Präfixverb 15–17
Wissen 5–7, 13, 35f., 37, 39, 40, 41, 44, 45, 52, 60, 76f., 84, 91, 99, 111f., 114, 118, 130, 145, 215, 255f., 270, 272, 302,
- Alltagswissen 41, 59, 255
- Sprachwissen, sprachliches Wissen 99, 101, 108, 192, 291, 171
- Fachwissen 34, 37, 47, 76f., 116, 255, 293

- Vorwissen 112–118, 130, 197, 201, 218, 222, 263
- Weltwissen 20, 99, 110, 264,
- Wissensaneignung 1–31
- Wissensvermittlung 1–31, 198, 209
Wortarten 4, 11, 15
Wortschatz vii, 6, 15, 38, 74, 79, 85, 88, 100, 102, 113, 118, 127–149, 175, 180, 182, 187, 219, 229f., 234, 239–249; siehe auch *Sprachschatz*
- bedeutungsbezogener 244, 248
- formalbezogener 230, 239, 242–245
- kontextbezogener 242–244, 246, 248f.
- kontextbezogener Lesewortschatz 242, 244, 246, 248, 249
- Denkwortschatz 239, 242–245, 247
- Grundwortschatz 145, 239
- Strukturwortschatz 280
- Wortschatzarbeit vii, 118, 144, 175, 185, 229f., 241, 280
Zweitsprache 87, 100–104, 142, 173f., 176f., 199, 274, 281, 301f.
- Deutsch als Zweitsprache/DaZ v, viif., 2, 5, 14, 16f., 69–97, 99–125, 126, 128, 142, 153, 172, 176, 185–207, 269, 271, 273
- Zweitspracherwerb 16, 73–75, 79
- Zweitsprachförderung/DaZ-Förderung 173, 176, 169–183, 186, 199